Vinzenz Thalheim
Heroische Gemeinschaften

Edition Soziale Arbeit

Herausgegeben von
Hans-Uwe Otto | Hans Thiersch

Vinzenz Thalheim

Heroische Gemeinschaften

Ich-bin-Räume von Ultras im Fußball

Der Autor

Vinzenz Thalheim, Jg. 1986, Dr. phil., forscht im Fachbereich Humanwissenschaften am Institut für Sozialwesen der Universität Kassel. Seine Arbeitsschwerpunkte sind stationäre Formen der Jugendhilfe, Theorie der Sozialpädagogik, Jugendforschung und qualitativ rekonstruktive Sozialforschung.

Dieses Buch ist erhältlich als:
ISBN 978-3-7799-6072-0 Print
ISBN 978-3-7799-5371-5 E-Book (PDF)

1. Auflage 2019

in der Verlagsgruppe Beltz · Weinheim Basel
Werderstraße 10, 69469 Weinheim

Herstellung: Hannelore Molitor
Satz: Helmut Rohde, Euskirchen
Druck und Bindung: Beltz Grafische Betriebe, Bad Langensalza
Printed in Germany

Weitere Informationen zu unseren Autor_innen und Titeln finden Sie unter:
www.beltz.de

Für Oma (†)

Danksagung

Mein besonderer Dank gilt Prof. Wolfram Fischer, der mich in den Kreis der Wissenschaft aufgenommen hat und mich als mein Mentor über den gesamten Promotionsprozess begleitete. Prof. Mark Schrödter danke ich für seine umfangreichen, konstruktiven und inspirierenden Kritiken, wodurch sich die Doktorarbeit verdichtete. Bei Prof. Heidi Möller bedanke ich mich für die motivierenden und arbeitspraktischen Impulse. Schließlich möchte ich mich bei Dr. Matthias Müller bedanken, der mich in einer schwierigen Promotionsphase wieder auf den Weg gebracht hat. Darüberhinaus danke ich meinen vielen Kollegen, für ihre Anregungen in Interpretationsgruppen und spontanen Gesprächen. Auch meiner Freundin Paola Pardo Ysuhuaylas möchte ich dafür danken, dass sie immer an mich geglaubt hat. Last but not least bedanke ich mich für die Offenheit und das Vertrauen der Feldteilnehmer, die mich an ihrer Lebenspraxis teilnehmen lassen haben.

Vorwort

Das vorliegende Buch von Vinzenz Thalheim ist das Ergebnis einer langjährigen empirischen Untersuchung zu Fußball-Ultras, die in der medialen Öffentlichkeit kontrovers diskutiert werden und der sozialpädagogischen Fanarbeit Sorgen bereiten. Wer sind sie? Was treibt sie an? Wie sehen ihre Praktiken aus? Wie werden sie „von außen" wahrgenommen? Und nicht zuletzt: Was lernt man bei der Verfolgung dieser Fragen über unsere gegenwärtige Gesellschaft, ihre Restriktionen und Freiheitsgrade? Dem Gegenstand der Identitätskonstruktion einer geschlossenen Gruppierung einer alternativen Jugendszene angemessen, wählte Vinzenz Thalheim die dauernde Präsenz im Feld zur offenen teilnehmenden Beobachtung, der Datensammlung und zur Kontaktgewinnung für Gruppen- und Einzel-Gespräche. Die darauf bauenden sorgfältigen sprachverstehenden hermeneutischen Rekonstruktionen bringen die verdeckten Sinnstrukturen der Zielgruppe so plausibel zu Tage, dass sowohl Kenner der Szene wie auch weniger Bewanderte die Arbeit mit großem Gewinn lesen werden. Der wissenschaftliche Gewinn der Untersuchung für alle, die sich mit Fußball, Fußballfanarbeit, Jugendkulturen und den Fragen moderner Identitätsbildungen befassen liegt auf mehreren Ebenen.

Zunächst werden in den Praxen der Ultras ihre identitätsstiftenden Strukturen herausgearbeitet. Die Bearbeitung der Daten lässt das Milieu in lebendiger, oft unterhaltsamer Weise greifbar werden. Es entsteht beim Leser das Gefühl „nah dran" zu sein, zugleich wird diese Bekanntschaft auf eine reflektierte theoretische Ebene gehoben, die den Mehrwert einer wissenschaftlichen Untersuchung gegenüber einem journalistischen Bericht deutlich werden lässt. Die Konzeptionsarbeit und die im Sinne einer hermeneutisch verfeinerten „Grounded Theory" gewonnenen theoretischen Erträge sind eindrucksvoll und liegen auf dem Niveau bester Forschungspraxis. Sie widerspiegeln am Beispiel des Zuschauersports Aspekte moderner Gesellschaften und deren Probleme bei der Identitätsfindung ihrer jugendlichen Mitglieder.

Im Gang der Arbeit wird zunächst ein nicht-substantialistischer Identitätsbegriff eingeführt, dessen empirische Einlösung sich situationsbezogener Datengewinnung und der Auslegung scheinbar zufälliger Beobachtungen und Praxen verdankt. Ein Überblick über die gegenwärtige Fußballfan-Forschung streicht die Besonderheiten des eigenen Projektes heraus. Die ausgewählte handlungstheoretische Methodik wird präzise vorgestellt und weiterentwickelt. In den Kapiteln, die die empirischen Erträge vorstellen, geht es um *Bekenntnisnarrationen* als Mittel der Identitätsbildung, *Praktiken vor und im Stadion*, typisches Verhalten und Konfliktbereitschaft *auf Reisewegen*, die *Kampf-auf-Leben-*

und-Tod-Symbolik von Fahnen-Besitz oder -verlust und abschließend eine auf hohem theoretischen Niveau aber in den Daten begründete ausgefächerte Identitätstheorie.

Dass die Arbeit ein Musterbeispiel einer exzellent ausgeführten sozialwissenschaftlichen qualitativen Studie zum Fantum im Fußball darstellt, ist das eine. Sie ist darüber hinaus für alle Interessenten eine Quelle spannender Information und ein Lesevergnügen. Vielfältige fachliche Interessen an sozialwissenschaftlichen, sportsoziologischen und sozial-pädagogischen Forschungen werden angesprochen; zugleich ist die Untersuchung auch für nicht Fachleute von großem Gewinn.

Dem Buch ist die breite Rezeption zu wünschen, die es verdient.

Kassel, am 12. Juli 2018
Prof. em. Dr. Wolfram Fischer

Inhalt

Transkriptionszeichen

Zeichen	**Bedeutung**
,	kurzes Absetzen
(4)	Dauer der Pause in Sekunden
Ja	Dehnung des Vokals
((lachend))	Kommentar des Transkribierenden
/	Einsetzen des kommentierenden Phänomens
nein	betont
NEIN	Laut
‚nein'	leise
viel–	Abbruch
( )	Inhalt der Äußerung ist unverständlich; Länge der Klammer entspricht etwa der Dauer der Äußerung
(sagte er)	unsichere Transkription
Ja=ja	schneller Anschluss
Ja so #war# #nein ich#	gleichzeitiges Sprechen ab „war"

1 Einleitung

Wer bin ich? Wie und wann inszeniere ich dieses *ich bin*? Brauche ich die Aussage: *Ich bin der, die* oder *das* überhaupt und wenn ja, wofür? Wie stark muss ich mit einem Thema verbunden sein, um zu sagen: *Ich bin*? Bin ich Fahrradfahrer, weil ich jeden Tag mit meinem Fahrrad fahre, Zähneputzer, weil ich jeden Tag meine Zähne putze, Demokrat, weil ich wählen gehe, wenn ich dazu aufgefordert werde? Die Fragen von *Ich-bin-Urteilen* führen ferner zu Fragen nach dem Anderen, als der Konstitution von *Du-bist-Urteilen*. An welche Bedingungen sind diese geknüpft und wie nimmt man Einfluss auf diese Bedingungen, um mit *Du-bist-Urteilen* als jemand bestimmtes identifiziert zu werden? Braucht man die anderen zum Eigenen- oder Selbst-sein? Wer sind die anderen überhaupt? Wie komme ich zu dem Urteil, dass sie jemand bestimmtes sind und welche Konsequenzen hat das wiederum für mein eigenes Sein? Passe ich mein *ich bin* an die anderen an oder bin ich immer ich: Wer bin ich *eigentlich*?

Fasst man diese Fragen zusammen, entsteht die Auseinandersetzung mit dem Thema, wie Selbst- und Fremdbilder sich konstituieren. Diese Frage leitet zunächst zu gesellschaftlichen Bedingungen über, da in ihr die handelnden Akteure jene Konstitutionen vornehmen.

Die Diagnose für die Gegenwartsgesellschaft scheint eindeutig: Autonome Entscheidungen des Individuums werden hinsichtlich der Wahl von Handlungsoptionen immer bedeutender (Hitzler & Niederbacher 2010, S. 183). Die so formulierte Individualisierungsthese behauptet, dass eine strukturelle Individualisierung stattfindet, deren Hauptmerkmal in der Entkopplung von gesellschaftlichen Prozessen zu sehen ist, woraus eine individuenbezogene Eigenverantwortlichkeit resultiert (Nassehi 2011, S. 140). Dies liege daran, dass gesellschaftliche Strukturen wie Klassenkategorien oder traditionelle Agenten und Agenturen wie Familie oder Religion immer mehr an Bedeutung und Funktion verlieren und durch nicht-traditionelle Sozialstrukturen wie beispielsweise Konsumstile ersetzt werden (vgl. Beck 2015). Daraus entsteht eine Gegenwartsgesellschaft, die immer fluider, immer multiaspektueller, immer widersprüchlicher, kurz: immer unübersichtlicher wird (Schütze 2002, S. 59). Diese gesellschaftlichen Verhältnisse werden unter dem Schlagwort *Spätmoderne* zusammengefasst (vgl. Rosa, Strecker & Kottmann 2013). Die Bezeichnung impliziert den gesellschaftlichen Entwicklungsprozess von vormodernen, stratifikatorisch differenzierten Gesellschaften (Nassehi 2011, S. 120), über frühmoderne Verhältnisse, welche durch die Industrialisierung evoziert wurden und bisherige

Traditionen und Institutionen ins Wanken brachten, hin zur entwickelten Moderne, in der neuausgerichtete Institutionen wie Kranken-, Alters- und Arbeitslosenversicherungen, wirtschaftspolitische Steuerungsprogramme oder verlässliche Bildungs- und Erziehungssysteme etabliert waren, die schließlich in die globalisierte, digitalisierte Spätmoderne überleiteten, in welcher die etablierten Institutionen sich erneut verflüssigen (Rosa, Strecker & Kottmann 2013, S. 25 ff.). Die damit einhergehende Entwertung traditioneller Glaubensinhalte löst Verhältnisse auf, welche den Individuen bisher einheitliche und sinnstiftende Weltverhältnisse offerierten und so Auskunft über die eigene Existenz vermittelten. Demgegenüber stehen gegenwärtig höchst verschiedene soziale Unternehmungen, die in sich sinnvoll erscheinen, jedoch keine globalen Orientierungen bereitstellen. Daraus resultieren ständige Konfrontationen mit heterogenen Deutungsmustern, die vom Individuum permanente Korrekturen seiner eigenen Weltbilder abverlangen, um an seinem heterogenen sozialen Leben teilnehmen zu können (Honer 2011, S. 21 f.). Die fortschreitende Funktionalisierung von Gesellschaftsbereichen verstärkt die Destabilisierung und Desintegration von Individuen (Fischer 2017, S. 63 f.). Denn weder Nation, noch Religion, noch Stand oder Familienherkunft liefern ausreichende Verankerung im *Großen und Ganzen* der Gesellschaft und scheiden somit als Zentralperspektive für Selbst- und Fremdbilder von Akteuren aus (Fischer 2017, S. 73). Mithin verschwimmen Selbstauslegungen in einer Vielzahl von Anforderungen und Wahlmöglichkeiten von Lebensentwürfen, wodurch das Individuum als Selbstentwurf ständig prekär ist.

Paradoxerweise führen die Auflösungstendenzen institutioneller Orientierungen dazu, dass es dem Individuum selbst überlassen wird, Sinnangebote mehr oder weniger frei zu wählen und vor allem selbst wählen zu müssen (vgl. Beck 2015). Das Individuum muss sich folglich nicht mehr nach dem verpflichtenden Charakter von Traditionen richten, sondern das eigene Leben selbst gestalten und für diesen Prozess Verantwortung übernehmen. Aus der Entscheidungsfreiheit und Verantwortung leiten sich gleichsam gesteigerte Reflexionsanforderungen für das Individuum ab (Rosa, Strecker & Kottmann 2013, S. 24). Entsprechend entsteht ein Spannungsverhältnis: Einerseits lösen sich traditionelle Orientierungsanker in pluralistisch-dynamischen Strukturen auf, welche ein *(Fast-) Alles-kann, (Fast-) Nichts-muss* suggerieren. Andererseits ist durch jene Multioptionalität gerade das Individuum gefragt, sich selbst Orientierung zu verschaffen. Eine derart gefasste Wechselbeziehung zwischen Individuum und Gesellschaft regt zur Frage an, wie die in der Gesellschaft agierenden Akteure mit der Herausforderung umgehen, sich für Orientierungen entscheiden zu müssen? Eine Frage, welche vorliegende Studie empirisch nachgeht, indem sie eine dieser selbstgewählten Orientierungsleistungen von Akteuren beleuchtet.

Die Auswahl des hierfür herangezogenen Forschungsfelds, um Orientierungs- und Entscheidungszwänge von Individuen bei gleichzeitig wenig orientierungsgebenden gesellschaftlichen Bedingungen abzubilden, begründet der Autor nun biographisch. Die autobiographische Begründung illustriert einerseits das Experimentieren mit den skizzierten Orientierungszwängen. Andererseits ermöglicht sie, einen ersten Eindruck über den Autor zu gewinnen, welcher sich direkt oder indirekt durch seine Lesartenbildung im empirischen Teil in die Studie einbringt. Aus diesem Grund lohnt es sich, ihn dann und wann als Erkenntnislieferant zwischen den Feldteilnehmern und den Lesern zu hinterfragen, wofür es naheliegend erscheint, ihn etwas kennenzulernen.

In der Grundschule begannen Freunde von mir, auf einmal über Fußball zu reden. Der eine bezeichnete sich als *Fan* von dem einen Fußballverein, andere von anderen Vereinen. Durch den Wunsch geleitet, dazuzugehören, wählte ich mir ebenfalls einen Fußballverein aus, als dessen Fan ich mich betitelte. Doch hinter meiner Entscheidung stand kein tatsächliches Interesse am Fußballsport, sondern ich wählte einfach den Verein meines engsten Freundes. Ich setzte mich nicht weiter mit den Spielen des Vereins auseinander und entwickelte auch sonst kein Interesse am Profifußball was nicht unbemerkt blieb. So wurden meine Freunde misstrauisch, ob ich denn tatsächlich ein Fan wäre, wenn ich noch nicht einmal wüsste, wie viele Tore die Mannschaft des Vereins in ihrem letzten Spiel geschossen hatte, dessen Fan ich angeblich war. Ich sollte bei dem Thema Fußball fortan ein Außenseiter bleiben.

In meiner eigenen Biographie begegneten mir auch im weiteren Verlauf wiederholt Menschen, die entweder ausdrücklich Fans eines Fußballvereins waren oder in Gesprächen über Fußball explizit formulierten, eben kein Fan zu sein. Ich konnte oft Begegnungen zwischen einander fremden Personen aus meinem Bekanntenkreis beobachten, die, wenn sie sich als Fußballfans zu erkennen gaben, intensive und lange Gespräche über diesen Sport führten. Die Gespräche wurden oft stark davon beeinflusst, wer von welchem Verein Fan war. So konnte eine sportliche Konkurrenzsituation zwischen Fußballvereinen Einfluss auf die Interaktionen der unterschiedlichen Fans haben, z. B. der eine den anderen dafür ärgern, dass *sein* Verein verloren hätte und *sein* eigener gewonnen hätte. Diese intensiv geführten Gespräche, die an vorhergehende Praktiken anschlossen wie Fußballspiele im Fernsehen oder auch im Stadion zu sehen, faszinierten mich und stimmten mich etwas wehmütig, da ich hieran keinen Anteil hatte. Mir fehlten die Voraussetzungen, nämlich einen Verein zu mögen und etwas über ihn und Fußball im Allgemein zu wissen. Die Aussage: „Ich bin Fan von einem Fußballverein" dient dabei als Voraussetzung zur Gesprächseröffnung oder Teilnahme, um sich intensiv auszutauschen. Das Selbstbild *Fußballfan* stellt somit eine kommunikative Ressource dar. Es wird dabei ersichtlich, dass eine enge Verbindung zwischen der Selbstzuschreibung als

Fußball-Fan und dem thematischen Feld *Fußball* besteht. Diese Wechselbeziehung wird auch daran deutlich, dass es Menschen gibt, die bei Gesprächen über Fußball explizit Wert darauf legen, dass sie kein Fan sind und sich somit von potenziellen Fan-Gemeinschaften – aus welchen Gründen auch immer – abgrenzen. Folglich scheint Fußball im Alltag eng mit Identitätskonstruktionen verbunden zu sein. Dies wirft die Frage nach der Konstitution von fußballbezogenen Identitätsaussagen, bzw. wie ich es nennen möchte: *Ich-bin-Aussagen* auf, die dazu beizutragen scheinen, allgegenwärtig Menschen beobachten zu können, die über Fußball sprechen oder sich anderweitig mit diesem Thema auseinandersetzen. Darüber hinaus ist das Thema *Fußball* als Zuschauersport so allgegenwärtig, dass vermutlich (fast) jeder etwas über Fußball sagen könnte und wenn er gefragt werden würde, würde dieses Wissen reichen, um eine Meinung zu äußern. Unabhängig davon, wie die Meinung über Fußball ist, setzt der Umstand, eine Meinung zu haben, Wissen über dieses Thema voraus. Jene weitverbreiteten Wissensbestände deuten an, wie tief diese Sportveranstaltung in unserer Gesellschaft verwurzelt ist. Die Popularität des Fußballs als Zuschauersport in Deutschland und in vielen anderen Nationen der Welt ist so offensichtlich, dass sie kaum einer näheren Darlegung bedarf. Allein die Einschaltquote des Finale (Argentinien-Deutschland) der Fußball-Weltmeisterschaft der Männer 2014 in Deutschland von rund 34,65 Millionen Zuschauern[1] und weltweit von rund 659 Millionen Zuschauern[2] in Privathaushalten verweist auf ein gigantisches Massenphänomen. Auch die nationalen Fußballdarstellungen der Männer erfreuen sich großer Beliebtheit. So waren in der Spielsaison 2016/2017 in der Bundesliga insgesamt 12.703.727 Zuschauer im Stadion, d. h. pro Spiel der 34–36 Darbietungen pro Saison ein Durchschnitt von 41.515 Zuschauern[3]. Diese Zahlen sowie die Allgegenwärtigkeit von Fußball in Gesprächen und Medien lassen den Schluss zu, dass die Begeisterung über diese domestizierte Kampf-Veranstaltung dem Zeitgeist entspricht. Aber warum eigentlich?

Ein erstes *nosing around* (Herumschnüffeln) wie Robert E. Park es vorschlug (vgl. Lindner 2007), offenbart im Kontext Profifußball der Männer als Zuschauersport eine breite Facette an Besuchern der Stadionveranstaltung. Sie reicht von Kindern bis zu hochaltrigen Besuchern, von sitzenden, stehenden bis hüpfenden Zuschauern, von gelegentlichen Stadiongängern bis dauerhaft Anwesende bei den Spielen eines Fußballvereins. In meinen Recherchen hat eine

---

1 http://www.spiegel.de/kultur/tv/tv-quote-wm-sieg-der-deutschen-beschert-der-ard-neuen-rekord-a-980860.html, 20.07.2017

2 http://de.fifa.com/worldcup/news/y=2015/m=12/news=fifa-fussball-wm-2014tm-3-2-milliarden-zuschauer-1-milliarde-beim-fina-2745551.html, 20.07.2017

3 https://www.dfb.de/bundesliga/statistik/zuschauerzahlen/, 20.07.2017

Besucherschaft durch ihre aufmerksamkeitserregenden Praktiken immer wieder von sich reden gemacht: sogenannte Ultras. Sie sind in Gruppen deutschlandweit bei Fußballspielen regelmäßig in Stadien zu beobachten, wo sie umfangreich tätig werden. Wie zu zeigen sein wird, scheint der Stadionfußball für diese Akteure in ihrem Leben eine gewichtige Rolle zu spielen, die zu identitätsstiftenden Selbst- bzw. Fremdbildern führt, worauf die feldübliche Bezeichnung *Ultra* (ital. extrem) bereits verweist. Im Sinne des Theoretical Samplings (vgl. Strauss 1998) eignen sich *Ultras* im Zusammenhang mit der Frage nach Orientierungsleistungen und daran anknüpfenden Selbst- und Fremdzuschreibungen in spätmodernen Gesellschaften daher als besonders adäquates Forschungsfeld. Es ist also die Ubiquität des Fußballs und die Zuspitzung im Verhalten der *Ultras*, von deren Erforschung ich mir einen Wissenszuwachs über Eigenarten der Teilhabe in der *Spätmoderne* verspreche.

Ziel dieser Studie ist es, die konstitutiven Prozesse des Selbst- und Fremdbildes *Ultra* anhand der Praktiken derjenigen Akteure zu rekonstruieren, die sich als solche klassifizieren und als solche bewertet werden. Das Erkenntnisinteresse erfüllt zweierlei Funktionen:

1. Es werden Lesarten generiert, die helfen, das Phänomen *Ultras* im Fußball besser zu verstehen. Der offene, verstehende Ansatz dieser Studie ermöglicht dabei in besonderer Weise, bisher *unentdeckte* Aspekte dieser Teilwelt sozialwissenschaftlich zugänglich zu machen.
2. Das Phänomen *Ultra* als gesellschaftliche Praxis verspricht darüber hinaus, Erkenntnisse über sinnstiftende Orientierungen von Individuen in der Spätmoderne zu gewinnen. Diese Erkenntnisse stellen vor dem eingangs skizzierten modernisierungstheoretischen Hintergrund einen besonders relevanten Wissensbereich dar.

Bevor die forschungsleitende Frage nach dem Selbst- und Fremdbild sogenannter Ultras empirisch beleuchtet wird, erfolgt in Kapitel 2.1 die Einführung in das Forschungsfeld. Danach wird im Kapitel 2.2 die begriffliche Kontextuierung über den Gegenstand vorgenommen. Kapitel 2.3 legt den empirischen Forschungsstand dar. Anschließend wird das theoretische (3.1) und methodische (3.2) Vorgehen der Forschungsarbeit skizziert sowie die konkrete Umsetzung in vorliegender Studie (3.3) beschrieben.

Im empirischen Teil der Arbeit werden schließlich soziale Praktiken der sogenannten Ultras rekonstruiert. Die dabei vorgenommene Unterteilung nach raum-zeitlichen Kriterien dient allein der besseren Übersicht. Es sei angemerkt, dass eine derartige Einteilung immer nur künstlich erfolgen kann, da die Wechselbeziehungen zwischen den Praktiken einem konstitutiven Kreislauf unterliegen und nicht isoliert voneinander operieren. Zunächst werden jedoch in Kapitel 4 grundlegende Teilnahmevoraussetzungen an dem Feld rekonstruiert. Kapitel 5 widmet sich der Infrastruktur der Stadionveranstaltung. Danach (6) werden die Praktiken der Akteure unmittelbar vor der Veranstaltung rekonstruiert. In Kapitel 7 erfolgt die Analyse ihrer Praktiken innerhalb der Veranstaltung. Anschließend werden die Handlungen auf den Reisewegen der Akteure rekonstruiert (8). In Kapitel 9 wird abschließend die Wechselbeziehung zwischen den raum-zeitlich getrennten Handlungsfeldern an einer letzten Beobachtung in den Fokus der Analyse gesetzt. Kapitel 10 fasst die Erkenntnisse in einer materialbegründeten Theorie zusammen mit dem Anspruch eine Antwort auf die klassische, ethnographische Frage zu finden: What the hell is going on here? (vgl. Geertz 2007).

2 Forschungsstand

Im nachstehenden Kapitel erfolgt zuerst eine einleitende Beschreibung des Forschungsfeldes. Aus dieser wird eine begriffliche Kontextuierung abgeleitet, welche im empirischen Teil der Studie angewendet wird. Danach wird der empirische Forschungstand über das zu explorierende Feld dargelegt.

2.1 Einführung in das Forschungsfeld

Mitte der 1990er Jahre hat sich ein neuer Besuchertyp in deutschen Fußballstadien herausgebildet: die Ultras (u. a. Dembowski 2013). Ihr Vorbild geht auf die italienischen Ultra-Fußballfans zurück, woher die Namensgebung „Ultra" (ital. extrem) stammt (Sommerey 2010, S. 53 f.). Der Gründungsmythos der Ultras in Deutschland besagt, dass es insbesondere durch eine voranschreitende Kommerzialisierung des Stadionfußballs zu einer Stimmungskrise während der Veranstaltung kam. Um mehr besucherseitige Stimmung zu entfachen, orientierten sich einige Stadiongänger an den italienischen Fußball-Ultras. Diese sind einerseits für ihre vielseitigen Praktiken wie Gesänge oder akustischen Beiträgen mit Trommeln bekannt, mit welchen sie die Mannschaftsspieler ihrer Vereine anfeuern. Andererseits treten die italienischen Ultras immer wieder kritisch zu (fußball-)politischen Themen wie der voranschreitenden Kommerzialisierung mit Plakaten, Fahnen oder Sprechchören im Stadion in Erscheinung und fallen durch gewalttätige Ausschreitungen auf (Gabler 2010, S. 31 ff.). Wie ihre Vorbilder initiieren auch die deutschen Ultras vielseitige Stimmungsbeiträge in der Fußball-Veranstaltung. Ferner kritisieren sie ebenfalls die ökonomisch orientierte Modernisierung des Profifußballs. Darüber hinaus thematisieren Ultras vereinzelt gar gesellschaftspolitische Probleme innerhalb der Veranstaltung etwa durch Transparente, was auf ihr generelles politisches Interesse hindeutet.

Ultras in Deutschland sind überwiegend männliche Jugendliche zwischen 16 und 25 Jahren, die in Gruppen organisiert sind (Pilz & Wölki-Schumacher 2009, S. 6). Ultra zu sein ist demnach ein gemeinschaftsorientiertes Phänomen. Der thematische Ausgangspunkt einer Ultra-Gruppe ist ein spezieller Fußballverein (meist Profifußballverein) zu dem ein exklusiver, emotionaler Bezug besteht. Ein Fußballverein kann zwar mehrere Ultra-Gruppen haben, eine Ultra-Gruppe jedoch nicht mehrere Fußballvereine.

Die Objektbindung der Ultras lässt sie bei scheinbar jeder Darbietung ihres ausgewählten Fußballvereins in den Fußballstadien persönlich anwesend sein.

In der Fußball-Show treten zwei Fußball-Mannschaften gegeneinander in einen sportlichen Wettstreit. Das Stadion-Event stellt unterschiedliche Teilnahmeoptionen bereit. Entsprechend der beiden Fußballmannschaften werden die Besucher zunächst in einen sogenannten Heim- und Gästebereich eingeteilt. Innerhalb der so vorselektierten Bereiche gibt es weitere Optionen wie Sitz- oder Stehplätze. Das Angebot kann folglich von seinen Besuchenden nach unterschiedlichen Interessenlagen wahrgenommen werden. Im Rahmen dieser Vorstrukturierung des Events durch den Veranstalter entscheiden sich Ultras gewöhnlich für die Stehplatzbereiche und dies, je nach Stadionbau, bevorzugt in den Kurven des Stadions. Pilz & Wölki-Schumacher (2009) konstatieren, dass die Ultra-Gruppen von dort aus ihre Zugehörigkeitsgefühle zu ihrem jeweiligen Fußballverein aktiv und lautstark zum Ausdruck bringen, wodurch sie maßgeblich zu einer angeregten Stimmung im Stadion beitragen, z. B. durch zentral gesteuerte Kurvenshows, die Choreographien[4] genannt werden (ebd., S. 6 ff.). Durch diese Praktiken intensiviert sich ihr Stadionerlebnis und das vieler anderer Zuschauer (Zifonun 2007, S. 107). Im Gegensatz zu diesen von vielen Besuchern und Veranstaltern geschätzten Aktivitäten der Ultras, üben sie auch Praktiken aus, die gegen das Veranstaltungsprotokoll verstoßen. Ein prominentes Beispiel hierfür ist die Nutzung von Pyrotechnik[5]. Jene Verstöße können zu Konflikten insbesondere mit den Fußballvereinen führen, die ihrerseits darauf mit Sanktionen reagieren wie durch sogenannte Stadionverbote, durch welche der Veranstaltungsbesuch für mehrere Jahre verwehrt werden kann.

Die Selbstpräsentationen der Ultras folgt dem Zuschauerideal im Fußball der *Zwölfte Mann zu sein*, als welche die Besucher analog zu den elf Spielern einer Fußballmannschaft gemeinhin bezeichnet werden. Diese Rolle nehmen Ultras mit ihren vielseitigen Tribünenpraktiken auf eine so ausgeprägte Art und Weise an, sodass der Eindruck entsteht, sie veranstalten eine parallele Show zur eigentlichen Fußballdarbietung (vgl. Winands 2015).

Dem Wesen des Events *Stadionfußball* ist es inhärent, dass sich die Ultra-Gruppen der gegeneinander antretenden Vereine bei einem Fußball-Event ebenfalls begegnen. Die jeweiligen Ultra-Gruppierungen eines Fußballvereins haben unterschiedliche Ausprägungen hinsichtlich Gruppengröße, politischer Einstellung, Gebrauch von Pyrotechnik oder der Dialogbereitschaft mit Fußballfunktionären (vgl. Gabler 2010). Ungeachtet dieser Ausprägungen im Detail

---

4 Als Choreographien werden organisierte Präsentationsformen der Ultras bezeichnet, die überwiegend beim Einlauf der Spieler zu beginn der Veranstaltung nach einem bestimmten Ablauf dargeboten werden, z. B. das Entfalten einer selbst erstellten Stofffahne aus mehreren Hundert Quadratmetern über einen Zuschauerabschnitt, auf welchen der Fußballverein oder die Gruppe mit typischen Symbolen präsentiert wird.

5 Magnesium-Leuchtfackeln, die eine starke Rauchentwicklung produzieren und eine Abbrenntemperatur von 1600 bis 2500°C erreichen können.

bildet ihr gemeinsamer Gründungsmythos und insbesondere die Orientierung an Tribünenpraktiken eine gruppenübergreifende Basis, auf der die aufeinandertreffenden Ultra-Gruppen im Stadion über das Spielfeld hinweg wechselseitig aufeinander Bezug nehmen. So kann darum konkurriert werden, welche Gruppe lauter, synchroner und vielfältiger ihren Stehplatzaufenthalt gestaltet oder es wird die andere Gruppe direkt durch ironische oder abwertende Rufe, Chöre oder Spruchbänder provoziert. Die wechselseitige Bezugnahme verweist auf eine ähnlich gelagerte Handlungsorientierung zwischen den zu beforschenden Akteuren.

Ultras folgen ihrem Selbstbild nach der Maxime, 24 Stunden am Tag und 7 Tage die Woche ein Ultra zu sein und sich immer und überall für ihr gewähltes Interessenobjekt einzusetzen (Hitzler und Niederbacher 2010, S. 163). Diese Formulierung grenzt die Mitgliedschaft als allumfassender Identitätslieferant von üblichen Teilrollen ab, die der moderne Mensch nur funktional und temporär ausübt. Die allumfassende Selbstauskunft verweist entsprechend auf eine umfangreiche Auseinandersetzung mit einem Profifußballverein, welche nicht auf die bloße Dauer der unmittelbaren Fußballdarbietung begrenzt ist. Aufwendige Praktiken wie die Erstellung von *Choreographien*, Kleidung, Printmedien (sogenannter Fanzines) oder die Organisation von gemeinschaftlichen Fahrten in Sonderzügen zu den auswärtigen Spielbegegnungen ihres Fußballvereins sind nur einige Beispiele für ihr umfangreiches Aktivitätsrepertoire, das unabhängig von der neunzigminütigen Stadionveranstaltung operiert. Ultra zu sein beinhaltet demnach Teil eines umfangreichen gemeinschaftlichen Handlungsvollzugs zu sein.

Die deutschlandweite Zahl von Ultras wurde 2010 auf ca. 5000 bis 10.000 Mitglieder geschätzt (Hitzler & Niederbacher 2010, S. 162). Die allgemeine Prominenz des Fußballsports in Deutschland sowie die anhaltende Faszination *Ultra* lassen jedoch auf eine weitaus höhere Mitgliederzahl schließen (Kathöfer & Kotthaus 2013, S. 45). Ultra-Sein ist somit seit über 20 Jahren insbesondere ein jugendkulturelles und an Popularität gewinnendes Phänomen in Deutschland und von daher ein relevantes Feld für die Jugendforschung.

Die vielseitigen und aufwendig organisierten Praktiken der Akteure, die sich auf ein Unterhaltungsangebot beziehen, woraus ein allumfassender Identitätslieferant hervorzugehen scheint, lädt zu der ethnographischen Frage ein: What the hell is going on here?

2.2 Begriffliche Kontextuierung des Forschungsfeldes

Im vorangegangenen Unterkapitel wurde das Phänomen *Ultra* in Deutschland skizziert. Für die begriffliche Kontextuierung der vorliegenden Studie werden aus dieser Einführung folgende Aspekte abgeleitet:

- *Ultras* haben eine starke emotionale Bindung zu einem kulturellen Objekt (Fußballverein), was sich von der regelmäßigen Teilnahme an den Objekt-Darbietungen in Stadien, der Gestaltung von objektbezogenen Fahnen, Bannern sowie Kleidung ableiten lässt. Jenes auf ein kulturelles Objekt ausgerichtete Handeln erinnert an Fans, welche Klassifikation zu klären ist?
- *Ultra* ist eine Praxis, die gemeinschaftlich stattfindet. Wie ist das Konstrukt Gemeinschaft in Bezug auf die *Ultras* zu charakterisieren und wie sind die Interaktionen zwischen den Gemeinschaften zu beschreiben?
- Die zu beforschenden Akteure beziehen sich mit ihren Praktiken umfangreich auf ein Event. Mithin ist zu klären, was in Bezug auf Fußballveranstaltungen unter einem *Event* verstanden werden kann.

Diese Aspekte werden nun begrifflich und theoretisch für den empirischen Teil der Studie kontextualisiert.

2.2.1 Fans als Gegenstand wissenschaftlicher Betrachtung

Erstmals wurde die Bezeichnung *Fan* Ende des 19. Jh. von amerikanischen Journalisten verwendet, welche damit Anhänger von professionellen Sportmannschaften (insb. Baseball) adressierten. Doch Fankulturen als gesellschaftliche Praxis sind keineswegs eine Erscheinung der Neuzeit. So lassen sich Fan-Praktiken bis in die Antike zurückverfolgen, wo im Kolosseum begeistert und wiederholt Gladiatorenkämpfe und Pferderennen von einem Publikum verfolgt wurden. Es gibt Hinweise, dass nicht nur den Aktivitäten als vordergründiges Objekt zugeschaut wurde, sondern allein die Herkunft eines Darstellers über die Zugehörigkeitsgefühle der Zuschauer entschied (Schmidt-Lux 2010, S. 53.). Fanobjekt-Beziehungen schienen sich nie ausschließlich auf Darbietungen zu beschränken. Auch einzelne Personen konnten durch ihr zugeschriebenes Charisma Anhänger gewinnen. So konnte Hildegard von Bingen mit ihren Lehren oder Jahrhunderte später Johann Wolfgang von Goethe durch sein Werk „Die Leiden des jungen Werthers" viele Anhänger um sich versammeln, die selbst an die realen Orte der literarischen Handlungen fuhren (Schmidt-Lux 2017, S. 55 f.). Die Zahl der für ein Massenpublikum ausgerichteten Veranstaltungen wuchs im 19. Jahrhundert stetig. Vor allem der Wettkampfsport wie Fußball oder Boxen begeisterte viele Zuschauer und erfreute sich großer Beliebtheit. Die Verbreitung von Wettkampf-Darbietungen erklärte sich nicht zuletzt aus der medialen und der glücksspielindustriellen Begleitung der Events. Sowohl die Sportveranstaltungen mit ihren verschiedenen Clubs und regelmäßigen Darbietungen als auch die kontinuierliche mediale Berichterstattung förderten die strukturelle Voraussetzung für ein umfängliches Interesse vieler Menschen. Ferner verhalfen ein allgemein umsich greifender ökonomischer Wohlstand sowie gesteigerte zeitliche Ressourcen *Fans* zu einem Massenphänomen werden zu lassen (ebd., S. 57 f.).

Der dargelegte, historische Abriss über Fankulturen verweist auf ein etabliertes Massenphänomen, dass als fester Bestandteil von Freizeit, Vergnügen bzw. privater Interessen innerhalb der Spätmoderne gewertet werden kann. Als Bedingungen für die Etablierung wurden insbesondere die kulturindustrielle Bereitstellung und Verbreitung von Fanobjekten sowie die wirtschaftliche Prosperität der Menschen in der Moderne und Spätmoderne festgestellt.

Im Folgenden werden konkrete Charakteristika von Fans skizziert.

Etymologisch leitet sich der Begriff *Fan* von *fanatisch* ab und schließlich von dem lat. Begriff *fanaticus*, was so viel wie Tempeldiener bedeutet. Die religiöse Wurzel der Bezeichnung *Fan* hält sich bis in die Gegenwart aufrecht, in dem Fans ein säkularer Glaube an ein kulturelles Objekt unterstellt wird (Jenkins 1992, S. 9 f). Fans werden in der akademischen Kultur mit zahlreichen Stereotypen konfrontiert. So wurden Fans durch die Verabsolutierung der Wertschätzung einer Person oder eines Gegenstandes, verbunden mit der Abwertung aller anderen Ziele und eigenen Bedürfnissen verstanden. Nach diesem Verständnis wurde der Begriff des *Fans* als pathologisch gefasst und Fans als zwanghafte Menschen begriffen, die sozial wenig kompatibel sind und ein Außenseiter-Dasein pflegen (Rudin 1969; Haynal 1987 zit. nach Roose, Schäfer & Schmidt-Lux 2010, S. 12). Jenkins (1992) verweist darauf, dass der Begriff *Fan* zwar häufig mit einer verspielten Konnotation verwendet wird, die aus einer überschwänglichen Objekt-Beziehung abgeleitet wird, jedoch den Anschein des potenziell Fanatischem nie verloren habe. So wurden in einer Studie über Star Treck Fans, diese als *false believers* bezeichnet, die einer *Trekkie Religion*[6] nachgehen oder die Entwicklung der Fanobjektbindung zwischen Fans und Stars charakterisiert als ein Verhältnis, das von einer harmlosen Schwärmerei bis hin zur pathologischen Obsession führen kann[7]. Roose, Schäfer & Schmidt-Lux (2010) schlagen hingegen ein nicht-pathologisches Verständnis von Fans vor, da ohnehin aus einer soziologischen Perspektive nicht die Charakteristika

---

6 Jewett Robert & John S. Lawrence (1977): The American Monomyth. Garden City, NY: Anchor Press.

7 Julian Burchill (1986): Damaged Gods: Cults and Heroes Reapraised. London: Century.

der Fans, sondern die Charakteristika der Beziehung zwischen Fans und Fanobjekten im Vordergrund stehen (S. 12). Jenkins distanziert sich ebenfalls von einer stereotypen Vorstellung über Fans als antisoziale Außenseiter mit abwegigen Interessen. Er führt in diesem Zusammenhang die vielen Fan-Communities an, die man nicht einfach als idiosynkratisch aburteilen dürfe. Er geht davon aus, dass stereotype Vorstellungen über Fans eine kulturelle Hierarchie von Geschmäckern unterliege, in der Fankulturen als minderwertige Geschmacksrichtungen zählen. Im Gegensatz zu den negativ konnotierten Stereotypen von Fans werden so Fankulturen als akzeptable Positionierungen innerhalb der Massenkultur verstanden (Jenkins 1992, S. 23). Winter (2010) sieht ein bisweilen negatives Bild von Fans darin begründet, dass sie eine ästhetische Distanz zum Kunstwerk vermissen lassen, welche den guten Geschmack auszeichnen würde. Fans interessieren sich ferner nicht für Urteile von anerkannten Kritikern und institutionell abgesicherten Autoritäten. Sie interpretieren vielmehr selbst und folgen ihren eigenen Deutungen über das kulturelle Objekt. Diese Form der Abgrenzung kann eine stigmatisierende Reaktion von Nicht-Fans hervorrufen (S. 173).

Auch wenn das Fan-Sein in der Biographie eines Menschen zu einem sehr umfangreichen Relevanzsystem heranwachsen kann, schließt sich die vorliegende Studie jenen Autoren an, die den Begriff *Fan* nicht in einem pathologischen Sinne verstehen. Vielmehr wird die Bezeichnung *Fan* als etabliertes Alltagskonstrukt aufgefasst. Dafür spricht etwa die Weltmeisterschaft im Fußball der Männer 2006. In eigens für die Spielübertragungen eingerichteten öffentlichen Installationen (sogenannte Public Viewings) konnte man tausendfach in Deutschland Zuschauer beobachten, die in den Trikots der deutschen Nationalmannschaft uniformiert waren und ekstatisch der Dramaturgie der Fußballspiele folgten. Jene Phänomene wurden in der medialen Öffentlichkeit weniger als massenhafte Geschmacksverirrung kommentiert, sondern vielmehr als Ausdruck einer berechtigten Fangemeinschaft, die hinter *ihre*r Mannschaft stehe. Insbesondere bezogen auf Sport, aber auch in anderen Bereichen der kulturellen Massenproduktion wie Musik oder Filmen scheinen Konsumenten der jeweiligen Offerten sich selbst nicht selten als *Fans* zu bezeichnen oder wären nicht gekränkt, würde man ihnen gegenüber diese Zuschreibung formulieren. Eine solche allgegenwärtige Selbst- und Fremdzuschreibung mit der Bezeichnung *Fan* verweist auf eine alltagsgebräuchliche soziale Zuschreibung und nicht auf eine abweichende Persönlichkeit.

Nach dieser Abgrenzung zu einer pathologischen Bedeutung der Bezeichnung *Fan* hinzu einem gängigen Alltagsbegriff, wird nun der Frage nachgegangen, wie das Phänomen *Fan* alternativ gefasst werden kann.

Roose, Schäfer & Schmidt-Lux bezeichnen Fans als „[...] Menschen, die längerfristig eine leidenschaftliche Beziehung zu einem für sie externen, öffentlichen entweder personalen, kollektiven, gegenständlichen oder abstrakten Fanobjekt haben und in die emotionale Beziehung zu diesem Objekt Zeit und/oder Geld investieren" (2010, S. 12). Nach dieser Definition wird zwischen Fan und kulturellem Objekt eine intensive emotionale Beziehung vorausgesetzt. Ohne Emotionen wäre ein Fan-Sein nicht möglich. Ferner müssen die Fan-Objekt-Beziehungen langfristig sein und über die unmittelbare Präsenz des Fanobjekts hinaus Bestand haben, etwa nach einem Musik-Konzert anhalten. So ziemlich alles scheint ein Fanobjekt werden zu können wie Personen, Musikstile, Konsumgüter. Als Prämisse eines Fantums wird lediglich die Externalität des Fanobjekts herausgestellt, welche eine Fan-Beziehung von anderen Beziehungen unterscheide. Demnach sei es nicht möglich, Fan von einer Sportmannschaft zu sein, in der man selbst spielt, da diese Mannschaft dem handelnden Akteur nicht extern ist. Ferner bedingt der öffentliche und damit prinzipiell unabgeschlossene Zugang zu einem Fanobjekt eine Abgrenzung zu anderen Beziehungen wie Freundschaften. Derlei Beziehungen sind zwar auch mit Emotionen und Investitionen verbunden, finden jedoch im Privaten statt. Abschließend wird festgestellt, dass ein Fan-Sein zwingend mit proaktiven Handlungen korreliert, die sich durch Investitionen wie Zeit und Geld auszeichnen (ebd., S. 12 ff).

Ähnlich zu der eben genannten Betrachtung setzt Winter (2010a) in seiner Definition von Fans die potenziellen Fanobjekte als öffentlich verfügbare mediale Objekte voraus. Winter stellt gegenüber Roose und Kollegen (2010) die akteursseitige Herstellung einer Fanobjektbindung jedoch stärker in den Vordergrund. Mithin werden Fans als aktive, kritische und engagierte Konsumenten bezeichnet, die über differenzierte und kreative Rezeptions- und Aneignungspraktiken verfügen, welche durch Prozesse der Medienbildung erworben wurden (S. 289). Die dabei entstehenden umfassenden Wissensbestände über das kulturelle Objekt tragen dazu bei, dass die Zuschauer (Fans) mehr Spaß an den Darbietungen haben (Winter 2010b, S. 159). Winter verweist ferner auf die sozial-interaktive Dimension des Fantums. Demgemäß sind Fans soziale Akteure, die Kontakt zu Gleichgesinnten suchen. Das gemeinsame Thema bietet eine willkommene Grundlage, um emotionale Allianzen zu schließen, woraus affektive Formen der Vergemeinschaftung entstehen, die eine eigene Sozialwelt kreieren. Ferner gewährt die aktive Nutzerposition von Fans gegenüber ihrem Fanobjekt, ein gewisses Maß an Kontrolle über die Bedeutung des Objekts, welche durch das eigene Handeln entsteht. Hinsichtlich von Identitätsbildungsprozessen stellt Winter fest, dass innerhalb von Fanwelten Zugehörigkeiten zu einer Gruppe und entschiedene Abgrenzung zu anderen thematisch gleich gerichteten Fangruppen erfolgen. So unterscheidet er in seiner Typologie von Horrorfilmfans verschiedene Teilhabeformen, die er als eine Art Freizeitkarriere deutet, welche jeweils Auswirkungen auf die soziale Anerkennung in der Sozialwelt der Horrorfilmfans haben. Der Typologie zur Folge gibt es den *Novizen*, den *Touristen*, den *Buff* und den *Freak*. Demgemäß befindet sich der *Novize* in der Peripherie der Sozialwelt der Horrorfilmfans. Er geht kaum soziale Beziehungen zu anderen Fans ein. Sein extremes Gegenüber ist der *Freak*. Er steht im Zentrum der Sozialwelt und kümmert sich aktiv um deren Erhalt, z. B. mittels der Organisation von Veranstaltungen. Der Typ *Freak* besitzt viele soziale Kontakte in der betreffenden Sozialwelt und genießt ein hohes soziales Ansehen unter den Horrorfans (Winter 2010a, S. 210–251). Die Typologie leitet sich zwar von Rezipienten von Horrorfilmen ab, ist jedoch durchaus auf andere Fankulturen als erste Orientierung übertragbar (Hepp 2010, S. 227).

Winter (2010b) konstatiert ferner, dass die fanobjektorientierten Aneignungsprozesse dazu beitragen, biographisch begründete Themen der Fans einzubringen. In diesem Zusammenhang kann etwa die Prominenz der Fanobjekte für Praktiken genutzt werden, um sich gegen dominante Bedeutungen und Sinnstrukturen in der Gesellschaft zu positionieren. So können sich etwa homosexuelle Fans als Stars verkleiden, um ein gesellschaftliches Gendermainstreaming zu thematisieren (S. 289). Als wesentliche Motivation des Fan-Seins wird die temporäre affektive Ermächtigung genannt, welche durch das Fanobjekt entsteht. Als zentrale Grundlage, um ein Fan zu werden, wird ein eigenbestimmter Prozess der Medienbildung als eine Art Medienkarriere vorausgesetzt, die in seiner oben genannten Typologie impliziert ist. Winters (2010b) Deutungen über die ausdifferenzierten und vergemeinschaftungsbildenden fanobjektorientierten Praktiken lassen ihn zu dem Schluss kommen, dass man von je eigenen objektbezogenen bzw. genrebezogenen Fankulturen ausgehen muss (S. 163).

Hepp (2010) unterscheidet hinsichtlich des Medienkonsums Fans von anderen Konsumenten durch ihren Grad an Produktivität. So bilden Fans in einem höheren Maß medienbezogene Formen von Vergemeinschaftungen aus, die sie beispielsweise in Veranstaltungen für Fans eines Genres ausleben, sogenannten Conventions. Zudem verfügen Fans über eine kulturelle Selbstreflexivität. Sie reflektieren aus ihrer Perspektive die eigenen Prozesse ihrer kulturellen Aneignung und nutzen die Rolle als Fan für gezielte Positionierungen in sozialen Interaktionen. Ferner werden Fans selbst zu Produzenten, in dem sie ihr Fantum in eigenen Medien wie sogenannte Fanzines artikulieren. Hepp sieht insbesondere in dem weitreichenden Netz an Produktionsprozessen, dass eine tendenziell flüchtige populärkulturelle Medienaneignung bei Fans nicht zu trifft, sondern prinzipiell auf Dauer angelegt ist (S. 227 f.).

Jenkins (1992) hebt ebenfalls hervor, dass Fans aktive Produzenten sind, welche die Bedeutung und Inhalte von kulturellen Objekten manipulieren, weshalb er sie als *textual poachings* (*textbezogene Wilderer*, eigene Übersetzung) versteht (S. 12). Die *Wilderei* erfolgt in Communities von Gleichgesinnten, in denen favorisierte Lesarten über das Fanobjekt als vergemeinschaftendes Bindeglied fungieren. Sie benutzen Produkte der Massenkultur als Rohmaterialien und verwenden sie nach Belieben für ihre eigene kulturelle Produktionen sowie soziale Interaktionen (Jenkins 1992, S. 23 f.). In diesem Transformationsprozess werden Fans aktive Teilnehmer in der Konstruktion und Verbreitung der Bedeutung der jeweiligen kulturellen Objekte. Jenkins verweist darauf, dass jener Wandel von einem passiv konsumierenden Akteur zu einem pro-aktiv herstellenden Akteur Konsequenzen auf die Beziehung zwischen den Produzenten der kulturellen Objekte und den eigenwilligen Rezipienten hat, die gleichsam zu Produzenten geworden sind. Bezogen auf Literatur als kulturelles Objekt stellt er fest, dass die Beziehung zwischen Lesern und Autoren als ein anhaltender Streit über den Besitz[8] und die Bedeutung von Texten gekennzeichnet ist (Jenkins 1992, S. 28 ff.). Aus den fanobjektbezogenen Vergemeinschaftungen entstehen schließlich Fankulturen. Sie dienen als eigenständige Gegenwelten zur Alltagswelt. Die fanbezogene Anderswelt ermöglicht es, emotionale und soziale Bedürfnisse zu befriedigen, in dem anhaltende Beziehungen gepflegt werden. Ferner können intellektuelle Fähigkeiten und Kreativität ausgelebt werden, die sonst kaum verwirklicht werden können. Diese Gegenwelten zeichnen sich durch Akzeptanz gegenüber Differenzen aus und orientieren sich am menschlichen Wohlergehen. Sie bilden somit einen Gegenentwurf zum Alltag, in welchem die Orientierung an ökonomischen Vorteilen jene zwischenmenschlichen und künstlerischen Aspekte vernachlässigen. Daraus entsteht eine *weekend-only world*, in der Erfahrungen gemacht werden können, die in der Alltagswelt weniger leicht zugänglich sind (Jenkins 1992, S. 282 f.).

Clarke (1979) beschreibt in seinen Ausführungen über Jugendkulturen, die als Subkulturen begrifflich gefasst werden, ganz ähnliche kulturelle Produktionsprozesse, wie sie bei Fans festzustellen sind. Er fasst die Produktionsprozesse einer Gemeinschaft als *Stil* zusammen. Als Bedingung zur Schöpfung eines Stils werden soziale Praktiken genannt, die sich auf sehr begrenzte und kohärente Ausdrucksformen beziehen. Die Auswahl der stilbildenden Praktiken bezieht sich auf bereits vorhandene Objekte und Bedeutungen. Es wird folglich nichts neu erfunden. Vielmehr findet eine Transformation, eine Umgruppierung bzw. Übersetzung des Bestehenden in einen neuen Kontext statt, der neue Bedeu-

8 Dieser Streit scheint ebenfalls bezogen auf das Unterhaltungsangebot Fußball gegeben zu sein, worauf die Publikation „Ballbesitz ist Diebstahl“ von dem Bündnis Aktiver Fußballfans (2004) hinweist. In ihr wird die Aushandlung zwischen Fans und Fußballinstitutionen diskutiert, wobei die Gestaltung der Großveranstaltung thematisiert wird.

tungen hervorbringt. Die Transformation des vorhandenen kulturellen Rohmaterials ermöglicht es einer Gruppe, dass sie sich in den symbolischen Objekten wiedererkennen kann, indem die Neuanordnung die spezifischen Interessen und Werte einer Gruppe auszudrücken vermag. Aus der transformierten Zusammensetzung der kulturellen Objekte entwickelt eine Gruppe schließlich ein Selbstbild, welches durch den jeweiligen Stil zum Ausdruck kommt. Stile kreieren eine Symbolsprache, mit eigenen Bewertungsmaßstäben. Ein Stil vermag es so, dass klassenspezifische Probleme auf *magische* Weise temporär symbolisch überwunden werden können. Ein Stil entsteht durch die Herausnahme vorhandener Objekte und Symbolsysteme aus ihren herkömmlichen Kontexten. Jene Elemente werden durch eine Gruppe und ihren Interpretationen der Rohmaterialien zu einem neuen kohärentem System zusammengesetzt. Die stilbezogene Identität einer Gruppe entsteht jedoch nicht nur durch innere Aushandlungsprozesse. Ihre Entwicklung hängt auch von dem Verhältnis der Gruppe zu ihrer gruppespezifischen Umwelt ab. Diese Umwelt schließt andere signifikante Gruppen ein. Jene Außenbeziehungen sind für die gesamte Dauer des Gruppenbestehens determinierend. Als Voraussetzung für die Interaktion mit anderen Gruppen werden stilistische Grenzen der Gruppenmitgliedschaft definiert. Mithin entstehen Interaktionen zwischen verschiedenen Stil-Gruppen wie Mods und Rocker oder Hippies und Skinheads (Clarke 1979, S. 136 ff).

Zusammenfassend wird aus den Erkenntnissen der Fanforschung festgehalten, dass als Voraussetzungen für eine Fanobjekt-Beziehung kulturelle Objekte verfügbar sowie finanzielle und zeitliche Ressourcen gegeben sein müssen, um an ihnen teilzuhaben. Ferner wurde herausgearbeitet, dass Fans bezogen auf ihre Fanobjekte in vielseitiger Weise aktiv werden und nicht nur passiv das kulturelle Objekt konsumieren. Die objektbezogene Praxis wird mithin zu einem zentralen Konstitutiv eines jeden Fans. Die Fanobjektbindung, die zwischen den Akteuren und dem kulturellen Objekt entsteht, ist von einer hohen emotionalen Involviertheit und gleichzeitig von einer kritischen Distanz charakterisiert. Diese Dimensionierung verweist auf der einen Seite auf eine affektiv begründete Auseinandersetzung mit dem kulturellen Objekt. Andererseits bildet die Strategie der kritischen, extensiven Deutungsarbeit der Fans an ihrem Fanobjekt die Basis für einen emanzipatorischen Akt, wodurch sie eigene Lesarten bilden und mit ihnen die ursprünglichen Produzenten des kulturellen Objekts konfrontieren. Eine top-down Vorgabe von Produzierenden an Rezipierende wird in diesem Zusammenhang aufgelöst, was Jenkings (1992) an der konflikthaften Beziehung zwischen Lesern und Autoren prägnant verdeutlichte.

Bezogen auf den Forschungsgegenstand wird nun reflektiert, wie die Erkenntnisse aus der Fanforschung für die vorliegende Studie fruchtbar gemacht werden.

Um das Verhältnis zwischen den ursprünglichen Produzenten eines kulturellen Objekts und den rezipierenden Produzenten näher zu beleuchten, hilft es m. E. zwischen einem kulturellen Objekt und denjenigen Akteuren zu unterscheiden, die das kulturelle Objekt deuten und entsprechend ihrer Deutungen in Praktiken inszenieren. Diese Perspektive, der unterschiedlichen Deutungen und Inszenierungen eines kulturellen Objekts fokussiert nicht auf seine ursprüngliche Bedeutung, sondern auf interaktiv hergestellte Deutungen von Akteuren über das Objekt, welche wiederum einer prozesshaften Eigenlogik unterliegen. Aus dieser Perspektive stünde folglich nicht mehr die Fan-Objekt-Beziehung im Vordergrund, sondern die Fan-Fan-Beziehung. Die Eigenlogik der Interaktionen grundiert dann ein Selbstbild mit eigenen Namen und Praktiken wie es im Kapitel 2.1 bei den sogenannten Ultras skizziert wurde.

Es wurde ferner dargelegt, dass die Transformationen der kulturellen Objekte die Möglichkeit des Entwurfs einer utopischen Gegenwelt konstituieren, in der ein Miteinander gelebt werden kann, dass in der Alltagswelt als unmöglich erscheint. Die Vermischung von Fanwelt und Alltagswelt birgt m. E. eine nicht zu unterschätzende gesellschaftliche Funktion der Fanwelten. So verweist Joas (2011) auf die Schwierigkeit, Orte zu finden, die es ermöglichen, eigene Werte öffentlich auszudrücken (Joas zitiert nach Schößler 2011, S. 73). Auf die Verbindung zwischen ästhetischer Inszenierung und ethischer Positionierung wurde bereits verwiesen (vgl. Söffner 2010). Die Erkenntnis aus der Fanforschung sensibilisieren den empirischen Teil der vorliegenden Studie insofern, als dass die beobachteten Praktiken auch vor dem Hintergrund ihrer kompensatorischen Funktion gegenüber Alltagserfahrungen zu betrachten sind.

Des Weiteren erinnert die ästhetische Inszenierung als ethische Positionierung daran, was Clarke als Stil bezeichnete. Clarkes Ausführung über Gruppenstile beziehen sich jedoch auf die Ausdifferenzierung zwischen Gruppen aus verschiedenen Genres, z. B. Mods contra Rockers, Skinheads contra Hippies. Der Austausch zwischen Gemeinschaften innerhalb eines Stil-Genres wie es bei *Ultras* unterschiedlicher Fußballvereine der Fall ist, wird dagegen nicht beleuchtet. Ferner ist der von Clarke verwendete Begriff der *Subkultur* problematisch angesichts der Spätmoderne. Seine Ausführungen zu Subkulturen beziehen sich auf klassenspezifische Strukturmerkmale der 1970er-Jahre in Großbritannien. Das *Sub* verweist dabei auf eine Stamm- bzw. Hegemonialkultur. Sowohl die Eingrenzung von Generationen oder Hegemonialkulturen als auch die Unterscheidungen von Klassen gelten in der Spätmoderne (vgl. Rosa, Strecker & Kottmann 2013) hingegen als aufgeweicht und somit als keine verlässlichen Strukturmerkmale. Kotthaus (vgl. 2017a) verweist in ähnlicher Argumentation darauf, dass Ultras nicht als klassische Subkultur zu konzeptionalisieren sind. Gleichwohl fokussiert das Konzept des *Stils* auf die interaktive Dimension zwischen den Akteuren, welche kulturelle Objekte neu arrangieren, woraus sich Gruppen konstituieren. Diese Perspektive auf interaktive Praktiken wird in der vorliegenden Studie ebenfalls eingenommen. Insofern werden die Überlegungen zu dem Begriff des *Stils* als hilfreiche Heuristik für die Betrachtung der empirischen Daten aufgegriffen. Jedoch müssen die Bedingungen einer gegenwärtigen Stilbildung auf die aktuelle gesellschaftliche Situation übertragen werden, um Fehlschlüsse zu vermeiden. So wäre die Deutung eines Klassenkampfes, welcher mittels der Symbolik eines objektbezogenen Stils vollzogen wird, hinsichtlich gegenwärtiger gesellschaftlicher Verhältnisse vermutlich weniger tragbar.

Abschließend ist festzuhalten, dass die beschriebenen Definitionen von Fans zunächst auch auf das Phänomen *Ultras* übertragbar sind. Denn wie in Kapitel 2.1 skizziert, zeichnen sich diese Akteure etwa durch eine relativ kontinuierliche Veranstaltungsteilnahme aus, was auf eine langfristige emotionale Bindung zu einem für sie externen kulturellen Objekt schließt. Zudem präsentieren sich *Ultras* durch ihre pro-aktiven Praktiken in Fußballstadien mit selbsterstellten Materialien als kulturelle Produzenten, welche Rohmaterialien wie Fußballverein oder Stadionevent interaktiv neu arrangieren. Jene konstituierten Stile fungieren als Abgrenzungen zu anderen Akteuren, d. h. sie führen zu Selbst- und Fremdzuschreibungen.

Indem *Ultras* mittels der erfolgten Erörterung im weitesten Sinne als Fans eingeordnet werden, wird zugleich auf die m. E. berechtigte Kritik von Roose und Kollegen (2010) eingegangen, welche darauf verwiesen, dass in vielen Studien die beforschten Akteure und nicht die Forschenden darüber entscheiden, wer ein Fan ist (S. 11), wodurch die Logik des Feldes unreflektiert zu übernommen werden scheint.

Ungeachtet der Überschneidung der Charakteristika von *Fans* mit *Ultras* ist der Begriff *Fan* eng verbunden mit dem kulturellen Objekt und thematisiert somit insbesondere den Zugang als auch die Aufrechterhaltung der Fan-Objekt-Beziehung. Die Eigenlogik der Interaktionen zwischen den Akteuren rückt damit in den Hintergrund als eine Art Bestandteil der Fan-Objekt-Beziehung. Die interaktiv hergestellte soziale Wirklichkeit innerhalb der Akteur-Akteur-Beziehungen ist hingegen das Erkenntnisinteresse der vorliegenden Studie, weshalb der Begriff *Fan* mit seinem Fokus auf die Fan-Objekt-Beziehung einschränkend erscheint.

Ferner wurde darauf verwiesen, dass Fankulturen ein Massenphänomen darstellen und somit dem Zeitgeist entsprechen. Diese Feststellung führt zu der Frage, welche gesellschaftlichen Funktionen Fankulturen für die Akteure zu erfüllen versprechen bzw. welche Probleme sie lösen sollen. Mit der gesellschaftlichen Funktion von Fankulturen aus modernisierungstheoretischer Perspektive befasst sich die Szeneforschung (vgl. Hitzler 2010a)[9]. Aus dieser Perspektive werden Fankulturen als netzwerkartige Zusammenschlüsse von *posttraditionalen Gemeinschaften* (vgl. Hitzler, Honer & Pfadenhauer 2008) verstanden. Das Konzept der *posttraditionalen Gemeinschaft* und der *Szene* verspricht im Gegensatz zum Fanbegriff vordergründiger die interaktive Eigenlogik der Akteur-Akteur-Beziehungen zu beleuchten und damit im Kern das empirische Interesse der Forschungsarbeit zu behandeln. Zum anderen ermöglichen es diese Konzepte, den empirischen Teil vor dem Hintergrund gegenwärtiger gesellschaftlicher Verhältnisse zu kontextualisieren, womit dem Erkenntnisinteresse entsprochen wird, das nach Strategien von Selbst- und Fremdzuschreibungen in der Spätmoderne fragt. Aus diesem Grund werden nun die letzt genannten theoretischen Konzepte vorgestellt.

2.2.2 Posttraditionale Formen von Gemeinschaften

Beck (2015) stellt fest, dass ungeachtet von Ungleichheiten in der deutschen Gegenwartsgesellschaft, nicht von einer Klassengesellschaft ausgegangen werden kann. Als einen zentralen Grund dafür nennt er, dass insbesondere in der Nachkriegszeit nach 1945 der Wirtschaftsaufschwung in der BRD zu einem kollektiven Mehr geführt hat. Jener Umstand dünnte subkulturelle Klassenidentitäten und -bindungen aus bzw. löste sie auf. Im Zuge dessen kam es zu einem Prozess der Individualisierung und Diversifizierung von Lebenslagen und -stilen, welche eine nach sozialen Klassen strukturierte Wirklichkeit unterwandern und hinterfragen (121 f.). Die materiellen und zeitlichen Entfaltungsmöglichkeiten treffen auf die Verlockung des Massenkonsums, wodurch traditionale Lebensformen verdrängt werden. Die Überschneidungszonen von sozialen Schichten werden größer und mithin die Suche nach neuen Orientierungsmöglichkeiten. Eine Gesellschaft, die nicht mehr in wahrnehmbaren Klassenkategorien handelt, sucht nach anderen Sozialstrukturen und findet sie etwa in ungleichen Konsumstilen. Der Konsum als Lebenspraxis, nimmt in diesem neugeordneten Prozess von wechselseitigen Identitätszuweisungen eine zentrale Funktion ein (ebd., 124 ff.).

Hitzler (2010) knüpft an Becks Überlegungen an und stellt heraus, dass individuelle Orientierungen und Sinnsetzungen auch in einer komplexen, pluralisierten Welt typischerweise nicht autonom erfolgen. Vielmehr wird die individuelle Geordnetheit von Welt durch gemeinschaftliche Sozialisationsagenturen wie nicht-traditionalen Milieus beeinflusst. Jene Post-Milieus sind nicht sta-

9 Auf die Übertragung des Szene-Konzepts auf Fankulturen verweist Hepp (2010, S. 227).

tisch. Akteure pflegen mehr oder weniger flexibel Kontakte in ganz unterschiedlichen sozialen Räumen, was zu relativ offen strukturierten Milieus führt. Vieles scheint demnach im neuen und scheinbar grenzenlosen Miteinander möglich. Nur eines soll vermieden werden: mental und emotional einsam zu sein. Der nach wie vor bestehende Vergemeinschaftungsdrang soll Verunsicherungstendenzen in einer komplexen Realität durch kollektive Orientierungen kompensieren. Denn in der Gegenwartsgesellschaft verlieren traditionelle Sozialisationsagenturen wie Familie, Kirche oder politische Organisationen insbesondere für Heranwachsende ihre entlastende Funktion. An ihre Stelle treten soziale Erfahrungsräume, die sich jedoch traditionellen Verbindlichkeitsansprüchen entziehen (S. 14 ff.). Mithin bilden sich Gesinnungsgenossenschaften heraus, deren vergemeinschaftende Kraft aus ähnlichen Lebenszielen und ästhetischen Ausdrucksformen erwachsen. Jene Sinnwelten werden als *posttraditionale Gemeinschaftsformen* bezeichnet. Als Merkmale für jedwede Form der Gemeinschaft wird die Abgrenzung zu einem „Nicht-Wir", einem Zugehörigkeitsgefühl, ein von der Gemeinschaft geteiltes Interesse, eine gemeinsam geteilte Wertsetzung der Mitglieder und das Vorhandensein zugänglicher Interaktionsräume erachtet (Hitzler, Honer & Pfadenhauer 2008, S. 9 ff.). In diesen sozialen Gebilden bestehen wie bei traditionalen Gemeinschaften ebenfalls Regeln, Routinen und Weltdeutungsschemata. Im Unterschied zu traditionellen Gemeinschaften gelten sie jedoch nicht als (relativ) alternativlose Lebensentwürfe. Vielmehr sind die posttraditionalen Gemeinschaften durch vergleichsweise geringe *Kosten* leicht wähl- und abwählbar. Ferner ermöglichen sie parallele *Mitgliedschaften* (Hitzler 2010a, S. 14 f.). Die Wahlgemeinschaften haben typischerweise kein institutionelles Sanktionspotenzial, um ihre Weltsicht durchzusetzen. Stattdessen verführen sie zur Teilnahme durch erlebenswerte Erfahrungsmöglichkeiten, aus welchen eine freiwillige, emotionale Bindung ihrer Mitglieder resultiert. Jene Bindungskraft ist gleichsam temporär und führt zu einer wechselnden Partizipation an verschiedenen Gemeinschaften. Ferner erfolgt die Reproduktion einer solchen posttraditionalen Form der Gemeinschaft nicht durch geteilte Interessen, sondern sie erzeugen sie, d. h. aus dem gemeinsamen Handeln ergibt sich die Existenz der Gemeinschaft (Hitzler, Honer & Pfadenhauer 2008, S. 12 f). Die Autoren beziehen sich in ihrem Konstrukt der *posttraditionalen Gemeinschaft* u. a. auf Maffesolis Konzept des Neo-Tribalismus (1988 zit. nach Keller 2006). Maffesoli konstatiert einen Wandel von einer rational-individualistischen Gesellschaft hinzu einer postmodernen Konfiguration, in der vielfach zergliederte und sich in ständiger Neuordnung befindende Stammesbildungen erfolgen. Die Metapher des *Stammes* (engl.: tribe) verweist darauf, dass es sich bei dieser Art von Gemeinschaften nicht um erzwungene, existenzielle oder zweckorientierte Gruppenbildungen handelt. Vielmehr stehen gemeinsam geteilte Erlebnisse, Erfahrungen und Gefühle der Gemeinschaftsbildung im Vordergrund. Der daraus hervorgehende Neo-Tribe ist ein komplexes Gebilde, welches aus Ritualen und Zwängen besteht. Er ist von einer organischen Solidarität gekennzeichnet, in der das Individuum sich im Kollektiv verliert. Der Glaube bzw. die Selbstvergewisserung der Gemeinschaft erfolgt durch emotionale Hingabe seiner Mitglieder. Die emotionale Involviertheit ist wiederum kontingent wie die Mitgliedschaft selbst (Keller 2006, S. 106 ff.).

Auch wenn *posttraditionale Gemeinschaften* insbesondere bei heranwachsenden Jugendlichen eine übliche Gesellungsform darstellen, beschränkt sich diese Art von sozialen Zusammenschlüssen nicht auf diese Lebensphase. Dies trägt dem Umstand Rechnung, dass die Phase der Jugend ohnehin entstrukturiert ist und als Kulturphänomen keinen klaren Altersgrenzen folgt. In diesem Zusammenhang werden die Vergemeinschaftungen als *juvenil* bezeichnet, womit sie sich für Altersphasen auch nach der Jugend öffnen (Hitzler 2010a, S. 9 f.).

Traditionale Formen der Gemeinschaft sind also relativ starre und alternativlose, soziale Gebilde. Sie können sich mittels Zwangsstrukturen, Zugehörigkeit und Abgrenzung etablieren und sich aus diesen reproduzieren. *Posttraditionale Gemeinschaften* kennzeichnen sich dagegen durch eine freiwillige und emotionale Teilnahme. Diese Vergemeinschaftungsformen überzeugen durch ihr verführerisches Angebot und nicht durch Zwang. Sie werden als kollektive Orientierung charakterisiert, aus der eine organische Solidarität hervorgeht, mit welcher schließlich individuell erlebte Verunsicherungstendenzen angesichts der Komplexität der Gegenwartsgesellschaft kompensiert werden sollen. Die Bedingung für die Existenz der Gemeinschaft ist die gemeinsame Praxis. Der tendenziell offene Zugang in *posttraditionalen Gemeinschaften* und ihre fehlenden Zwangsstrukturen haben flüchtige und parallele Mitgliedschaften zur Folge. Die losen Zusammenhänge machen sie damit im hohen Maß kompatibel für individualisierte Lebensentwürfe in einer pluralisierten Gesellschaft.

Der dargelegte Gemeinschafts-Begriff ist fruchtbar für das zu ergründende Feld. Die Erkenntnis, dass die posttraditionale Form der Gemeinschaft nicht durch ein geteiltes Interesse entsteht, sondern es durch ihre Praxis erst erzeugt, verweist auf die zentrale Bedeutung der Interaktionen zwischen den Akteuren. Damit einhergehend verschiebt sich der Fokus von der im vorhergehenden Kapitel dargelegten Perspektive einer Fan-Objekt-Beziehung auf die Akteur-Akteur-Beziehung. Jener Ansatz scheint erkenntnisfördern für das Forschungsfeld, da er unmittelbar die Präsentationsformen der Akteure thematisiert. Mithin lassen sich die in Kapitel 2.1 skizzierten Praktiken der zu beforschenden Akteure vielmehr als Interaktionsangebote zum Zweck der Gemeinschaftsbildung verstehen und weniger vordergründig als eine fanobjektbezogene Praxis. Aus dieser Perspektive bildet ein kulturelles Objekt wie ein Fußballverein die Basis für die Vergemeinschaftung. Die Praxis der entstandenen

Gemeinschaft orientiert sich jedoch an der interaktiven Eigenlogik zwischen den vergemeinschafteten Akteuren und nicht zwangsläufig an dem sich ohnehin inhaltlich selbst reproduzierenden Fanobjekt. Entsprechend wird der Begriff *Fan* in vorliegender Studie insbesondere als Erklärung für den Zugang zu einer Gemeinschaft genutzt. Um jedoch gemäß des Erkenntnisinteresses die beobachteten Praktiken der Akteure besser zu verstehen, ist der Begriff der *Gemeinschaft*, welcher in der Forschungsarbeit bisweilen synonym als *Gruppe* bezeichnet wird, naheliegender, da er insbesondere auf die empirisch noch zu ergründende Eigenlogik der Interaktionen zwischen den Akteuren abzielt. Entsprechend werden im empirischen Teil die Begriffe Gemeinschaft oder Gruppe für die zu beforschenden Akteure verwendet.

Nachdem das Konzept der *posttraditionalen Gemeinschaft* beleuchtet und mit dem Begriff *Fan* diskutiert wurde, wird nun die netzwerkartige Gestalt skizziert, in welcher die thematisch fokussierten Gemeinschaften miteinander interagieren, um so die Bedingungen der gegenseitigen Bezugnahme zwischen den Akteuren zu beleuchten.

2.2.3 Szenen als netzwerkartige Struktur von posttraditionalen Gemeinschaften

Wie einleitend dargestellt, beziehen sich *Ultras* bei Stadionfußballspielen in ihren Tribünenpraktiken nicht nur auf das Fußballspiel, sondern auch auf die jeweils andere Ultra-Gemeinschaft des gegnerischen Fußballvereins, z. B. mit Bannern oder Gesängen. Die interaktive Orientierung zwischen den Ultra-Gemeinschaften erfolgt wie im empirischen Teil zu zeigen sein wird, auch außerhalb der Veranstaltungsorte. So nehmen *Ultras* auf Reisewegen zu den Veranstaltungen verbalen oder physischen Kontakt mit anderen reisenden *Ultra-Gemeinschaften* auf. Verschiedene Internet-Portale oder Fanzines, in denen über Regeln im Umgang miteinander diskutiert wird, deuten ebenfalls auf einen regen Austausch zwischen Ultra-Gemeinschaften hin, welcher auf gruppenübergreifende Handlungsorientierungen verweist. Ultra-Gemeinschaften scheinen folglich adäquate Adressaten füreinander zu sein, da sie als Gruppen von Gleichgesinnten gewertet werden, woraus anschlussfähige, reziproke Interaktionen hervorgehen. Das sozialwissenschaftliche Konzept der *Szene* widmet sich derlei gruppenübergreifenden Interaktionsstrukturen, weshalb es als begrifflicher Bezug für den empirischen Teil nun skizziert wird.

Szenen werden als lockere Netzwerke charakterisiert, in denen eine unbestimmte Zahl von Personen und Personengruppen freiwillig vergemeinschaftet sind (Hitzler & Niederbacher 2010, S. 16 f.). Szenen sind ein funktionales Äquivalent eines verloren gegangenen Gemeinschaftslebens in einer individualisierten Gesellschaft. Sie versprechen individuelle Selbstvergewisserung und Einflussnahme auf die je eigene soziale Situation ihrer Teilnehmer (Lucke 2006, S. 21). Szenen sind lokal gefärbt, jedoch nicht lokal begrenzt. Es sind keine formalisierten Organisationen mit offiziellen Mitgliedern. Fixierte Mitgliedschaftskriterien gibt es nicht. Ein beliebiger Ein- und Austritt ist deshalb spontan möglich und wahrscheinlich. Lediglich das Bekenntnis zur Teilnahme und die Orientierung an der äußeren Form der Szene ist Voraussetzung (Schulze 2000, S. 463). Szenen (lat. Scena = Zelt, Bühne, Theater) dienen dazu, etwas in der Öffentlichkeit zu *inszenieren* bzw. in Szene zu setzen (Lucke 2006, S. 7). Sie lassen sich als Gesinnungsgemeinschaften charakterisieren, in denen vor allem Jugendliche in ihrer Suche nach identitätsstiftenden Ankern auf Gleichgesinnte hinsichtlich ihrer Interessen treffen. Das gemeinsame Bindeglied von Szenen sind thematische, ästhetische und mentale Formen der kollektiven Selbststilisierung, z. B. Musikstil, Sportart, Weltanschauung, Konsumgegenstände (Gebhardt, Hitzler & Pfadenhauer 2000, S. 11). Sie dienen als Grundlage für vielseitige Gemeinschaftserlebnisse. Als kleinster dramaturgischer Nenner einer Szene ist ein Bild zu nennen, was nur mit Szenewissen verstanden werden kann (Lucke 2006, S. 7). Das Selbstbild einer Gruppe innerhalb einer Szene umfasst sowohl das Bild, eine Gruppe zu sein als auch ein Teil einer Szene zu sein. Die Kommunikation innerhalb einer szenezugehörigen Gruppe ist engmaschiger als zwischen den Gruppen einer jeweiligen Szene. Jedoch ist die gruppenübergreifende Interaktion ein wichtiger Bestandteil für die Gewissheit der Existenz einer Szene. Der kommunikative Austausch innerhalb dieser Netzwerke dient dazu, sie zu reproduzieren. Die Interaktionen zwischen Gruppen erfolgen durch szenetypische Symbole, Zeichen und Rituale. Jene Signale der Szenezugehörigkeit machen es nicht erforderlich, dass sich die Szenegänger persönlich kennen (Hitzler & Niederbacher 2010, S. 20). Zur Vergewisserung der kollektiven Existenz einer Szene dienen monothematische Events, in denen ein Zusammengehörigkeitsgefühl exzessiv inszeniert und ausgelebt wird (Gebhardt 2002, S. 294). Die existenzielle Reichweite der szeneimmanenten Deutungsangebote kann für den einzelnen Szenegänger relativ weitreichend sein, dringt jedoch kaum bis in alle Lebenslagen vor. Dafür ist die Szene ebenso wie die eigene Teilnahme zu unbeständig (Lucke 2006, S. 20). Die jederzeit kündbare Zugehörigkeit zu einer Szene bietet nur kurzfristig die Illusion, dass ein Urteil über das wirklich Wichtige und Richtige im Leben auf eine verallgemeinerungsfähige Grundlage gestellt werden kann (Gebhardt, Hitzler & Pfadenhauer 2000, S. 12).

Eine Hierarchisierung innerhalb von Szenen ergibt sich aus einer szeneorientierten Leistungserbringung. Hitzler & Niederbacher (2010) führen in diesem Zusammenhang sogenannte Organisationseliten an. Dabei handelt es sich meist um langjährige Szenegänger, die durch ihr Szene-Wissen und ihre Kontakte im Netzwerk selbst Events produzieren können, z. B. Konzerte oder Conventions

(S. 22). Die Ausdifferenzierung innerhalb einer Szene, die verschiedene Teilhabemöglichkeiten implizieren, ermöglichen es innerhalb eines solchen lockeren Netzwerks Aushandlungen darüber zu vollziehen, wer *richtiger* Szenegänger und wer nur *Mitläufer* ist. Die teilweise unübersichtliche Zusammensetzung und Ausdeutung von *Szenen*, ihr flüchtiger, fluider Charakter ohne klare Grenzen, macht es den Bewertenden jedoch schwer, passende Urteile zu treffen. Jene Uneindeutigkeit macht sie mithin zum Sinnbild einer Gesellschaft mit verschwimmenden Grenzen und Zugehörigkeiten (Lucke 2006, S. 18). Die natürlich gewachsene Diffusität der Teilnahmebedingungen und -formen zwischen den Szenegängern scheint die Bedingung zu erfüllen, immer wieder über das Konstrukt mit Verstetigungsabsichten zu diskutieren, was wiederum zur interaktiven Reproduktion der *Szene* beiträgt.

Vor diesem Hintergrund werden *Szenen* als thematisch vororganisierte Interaktionsgeflechte verstanden. Sie zu erkunden, erfordert eine Beschreibung, welche Typen von Akteuren in Szenen miteinander wie interagieren und welche Bedingungen dabei unerlässlich sind (Hitzler & Niederbacher 2010, S. 184).

Zusammenfassend bildet demnach eine Szene als loses Netzwerk den thematischen Überbau von verschiedenen Gruppen. In dem szeneförmigen Netzwerk verfolgen die unterschiedlichen Gruppen gemeinsame Interessen. Eine Szene verspricht ihren Teilnehmern das Gefühl von Zugehörigkeit und ist daher eine funktional äquivalente Alternative gegenüber der pluralisierten Gesellschaft, in welcher institutionalisierte Zugehörigkeiten nur schwach ausgeprägt sind. Innerhalb einer szenezugehörigen Gruppe ist die Interaktion ausgeprägter als zwischen den Gruppen einer Szene. Gleichwohl ist die Kommunikation mit den gleichgesinnten Gruppen konstitutiv für die gesamte Szene. Die Interaktionen orientieren sich an einem gemeinsamen symbolischen Stil, der ästhetische Ausdrucksweisen, Kleidung oder gemeinsam geteilte Einstellungen umfasst. Anders als im *Stil* bei Clarke (vgl. 1979), durch welchen gesellschaftliche Klassen überwunden werden sollen, werden *Stile* im *Szene-Konzept* als reziproke Interaktionsstrategien verstanden, durch welche Zugehörigkeiten in der partiell zugehörigkeitslos erlebten Welt hergestellt werden.

Die Wissensbestände aus der Szeneforschung verweisen darauf, dass *Ultra-Gruppen* nicht nur auf sich als einzelne Gemeinschaft bezogen handeln, sondern in ein übergeordnetes Netzwerk eingebunden sind, dass als *Szene* charakterisiert wird, die weitere *Ultra-Gruppen* umfasst. Das Wissen um die Einbindung der zu beforschenden Gruppe in eine Szene sensibilisiert den empirischen Teil der Arbeit dahingehend, als dass eine *Ultra-Gruppe* zwei wesentliche Probleme bewältigen muss: Sie steht der Anforderung gegenüber, eine Gruppe zu bilden, um den Zugang in die Szene zu erlangen und sie muss ihre Zugehörigkeit zur Szene durch Interaktionen mit anderen *Szene-Gruppen* herstellen, um zu einem erkennbaren und reproduzierenden Teil der Szene zu werden. Als

Szene-Gruppe von anderen *Szene-Gruppen* wahrgenommen zu werden, scheint deshalb bedeutsam zu sein, weil die Szene-Zugehörigkeit vielseitige Interaktionsräume eröffnet, welche sinnstiftend für die eigene Gruppen-Praxis sind, wodurch sich die Gruppe reproduziert. Das übergeordnete Label *Szene* verweist folglich auf eine gruppenbezogene Handlungsorientierung nach innen und eine szenebezogene Handlungsorientierung der Gruppe nach außen, wodurch die interdependente Wechselbeziehung zwischen Gruppe und Szene aufrechterhalten wird.

Bezogen auf die Erkenntnisse aus den vorherigen Unterkapiteln wird für die begriffliche Kontextuierung im empirischen Teil der Arbeit folgende Schlussfolgerung gezogen: Der Zugang zur Gemeinschaft erfolgt über das gemeinsam geteilte Interesse an einem kulturellen Objekt (Fußballverein). Innerhalb dieser Akteur-Objekt-Beziehung wird der Akteur zunächst als Fan charakterisiert. Die Ausgestaltung der emotionalen Objektbindung erfolgt bei den zubeforschenden Akteuren jedoch in einer gruppenförmigen *Gemeinschaft*, wodurch soziale Bindungen zwischen Mitgliedern entstehen. Die Sinnstrukturiertheit dieser gemeinschaftlichen Praxis bildet den Gegenstand der Studie. Diese reziprok aufeinander bezogenen Interaktionen zwischen den stilistisch ähnlichen Gruppen verweisen auf eine übergeordnete Eingebundenheit in ein soziales Netzwerk, welches vorliegend als Szene bezeichnet wird.

Neben der begrifflichen Kontextuierung sensibilisierte die informelle *Szene-Mitgliedschaft* der zu beforschenden Gemeinschaft dafür, dass ihre Praxis sich nicht nur als Gemeinschaft-Objekt-Beziehung grundiert, sondern gleichsam vor dem Hintergrund von Gemeinschafts-Gemeinschafts-Beziehungen rekonstruiert werden muss. Erkenntnisse über eine Gruppe zu erlangen, die einer Szene zugehörig ist, verspricht wiederum generalisierbare Aussagen über die anderen beteiligten Szene-Gruppen zu generieren, da sie alle dem Szene-Sinn als gemeinsame Orientierung folgen.

Nachdem die begriffliche Kontextuierung des empirischen Teils auf Akteurebene dargelegt wurde, erfolgt nun die begriffliche Bestimmung des zentralen Handlungsortes der zu beforschenden Akteure: das Stadionfußball-Event.

2.2.4 Events als Sinnangebote

Gegenwärtig lässt sich ein mannigfaltiges Angebot an Events für alle nur erdenklichen Personengruppen beobachten. So gibt es Massenevents, wie Sport-Großveranstaltungen, Musik-Festivals oder hochkulturelle Festlichkeiten wie die Bayreuther-Festspiele. Es werden Verkaufsveranstaltungen als Happenings inszeniert, in denen das neue Auto eines Herstellers in ein vielseitiges Erlebnisangebot mit Musik, Speisen und Getränken angepriesen wird. Spendengalas, die zum Anreiz der Solidarität dienen, warten mit einem umfangreichen Rahmenprogramm auf, das ein vielseitiges Spektakel verspricht. Der katholische Weltjugendtag wird als Mega-Event organisiert und auch kaum eine größere politische Veranstaltung scheint mehr ohne ein unterhaltsames Rahmenprogramm auszukommen (Gebhardt 2000, S. 17 f.). Die daraus ableitbare weitverbreitete Eventisierung von konsumorientierten, kulturellen, religiösen und politischen Inhalten, legt die bereits im 1. Kapitel am Beispiel des Massenphänomens Profifußball aufgeworfene Frage nahe, was Events gegenwärtig so anschlussfähig und erfolgreich machen? Um dieser Frage nachzugehen, werden im Folgenden verschiedene Merkmale von Events herausgearbeitet und im Kontext gegenwärtiger gesellschaftlicher Verhältnisse reflektiert.

Events werden als situative Formationen definiert, in denen Menschen miteinander in körperlicher Kopräsenz fokussiert interagieren (Knoblauch 2000, S. 35 f.). Es handelt sich bei einem Event um ein vororganisiertes Ereignis, das aus kommerziellen oder weltanschaulichen Interessen durchgeführt wird. Es bedarf einer gut durchdachten Planung, im Rahmen derer verheißungsvolle Sinnangebote bereitzustellen sind, die in einem beeindruckenden Ganzen synthetisiert werden. Der ästhetisch und emotional verdichtete Zeitraum des Eventrahmens minimiert Routinen und Zwänge des Alltags, wodurch ein außeralltäglicher Charakter entsteht, der als vitalisierende Kraftquelle des Seins von seinen Teilnehmern erlebt werden kann (Gebhardt 2000, S. 19). Das angebotene Versprechen zielt insbesondere auf Spannung, Spaß und Rausch im Kollektiv ab, in dem an symbolisch vermittelten Angeboten partizipiert wird. Als Voraussetzung für das außeralltägliche Erlebnis werden insbesondere die Praktiken der Teilnehmer genannt, die ein Event erst zum Event werden lassen. Ein Event wird mithin zu einem *Miteinander-Machen* zwischen Produzenten und Konsumenten (Hitzler 2011, S. 13 ff.). Events vermarkten sich entsprechend als einzigartige Erlebnisse und drängen darauf, bereits erlebte Reize zu überbieten. Die Einzigartigkeit erhält es sich insbesondere durch innovative Angebote und größere zeitliche Abstände zwischen den Events, um ein *jungfräuliches* Erleben bei der wiederholten Teilnahme zu fördern. Zudem versuchen Event-Produzenten als Strategien zur Veraußeralltäglichung immer außergewöhnlichere Programmzusammenstellungen an spektakuläreren Orten zu initiieren. Misslingt einem Veranstalter, ein außergewöhnliches Erlebnis anzubieten, verweigert sich der Besucher oder er schafft sich selbst außergewöhnliche Reize innerhalb des Angebots. Somit unterliegt das Event einer prinzipiellen Eigendynamik, dass seine Planbarkeit einschränkt (Gebhardt 2000, S. 20). Hinsichtlich einer ständigen Erneuerung von Reizangeboten konstatiert Hitzler (2011), dass keine Organisation ein Event-Typus dauerhaft und massenhaft kundenbindend institutionalisieren kann (S. 19).

Events haben eine eigene Formsprache. Sie bedienen sich eines kulturellen und ästhetischen Synkretismus wie etwa die Vermischung von religiösen Ideen oder Philosophien zu einem neuen Weltbild. Der bunte Mix aus traditionellen und exotischen kulturellen Anleihen ermöglicht eine Kontextverschiebung hin zum *totalen Erlebnis* auf möglichst vielen Ebenen. Zugangsbegrenzungen zu diesem Erleben erhöhen den Grad der Exklusivität, z. B. durch persönliche Einladungen. Ungeachtet von subtilen Hierarchien zwischen den Event-Gängern dominiert jedoch das Streben nach der Erfahrung, eine große Einheit zu bilden (Gebhard 2010, S. 21). Die Zugehörigkeit und Abgrenzung gegenüber anderen erfolgt weitgehend durch ästhetische Stilmittel. Sie stellen innerhalb der pluralisierten Gesellschaft eine sinnstiftende Kommunikationsressource dar, woraus die oben genannten posttraditionalen Gemeinschaften hervorgehen (Hitzler 2011, S. 14).

Als kollektives Ereignis sind Events meist monothematisch ausgelegt, z. B. Musik- oder Sportarten. Jene Themen bieten die interaktive Grundlage für die vergemeinschaftende Teilnahme. Die Events benötigen für die Identitätsbildung ihrer Teilnehmer identifikationsfähige und -würdige Inhalte, d. h. Ideen, Handlungsformen oder Produkte, die attraktiv genug sind, um Energie, Zeit und Geld zu investieren. In diesem Zusammenhang ist es für Events charakteristisch, ein Alleinstellungsmerkmal zu inszenieren, welches *theoretisch* begründen kann, warum man an der Veranstaltung teilnimmt (Gebhardt 2000, S. 22). Je intensiver die Identifizierung, desto erfolgreicher wird das Event (Heintel 2007, S. 49). Ein möglicher Begründungszusammenhang für die Hingabe zu einem programmatischen Spektakel umfasst einen *subkulturellen* Eigensinn, in welchem besondere Werthaltungen gelebt werden. Eine andere Form der theoretischen Teilnahmebegründung ergibt sich aus *elitären* Zuschreibungen gegenüber dem eigenem Handeln. Ferner kann die Rückbesinnung auf traditionelle Deutungsmuster, die in dem Event zum Tragen kommt, die eigene Teilnahme moralisch aufladen (Gebhardt 2000, S. 22).

Im Grunde genommen sind Events aus historischer Perspektive lediglich eine spezifische Variationen des Festlichen und demnach nichts Neues. Ihre Allgegenwärtigkeit verändert jedoch ihre ursprüngliche Funktion. So argumentiert Gebhardt (2000), dass in der Spätmoderne Feste des Staates, wie die etablierter Institutionen im Allgemeinen an Bedeutungen verlieren und nicht-institutionalisierte Formen von Events an ihre Stelle rücken. Derlei Formen entsprechen der eingangs erwähnten (Kap. 1) gesellschaftlichen Entstrukturierung mit sich auflösenden Klassenkategorien, woraus heterogene Teilnehmerkreise resultieren. Ferner wird eine Profanisierung diagnostiziert, die eher auf schöne Erlebnisse setzt, als auf konkrete Sinnvermittlung. Die ideologiefreien Feste sind jedoch kaum identitätsstiftend. Kompensiert wird die unterstellte Sehnsucht nach universalistischen Bekenntnissen durch einen weitgehend unverbindlichen Humanitarismus, der meist mit esoterischen Einfärbungen versehen ist. Die Feste, die nicht biographisch oder historisch begründet sind, sondern um ihrer selbst willen stattfinden, bedürfen jedoch auch einer Legitimation, weshalb kreative Traditionen und Mythen erfunden werden, die das Alleinstellungsmerkmal der Zusammenkunft expliziert (S. 25 f.). Hitzler (2011) konstatiert für die Spätmoderne, dass Events notwendige existenzielle Bezugs- und Kulminationspunkte des lebenslangen individuellen Sinnbastelns sind, da der Einzelne, „[…] aus verbindlichen Denk- und Verhaltensnormen, aus verlässlichen Sozialbeziehungen und Symbolwelten herausgelöst" (Hitzler 2011, S. 21) ist. Insofern wird innerhalb des Events existenziell Ernst mit dem Spaß gemacht (ebd.).

Zusammenfassend ist aus der theoretischen Annäherung an *Events* festzuhalten, dass eine Stadionfußball-Veranstaltung mit ihren Eigenschaften monothematisch, raum-zeitlich begrenzt sowie kollektivfördernd zu sein, theoretisch als ein Event einzuordnen ist. Indem die gemeinschaftsbildenden Events das Gefühl der sozialen Isolierung innerhalb der entstrukturierten Spätmoderne temporär auffangen und bewältigen, wird sogleich eine Erklärung für ihren *Hype* in der Gegenwartsgesellschaft bereitgestellt. Ferner kann konstatiert werden, dass Events sich als unverbindliche Sinn-Angebote mit dem Versprechen charakterisieren, kollektiv etwas Außergewöhnliches zu erleben. Das außergewöhnliche Erleben besteht aus dem *Miteinander-Machen* zwischen Produzenten und Konsumenten, das während des Events räumlich, zeitlich und sozial vollzogen wird. Mithin wird auf eine konstitutive Wechselbeziehung für den Veranstaltungserfolg verwiesen. Jene Erkenntnis konsolidiert das vorliegende Forschungsinteresse, wonach explizit die Praktiken der Besucher beforscht werden. Erkenntnisse über diese Praktiken zu generieren, ermöglicht wiederum, Einblicke in die Erlebensstruktur der Akteure zu erlangen und damit die Sinnstrukturiertheit ihres Handelns besser zu verstehen sowie wesentliche Bedingungen und Folgen spätmoderner Vergemeinschaftungen im Allgemeinen zu ergründen.

Schließlich hat die dargelegte Erörterung auf ein strukturimmanentes Problem von Events hingewiesen: Die Reize, welche die Veranstaltungen bei ihren Teilnehmern auslösen sollen, müssen sich von einem zum nächsten Event der gleichen Sorte steigern, um so seinen außergewöhnlichen Charakter herzustellen. In diesem Zusammenhang wurde auf die empirisch gut belegte These verwiesen, dass keine Organisation ein Event-Typus dauerhaft und massenhaft kundenbindend institutionalisieren kann (vgl. Hitzler 2011). Im Gegensatz zu dieser Problematik der dauerhaften Kundenbindung fällt bei Fußballstadion-Veranstaltungen auf, dass insbesondere in den Spielklassen der Bundesliga und der 2. Bundesliga regelmäßig ein hohes Besucheraufkommen[10] zu verzeichnen ist. Jene Feststellung der relativ konstanten Besucherströme ist angesichts der zeitweise wöchentlichen Darbietung von insgesamt 34–36 Spielen innerhalb einer Spielsaison (von August bis Mai oder Juni) umso erstaunlicher. Es ließe sich zunächst vermuten, dass sich das hohe Besucheraufkommen im Stadionfußball aus einem großen Pool an fluktuierenden Besuchern zusammensetzt und deshalb eine konstant hohe Besucherzahl entsteht, da es sich immer wieder um andere Besucher handelt. Dem wiederspricht allerdings der Umstand, dass es viele Dauerkarteninhaber gibt, zu welchen auch meist die zu beforschenden Akteure zählen. Um eine Dauerkarte zu besitzen, wird ein Pauschalpreis für den Veranstaltungszugang über eine gesamte Spielsaison entrichtet. Diese Zugangsoption spricht für eine dauerhafte Kundenbindung. Jene Dauerkarten werden nicht etwa für jede Saison neu beantragt, sondern das Angebot steht automatisch auf Lebenszeit zur Verfügung, sofern man sich nicht gegen das Angebot entscheidet. Zudem werden Ticketkontingente erst an eingetragene Fan-Clubs, also an organisierte Besucherschaften vergeben, bevor Spontanbesucher die Möglichkeit erhalten, eine Eintrittskarte zu erwerben. Demnach gestaltet es sich je nach Verein und Spielklasse gar nicht so einfach, überhaupt eine der begehrten Tickets zu bekommen. D. h., die Produzenten des Events *Stadionfußball* gehen bei ihrer Planung von vornherein davon aus, Kunden dauerhaft an ihr Angebot binden zu können und scheinen auf den ersten Blick damit Erfolg zu haben. Auf Basis der bisherigen Forschungen zu Events verwundert die dauerhafte Bindung der Besucher. Zwar unterliegt die Darstellung eines Fußballvereins temporären Ortswechseln, die gegnerischen Sportmannschaften wechseln oder die fußballerischen Darbietungen können gemäß des Fußballregelsystems besondere sportliche Bedeutung haben, z. B. wenn ein Verein durch einen Sieg in eine höhere Spielklasse aufsteigen kann. Im Grunde genommen stellen die Produzenten der Veranstaltung jedoch immer wieder das gleiche Angebot in Form einer sportlichen Darbietung mit einem relativ konstanten Ablauf zur Verfügung und das in besonders kurzen Zeitabständen. Das Angebot selbst scheint mithin nur begrenzt fortwährend neue Reize des Außergewöhnlichen auszulösen. Daran schließt sich die Frage, wie es gelingt, dass ungeachtet der zeitlich nahe aneinander liegenden Neuinszenierungen der mehr oder weniger gleichen Veranstaltung, dennoch scheinbar immer wieder ähnliche Besucherschaften, wie es die Dauerkartenbesitzer andeuteten, zum

10 In der Spielsaison 2016/2017 verzeichnete die Bundesliga einen Zuschauerschnitt pro Stadionspiel von 40693 Tsd. Zuschauern und von 21560 Tsd. in der 2. Bundesliga. Insgesamt besuchten 19.049.362 Mio. Zuschauer die 612 Spiele beider Spielklassen, womit der höchste Zuschauerzuspruch in der Geschichte des deutschen Profifußballs der Männer erzielt wurde: http://www.bundesliga.com/de/bundesliga/news/profifussball-verzeichnet-zuschauerrekord-dfl-bundesliga-2-bundesliga-fans.jsp zuletzt eingesehen, 26.09.2017.

Eventbesuch verführt werden? Jene gelingende institutionalisierte Veraußeralltäglichung verweist erneut auf das oben genannte *Miteinander-Machen* im Event. So kann vermutet werden, dass bei einer relativ konstant bleibenden Eventorganisation, insbesondere die Besucher dazu beitragen, dass für sie die Veranstaltungsteilnahme nicht an Reiz verliert. Jene Feststellung verweist auf eine Entkopplung zwischen Besuchern und vororganisierter Darbietung, die auf eine Selbstbezogenheit der Besucher hindeutet. Wie sich diese scheinbar selbstreproduzierende Praxis der Akteure konstituiert, wird im empirischen Teil vorliegender Studie rekonstruiert.

2.3 Empirische Studien des Forschungsfeldes

Fußballstadiongänger[11] als soziologisches und insbesondere jugendkulturelles Phänomen zu betrachten, blickt auf eine längere Forschungsgeschichte zurück (z. B. Hopf 1979; Göbbel 1986). Um die Vielzahl der Besucher und Besucher-Gruppen mit ihren unterschiedlichen Interessen und Motiven zu erfassen, wurden diese umfangreich typologisiert. So unterschieden Heitmeyer & Peter (1988) zwischen *konsumorientierten, fußballzentrierten* und *erlebnisorientierten* Fans, womit sie den deutschen Diskurs des Forschungsfeldes prägten. Andere Typologien lassen sich etwa bei Utz & Benke (1997) finden, welche die Fans in *Kutten, Novizen, Veteranen* und *Hools* unterteilen. Schwenzer (2002) identifiziert die Zuschauertypen *Experte, Held* und *Enthusiast.* Hingegen erkennt Gebauer (2002) lediglich *Novizen* und *Kutten.* In der international viel rezipierten Studie von Giulianotti (2002) wurden die Stadionfußballbesucher in Großbritannien ebenfalls typologisiert: *supporters, followers, fans* und *flâneurs.* Schwier (2005) konstatiert allerdings, dass Ultras eine neue Generation von Fußballfans sind, die kaum in die bisherigen Fan-Kategorien eingeordnet werden können (S. 22). Auf diese Problematik der bisherigen Erkenntnispotenziale für das Phänomen *Ultra* verweist auch Kotthaus (2017b, S. 40). Überkommene Klassifikationen anzuwenden, würde Interpretationsspielräume verengen und somit erschweren, neue Beobachtungen und Erfahrungen zu generieren (Riedl 2006, S. 183). Entscheidend ist vor allem, dass der in der vorliegenden Studie gewählte Forschungsstil bei der Beobachtung von Praktiken ansetzt, die sich vorhandener Typologien enthält und diese allenfalls als Teilergebnis der eigenen Rekonstruktionsarbeit in den wissenschaftlichen Diskurs einbringt.

11 Bezogen auf das Erkenntnisinteresse vorliegender Arbeit enhält der Forschungsstand ausschließlich Studien über Besucher der Fußballveranstaltungen. Studien etwa über Medienaneignung im Kontext von Fußball (u. a. Ihle et al. 2017) werden nicht berücksichtigt.

Unter Berücksichtigung neuartiger Fankulturen im Fußballstadion und insbesondere der sogenannten Ultras entwickelten Grau et al. (2016) anhand einer quantitativ-repräsentativen Stichprobe eine Typologie, die sich vordergründig auf Konflikte und Gewalt im Zusammenhang mit Fußballfans bezieht: *security-oriented passiv; peaceful, supportiv average; active confrontational conflict-seeker; less aggressive supporters; active, emotional supporters.* Leistner (2017) entwickelte ebenfalls mit Blick auf Gewalt eine allgemeine Fantypologie, welche er für Fußballfans fruchtbar macht: *Fanobjektzentrierung, Interaktionszentrierung* und *Fankulturzentrierung.* Beide Studien zeichnen zwar ein differenziertes Bild aktueller Konfliktlagen sowohl in der Fußballveranstaltung als auch in ihrer Umwelt, der Fokus auf Gewalt scheint jedoch zu eingeschränkt, um die vielseitigen Praktiken der Ultra-Besucher fernab von Konflikten wie der Gestaltung von Kurvenshows zu erklären (Kap. 2.1). Somit werden auch die aktuellen Zuschauer-Kategorien als zu eng eingestuft, um das Phänomen *Ultra* umfangreich zu verstehen. Typologien zu entwickeln, um die Vielzahl von Besuchern in den Stadien zu erfassen, ist erst einmal naheliegend, da dieses Vorgehen verspricht, das vorgängige Verhalten auf den Tribünen besser erklären zu können. Der Versuch, einer idealtypischen Kategorisierung, ist jedoch horizontal eher breit angelegt. Die im Kapitel 2.1 skizzierten Praktiken von Ultras haben bereits auf komplexe Zusammenhänge innerhalb dieser Besucher-Gruppe verwiesen. Entsprechend bedeutsam sind zunächst grundlegende, wenn man so will, vertikale Erkenntnisse über einzelne Besucher-Typen, die einer umfangreichen und entsprechend dichten Typologie vorausgehen müssen.

Ein weiteres zentrales Thema in der sozialwissenschaftlichen Fußballfanforschung ist *Gewalt.* In diesem Zusammenhang wurden insbesondere Studien zu dem weltweiten Phänomen des *Hooliganismus* durchgeführt (vgl. Dunning 2002). Die qualitativ-rekonstruktiven Arbeiten von Matthesius (1992), Bohnsack (1995) und Eckert, Reis & Wetzstein (2000) sowie die mixed-method Studie von Bliesener & Lösel (2002) gelangen zu dem Ergebnis, dass sich die Besucher-Gruppen der *Hooligans* durch gewaltsuchendes Verhalten, vorwiegend mit anderen Hooligan-Gruppen, auszeichnen. Als Funktion der Gewalt wurde ihr außeralltäglicher Charakter (insbesondere durch Risikolust geprägt) und die daraus entstehende schicksalhafte Vergemeinschaftung zwischen den Gruppenmitgliedern konstatiert. Die entstandene Solidarität soll Vereinzelungstendenzen durch gesellschaftliche Individualisierungsschübe sowie teilweise bestehende psychoziale Belastungen auf individueller Ebene kompensieren. Hingegen verweisen Prosser (1995), Spaaij (2007) und Leistner (2010) auf die Gewalt als spannenden Selbstzweck und betonen weiterhin deren Milieuabhängigkeit. Dunning (2002) stellt in seiner internationalen und quantitativ vergleichenden Studie zwar milieuspezifische Korrelationen bei Hooligans fest, sieht darin jedoch nicht die einzige Begründung für Gewalt. So wirken sich regionale oder nationale Zusammenhänge ebenfalls förderlich auf Hooliganismus aus, was über eine reine Milieubezogenheit hinaus weist (S. 1130 ff.). Aus der Genderperspektive versteht Meuser (2008) die Gewalt zwischen Hooligans als einen männlich-vergemeinschaftenden Wettbewerb um Anerkennung. Ungeachtet dessen, dass Hooliganismus ein anhaltendes Phänomen darstellt (vgl. Bliesener 2009), ist anzuzweifeln, ob die Erkenntnisse aus der Hooligan-Forschung einen konzisen Beitrag zu dem Besuchertyp *Ultra* leisten. So konstatiert Zifonun (2007), dass Ultras ihre Handlungen vielmehr auf massenmediale Aufmerksamkeit richten und der Wettstreit zwischen Ultra-Gruppen symbolischer Natur ist, wohingegen Hooligans sich primär auf die Verwicklung in körperliche Auseinandersetzungen mit gleichgesinnten Gruppen orientieren (S. 106). Der Wettstreit zwischen Ultra-Gruppen beschränkt sich m. E. nicht auf einen symbolischen, sondern kann, wie aktuelle Zwischenfälle immer wieder zeigen, ebenfalls in körperliche Auseinandersetzungen münden. Forschungen mit dem Schwerpunkt Gewalt – wie bereits die erörterten Typologien – greifen jedoch zu kurz, um die vielseitigen Praktiken der Ultras jenseits von Gewalt zu erklären.

Ganz generell scheint der Gewaltfokus in der Fußballfanforschung nur partielle Erkenntnisse zu generieren. Beispielsweise wird in der quantitativen Studie von Anthonj, Emrich & Pierdzioch (2015) aufgezeigt, dass die Einschätzung einer Gewaltzunahme in Fußballstadien in den letzten 10 Jahren sich nicht bestätigen lässt (S. 109 ff.). Im Gegensatz dazu steigt die Zuschauerzahl in den Stadien (Kap. 1) und das Phänomen Ultra erfreut sich ebenfalls einer beständig wachsenden Beliebtheit (Kap. 2.1). Daraus wird geschlussfolgert, dass Gewalt lediglich ein Motiv neben anderen für Ultras ist und allein für deren umfassende Beschreibung nicht ausreicht.

Gezielt mit dem Phänomen *Ultra* haben sich eine Reihe überwiegend qualitativer Arbeiten aus der Jugend(kultur)forschung befasst. Insbesondere die viel rezipierte mixed-method Studie von Pilz et al. (2006) ist hier zu nennen, in der eine Wandlung der Zuschauer konstatiert wird. Diese manifestiere sich insbesondere an Ultras, welche nicht als Hooligans zu verkennen seien, jedoch häufig innerhalb derselben Kategorie verortet werden. Im Zentrum des Wandels, so die Erkenntnis, besteht eine Entkopplung zwischen dem jeweiligen Verein mit seinen Fußballspielern und den Zuschauern, die zu einer gesteigerten Selbstinszenierung letzterer führte und in Form von Ultras erscheine (ebd., S. 11 ff.). Dieser Erklärung schließen sich Schwier (2005) und Leistner (2008) in ihren qualitativen Studien als Grund für die Selbstbezogenheit von Ultras ebenfalls an. Der Erklärungszusammenhang ist zunächst nachvollziehbar. Die Reichweite dieses Erklärungsansatzes ist für das Phänomen *Ultra* jedoch zu bezweifeln. So haben bereits ca. 20 Jahre vor der Erscheinung von Ultras Lindner & Breuer (1979) die *Professionalisierung* des Fußballs und die mit ihr wachsende Distanzierung zwischen Fußballfans und Fanobjekt konstatiert – ein Umstand, der von den Zuschauern schon damals offen kritisiert wurde. Insofern handelt es sich nicht um eine neue Entwicklung im Profifußball. Ultras haben sich also nicht aus einer entstandenen Distanzierung heraus entwickelt, welche versucht, die fehlende Nähe zu kompensieren. Vielmehr gab es bereits eine Distanz zwischen Vereins-Akteuren und Zuschauern und somit von vornherein die Selbstbezogenheit der Ultras, die kaum einen anderen Profifußball als den vermeintlich distanzierten erlebt haben dürften. Diese Gegenüberstellung verweist auf eine mehr oder weniger voneinander unabhängige Entwicklung, weshalb die zunehmende Distanzierung zwischen Fanobjekt und Zuschauern wenig plausibel für die vermeintliche Selbstbezogenheit von Ultras erscheint. Zudem impliziert die Distanzthese, dass Fußballfans einen engen Kontakt zu ihrem Fanobjekt benötigen. Es scheint allerdings fraglich, ob und wenn ja, in welcher Hinsicht die Zuschauer den Spielern jemals nah waren. Schließlich ist rein quantitativ das Verhältnis zwischen mehreren Tausend Zuschauern auf einen Spieler kaum als *nahe* zu charakterisieren. Zweifelhaft an der Distanzthese ist auch, dass in keiner der genannten Studien die naheliegende Konsumentenstrategie der Konsumverweigerung diskutiert wurde. So wäre es nachvollziehbar, dass Konsumenten, die mit einem Angebot nicht (mehr) zufrieden sind, sich diesem verweigern. Viele Stadiongänger wie auch die Ultras greifen hingegen nicht auf diese Strategie zurück. Das Phänomen *Ultra* scheint also nicht hinreichend erfasst worden zu sein.

Die oben genannte Selbstinszenierung der Ultras wird insbesondere an ihrem Support festgemacht. Der Support der Mannschaft sei das zentrale Thema der Ultras, dem alle anderen Themen wie Politik oder Pyrotechnik-Nutzung untergeordnet werden (Kotthaus 2017a, S. 102). Folgerichtig bezieht die oben genannte Typologie von Giulianotti (2002) oder Grau et al. (2016) die Praxis des Supports in die Beschreibung der Zuschauertypen direkt mit ein, womit sie die Bedeutung dieser Praxis für die Akteure bestätigen. Der Support ermöglicht Ultras, erheblichen Einfluss auf die Interaktionen im Stadion zu nehmen, wobei sie die Deutungshoheit über die Gestaltung dieser zum Fußballspiel parallel verlaufenden Show beanspruchen (Winands 2015; Alkemyer 2008). Jene Selbstbezogenheit der Akteure fordert die Erkenntnis von Riedl (2006) heraus. In seiner systemtheoretischen Arbeit zur Publikumsbindung im Spitzensport konstatiert er, dass der Spitzensport durch seine kommunikativen Angebote das Publikum an sich bindet. Die Selbstbezogenheit besser „Praktiken“ der Ultras lässt hingegen darauf schließen, dass sie sich eigene Angebote schaffen bzw. hervorbringen.

In der Betonung des *Support* verbleiben die bisherigen Studien sehr nahe der Logik des Feldes verhaftet. Das zeigt schon der von den Ultras übernommene Begriff des *Support* sowie die von den Ultras übernommene Erklärung, sie würden mit ihm *ihre* Mannschaft *unterstützen*. Nur ansatzweise wird festgestellt, dass durch den sogenannten Support, was sich auch als Hilfestellung übersetzen ließe, annehmliche Konsequenzen für die Ultras resultieren wie etwa die Dominanz gegenüber anderen Fans im Block (Winands 2015; Schwier 2005) oder die massenmediale Aufmerksamkeit (Kathöfer & Kotthaus 2013). Somit ist der Support nicht nur eine Hilfestellung für die Mannschaft, sondern muss weiter gefasst werden. Ferner wurde kaum beleuchtet, warum diese als *Hilfe* für die Mannschaft bewertete Tribünenpraxis temporär spielunabhängig ist, sich also vom Spiel entkoppelt hat. Auch spielunterbrechendes Verhalten, etwa provoziert durch die Nutzung von Pyrotechnik, wird kaum als zu erklärendes Problem des Phänomens Ultra diskutiert, obwohl gerade spielunterbrechendes Verhalten in Frage stellt, ob Ultras dem Support der Mannschaft alle anderen Themen unterordnen wie Kotthaus (2017a) weiter oben anmerkte. Angesichts dessen, dass unklar ist, welche Bedeutung und welchen Stellenwert solche Praxen haben, sollte vermieden werden, in der vorliegenden sozialwissenschaftlichen Untersuchung den Begriff des *Supports* aus dem Feld zu übernehmen, da nicht konkret ersichtlich wird, wem eigentlich wann, wie genau geholfen wird. Lesarten, die jene Praxis treffender erklären, wurden hingegen bislang nicht gefunden. Wie schon bei der oben angeführten Distanzierungsthese wird hier erneut die bislang kaum beleuchtete Frage nach der Wechselbeziehung zwischen Ultras und Interessenobjekt Fußballverein virulent. Auch Fragen nach den handlungsleitenden Motiven der Akteure, welche versprechen, die ambivalent scheinenden Tribünenpraktiken nachvollziehbarer zu machen, werden in der Forschung kaum gestellt.

Neben der extensiven Selbstinszenierung wird in der Forschung eine ausgeprägte kritische Haltung der Ultras gegenüber der sogenannten Kommerzialisierung des Profifußballs festgestellt (insbesondere auch: Zifonun 2007), wie es sich etwa in erhöhten Ticketpreisen, an die Interessen der Ultras ignorierende Spieltagsansetzung, oder Umbenennung von Fußballstadien nach den Sponsoren ausdrückt. Merkel (2012) resümiert, dass sich Ultras mit ihrer nicht selten provokativen Kritik an allen Neuerungen sozialromantisch einen *ursprünglichen* Fußball herbeisehnen, weshalb sie beispielsweise ihre eigene, nicht-kommerziell orientierte Kleidung produzieren und Vereinsführungen immer wieder durch kritische Statements via Stoffbannern etc. konfrontieren. Kathöfer & Kotthaus (2013) bemerken darüber hinaus, dass Ultras für ihre permanente Kritik selbst keine Lösungen haben.

Nun ist festzuhalten, dass Ultras seit ca. 20 Jahren die Kommerzialisierung im Fußball kritisieren (vgl. Schwenzer & Selmer 2017), welche bereits lange vor den Ultras existierte (vgl. Lindner & Breuer 1979). Zu den neueren Formen des Protests gehören auch medienwirksame Ereignisse wie die Demonstration zum „Erhalt der Fankulturen“ mit ca. 5000 Ultras im Oktober 2010 in Berlin (Merkel 2012, S. 368). Trotz dieser umfangreichen Proteste hat sich die Kommerzialisierung kontinuierlich weiterentwickelt (vgl. Dembowski 2013). Wie bereits weiter oben angemerkt, verweist diese Gegenüberstellung darauf, dass Ultras keinen selbst erlebten Vergleichshorizont zu einem anderen Profifußball vor der sogenannten Kommerzialisierung haben, für welchen sie sich nun einsetzen. Vielmehr scheinen Ultras von vornherein daran orientiert zu sein, zu kritisieren und zu protestieren. Ferner fällt auf, dass ihre Kritikstrategie angesichts der fortschreitenden Ökonomisierung des Fußballs wenig erfolgreich ist. Ganz im Gegenteil fördern Ultras mit ihren Praktiken die Attraktivität des Stadionbesuchs für viele Zuschauer (vgl. Winands 2015), womit sie zur Eventisierung und gesteigerten Vermarktung des Profifußballs beitragen (vgl. Strasser et al. 2007). Jene Wiedersprüche regen die Frage an, welche Bedeutung die Praxis des Kritisierens oder Protestierens für die Akteure haben könnte? Vielleicht ist der Kritik-Praxis gar nicht vordergründig, dass mit ihr erreicht werden soll, was auf manifester Ebene durch sie transportiert wird, sondern ihr Vollzug selbst bereits das Ziel? Ferner wurde in den bisherigen Studien kaum erwogen, welche Eigenschaften die Kritikformen haben und welche Konsequenzen daraus folgen. Beispielsweise wird nicht selten auf existenzieller Ebene kritisiert. So wird vor dem Untergang des bisherigen Profifußballs gewarnt, welcher gleichsam das Ende der Ultras bedeute. Diese Selbstprekarisierung scheint existenziell bedrohlich. Der Einfluss der existenziellen Dimension auf die Praktiken der Akteure wurde bisher jedoch vernachlässigt.

Die Erkenntnisse zum Thema Gewalt und Ultras sind widersprüchlich. So geht Schwier (2005) von einer latenten Gewaltbereitschaft einzelner Mitglieder von Ultra-Gruppen aus. Pilz et al. (2006) konstatieren eine instrumentelle Gewalt, welche kein Selbstzweck ist. Zifonun (2007) deklariert den Wettkampf zwischen Ultra-Gruppen als symbolisch ohne vordergründig körperliche Auseinandersetzungen zu suchen. Leistner (2008) sieht hingegen eine Entgrenzung von Gewalt, die teilweise geplant außerhalb von Spieltagen stattfindet. Kathöfer & Kotthaus (2013) kommen zu dem Ergebnis, dass Gewalt ein Teil der Lebenswelt von Ultras ist und Winands, Grau & Zick (2017) sehen in Gewalt insbesondere eine Abgrenzungsstrategie zu anderen Fangruppen und ähnlich wie in der dargelegten Hooligan-Forschung, Gewalt als Technik der Vergemeinschaftung.

Die Kontroversen zum Thema Gewalt verweisen auf zweierlei: Zum einen scheint Gewalt in der Lebenswelt der Akteure eine zentrale Rolle zu spielen, da sie immer wieder thematisiert wurde. Zum anderen verweisen die widersprüchlichen Erklärungen auf Erkenntnislücken. So wurde bisher kaum rekonstruiert, warum gerade Gewalt ein Bestandteil der Lebenswelt von Ultras ist. Dies hängt m. E. damit zusammen, dass bisherige Erklärungen sich lediglich auf die Konsequenzen von Gewalt konzentrieren, z. B. Revierverteidigung oder Abgrenzung zwischen Gruppen. Bedingungen von Gewalt sowie ihre existenziellen Eigenschaften wurden hingegen kaum erörtert. Dabei versprechen jene Perspektiven grundlegende Erkenntnisse über die Sinnstrukturiertheit der

Weltverhältnisse von Ultras offen zu legen, wodurch wiederum einzelne Strategien wie Gewalt verständlicher werden.

Hinsichtlich der theoretisch-konzeptionellen Einbettung klassifizieren Pilz et al. (2006) Ultras relativ unspezifisch als Jugendkultur, deren Gruppen eine hohe Bindungskraft weit über das Spiel hinaus in den Alltag besitzen. Auch Merkel (2012) verweist auf eine umfangreiche soziale Bindung in den Alltag hinein, weshalb er Ultras als Subkultur klassifiziert. Kathöfer & Kotthaus (2013) stellen ebenfalls fest, dass andere Lebensbereiche sich stark darauf reduzieren können, ein Ultra zu sein. Sie ordnen Ultras jedoch als Szene ein, da sie anders als herkömmliche Subkulturen nicht in einen Klassenkampf involviert sind, was sich in ihrer empirischen Studie als fruchtbar erweist. Wie in Kapitel 2.2.3 dargestellt, schließe ich mich der Konzeptualisierung von Ultras als Szene an. Darüber hinaus konstatieren Pilz et al. (2006) und Zifonun (2007) nachvollziehbar die kompensatorische Funktion der Ultra-Gruppen gegenüber dem reglementierten und individuell strukturierten Alltag. Eine systematische Gegenüberstellung der gesellschaftlichen Situation der Akteure und ihrer fußballbezogenen Praktiken wurde bisher jedoch kaum geleistet.

Die Konzeptualisierung von Ultras allein ist jedoch nur bedingt aussagekräftig, um die Praxis der Akteure mit ihren spezifischen Ausprägungen zu verstehen. Ferner verengt die verfrühte Subsumption unter ein theoretisches Raster den Blick auf das Feld, was ähnlich wie bei den erörterten Typologien dazu führen kann, erklärungsbedürftige Zusammenhänge zu übergehen, wodurch sich Erkenntnispotenziale verringern. So nähert sich beispielsweise Alkemeyer (2008) den verschiedenartigen Ko-Akteuren des Stadionfußballs und insbesondere den Ultras aus einer weitgefassten körpersoziologischen Perspektive. Der offene Zugang lässt ihn grundlegende Erkenntnisse generieren, wie den Umstand, dass durch das Stadionoval das Publikum sich selbst zur Schau gestellt wird, was zur Auseinandersetzung mit seiner Selbstpräsentation führt (S. 97). Erst durch die empirische Analyse gelangt er zu der materialbegründeten Erkenntnis, die Zuschauer als *performative Gemeinschaft* zu begreifen, welche Gemeinschaftsdefizite in modernen Gesellschaften kompensieren sollen (S. 105 f.). Einschränkend zu Alkemeyer ist zu sagen, dass er sich insbesondere auf den Support im Stadion bezogen hat und dabei den kinästhetischen Aspekt in den Vordergrund stellte, jedoch in seinen kurzen Darstellungen kaum näher einzelne Praktiken und ihre Bedeutung rekonstruiert. Antworten auf spielunterbrechendes Verhalten oder Pyrotechnik-Nutzung, was die performative Gemeinschaft spaltet, werden mithin nicht gegeben. Ungeachtet dessen folgt auch meine Studie einer materialbegründeten Vorgehensweise, welche nicht subsumptionslogisch bestehende Theorien zu verifizieren, sondern der Eigenlogik des Feldes gerecht zu werden versucht.

Bezogen auf Werte von Ultras wurden teils hegemonial-männliche Attribute wie Mut oder körperliche Stärke herausgestellt (Merkel 2012). Dazu zählt ferner die verletzende Erniedrigung der Männlichkeit des Gegners durch verbale Beleidigungen, Gesten und sonstige Zurschaustellungen (Bromberger 2006). Damit passen sich Ultras einem allgemeinen Trend im Fußballstadion an. So konstatiert Winands (2015) in diesem Zusammenhang eine Hierarchie der Geschlechter zu Gunsten der Männer. Sülzle (2011) grundiert in ihrer umfangreichen Ethnographie aus Genderperspektive gar eine männliche Grammatik bei Fußballfans, in der alles Weibliche abgelehnt und abgewertet wird, was so in anderen Lebensbereichen nicht mehr möglich ist. Meuser (2017) erkennt in der teils exzessiv inszenierten Fan-Männlichkeit, die insbesondere von Hooligans und Ultras dargestellt wird, eine auf die Teilzeitwelt des Fußballs beschränkte Männlichkeit, die nicht als erstrebenswert für andere Lebensbereiche zu verstehen ist. Sie ist damit im Gegensatz zu Sülzles Position nicht als hegemonial zu charakterisieren.

Des Weiteren formuliert Merkel (2012) hinsichtlich der Werte von Ultras, dass diese zwar versuchen, rebellisch zu sein, jedoch eher traditionell veranlagt sind, worauf Pilz et al. (2006) oder Schwier (2005) ebenfalls verweisen. Kathöfer & Kotthaus (2013) stellen fest, dass die Gruppen hierarchisch organisiert sind und einem Leistungsprinzip folgen, wonach die einzelnen Mitglieder hinsichtlich ihrer erbrachten Leistungen für die Gruppe verortet werden. In ihrer Studie wurde ferner detailliert die Gruppenzusammensetzung beschrieben.

Obwohl es einige Studien gibt, die traditionale Männlichkeitsideale beleuchten, bleibt das Konzept der Tradition in der Fanforschung recht vage. Zwar wird es in der Forschung oft verwendet, zugleich findet jedoch lediglich eine oberflächliche Bestimmung des Konstruktes *Tradition* statt. So verwundert es beispielsweise, inwiefern die jugendlichen Ultras zwischen 16–25 Jahren, welche im Multi-media-Zeitalter aufgewachsen sind (Alkemeyer 2008) und zur Selbstmediatisierung auf eigenen Websites neigen (Zifonun 2007) *traditionell* sein sollen. Was sich genau hinter dem viel erwähnten Konstrukt *Tradition* verbirgt, bleibt jedoch kaum diskutiert. Kenntnisse über die Eigenschaften der Werte von Ultras erweisen sich als aufschlussreich, da sie helfen, einzelne Praktiken besser zu verstehen. Was bisher hingegen kaum betrachtet wurde, jedoch interessant zu hinterfragen ist, ist der Umstand, dass Ultras sich überhaupt Werte geben und diese gar in einem sogenannten Ultramanifest[12] niedergeschrieben sind. Die Frage, welche gesellschaftlichen Bedingungen dazu führen, dass Ultras eigene Werte für sich formulieren, sie kommunizieren und ihr Handeln danach ausrichten, bleibt weitestgehend unreflektiert.

---

12 http://www.schwatzgelb.de/2001-01-29-im-fokus-ultramanifest.html, 23.10.2017

Ein anderes weitreichendes Forschungsthema, welches ebenfalls die Wertediskussion berührt, ist Politik und Fußball. So verweisen etwa Klein & Meuser (2008) in ihrem Herausgeberband darauf, dass Fußball ein Präsentationsraum neofaschistischer Gruppen oder Empowerment für gesellschaftlich marginalisierte Gruppen sein kann und entsprechend Fußball das Potenzial zur sozialen Inklusion als auch Exklusion von Gemeinschaften hat. Die politische Dimension bei Ultras wurde im Allgemeinen kontrovers diskutiert. So sehen Pilz et al. (2006) bei Ultras eher *linke* statt *rechte* Strömungen. Zifonun (2007) ordnet Ultras als unpolitisch ein, Merkel (2012) als *links* und Kathöfer & Kotthaus (2013) kommen zu dem Ergebnis, dass politische Positionierungen bei Ultras umstritten sind. Wie die deutschlandweite Verteilung politischer Positionierungen ist, wäre letztlich eine quantitative Frage und kann von den eben genannten, überwiegend qualitativ angelegten Studien nicht beantwortet werden. Aus empirisch-qualitativer Perspektive verwundert es deshalb umso mehr, warum nicht die Praxis selbst, sich politisch zu positionieren, hinreichend interpretiert wurde. Eine solche qualitative Herangehensweise ist schon deshalb naheliegend, da die politischen Äußerungen eher symbolischer Natur sind, sich etwa um die Frage drehen, wer als *rechts* und wer als *links* zu gelten hat, also keine parteipolitischen Aspekte oder konkrete Inhalte, die das politische Gemeinwesen betreffen, was die Frage aufwirft, inwiefern Ultras überhaupt ein politisches Interesse unterstellt werden kann. Ohnehin ist es fraglich, ob ein Fußballstadion mit seinem ablenkendem Fußballspiel sowie der Selbstverpflichtung zu Tribünenpraktiken ein geeigneter Ort für tiefgreifende politische Diskussionen ist. Fußball ist daher schon früh als Ideologie rekonstruiert worden (vgl. Vinnai 1970; 2007). Hinsichtlich des unpassenden raum-zeitlichen Kontexts scheint es umso verwunderlicher, dass Ultras sich dennoch politisch in Fußballstadien positionieren, was zur Frage anregt, welches Problem die Akteure damit bewältigen wollen. Eine Frage, die so noch nicht gestellt wurde.

Des Weiteren gibt es eine Reihe von eher deskriptiven Abschlussarbeiten etwa von Sommerey (2010) oder Langer (2010) sowie populärwissenschaftliche Werke (Blaschke 2011; Gabler 2010; Ruf 2014), die einen umfassenden Einblick in das Feld geben und maßgeblich den Diskurs über Ultras beeinflusst haben. Diesen Umstand kritisierend stellt Kotthaus (2017b) irritiert fest, dass die sozialwissenschaftliche Fußballfanforschung die Deutungshoheit über ihr Themenfeld denjenigen überlässt, die gar nicht vordergründig den Anspruch erheben, dieses akademisch zu vertreten (S. 42). Dieser Kritik schließe ich mich an. Sie verweist darauf, dass die bisherigen sozialwissenschaftlich fundierten Erkenntnisse noch wenig den aktuellen Entwicklungen des Feldes entsprechen und insbesondere die innere Logik der Ultras nicht gerecht werden, was dazu führt, dass populärwissenschaftliche Lesarten bisweilen als *state of the art* anerkannt werden. Es soll an dieser Stelle nicht der Eindruck entstehen, dass im engeren Sinne nicht wissenschaftliche Arbeiten nicht wichtig seien. So dienen sie beispielsweise dazu, um auf konkrete, aktuelle Problemstellungen in der reibungsloseren Organisation des Fußballsports zu verweisen oder stellen gar praktische Lösungen bereit. Eine handlungsentlastete, sozialwissenschaftliche Perspektive zielt hingegen zunächst auf die konstitutiven Prozesse sozialer Wirklichkeit ab und nicht auf Probleme im Feld, die von den beteiligten Akteuren als Missstände wahrgenommen werden oder auf die Bewältigung von Handlungsproblemen. Insofern operieren die Perspektiven nach unterschiedlichen Logiken. Förderlich für den wissenschaftlichen Diskurs ist mithin die empirische Auseinandersetzung mit den konstitutiven Elementen, welche das Feld hervorbringen und strukturieren. Erst dann können diese Wissensvorräte genutzt werden, um ggf. die Entwicklung des Feldes zu beeinflussen.

Abschließend folgt eine Zusammenfassung des aktuellen Forschungsstandes.

Resümierend lässt sich feststellen, dass die bisherige soziologische und erziehungswissenschaftliche Fußallfanforschung eine umfängliche Wandlung des Zuschauerverhaltens herausgearbeitet hat, welche insbesondere an den sogenannten Ultras festgemacht wird. Allerdings zeigt die Durchsicht der Forschung, dass die vielseitigen empirischen Typologien von Fußballfans kaum auf das Phänomen *Ultra* eingehen oder sich lediglich auf Schwerpunkte wie soziale Konflikte beziehen.

Das Thema *Gewalt* in der Fußballfanforschung wurde insbesondere im Kontext von Hooligans umfassend beleuchtet. Die vielseitigen Praktiken der Ultras jenseits von Gewalt (Kap. 2.1) wie der sogenannte Support werden dadurch jedoch nicht erhellt. Der Erkenntnisstand zur Gewalt bei Ultras ist kontrovers. Er reicht von der Behauptung, es gehe um symbolische Gewalt bis hin zur Behauptung, es ginge um geplante Gewalt. Die Kontroverse verweist auf einen Erkenntnismangel bezüglich der grundlegenden Handlungsmotive von Ultras. Diese könnten zugänglich gemacht werden, indem in einem qualitativ-rekonstruktiven Zugriff Eigenschaften und Konsequenzen von Gewalt systematisch mit den Bedingungen des Feldes konstrastiert werden.

Es wurde ferner gezeigt, dass die Forschung auf eine ausgeprägte Entkopplung der Fans zur Stadionveranstaltung in Form von Selbstinszenierungen, -mediatisierung, -behauptung, von Ultras verweist. Unklar in der Forschung ist hingegen, wie erklärt werden kann, dass diese Entkopplung im Widerspruch zu dem intentionalen Ziel der Akteure steht, eine Fußballmannschaft anzuspornen. Der Widerspruch, der sich etwa an spielunterbrechendem Verhalten von der Tribüne aus zeigt, wurde in der Forschung bislang kaum berücksichtigt.

Hinsichtlich der kritischen Haltung von Ultras gegenüber der sogenannten Kommerzialisierung des Profifußballs besteht hingegen Konsens. Allerdings wurde bisher kaum diskutiert, dass ungeachtet der seit ca. 20 Jahren geäußerten Kritik durch Ultras, der Profifußball sich weiter kommerzialisiert hat und sie dennoch nicht den Konsum der Veranstaltung verweigern, woraus die generative Frage abzuleiten ist, welche Bedeutung die Praxis des Kritisierens und Protestierens für die Akteure hat.

Die konkrete Rekonstruktion der Wertorientierungen und politischen Einstellungen von Ultras scheint angesichts der bisherigen Befunde ebenfalls erforderlich. Dabei gilt es nicht nur zu analysieren, welche Eigenschaften etwa traditionalistische Orientierungen haben, sondern generell zu beleuchten, warum die Akteure überhaupt ein häufig erwähntes *Selbstverständnis* haben, welches teilweise in einem Manifest niedergeschrieben ist, kommuniziert und im weitergefasstem Kontext des Stadionfußballs vollzogen wird.

Ferner ist auf thematische Lücken zu verweisen. So wurde in der bisherigen Forschung die Bedingung der Veranstaltung, ein Wettkampf zu sein, überwiegend mit der globalen Erklärung abgetan, eine *Wir-und-die-Anderen-Wechselbeziehung* zwischen den Zuschauern hervorzubringen. Eine nähere Betrachtung des infrastrukturellen Arrangements zur Herstellung dieser scheinbar zentralen Wechselbeziehung für Ultras wurde hingegen kaum berücksichtigt. Dabei hat bereits Critcher (1979) festgestellt: „Ihr [Fußballanhänger] Verhalten als ein Problem zu erkennen, ist eine Sache; jeglichen Zusammenhang mit dem Spiel zu leugnen, eine andere" (S. 155, dazu auch Gebauer 2006). Auf die allgemeine Vernachlässigung der Bedingung *Wettkampf* innerhalb der Fußballfanforschung verwies ferner auch von der Heyde & Kotthaus (2016). In ihrem Herausgeberband wird dieser Themenkomplex insbesondere mit Blick auf die internationalen Fußballwettkämpfe der *Welt- und Europameisterschaft* aufgegriffen. Diesen beiden internationalen Wettkämpfen bleiben sogenannte Ultras wegen ihrer Ökonomisierungskritik (Kap. 2.1) meist fern. Entsprechend sind die dort versammelten Erkenntnisse weniger auf Ultras bezogen. Sie verweisen jedoch theoretisch wie empirisch fundiert auf die Dringlichkeit, den Wettkampf als soziales Konstitutiv stärker in die Fußballfanforschung einzubeziehen.

Ferner impliziert der Forschungsstand marginale Erkenntnisse über die teilweise umfangreich organisierten Praktiken von Ultras unmittelbar vor dem Stadion, Analysen zu spielunterbrechendem Verhalten im Stadion sowie auf Reisen zu auswärtigen Fußballspielen.

Aus theoretischer und methodischer Perspektive ist abschließend zu kritisieren, dass in nicht wenigen der genannten Studien eine mangelnde sozialwissenschaftliche Begründung der im Feld hervorgebrachten Praktiken, Wechselbeziehungen und Weltverhältnissen besteht. So geht etwa Martínez (2002) in seinem kulturwissenschaftlichen Herausgeberband „Warum Fußball?" noch von der Erklärungsbedürftigkeit der Faszination des *eigentlich* bedeutungslosen Fußballs als Zuschauersport aus, womit er das Feld für Fragen öffnet, wie die Zuschauer Fußball als sinnhaftes Phänomen konstituieren, z. B. Bewunderung sportlicher Leistungen oder der rituelle Charakter des Spielablaufs, wodurch die gläubigen Zuschauer in eine Gemeinschaft eingebunden werden (S. 12 ff.).

Auch Gebauers (2002) Erkenntnisse aus religionssoziologischer Perspektive scheinen umfassende Hinweise zur Erklärung der Praktiken auf der Tribüne zu geben. So konstatiert er, dass die Handlungsmotive der Fangemeinschaften sich daran orientieren, selbstinitiierten moralischen Anforderungen gerecht zu werden, was sich gut anfühlt. Die Praxis der Besucher wird so zu einer begehrenswerten Pflicht (S. 312 ff.). Die Erkenntnisse der Autoren beziehen sich auf eine enge Kopplung zwischen Spielgeschehen und Zuschauer. Diese enge Verknüpfung scheint angesichts der teilweise spielverlaufsunabhängigen Praktiken der Ultras aktualisierungsbedürftig. Die hermeneutische Frage nach der Konstitution von Sinn in und um den Ort *Stadion* bleibt jedoch nach wie vor bedeutsam für jegliche sozialwissenschaftliche Fußballfanforschung. Im Gegensatz zu grundlegenden Rekonstruktionen scheinen die oben genannten Erkenntnisse der neueren Forschung insbesondere zu dem Phänomen *Ultra* sehr deskriptiv und damit wenig vor dem Hintergrund wissenschaftlicher Diskurse begründet. Ein Umstand, den Winands (2015) ebenfalls kritisiert. Sülzle (2011) und Hebenstreit (2012) erklären sich die deskriptive Fußballfanforschung gar damit, dass nicht selten Forscher selbst Fußballfans sind, deren Begeisterung für Motivation und Begrenzung zugleich sorgt und zur Reproduktion der Feldlogik beiträgt. Klein & Meuser (2008) machen ebenfalls darauf aufmerksam, „dass eine sozialwissenschaftliche Perspektive eine Dekonstruktion des virulenten populären und populärwissenschaftlichen Diskurses über die Mythen des Fußballs [erfordert]“ (ebd., S. 13). Diese Einschätzungen sprechen methodisch für eine grundlegende und rekonstruktiv angelegte Forschung, welche beispielsweise die Kommerzialisierungskritik der Akteure nicht mit der tatsächlichen Entwicklung des Fußballs zu plausibilisieren versucht, sondern die zugrundeliegende Sinnstruktur, welche in der feldspezifischen Praxis gesellschaftliche Dispositionen wiedererkennt, die in anderen Feldern mit anderen Mitteln ausgetragen werden (vgl. Bourdieu 2016). Hierfür bedarf es einer zunächst neugierigen und durch den Forschungsprozess sich selbst systematisierenden und theoriegenerierenden Herangehensweise, die auf permanenter Erklärungsbedürftigkeit beruht. Sie verspricht implizite Handlungsmuster zugänglich zu machen und darüber hinaus die feldspezifischen Erkenntnisse gesellschaftlich zu kontextualisieren. Vorliegendes Forschungsvorhaben versucht sich entsprechend in die Tradition der theoretisch und methodisch differenzierteren sozialwissenschaftlichen Fußballfanforschung einzureihen, wie es von Grau et al. (2017) und für die Fanforschung im Allgemeinen durch Roose, Schäfer & Schmidt-Lux (2017) erneut angeregt und wieder aufgenommen wurde.

3 Methodologie

Im Folgenden wird das „interpretative Paradigma"[13] (Miebach 2014, S. 25) in der sich die Forschungsarbeit verortet, skizziert. Damit einhergehend erfolgt die theoretische Begründung für die Erforschung interaktiver Bezugssysteme wie die der sogenannten Ultras, welche als gesellschaftliche Orientierungssysteme zu verstehen sind. Die Betrachtung dient ferner als Darlegung der sozialtheoretischen Grundannahmen für den empirischen Teil vorliegender Arbeit. Für diesen Zweck erfolgen zusätzlich theoretische Erläuterungen zu einzelnen Begriffen, welche in die empirische Deutungsarbeit eingebettet sind.

3.1 Theoretisches Vorgehen

Inwiefern sich im Handeln soziale Erwartungen und Strukturen ausdrücken, gehören zu den umstrittenen Theoriefragen in den Sozialwissenschaften (Strübing 2013, S. 37). Die Diskussion kreist darum, wo der Sinn für soziale Phänomene lokalisiert und von da ausgehend rekonstruiert werden soll. In diesem Zusammenhang werden insbesondere zwischen strukturalistischen, subjektivistischen und interaktionistischen Perspektiven unterschieden (Hitzler 2016, S. 43). In der Forschungsarbeit wird von interaktionistischen Grundannahmen (vgl. Mead 2008) ausgegangen. Denn dieser Ansatz versucht die Spannung zwischen den genannten Perspektiven zu mildern, in dem sie in ein dynamisches Wechselverhältnis gesetzt werden. So steht das handelnde Individuum zwar im Mittelpunkt, es wird jedoch erst durch die Einbettung in soziale Prozesse hervorgebracht, indem es sich der Haltung der anderen bewusst ist und diese in sein Handeln einbezieht (Strübing 2013, S. 37.). Handlungen werden demnach interaktiv koordiniert, reproduziert und neuorganisiert (vgl. Joas 1992). Diese axiomatische Annahme verwirft folglich eine rein objektivistische Sicht, in der Strukturen Handlungen steuern (Strübing 2013, S. 37.). Sie verwirft jedoch auch eine rein subjektivistische Perspektive, in der *Lebenswelt* nichts anderes als die Erlebensgesamtheit eines Subjekts bedeutet (Hitzler 2016, S. 36). Wenn in der Forschungsarbeit folglich von Lebenswelt und lebensweltlichen Zusammenhängen die Rede ist, dann ist damit lediglich der soziale lebensweltliche Wirklichkeitsbereich der *Alltagswelt* gemeint (Knoblauch 1996, S. 10), in

13 Alternative Sammelbegriffe „interpretative Soziologie" oder „Interaktionsismus" (Miebach 2014, S. 25)

welchem Akteure in Abhängigkeit ihrer intersubjektiv verfügbaren Wissensvorräte ein gemeinsames Bezugsschema bilden (Strübing 2013, S. 38).

Vor dem eben skizzierten, paradigmatischen Hintergrund wird davon ausgegangen, dass Gesellschaft eine durch interpretierende und handelnde Akteure konstruierte Wirklichkeit ist (Schröer et al. 2012, S. 8). Die Erfahrungsbereiche von Menschen in modernen Gesellschaften sind sehr vielfältig. Dies führt zur Pluralisierung der alltäglichen Lebenswelten, weshalb moderne Menschen an vielen *kleinen Lebenswelten* teilhaben. Daraus entstehen Teilzeit-Existenzen in Teilzeit-Welten, die dem Individuum einen temporären sinnerfüllenden Ausschnitt der Wirklichkeit bereitstellen, was auch seine Identität leitet (Knoblauch 1996, S. 12 f.). Ungeachtet dessen, dass prinzipiell jeder Mensch seine eigene subjektive Lebenswelt konstruiert, sind diese faktisch nur relativ originell. D. h. unter *ähnlichen* Bedingungen konstruieren Menschen *ähnliche* Lebenswelten, die sie durch interaktive Prozesse aufeinander abstimmen, woraus gemeinsame Wissensvorräte und typische Orientierungs- und Deutungsmuster entstehen (Hitzler & Honer 1984, S. 60). Der daraus resultierende Gegenstand einer so praktizierten sozialwissenschaftlichen Forschung ist die wechselseitig, konstruierte Verstehensleistung der handelnden Akteure. Sie sind in ihren jeweiligen Teilwelten zu rekonstruieren (Schröer et al. 2012, S. 8). Erkenntnistheoretisch wird an dieser Stelle vermerkt, dass die Interpretationen von konstruierten Wirklichkeiten selbst Konstruktionen sind und dergestalt als Konstruktionen zweiten Grades gewertet werden. Aus diesem Umstand leitet sich gegenüber dem Gegenstand ein rekonstruktives Verhältnis ab (Przyborski & Wohlrab-Sahr 2010, S. 27). Dieses behandelt konkrete Orientierungs-, Handlungs- und Organisationsformen von Individuen in und mit ihrer Umwelt, welche innerhalb dieser situativen Kontexte interpretiert werden. Es werden damit Modi der Orientierung von Menschen im Raum, in der gelebten Zeit, gegenüber sich selbst und anderen Personen dokumentiert (Soeffner & Hitzler 1994, S. 37).

Die wissenschaftliche Rekonstruktion dieser sozialen Wirklichkeiten hat folglich zweierlei Funktionen: Sie dient einerseits dafür, die in spezifischen Handlungskontexten agierenden Menschen besser zu verstehen. Andererseits generiert die Herangehensweise nicht triviales Wissen über Konstruktionsprozesse von Orientierungssystemen, die für die Akteure unerkannt operational ablaufen und in unbefragter Selbstverständlichkeit kognitiv unzugänglich bleiben. Somit wird ausgehend von den subjektiven Orientierungen in den jeweiligen symbolisch konstruierten Teilwelten zu erhellen versucht, wie Gesellschaft in dieser Perspektive erscheint (Hitzler 2010b, S. 29). Demnach gibt die Sozio-Logik von einzelnen Handlungsfeldern Hinweise auf die Sozio-Logik der Gesellschaft. Dieser theoretische Ausgangpunkt reagiert auf den Umstand, dass in der komplexen Spätmoderne kaum mehr Generalisierungen möglich sind (Amann & Hirschauer 1997, S. 12). Folglich rücken Teilwelten als thematisch korrelierte Interaktionszusammenhänge in den Vordergrund, um von ihnen aus das Verhältnis zwischen Individuum und Gesellschaft zu beschreiben. Aus dieser Perspektive sind die symbolischen Teilwelten Repräsentationsformen von Gesellschaft. Ein Verstehen dieser lebensweltlichen Zusammenhänge mit ihren Selbst- und Fremdverortungen wird so zu einem verstehenden Beitrag von Gesellschaft.

Nach der Begründung für die Beforschung thematisch korrelierter Interaktionszusammenhänge, die als Teilwelten, alltägliche Lebenswelten etc. erscheinen, erfolgt nun die theoretische Erörterung der Vorgänge, die innerhalb dieser sozialen Zusammenhänge stattfinden sowie deren Konsequenzen.

Die soeben skizzierten Orientierungs-, Handlungs- und Organisationsformen der Akteure implizieren *Situationen*, in welchen koorientierte *Handlungen* erfolgen, aus denen Bewertungen der in ihnen agierenden *Akteure* resultieren. Diese drei Elemente stehen im Fokus der empirischen Analyse, um so die Orientierungsleistung der beforschten Akteure zu rekonstruieren, weshalb sie im Folgenden erörtert werden. Die wechselseitige Konstitution der Einheiten *Situation, Akteur* und *Handlung* (Ziemann 2013, S. 8) verhindert, sie analytisch eindeutig zu trennen. Sie werden vorliegend für eine bessere Übersicht lediglich schwerpunktmäßig unter getrennten Überschriften verhandelt.

3.1.1 Zum Begriff *Situation*

Ganz allgemein findet Erleben und Handeln *hier und jetzt* in Situationen statt (Joas 1992, S. 235). Handlungsanlässe sind Probleme, Aufgaben oder Krisen. Sind die vorgegeben oder selbst anvisierten Handlungsziele erreicht, wird die Situation beendet (Ziemann 2013, S. 8). Um soziale Situationen angemessen zu bewältigen, müssen sie identifiziert werden. Die Identifizierung einer Situation ist abhängig von ineinandergreifenden Unterscheidungen, welche die Akteure hinsichtlich relevanter Ereignisse, Dinge und Personen, sich selbst inbegriffen, zu treffen haben. Für ein angemessenes Handeln müssen verlangte und erwartete Handlungssequenzen der Akteure antizipiert werden. Die darin enthaltene Mehrdeutigkeit zwingt nach der Bedeutung der einzelnen Akte zu fragen: Warum haben die anderen Situationsbeteiligten sie ausgeführt? Wer hat den Akt an wen gerichtet und warum? War es ein isolierter Akt oder war es eine Reaktion auf etwas, das andere oder ich selbst taten oder sagten? War der Akt nur ein Segment eines längeren Aktes? Die Einschätzung von Situationen umfasst gleichsam Fragen der Selbstbestimmung: Wer bin ich in der Situation? Was habe ich für die Situation getan? Was werde ich noch, unter Berücksichtigung der klassifizierten Motive der anderen Personen, angemessenes in der Situation tun? (Strauss 1974, S. 47 ff.). Diese auf Bewertungen abzielenden Fragen befassen sich insbesondere mit dem Problem der Situationsdefinition. Situationsdefinitionen sind sowohl Prozess als auch Produkt. Als Prozess sind sie zu verstehen, da erst im sukzessiven Fortgang einer konkreten Interaktion aus späteren Rede- und Interaktionszügen die Bedeutung der vorangegangenen hergestellt wird und so eine Gesamtdefinition der Situation entsteht. Als Produkt sind sie zu verstehen, da in die Situationsdefinitionen soziale Kodizes und Verhaltensnormen eingeflossen sind, die im Laufe der Sozialisation erworben wurden. Bestehen zwischen diesen aktualsprachlich-prozessualen und vorgeprägten Definitionen keine Spannungen, wird Solidarität und Stabilität erfahren, die insbesondere für Organisationsformen wie Gruppen kennzeichnend sind. Anders formuliert, soziale Organisationen beruhen auf gemeinsamen Situationsdefinitionen. In diesem Zusammenhang wird ergänzend festgestellt, dass das emotionale Festhalten an Normen (Produkt) zu allgemeinem Konformismus und Widerstand gegen Veränderungen führt (Thomas & Volkart 1965, S. 296). An der Feststellung zeigt sich das Bestreben von Akteuren nach Orientierung, die aus gemeinsamen Definitionen bestehen, welche in modernen Gesellschaften mehr und mehr abnehmen (Thomas & Volkart 1965, S. 304).

Bezogen auf Situationsdefinitionen argumentiert Goffman (1973) ähnlich, indem er darauf verweist, dass die Aufrechterhaltung von Interaktionen an gemeinsame Situationsdefinitionen gebunden ist, in welchen „Regeln der Irrelevanz“ (S. 28) gelten. Diese erlauben es, Ereignisse, die in der Situation als nicht kompatibel wahrgenommen werden, auszuklammern, um eine bestimmte Definition aufrechtzuerhalten. Mit dem Ziel eine gemeinsame Situationsdefinition zu erzeugen, werden Begegnungen als erfüllte Erwartungen und realisierte Verpflichtungen beschrieben (Goffman 1973, S. 20). Aus dieser Perspektive stellt eine Situation ein situiertes Aktivitätssystem dar, welches einen Kreislauf von geschlossenen, sich selbstkompensierenden und sich selbstbeendenden und somit voneinander abhängiger Aktionen bildet. Das Karussell bietet ein passendes Bild für ein situiertes Aktivitätssystem: Nachdem die Karussellfahrt begonnen hat, bildet sich eine Gefühlsverbindung zwischen den Teilnehmern. Es entsteht ein gemeinsames Gefühl des Beteiligtseins, wodurch kollektive Veränderungen in der Intensität, der Qualität und der Deutung von Welt entstehen (Goffman 1973, S. 108 f.).

Mit anderen Worten werden Situationen durch die Festlegung eines spezifischen Interpretationsrahmens voneinander unterschieden und jeweils typisiert (Soeffner 2013, S. 262). Denn Handlungen setzen Urteile über die Situation als Bedingung um zu handeln voraus. Sie leiten über zu Handlungsgewohnheiten und Handlungsregeln (Joas 1992, S. 235). Diese Typisierungen führen zu Deutungsschemata, die das Ziel haben, *typische* Eigenheiten von Situationen zu erkennen, um angemessen handeln zu können. Auf Basis gemeinsam typisierter Deutungsschemata können wiederholbare Situationen zwischen Akteuren erzeugt und mithin Erfahrungszusammenhänge standardisiert werden (Soeffner 2013, S. 262).

Handlungsorientierungen in Situationen, die auch als Verhaltensregeln definiert werden (Goffman 2013, S. 55), bestehen aus zwei Dimensionen: Zum einen aus der genannten wechselseitig übereinstimmenden Anerkennung und Rücksichtnahme der Interaktanten. Zum anderen finden Interaktionen in institutionellen Kontexten statt. Institutionellen Bedingungen wird dann Rechnung getragen, indem der andere in der Rolle seiner institutionellen Funktion angesehen wird. Die wechselseitige Anerkennung mit der jeweiligen Anerkennung des funktional institutionellen Kontexts der Handelnden kann zu Störungen führen, die Aushandlungsprozesse notwendig werden lassen. Denn Brüche in Interaktionen werden als unangemessen von den Beteiligten erlebt. Können die Brüche nicht behoben werden, besteht die Möglichkeit, dass anstelle von wechselseitiger Anerkennung Streit oder Wettkampf tritt (Matt 2001, S: 32 ff.). Um übereinstimmende Situationsdefinitionen aufrechtzuerhalten, erfolgen jedoch zunächst Reparaturleistungen. Ihnen gehen die Inadäquatheit der Situationsdefinition zwischen handelnden Akteuren voraus (Soeffner 2013, S. 266), z. B. durch unterschiedliche Bewertungen von Handlungen. Dies ist deshalb problematisch, da einzelne Handlungsakte für sich genommen nichts weiter für den Handlungsverlauf bedeuten. Der soziale Sinn einer Handlung hängt vielmehr davon ab, ob er sich bewährt, d. h., ob an ihn weitere Handlungen angeschlossen werden können. Entsprechend angemessen im Sinne der *Anschlussfähigkeit* müssen Handlungen sein. Etwaig entstandene Handlungshemmungen durch *unangemessenes* Handeln, wodurch Handlungsanschlüsse missglücken, werden pragmatisch auf die Situation bezogen gelöst, in dem Anschlussfähigkeit der Handlungen durch die Herstellung eines einvernehmlicheren Klassifikationssystems erzeugt wird (Nassehi 2011, S. 41). Gleiches gilt für die Identitäten in den Situationen, die sich den reziprok erhobenen Geltungsansprüchen anpassen (Matt 2001, S. 33).

Nach dem skizzierten Begriff der *Situation* werden nun die in ihr handelnden Akteure vordergründig beleuchtet.

3.1.2 Zum Begriff *Identität*

„[...] Identität, was immer sie sonst sein mag, ist verbunden mit den schicksalhaften Einschätzungen seiner selbst – durch sich selbst und durch andere. Jeder präsentiert sich anderen und sich selbst und sieht sich in den Spiegeln ihrer Urteile. Die Masken, die er der Welt und ihren Bürgern zeigt, sind nach seinen Antizipationen ihrer Urteile geformt." (Strauss 1974, S. 7). Dieses Zitat diente als *sensibilisierendes Konzept* (vgl. Strauss 1998) für die forschungsleitende Frage nach der Konstitution sogenannter Ultras im empirischen Teil der Arbeit. Es impliziert einen sich selbst und andere interpretierenden Akteur, der gleichzeitig davon ausgeht, dass die anderen Akteure, wie er selbst, ebenfalls interpretieren. Auf die Beeinflussung dieser Interpretation richtet sich schließlich das Handeln. Das Zitat verweist auf eine umfangreiche Programmatik von interaktiv verhandelter sozialer Wirklichkeiten und eignet sich somit für die Rekonstruktion der Herstellung von Orientierungssystemen und die an sie gekoppelten Selbst- und Fremdzuschreibungen. Entsprechend beziehen sich die Analysen des empirischen Teils auf die Terminologie des oben genannten Zitats, die nun näher erläutert wird.

Mit *Spiegel* meint Strauss die Antizipation des Eindrucks, welcher der eigene Akt bei den anderen Situationsbeteiligten, die ihrerseits auf ihn reagieren werden, (vermeintlich) hinterlassen wird. Entsprechend sieht man seinen zukünftigen Akt wie in einem komplizierten Spiegel, der die vorweggenommene Reaktion der anderen zeigt (Strauss 1974, S. 34). Da nur selten umfangreiche Informationen zur vollständigen Charakterisierung der Situation sowie der in ihr agierenden Personen gegeben sind, stützt sich der einzelne auf Ersatzinformationen wie Hinweise, Andeutungen, Statussymbole etc. (Goffman 2016, S. 228). Die darauf gründenden Vorhersagen fließen schließlich in den eigenen Akt mit ein, wodurch der Handelnde eine *Maske* vor dem Hintergrund der antizipierten Reaktionen (Spiegel) auf seinen Akt konstituiert (Strauss 1974, S. 35). Die Antizipation erfolgt u. a. nach Maßgabe der eigenen Bedürfnisse und zielt auf bevorzugte zukünftige Handlungsalternativen ab. D. h., situative Gegebenheiten werden als Möglichkeiten des eigenen Handelns interpretiert (Soeffner 2013, S. 265 ff.). Dies impliziert Zieldispositionen, die als Bedürfnisse, Interessen und Normen gegeben sind, da andernfalls kein Ereignis als *unsere Situation* erlebt werden würde, sondern stumm und bedeutungslos bliebe (Joas 1992, S. 236). Da die Zukunft selbstredend ungewiss ist, können die antizipierten Spiegelbilder sehr ungenau sein. Die in ihnen enthaltenen Klassifikationen sind jedoch offen gegenüber Einwänden und Neubewertungen (Strauss 1974, S. 35). Entsprechend ist Handeln exploratorisch und unterliegt fortwährender Revision, d. h. es unterliegt der Anerkennung von Irrtum. Daraus folgt, dass so lange Revision stattfindet, auch das Handeln neuorganisiert wird (Strauss 1974, S. 23).

Ähnlich wie bei Strauss (1974) ist für Goffman (1973) die Situation, die grundlegende Analyseeinheit. Denn in ihr erfolgen Handlungen, durch welche Menschen ihre Identität erlangen. Die Identitäten werden durch die wechselseitige Anerkennung der Selbst-Darstellungen der Akteure hergestellt. Die elementare Einheit einer sogenannten Rollenanalyse ist demnach nicht die Analyse des Individuums an sich, sondern das Individuum, das ein Bündel obligatorischer Tätigkeiten ausführt. So wird dem Umstand Rechnung getragen, dass eine Rolle nur einen Teil des Individuums beansprucht (S. 97). Darin ist eine wesentliche Bedingung für face-to-face Interaktionen genannt: Die

Sprecher positionieren sich als sich Selbst bzw. als *Selbste* durch das, was sie sagen und wie sie handeln (Fischer 2006, S. 312). Jene Positionierungen müssen sich als Praxis in der konkreten Gegenwart bewähren (Nassehi 2011, S. 59). Die Koorientierung für die situativen Positionierungen gelingt durch wechselseitige Verpflichtungen, die eine normative Ordnung erzeugt. Handlungen werden dabei nicht empfohlen, weil sie angenehm oder wirkungsvoll sind, sondern weil sie angemessen oder richtig sind. Sie erfolgen meist im Namen oder zu Ehren von allem Möglichen (Goffman 2013, S. 55 f). So gesehen sind Situationen einerseits als sozialer Zwang zu verstehen, in dem die agierenden Akteure sich gegenseitig schützen. Andererseits ist eine Situation als gemeinsame Arbeit zu begreifen, durch welche sie aufrechterhalten bleibt (Matt 2001, S. 30). Diese Bemühungen erfolgen durch Inszenierungen als Selbste. Ein Selbst entspringt dabei nicht seinem Besitzer, sondern aus dem Gesamtkontext der Situation und somit aus den Merkmalen lokaler Ereignisse. Ein zugeschriebenes Selbst ist entsprechend ein Produkt einer erfolgreichen Inszenierung und nicht ihre Ursache. Es grenzt sich mithin ab von einem organischen Ding, dessen Schicksal es ist, geboren zu werden, zu wachsen und zu sterben. Vielmehr ist es eine dramatische Wirkung, die sich durch eine Situation erst entfaltet. Goffman leitet aus diesen Erkenntnissen ab, dass die zentrale Frage ist, ob diese Selbst-Inszenierung glaubwürdig oder unglaubwürdig ist (Goffman 2016, S. 231). Er fügt an, dass wenn Situationen als situierte Systeme häufig wiederholt werden, sich gut entwickelte situierte Rollen abzeichnen. Die Rolle, die ein Individuum in situierten Aktivitätssystemen spielt, sagt unvermeidlich etwas über das Bild von sich selbst und das, was die anderen sich von ihm machen, aus (Goffman S. 108 f.). Die Auffassung, dass die wechselseitige Bezugnahme in Situationen erst die Selbst-Präsentation der Akteure ermöglicht, ist gleichbedeutend mit der Erkenntnis, dass sich Selbste sozial konstituieren.

Strauss (1974) legt gleichsam nahe, dass die Beantwortung der Fragen nach der Koorientierung der Akte in Situationen sich nur dann beantworten lässt, wenn man den Beteiligten Namen gibt, d. h. sogenannte situationsgebundene Identitäten. Er bezeichnet die Zuweisung von situationsgebundenen Identitäten, welche die Situationsbeteiligten vollziehen, als Kategorisierung, die Urteile über Motive der Handelnden umfassen. Derlei Urteile werden aus der Perspektive bestimmter Klassifikationssysteme generiert und sind nicht in den Objekten. Demnach werden an Objekte, aber auch an Ereignisse und Akte Klassifikationen herangetragen, die von der jeweiligen Perspektive (Erfahrungen) der Beteiligten abhängen (S. 49 f.). Aus dieser symbolisch-interaktionistischen Perspektive entstehen jene Klassifikationen durch soziale Interaktionen, in welchen sie kontinuierlich interpretiert und modifiziert werden (Strübing 2014, S. 67). Gruppen, z. B. mit einer ähnlichen sozialen Herkunft, haben dabei eine gewisse Deckung innerhalb ihrer Klassifikationssysteme. Unterscheiden sich die Perspektiven der Handelnden, wird eine Diskrepanz zwischen der Motivzuschreibung durch den Beobachter und der Motivanerkennung durch den Handelnden auftreten. Die Suche nach Motiven ist entsprechend die Suche nach Antworten auf einen Zweifel. Erscheint die Antwort befriedigend, wird die eigene Handlung unter Berücksichtigung der anderen Person organisiert. Ergeben sich die antizipierten Folgen aus dem eigenen Handeln, scheint die eigene Einschätzung über die Motive der anderen Beteiligten sich bestätigt zu haben (Strauss 1974, S. 49). Der Hinweis, um Situationen zu verstehen, den Beteiligten Namen zu geben, wird im empirischen Teil vorliegender Studie berücksichtigt, weshalb neben der Bezeichnung von *Spiegel* und *Masken* auch auf die Bezeichnung *situationsgebundene Identität* zurückgegriffen wird.

Abschließend wird die konstitutive Wechselbeziehung zwischen Situationen und den in ihr agierenden Akteuren wie folgt zusammengefasst: Die Frage danach „[...] ‚Wer bin ich in einer Situation' " bleibt so lange problematisch wie die Situation selbst." (Strauss 1974, S. 48). Diese auf der Basis der Teilnehmer aufgebaute situative Sozialität ist folglich immer prekär (Hitzler 2010b). Das hier skizzierte Verständnis von *Identität* ist in der Forschungsarbeit übernommen. Es wird in sozialen Prozessen konstruiert und grenzt sich somit von substantialistischen Konzepten wie der *Ich-Identität* als situationsübergreifendem Personenmerkmal (u. a. Erikson 2003) ab (Strauss 1974, S. 7).

Im Folgenden wird der Begriff *Handlungen* beleuchtet, welcher die theoretische Rahmung für die empirischen Analysen abrundet.

3.1.3 Zum Begriff *sozialer Praktiken*

Motivationen gehen nicht dem Akt voraus, sondern fließen in ihn ein (Strauss 1974, S. 53). Die Annahme eines konstitutiven Situationsbezugs allen Handelns bedeutet, dass der gesamte Handlungsbogen nie auf einzelne Intentionen zurückzuführen ist. Intentionen sind lediglich für die Aufnahme einer Handlung ausschlaggebend. Der konkrete Handlungsverlauf wird hingegen von Situation zu Situation konstruktiv erzeugt. Ein vorreflexiver Handlungsplan ist mithin nie das einzige Orientierungsmittel des Handelns (Joas 1992, S. 237). Dieser Einsicht folgend, wird der Handlungsbegriff weniger rational als vielmehr kreativ, sich den vollzogenen Praktiken anpassend, gefasst und somit nicht auf ein intentionales Zweck-Mittel-Schema reduziert (vgl. Fischer 2015) wie es etwa in der Rational-Choice Theory (u. a. Berg, Coleman & Fararo 1994) angenommen wird. Die Perspektive, dass Intentionen in einer Wechselbeziehung mit spontanen und kreativen Praktiken bestehen und nicht als außersoziale Voraussetzung angesehen werden können, findet sich ebenfalls in der Praxistheorie wieder (vgl. Reckwitz 2003). Diese Strömung innerhalb des interpretativen Paradigmas wird nun kurz aufgegriffen, da in ihr dezidiert auf den Begriff *Praxis* als *soziale Praktiken* eingegangen wird, wie er im empirischen Teil Anwendung findet.

Aus praxistheoretischer Perspektive werden Praktiken als sichtbarer Ausdruck der Bewegung von Körpern definiert. Die Definition umfasst sowohl Sprechakte (*sayings*) als auch Bewegungen (*doings*), die in Relation zu anderen physischen Körpern und physischen Dingen geschehen. Soziale Wirklichkeit wird demnach durch den Vollzug der Verkettung von Einzelpraktiken konstituiert (Hillebrandt 2014, S. 11). Somit verschiebt sich der Fokus der Beobachtung vom subjektiv gemeinten Sinn einer Handlung auf das anschlussfähige Nacheinander unterschiedlicher Handlungen, woraus eine Eigendynamik des Handlungsgeschehens entsteht, die nicht mehr allein den einzelnen Akteuren mit ihrem je subjektiv gemeinten Sinn zuzurechnen ist (Nassehi 2011, S. 42). Die Praktiken sind kulturell eingefärbt, wobei Kultur als Alltagswissen definiert wird, das reflexiv und werkzeugartig auch in unbekannten bzw. hybriden Situationen angewendet und neuorganisiert wird (Reckwitz 2003, S. 285 ff.). Für den Forschungsgegenstand dieser Arbeit bedeutet jene Perspektive, dass es ein *knowing-how-abhängiges* implizites und nicht *knowing-that-abhängiges* explizites Wissen (Reckwitz 2003, S. 292) von *saying* und *doing Ultra* gibt, durch welche Praktiken sich das Konstrukt herstellt. Welche know-how-Formen in Praktiken vollzogen werden, um sich selbst als Ultras zu klassifizieren und um von anderen als solche klassifiziert zu werden, ist die empirische zu klärende Frage vorliegender Studie.

Wie gezeigt wurde, besteht ein konstitutiver Zusammenhang zwischen den Bewertungen von Situationen, Handlungen und den daraus folgenden situationsgebundenen Identitäten. Für das Forschungsvorhaben folgt daraus, dass situative Interaktionen mit ihren wechselseitigen Verstehensleistungen im Mittelpunkt der empirischen Rekonstruktion stehen müssen, um zu ergründen, wie sich Selbstbilder der sogenannten Ultras konstituieren. Wie diese Interaktionen methodisch erschlossen werden, wird nun gezeigt.

3.2 Methodisches Vorgehen

Im Folgenden wird zunächst der theoretische und dann methodische Rahmen des empirischen Teils der Forschungsarbeit dargelegt.

3.2.1 Ethnographie

Einen möglichen Zugang zu den im vorangegangenem Kapitel thematisierten Produktionsprozessen von sozialer Wirklichkeit – in ihrer natürlichen Umwelt – bieten ethnographische Verfahren (u. a. Schatzman & Strauss 1973; Geertz 2007), die für die vorliegende Arbeit überwiegend zum Einsatz kommen. Für die Fragestellung nach dem Verhältnis zwischen Individuum und Gesellschaft eignet sich das ethnographische Forschungsprogramm deshalb in besonderer Weise, da es Lebensweisen, Lebensformen, Lebensstile und die in ihnen erfolgenden Verstehens- und Konstruktionsleistungen aus der Perspektive der Akteure zu verstehen versucht (Bohnsack 2006, S. 48). Somit wird in der Ethnographie die Perspektive derer eingenommen, die Gesellschaft konstituieren. Davon ausgehend, dass Menschen Zweifel an der Realitätshaltigkeit ihres Alltagswissen ausklammern, um so Situationen als *real* zu definieren und ihren Handlungen Sinn zu verleihen, bzw. überhaupt erst Anknüpfungspunkte für ihr Handeln zu finden, stellt sich die Frage, warum sie die benötigten Sinnsetzungen genau so und nicht anders definieren? Folglich werden die unhinterfragten und selbstverständlichen Prinzipien, Regelmäßigkeiten und Regeln rekonstruiert, die Menschen in Form von sozialen Wirklichkeiten konstruieren (Hitzler 2001, S. 162 f.).

„Ethnographie betreiben gleicht dem Versuch, ein Manuskript zu lesen (im Sinne von „eine Lesart entwickeln"), das fremdartig, erblasst, unvollständig, voll von Widersprüchen, fragwürdigen Verbesserungen und tendenziösen Kommentaren ist, aber nicht in konventionellen Lautzeichen, sondern in vergänglichen Beispielen geformten Verhaltens geschrieben ist." (Geertz 1994, S. 15). Das Zitat des renommierten Ethnographen Clifford Geertz beschreibt den diffusen, jedoch treffenden Umstand, in dem sich der Feldbeobachter wiederfindet: Die soziale Wirklichkeit im Feld ist allgegenwärtig und sogleich flüchtig. Sie lässt immer wieder Zweifel zu, ob das eben Erlebte das ist, was man meint, was es ist oder doch eher etwas anderes sein könnte.

Der Ursprung der Ethnographie liegt in der Anthropologie und Ethnologie, die sich zur Aufgabe machten, fremde Kulturen zu erforschen; ein Interesse, das im Zusammenhang mit dem europäischen Kolonialismus entstand (vgl. Breidenstein et al. 2015). In den 20er und 30er Jahren des 20. Jahrhunderts entwickelten Soziologen in Chicago eine eigene *Stadtsoziologie*, die das *Fremde* in der eigenen Gesellschaft zu entdecken versuchte. Dieser Ansatz war eine Reaktion auf die industrialisierungs- und migrationsbedingten urbanen Veränderungen, die *Slums* und sonstige Parallelwelten hervorbrachten, welche bisherige Wissensvorräte über Gesellschaft herausforderten und so das wissenschaftliche Interesse weckten (Lüders 2007, S. 386). *Ethno* bezieht sich in diesem Zusammenhang auf einen theoretischen Kulturalismus *mittlerer Reichweite*, der Situationen, Teilwelten in Form von lebensweltlichen Korrelaten wie Szenen als

Einheiten mit eigener Ordnung und Logik umfasst (Breidenstein 2015 et al., S. 32). Die in Kapitel 1 skizzierte pluralistische Struktur in spätmodernen Gesellschaften, welche eine Vielzahl von kulturellen Feldern hervorbringt, verhindert generalisierbare Alltagserfahrungen. Das potenziell *Fremde* oder *Exotische* ist mithin allgegenwärtig (vgl. Knoblauch 1996, S. 7). Die Fremdheit von Teilwelten und Lebenspraxen ist jedoch keineswegs die Prämisse ethnographischen Forschens. Auch oder vor allem das scheinbar *Vertraute* kann zum Gegenstand ethnographischer Neugier werden, da im Alltagswissen Handlungs- und Denkweisen zur Gewohnheit geworden sind, die dem Leben eine bewusstlose, feste Ordnung verleihen (Breidenstein et al. 2015, S. 26). So ist der eigene Lebensvollzug durch eine gewisse *Betriebsblindheit* charakterisiert. Aus dem ethnographischen Forschungsprogramm leitet sich demnach die Heuristik der Entdeckung des Unbekannten ab (Amann & Hirschauer 1997, S. 8). Hierfür werden die kulturellen Gewissheiten einer Teilwelt, welche sie für ihre *Bewohner* in natürlicher Selbstverständlichkeit zu dem macht, was sie eben ist, befremdet. D. h., die Gewissheiten, die man vorfindet, müssen suspendiert werden, indem der Forscher sich als *Eulenspiegel* verhält und damit sich künstlich *dumm* stellt. Dies impliziert, entgegen des *gesunden Menschenverstands* Rationalisierungen oder die durch Erklärungen vertraut gewordenen Phänomene so zu befremden, als hätte man keine vorgefertigten Wissensbestände, um zu erklären, was da vor sich geht. Mithin wird die beforschte Teilwelt von kulturellen Routinekonnotationen *gereinigt* und entsprechend forschungsleitender Interessen quasi *neu* konstituiert (Hitzler 2001, S. 167 f.). Neben dieser grundlegenden Forschungshaltung werden methodisch kontrollierte Strategien für eine fortwährende Befremdung von Phänomenen im Methodenkapitel noch zu skizzieren sein. Es sei an dieser Stelle ausdrücklich angemerkt, dass sich das ethnographische Forschungsinteresse nicht auf die je spezifischen Praktiken von Akteuren allein bezieht, sondern auf die Kultur *dahinter*, d. h. was in ihnen zum Ausdruck gebracht und lokal reproduziert, variiert und modifiziert wird (Strübing 2013, S. 65). Mit anderen Worten, wie im Einzelnen Gesellschaft als die Bedeutung von Etwas öffentlich vollzogen wird (Geertz 2007, S. 18).

Die praktizierten Lebensformen in Teilwelten werden dabei als *Feld* bezeichnet. Diese Felder sind nicht als abgegrenzte Einheiten zu verstehen, sondern können sich teilweise in fluider Weise mit anderen Feldern überlappen. Letztlich entscheidet ein jeder Forschungsprozess mit seinen leitenden Fragen, was als Feld angesehen wird und was nicht (Przyborski & Wohlrab-Sahr 2010, S. 54 ff.).

Mit der paradigmatischen Frage: „What the hell is going on here?“ (vgl. Geertz 2007), zielt der ethnographische Erkenntnisstil schließlich auf naiv anmutende Weise auf Wissensinnovation ab. Demgegenüber steht eine nicht selten befangene, sozialwissenschaftliche Theorieproduktion, in der eine unentwegt musealisierende Herstellung von *Klassikern* erfolgt, selbstinduzierte theoretische Problemlagen bearbeitet oder beweisführende Tatsachenfeststellungen durchgeführt werden (Geertz 2007, S. 8 f.).

Um die kulturellen Eigenheiten eines Feldes, d. h. *Innensichten* der Akteure zum Vorschein zu bringen, fokussiert die Datengewinnung in direkter Weise die Menschen im Feld. Sie werden als Experten ihrer eigenen Lebenspraxis beobachtet, in informellen Gesprächen und Interviews befragt und es wird die räumlich-dingliche Konstellation des Feldes als physischer Ort, in dem die Wirklichkeitsproduktion stattfindet, analysiert. Optional werden zusätzlich Dokumente – je nach Verfügbarkeit – aus und über das Feld in den Auswertungsprozess eingebunden (Strübing 2013, S. 53). Um jene *Innensichten* zum Ausdruck und zum Verstehen zu bringen, erscheinen weniger punktuell singuläre Zugänge geeignet, sondern eine Forschungspraxis, die sich als *Feldforschung* realisiert. Sie besteht vor allem in einer fortgesetzten *teilnehmenden Beobachtung*[14] des Forschers im Feld, um in der Nähe zu sein, während die beforschten Akteure darauf reagieren, was das Leben ihnen zumutet (Goffman 1996, S. 263). Dies impliziert die Bereitschaft des Forschers, sich im Forschungsprozess zunächst offen und unstrukturiert auf die Logik und Dynamik des Feldes einzulassen. D. h., sich an der Lebenspraxis der Akteure zu orientieren, in dem man an ihren Handlungsvollzügen, Strategien, Ordnungen, Sinn- und Bedeutungszuschreibungen sowie Handlungsanschlüssen, möglichst umfangreich, neugierig und ohne Kontaktscheu teilnimmt und diese Erfahrungen in Form von Beobachtungsprotokollen fixiert (Breidenstein et al. 2015, S. 32). Innensichten der Feldteilnehmer zu rekonstruieren bedeutet, ihre Binnenperspektive und damit ihre Binnenmoral wertneutral zu beschreiben (Hitzler & Eisewicht 2016, S. 26). Dieses Vorgehen erfordert eine mehrmonatige Erhebungsstrecke/Feldphase. Aus ihr erwachsen umfangreiche Felderfahrungen in Form von Kontext- und Hintergrundwissen, die über die Datengewinnung in Form von protokollierten Beobachtungen weit hinaus reichen und nicht selten erst ermöglichen, einzelne Daten zu verstehen und miteinander in Verbindung zu setzen (Breidenstein et al. 2015, S. 33 f.). M. E. nach kann dieses übergreifende Kontextwissen auch als *Feldgefühl* bezeichnet werden, welches auf die Logik des Feldes rekurriert und so auch den Prozess des Theoretical Sampling (siehe folgendes Kapitel) vermeintlich intuitiv stützt.

---

14 Eine weitere Beobachtungsvariante ist die *beobachtenden Teilnahme* (vgl. Hitzler & Eisewicht 2016). Sie fokussiert insbesondere ein existenzielles Engagement in Form der aktiven Mitgliedschaft des Ethnographen im Feld. Jene ist erforderlich, um das lebensweltliche Erleben des Ethnographen zum Gegenstand der Analyse zu machen (ebd., S. 38). Da in vorliegender Studie weniger lebensweltanalytisch, als vielmehr interaktionistisch vorgegangen wurde (Kap. 3.2.1), erfolgte die *teilnehmende Beobachtung* als Beobachtungsmethode, um so die interaktiven Praktiken zu rekonstruieren.

Die Besonderheit ethnographischen Forschens besteht darin, dass die direkten Beobachtungen (face-to-face Interaktionen, unmittelbare Erfahrung von Situationen etc.) des Forschers als Protokolle im Vordergrund stehen und nicht die Selbstwahrnehmung einer z. B. interviewten Person (Schatzman & Strauss 1973, S. 5 f.). Die Herausforderung die sich bei der Protokollierung von Beobachtungen stellt, ist, Worte und Begriffe für die gesammelten Erfahrungen zu (er-)finden. So gesehen sind Beobachtungen keine *Rohdaten* (Breidenstein et al. 2015, S. 9). Entsprechend wichtig ist es bei der Protokollierung systematisch zu unterscheiden zwischen registrierten Beobachtungsdeskriptionen, Kontextinformationen und theoretischen Reflexionen (Przyborski & Wohlrab-Sahr 2010, S. 63). Mit diesen Beobachtungen sollen schließlich die impliziten Deutungsmuster bzw. das *Wie* der Strukturiertheit der beobachteten Teilwelt rekonstruiert werden (Fischer 2004, S. 65; 1999, S. 17; Möller & Netzer 2008, S. 78). Somit erschöpfen sich die Daten nicht in den Eigenbeschreibungen der zu beforschenden Akteure, wenngleich auch das notwendig ist, weil die fußballbezogene Welt der beforschten Akteure nicht hinreichend öffentlich zugänglich und bekannt ist. Vielmehr legitimiert sich das wissenschaftliche Forschungsvorhaben vordergründig aus der (teilnehmenden) Beobachtung des Forschers, die in Kontexte wissenschaftlicher Diskurse zu Orientierungs- und Identitätsbildungsprozessen eingebettet wird. An dieser Stelle sei angemerkt, dass die so eingenommene Beobachtungsebene hierarchisch nicht über die Eigenbeobachtungen der Beforschten gestellt wird, sie konstitutiert lediglich einen speziellen wissenschaftlichen Diskurs und bewertet die Teilwelt nicht nach allgemeingesellschaftlichen Maßstäben (welche sollten das auch sein?).

In der ethnographischen Feldforschung ist folglich der Ethnograph eine Art *personaler* Aufzeichnungsapparat. Anders als ein Computer ist der menschliche Datenerheber vergesslich und kaum standardisierbar. Er ist jedoch flexibel anpassungsfähig für unvorhersehbare Situationen, kommunikativ und kann zwischen den Zeilen registrieren. Er lernt und kann so als Ko-Teilnehmer fortlaufende Justierungen vornehmen, was situativ im Feld von Bedeutung ist (Breidenstein et al. 2015, S. 41).

Die beschriebene Teilnahme zur Datengewinnung impliziert das Problem des Zugangs zum Feld (Przyborski & Wohlrab-Sahr 2010, S. 58 f.). Insbesondere, wenn wie in vorliegender Ethnographie zu relativ geschlossenen Einheiten wie Gruppen geforscht wird, sind intensive und persönliche Kontakte zu den Feldteilnehmern unablässig. Dergestalt besteht das Zugangsproblem zum Feld als *Beziehungsproblem*. Der Zugang erfolgt in solchen Fällen meist über einen *Gatekeeper*. Dabei handelt es sich um eine Schlüsselperson aus dem Feld, die dem Ethnograph einen legitimen Zugang zu dem Feld zu verschaffen versucht (Strübing 2013, S. 60 f.). Ferner ist zu beachten, dass, um sich als Forscher im Feld aufhalten *zu dürfen*, Begründungen entwickelt werden müssen, warum man im Feld ist, weil man von den Feldteilnehmern danach gefragt wird. Diese Begründungen sollten den weiteren Feldaufenthalt nicht zu sehr behindern (Goffman 1996, S. 266).

Nach dem Zugangsproblem des *getting in*, ergibt sich das Problem des *getting on*, womit die Etablierung von Sozialbeziehungen im Feld gemeint sind (Strübing 2013, S. 61). Die sich dabei entwickelnden Kontakte zwischen Feldteilnehmern und Ethnograph führen zu der grundlegenden Ambivalenz von Nähe und Distanz ethnographischen Forschens. So muss der Ethnograph einerseits sich mit affirmativer Absicht auf die Praktiken des Feldes einlassen und dabei eigene Werte und Normen, so weit möglich, temporär außen vor lassen (Hitzler & Eisewicht 2016, S. 50 f.). Dass daraus entstehende gemeinsame *im Feld sein* führt nicht selten automatisch zu Sympathien gegenüber den Feldteilnehmern. Andererseits sollte man keine Beziehungen wie Freundschaften zu den beforschten Akteuren suggerieren, die man letztlich nicht garantieren kann. Daraus ergibt sich eine emotionale Gradwanderung zwischen Nähe und Distanz (Przyborski & Wohlrab-Sahr 2010, S. 58). Ein Test, ob man schließlich im Feld angekommen ist, lässt sich daran prüfen, ob alles was man hört und sieht einem normal vorkommt oder man sich vorstellen könne, in der Gruppe sesshaft zu werden (Goffman 1996, S. 266).

Auch auf analytischer Ebene wirkt das Problem von Nähe und Distanz. Einerseits versucht der Ethnograph *Innensichten* der Akteure zum Vorschein zu bringen, indem er sich mit den Praktiken des Feldes vertraut macht. Jene Vertrautheit kann jedoch zur Distanzlosigkeit zum Feld führen, was als *going native* bezeichnet wird. Damit ist ein Verhältnis des Ethnographen zum Feld gemeint, dass von einer Nähe bestimmt wird, die es dem Forscher kaum mehr ermöglicht, Differenzerfahrungen im Feld zu sammeln, womit er seinen Auftrag der Entdeckung verfehlt (Strübing 2013, S. 61.). Ebenso wie der Feldzugang ist folglich auch das *coming home* (Amann & Hirschauer 1997, S. 28), der Feldausstritt, im Forschungsprozess zu reflektieren (siehe Sättigung folgendes Kapitel). Denn die physische Distanz zum Feld kann auch die analytische Distanz stimulieren.

Nach der Betrachtung der ethnographischen Forschungsprogrammatik, der daraus folgenden Strategien und Konsequenzen für die Datengewinnung, wird nun die gewählte Methodik der Datenauswertung erörtert, um das Vorgehen sowie die Ergebnisse im empirischen Teil zu plausibilisieren.

3.2.2 Grounded Theory

„Das, womit es der Ethnograph tatsächlich zu tun hat […] ist eine Vielfalt komplexer, oft übereinandergelagerter oder ineinander verwobener Vorstellungsstrukturen, die fremdartig und zugleich ungeordnet und verborgen sind und die er zunächst einmal irgendwie fassen muß." (Geertz 2007, S. 15). Ein Verfahren, welches diesen und den zuvor genannten Anforderungen ethnographischer Feldforschung gerecht zu werden verspricht und für die vorliegende Forschungsarbeit eingesetzt wurde, ist die sogenannte Grounded Theory (vgl. Glaser & Strauss 1967). Denn sofern – wie in dieser Arbeit – davon ausgegangen wird, dass menschliche Wirklichkeit eine durch Interaktionsprozesse konstruierte Wirklichkeit ist, liefert die Grounded Theory das passende methodische Rüstzeug (vgl. Strübing 2014). Wie der Name bereits andeutet, ist die Grounded Theory ein qualitativ-rekonstruktives Analyseverfahren, welches theoriegenerierend ist (Strauss 1998, S. 28 f.). Mithin erfolgt der Datenrückgriff nicht, um theoretisches Erklärungswissen subsumtionslogisch zu illustrieren oder Theorien zu testen. Vielmehr soll eine Theorie entwickelt werden, deren Potenz sich darin bemisst, bisher Unentdecktes erkennbar zu machen (Amann & Hirschauer 1997, S. 34). Das Verfahren der Grounded Theory ist relativ offen und gleicht so vielmehr einem idealtypischen Forschungsstil mit Orientierungshilfen, die dem Forschungsprozess angepasst werden sollen, z. B. die Integration unterschiedlichen Datenmaterials. Demnach ist die Grounded Theory nicht als ein starres Regelwerk zu verstehen (Strauss 1998, S. 31). Gleichwohl unterliegt sie Prinzipien, welche erst das Verfahren zu dem machen, was es ist und nun skizziert werden.

Wie bei jedem Forschungsvorhaben beginnt der Forschungsprozess mit einem Erkenntnisinteresse. Wie bereits angedeutet, hat das theoriegenerierende Verfahren der Grounded Theory einen explorativen Charakter und ist nicht hypothesenprüfend. Entsprechend können/müssen forschungsleitende Fragen im Forschungsprozess angepasst oder erweitert werden (Corbin & Strauss 2008, S. 25). Nachdem das Erkenntnisinteresse erarbeitet wurde, indem erste Recherchen erfolgten, werden generative Fragen gestellt, um das Feld zu erschließen, z. B.: Welche Akteure spielen eine Rolle für das Erkenntnisinteresse und warum? Wer ist noch beteiligt? Wo und wann finden Interaktionen statt? Welche weiteren Kontexte beeinflussen die Akteure und ihre Interaktionen? Welche Besonderheiten weist das Feld auf und welche Konsequenzen erfolgen daraus für den Feldzugang?

Dem Feldzugang folgt die Datenerhebung, meist in Form von Beobachtungen oder Interviews. Zusätzliche Quellen wie massenmediale Erzeugnisse aller Art, können ausdrücklich als Daten hinzugenommen werden. Die Integration zusätzlicher Daten neben der primären Datenquelle nennt Strauss (1998) *Datenscheiben*. Für die Integration unterschiedlicher Daten ist es entscheidend, plausible Beziehungen zwischen ihnen herzustellen (S. 56).

Der Forschungsstil der Grounded Theory beinhaltet ein mehrstufiges Auswertungsverfahren, was auf dem Prinzip des ständigen Vergleichs beruht (Strübing 2014, S. 14). Der permanente Vergleich begründet einen zeitlich parallelen Wechsel zwischen Datenerhebung, Datenauswertung und Theoriebildung

(Strauss 1998, S. 56). So werden die gewonnenen Daten rekonstruiert. Die generierten Erkenntnisse werden genutzt, Fragen bzw. Hypothesen abzuleiten, welche die erneute Datengewinnung steuern. Dieser Prozess wird als *Theoretical Sampling* bezeichnet. Es hilft, das zunächst unübersichtliche Feld und Datenmaterial zu systematisieren, denn egal wie geschult ein Beobachter ist, Interaktionen sind zu komplex, als dass sie nicht zwangsläufig selektiv erlebt werden (Strauss 1974, S. 64), was ebenso für ihre Protokollierung gilt. Ferner ermöglicht das Theoretical Sampling von Anbeginn des Forschungsprozesses die rekonstruierten Erkenntnisse am Material zu bestätigen oder zu verwerfen, diese damit anzureichern und zu verdichten (Corbin & Strauss 2015, S. 143). Dieses iterativ-zyklische Prozessmodell des Theoretical Sampling stimuliert mittels der ständigen Kontrastierung zwischen den Daten und ihrer Auswertung, Neues zu entdecken.

Die Datenauswertung wird *Kodieren* genannt und fungiert als zentrales Gütekriterium der Forschungsarbeit. Gemäß des Theoretical Samplings ist die Erhebung sowie das Kodieren zunächst offen gestaltet. Insbesondere zu Beginn der Auswertung von Interviewtexten empfehlen sich „line-by-line-Analysen" (Strauss 1998, S. 200), um das Material gründlich zu untersuchen. Dabei werden kleine Sinneinheiten wie Wörter oder kurze Sequenzen von Interviewsegmenten einzeln rekonstruiert. Auf diese Weise sollen die zentralen Handlungsprobleme im Untersuchungsfeld identifiziert werden (Breuer, Muckel & Dieris 2017, S. 256). Die zunächst relativ lose voneinander gewonnenen Erkenntnisse verdichten sich zunehmend, durch den iterativen Forschungsprozess (Strauss 1998, S. 54). Innerhalb des Kodierens werden empirische Indikatoren wie konkrete Verhaltensweisen oder Ereignisse, die wesentliche Eigenschaften miteinander teilen, als *Konzepte* zusammengefasst (Breuer, Muckel & Dieris 2017, S. 53). Unter Eigenschaften wird das zentrale Merkmal von etwas (z. B. Person, Ding, Ereignis, Handlung, Beziehung) verstanden, welches als Sinneinheit konzeptualisiert werden kann (Strauss 1998, S. 49). Die Konzepte werden durch den permanenten Vergleich mit bestehenden und neu entwickelten Konzepten mehr und mehr zu abstrakteren *Kategorien* verdichtet. Die Kategorien werden schließlich *axial kodiert*. Hierbei wird um die *Achse* einer Kategorie ein dichtes Beziehungsnetz zu den anderen Kategorien herausgearbeitet. In diesem Schritt wird mithin die materialgenerierte Kategorie erneut kodiert und mit materialgenerierten Hypothesen konfrontiert (Strauss 1998, S. 101). Sofern eine Kategorie hinsichtlich der Daten einen hohen Variationsgrad erreicht, d. h. einen oder mehrere Handlungskomplexe zu erfassen vermag, werden diese als *Kernkategorien* klassifiziert, welche die Eckpfeiler des Theoriegebäudes bilden (Corbin & Strauss 2008, S. 193). Die Kernkategorien werden am Ende des Forschungsprozesses systematisch in Form von Begründungen zueinander in Beziehung gesetzt. Daraus entsteht eine übergreifende Schlüsselkategorie, in welcher der weitreichendste Erklärungszusammenhang über die gewonnenen und konzeptualisierten Daten dargelegt wird (Corbin & Strauss 2015, S. 189).

Um das Material für die rekonstruktiven Analysen zugänglich zu machen, wird das sogenannte Kodierparadigma angewendet. Es soll helfen, den Blick auf die Daten zu öffnen und mit der Handlungslogik der Akteure zu brechen, um so die generierten Phänomene für die Theorieentwicklung zu abstrahieren. Das Kodierparadigma umfasst die Interpretation von:

- Bedingungen
- Interaktion zwischen Akteuren (Wechselbeziehungen)
- Strategien
- Konsequenzen

Unter Bedingungen des Handelns werden Begründungszusammenhänge (weil, da, wegen, auf Grund von) verstanden. Wechselbeziehungen setzen sich mit den gegenseitigen Verstehensleistungen der beteiligten Akteure auseinander, welche gemeinsam die situative Wirklichkeit konstituieren. Wechselbeziehungen betreffen darüber hinaus Beziehungen zwischen den Objekten und Personen. Denn Personen bewerten Objekte vor dem Hintergrund der Erfahrungen, die sie oder andere mit ihnen gemacht haben, welche mithin rekonstruiert werden. Strategien werden als die Auswahl bzw. die Art und Weise der vollzogenen Praktiken verstanden. Konsequenzen implizieren Bewertungen von vergangenen Ereignissen, welche in Anschlusshandlungen einfließen, die wiederum zukünftige Handlungen beeinflussen. Entsprechend ermöglicht die Betrachtung von Konsequenzen wesentliche Einblicke in die vorgängigen Verstehensleistungen der Interaktionsbeteiligten, d. h. was ihnen wie als soziale Wirklichkeit erscheint (Strauss 1998, S. 57). Für den empirischen Teil der Forschungsarbeit diente das Kodierparadigma insbesondere als Argumentationshilfe, um die Daten möglichst umfangreich, systematisch und damit plausibel zu rekonstruieren. Auch Strübing (2014) charakterisiert das Kodierparadigma als eine simpel scheinende Orientierungshilfe. Er vergleicht es mit den 6 W-Fragen von Journalisten, an welchen sie sich in ihren Berichten abarbeiten (S. 24 f.). In dieser scheinbar simplen Herangehensweise verbirgt sich jedoch die enge Bezugnahme zu dem Material, die ständig dazu auffordert, zu erklären, was in den Daten vor sich geht und nicht etwa theoretische Erkenntnisse heranzuziehen, um diese damit zu überformen. Paradigmatisch stehen in diesem Zusammenhang für den gesamten Forschungsprozess nach der Grounded Theory folgende Fragen: „Was geschieht eigentlich in den Daten? Was ist das Grundproblem (Probleme), mit dem die Akteure konfrontiert sind? Wie lässt sich ihr Grundproblem (Probleme) erklären. Anders ausgedrückt: Was ist hier die eigentliche Geschichte und warum?“ (Strauss 1998, S. 61.). Vor dem Hintergrund der permanenten Erklärungsbedürftigkeit oder auch *künstlichen Dum-*

menheit wie es Hitzler (vgl. 2001) bezeichnet, entfaltet sich der wissensinnovative Anspruch der Ethnographie (vgl. Hirschauer & Amann 1997). Entsprechend werden im empirischen Teil der Arbeit feldimmanente Bezeichnungen wie *Ultras* durch neutrale Bezeichnungen wie *beforschte Akteure* ersetzt, da Akteure oder Praktiken erst durch den Forschungsprozess charakterisiert werden können.

Ebenfalls unerlässlich für den theoriegenerierenden Forschungsprozess ist es, *Dimensionierungen* vorzunehmen. Darunter wird die Anordnung von Eigenschaften eines Ereignisses auf einem Kontinuum verstanden. Die jeweiligen Endpunkte des Kontinuums bilden einen bipolaren Möglichkeitsraum, z. B. sehr stark vs. überhaupt nicht, klein vs. groß (Strauss 1998, S. 43). Mittels Dimensionierungen werden so die konkreten Eigenschaften des jeweiligen Phänomens (Objekt oder Praktik) vor dem Hintergrund der potenziell möglichen Ausprägungen klassifiziert, womit das jeweilige Ereignis definiert wird (Corbin & Strauss 2015, S. 57). Ferner ermöglichen Dimensionierungen Ähnlichkeiten und Unterschiede zwischen verschiedenen Phänomenen herauszuarbeiten, indem permanente Vergleiche angeführt werden. Das klassische Beispiel hierfür ist die Frage: „How is a priest like a prostitute" (Hughes 1971 zitiert nach Strübing 2014, S. 20). Auch wenn dieser Vergleich auf den ersten Blick irritierend scheint, gibt es doch Gemeinsamkeiten. So arbeiten etwa beide mit Menschen oder Verschwiegenheit ist wichtig. In vorliegender Arbeit wurde etwa in Kapitel 6.1 das Phänomen *Kleiderordnung* auf dem Kontinuum zwischen *selbst erstellter Kleidung* vs. *erworbener Kleidung* dimensioniert und ihre Ausprägungen kodiert. Mithin konnten allgemeine Eigenschaften von Kleidung rekonstruiert werden. Daran anschließend wurden die Spezifika der Kleidung der Akteure mit ihren Bedingungen und Konsequenzen interpretiert und schließlich mit verbreiteten Verwendungszwecken von *Kleidung* kontrastiert, woraus der implizite Sinn der feldspezifischen Kleidungs-Praxis rekonstruiert werden konnte. Die in der Kleidung vollzogene Lebenspraxis der Akteure kennzeichnete sich durch Merkmale wie Beziehungszeichen statt Funktionalität oder Gruppenbezug statt Vereinsbezug. Die so konzeptualisierten Sinneinheiten wie *Gruppenbezug* geben wichtige Hinweise für Gemeinsamkeiten zwischen unterschiedlichen Praktiken im Feld. Mithin werden Kategorien höherer Ordnung wie *sozialorientierte* statt *sportorientierte Veranstaltungsteilnahme* abgeleitet, welche schließlich die materialbegründete Theorie konstituieren. Strübing (2014) verweist darauf, dass die Technik der Dimensionierung sequenziellen Verfahren der Narrationsanalyse (vgl. Fischer-Rosenthal & Rosenthal 1997) oder der gedankenexperimentellen Lesartenbildung in der Objektiven Hermeneutik (vgl. Oevermann 2002) ähnelt. Entsprechend geeignet ist die Grounded Theory auch für die Analyse von Interviews, welche im empirischen Teil ebenfalls verwendet werden.

Der iterativ angelegte Forschungsprozess wird vom Schreiben sogenannter Memos begleitet. Memos fungieren als assoziatives *Backup*, in welchen die aus dem Datenmaterial heraus rekonstruierten Sinneinheiten kontinuierlich in Bezug zueinander gesetzt werden. In Memos werden ferner abduktive Gedanken oder sonstige *Geistesblitze* und Ideen festgehalten, die zunächst vielleicht noch keinen Sinn ergeben oder noch keine Rolle in den Daten spielen, aber eventuell zu einem späteren Zeitpunkt von Nutzen sein können. Die Memos werden im Forschungsprozess immer fokussierter und häufig durch frühere Memos angereichert (Strauss 1998, S. 45). Sie dokumentieren gleichsam den theoretischen Fortschritt des Forschers. Können in Memos niedergeschriebene Fragen beantwortet oder Gedanken weiter entwickelt werden, ist es ein Zeichen, dass sich der Forschungsprozess mit Erkenntnissen verdichtet.

Der iterative Forschungsprozess aus Erhebung, Auswertung, Theoretisierung und neuer Erhebung ist tendenziell unendlich. Goffman (1996) schlägt vor, mit den Feldnotizen aufzuhören, wenn sie sich wiederholen und allgemein sparsam mit Notizen zu sein (S. 267). Überträgt man diese Haltung auf die Grounded Theory, bedeutet die Sättigung von Erkenntnissen, dass die Analysen der Daten keine neuen Erhebungen mehr anregen. Gleichsam wird darauf verwiesen, dass weniger der Datenumfang das vordergründige Gütekriterium darstellt, sondern die gründliche Rekonstruktionsarbeit. Die Sättigung ist demnach dann erreicht, wenn die Theoretisierung der Daten hinreichend plausibilisiert werden kann. Dies setzt zweierlei voraus: 1. Die gründliche Analyse isolierter Phänomene. 2. Die extensive Dimensionierung, um weitreichende und möglichst prägnante Verknüpfungen von sich gegenseitig konstituierenden Phänomenen herzustellen (Corbin & Strauss 2008, S. 143).

Die Frage der Sättigung leitet zu dem Thema der Theoriegenerierung über. Zunächst sei angemerkt, dass der in diesem Zusammenhang verwendete Theoriebegriff (lediglich) beansprucht, über den untersuchten Gegenstandsbereich verallgemeinernde und schlussfolgernde Aussagen zu treffen (Strübing 2013, S. 41). Entsprechend werden Formulierungen gewählt wie *gegenstandsbezogene Theorie* oder *materialbegründete Theorie*. Diesem Anspruch folgend, handelt es sich um Theorien *begrenzter Reichweite*, die als Gegenbegriff zu *grand theories* mit universellem Geltungsanspruch stehen (Merton 1957 zitiert nach Strübing 2013, S. 33). Gleichwohl sollen die materiabegründeten Theorien den Austausch mit bereits bestehenden Theorien fördern. Strauss (1998) sieht in diesem Ansatz die zentrale Möglichkeit, um die Sozialwissenschaften weiterzuentwickeln (S. 40). Die materialbegründeten Theorien versuchen die Sichtweisen der Akteure verstehbarer zu machen, indem Glaubwürdigkeit von dargelegten Erklärungen angestrebt wird. Dabei wird im Allgemeinen auf formal wissenschaftliche Aussagen verzichtet. Stattdessen erfolgen die Aussagen im Kontext von Diskussion und Deskription. Dies soll den Wunsch nach kontinuierlicher

Weiterentwicklung fördern, z. B. als Grundlage zur Hypothesenbildung (Strauss 1998, S. 331 f.).

Zusammenfassend versucht das theoriegenerierende Verfahren der Grounded Theory folgenden Verantwortlichkeiten gerecht zu werden: 1. Die Originaldaten müssen ernsthaft überprüft oder bestätigt werden. 2. Es muss ein enger Bezug zu den Daten bestehen. 3. Es muss eine neue Theorie entwickelt werden, die einen Austausch zu bereits bestehenden Theorien fördert, ohne bestehende Theorien zu verwenden, um sie den Daten überzustülpen (Strauss 1998, S. 40).

3.3 Zur ethnographischen und rekonstruktiven Praxis vorliegender Untersuchung

Vor dem soeben beschriebenen Hintergrund der ethnographischen Feldforschung (Kap. 3.2.1) und den Anforderungen an die rekonstruktive Auswertung mittels Grounded Theory (Kap. 3.2.2), wird nun die konkrete Forschungspraxis der vorliegenden Arbeit dargelegt und reflektiert.

Die forschungsleitende Fragestellung, wie Menschen innerhalb einer tendenziell unübersichtlichen Gegenwartsgesellschaft Orientierung erlangen und damit Selbstbilder konstituieren, führte zu der Frage nach der Genese des Selbstbildes ein Fußballfan zu sein.

Wie einleitend beschrieben, ergaben die ersten Recherchen des Autors über *Fußballfans* in Fachliteratur und Massenmedien, dass sogenannte Ultras besonders enthusiastische und vielseitig praktizierende Anhänger von Fußballvereinen sind. Diese Bewertungen führen bereits zu generativen Fragen:

Was sind Kriterien für enthusiastische Fans von Profifußball (häufig ins Stadion gehen vs. Spiele im Fernsehen sehen)? Dies leitete zu Fragen nach Zeit-, Energie- und Geldaufwand über, um an Veranstaltungen teilzunehmen. Aufwand setzt *Bereitschaft* voraus, womit schon eine wichtige Konzeptualisierung zur Bestimmung umfangreich involvierter Akteure in die Sportveranstaltung entdeckt wurde. Diese leitete zu unterschiedlichen Indikatoren von der Sinneinheit *Bereitschaft* über, die auch Gewalthandlungen als eine extreme, da existenzielle, Bereitschaft umfassen. Die Bereitschaft dieser Akteure zur häufigen Stadionanwesenheit sowie der Durchführung von aufwendig vorbereiteten Praktiken (Kap. 2.1) als Gruppe führte zur Hypothese, dass ihr Veranstaltungsbezug eine umfangreiche Handlungsorientierung bildet. Demnach waren sie eine besonders adäquate Gruppe, um die Frage nach Orientierungsleistungen in der Spätmoderne zu erhellen. Jenes skizzierte Vorgehen begründete sodann das Theoretical Sampling für die Fallauswahl sogenannte Ultras zu beforschen.

Nachdem die Akteure zur Beantwortung der forschungsleitenden Frage identifiziert wurden, stellte sich die Frage, wie die Akteure identifiziert werden können. Bedingungen für das Sampling der Akteure war es, dass sie sich selbst als *Ultras* bzw. *Ultra-Gruppe* beurteilten. Denn jene Klassifikation lässt darauf schließen, dass sie Handlungsorientierungen evozieren, welche jene Bewertung bestätigen. Gruppengröße, Gruppenbestehen und ähnliche Bedingungen wurden nicht in das Theoretical Sampling einbezogen, da es sich um spezifische Ausprägungen handelt, die durch das Dimensionieren integriert und so in generalisierenden Aussagen berücksichtigt werden können. Die Zugangsproblematik (siehe unten) sowie forschungspraktische Erwägungen (zeitliche und finanzielle Ressourcen) legten nahe, nur eine Gruppe von Akteuren umfangreich teilnehmend zu beobachten. Somit ist die vorliegende Arbeit eine Einzelfallstudie (u. a. Oevermann 1981). Ungeachtet des Fokus' auf eine Gruppe habe ich in meiner Feldphase zusätzlich viele Beobachtungen bei anderen *Ultra-Gruppen* durchgeführt, welche mir weitere Eindrücke boten und das theoretical sampling beeinflussten. Da, wie zu zeigen sein wird, zwischen den unterschiedlichen Gruppen reziproke Interaktionen erfolgen, wird von einem gemeinsamen Wissensvorrat der Akteure ausgegangen. Somit ermöglicht eine Einzelfallanalyse als Idealtyp generalisierende Aussagen über den Einzelfall hinaus.

Der Umstand, dass die Akteure in Gruppen erscheinen, erhöht die Zugangsschwelle, da Gruppen relativ abgeschlossene soziale Einheiten sind. Für den Zugang bedarf es deshalb meist persönlicher Kontakte. Erschwerend kam hinzu, dass sogenannte Ultra-Gruppen auch in deviante Praktiken wie Verstöße gegen die Veranstaltungsordnung involviert sind, was zusätzliches Misstrauen gegenüber außenstehenden Beobachtern vermuten ließ. Entsprechend dieser Zugangsbedingungen benötigte ich einen Gatekeeper, um mich der gesampelten Gruppe zu nähern. Die weiteren Recherchen zu dem Thema *Ultras* verwiesen auf einen Sozialarbeiter[15], welcher mit der beforschten Gruppe arbeitete. Ich suchte ihn auf und stellte mein Forschungsvorhaben vor. Da ich ebenfalls Sozialpädagoge bin und mein Forschungsinteresse mit den pädagogischen Interessen des Sozialarbeiters nicht konfligierten, gestattete er mir, ihn bei seiner Arbeit zu begleiten und stellte in Aussicht, Kontakte zu vermitteln. Es sei angemerkt, dass zuvor eine andere *Ultra-Gruppe* gesampelt wurde und ebenfalls über einen Sozialarbeiter der Zugang versucht wurde. Dieser scheiterte jedoch, da der Sozialarbeiter selbst um die Legitimität seiner Arbeit mit den Akteuren rang und er die Gefahr sah, dass ich als Beobachter seine Arbeit zusätzlich er-

15 Das Nationale Konzept Sport und Sicherheit rief sogenannte sozialpädagogische Fanprojekte für die Arbeit mit fußballbezogenen Akteuren ins Leben. Fanprojekte haben u. a. den Auftrag die Sicherheit der Sportveranstaltungen zu verbessern, in dem sie mobile Jugendarbeit leisten (vgl. NKSS 2012).

schweren könnte. An diesem Beispiel des Misstrauens der Feldteilnehmer gegenüber ihrer Umwelt zeigt sich die Zugangsschwierigkeit in das Feld besonders deutlich.

Der Sozialarbeiter, welcher schließlich als Gatekeeper gewonnen werden konnte, war insbesondere zu Beginn der Feldforschung unabdingbar, weil er gegenüber den Feldteilnehmern legitimieren konnte, dass der Ethnograph keine strafverfolgenden Interessen hätte oder die Absicht, die Akteure zu differmieren, was für diese zentrale Misstrauenskriterien darstellte.

Auf die eingeforderte Begründung der Feldteilnehmer hinsichtlich des Forschungsinteresses antwortete ich authentisch, denn ich wollte keine prominenten Themen wie *Gewalt* oder *Rassismus* (Kap. 2.3) im Fußballkontext beforschen, was von den Feldteilnehmern als stigmatisierend erlebt hätte werden können und mithin abträglich für den Zugang gewesen wäre. Ich gab als Begründung für mein Interesse an, verstehen zu wollen, wie sich die emotionale Begeisterung für Fußballvereine nährt, warum diese so ausagiert wird, wie es im Feld zu beobachten ist und dass insofern zunächst alles von Interesse für mich sei. Ein Interesse, was von einigen Feldteilnehmern geteilt wurde, da sie mir ebenfalls verwundert erzählten, es selbst nicht ganz zu verstehen, dass sie in dem Feld so handeln, wie sie handeln.

Der Gatekeeper war bei den Stadionspielen und Reisewegen zu auswärtigen Spielbegegnungen meist dabei und stellte mich den zu beforschenden Akteuren vor. Daraus entwickelten sich soziale Kontakte, die es mir mehr und mehr ermöglichten, auf eigene Faust unterwegs zu sein und mich offen in die Situationen zu begeben, die das Feld hervorbrachte. Die dadurch entstehenden persönlichen Kontakte zwischen Ethnograph und Feldteilnehmern erforderten den beschriebenen, emotionalen Balanceakt zwischen Nähe und Distanz (Kap. 3.2.1). Denn einerseits waren die Kontakte wichtig, um Einblicke in das Feld zu bekommen. Andererseits erschwerte zu viel emotionale Nähe die Auswertung der Beobachtungen, da ich zunehmend einzelne Personen mit Namen, Biographien und Bedürfnissen erkannte, zu welchen ich Sympathien entwickelt hatte, denn bloße Feldteilnehmer, die eine Praxis vollziehen, welche mein Forschungsinteresse begründen. Die Nähe-Distanz-Problematik habe ich insbesondere mit meinem Betreuer und Kollegen reflektiert. Interessanterweise stieß ich in meinem privaten Kontext auf wenig Verständnis, um über Gefühle meines *Doppelgängertums* zu sprechen. Ich glaube, dass die fehlende Empathie für meine Situation aus meinem privaten Umfeld damit zusammen hing, dass mein Forschungsfeld als Wirklichkeitsbereich dort mangels Fußballinteresse einfach nicht ernst genommen werden konnte, da es doch *nur Fußball* sei. Insofern wurden Sorgen von mir, etwa die Feldteilnehmer durch meine Forschung zu diskreditieren, als übertrieben wahrgenommen.

Wie bereits angedeutet, ließen die Vorinformationen über das Feld darauf schließen, dass es auch zu devianten Praktiken kommen kann. Nach Rücksprache mit meinem Betreuer versuchte ich im Feld von devianten Praktiken fern zu bleiben, sofern keine Nothilfe nötig war (was nicht der Fall war), um nicht in strafrechtliche Sachverhalte zu geraten, die den Forschungsprozess hätten behindern können. Ohnehin bedarf es aus meiner Sicht keiner unmittelbaren Beobachtung oder detaillierten Analyse von devianten Praktiken wie etwa einer Schlägerei, um eine interaktionistisch orientierte Ethnographie durchzuführen. So ergibt bereits die gedankenexperimentelle Rekonstruktion von Gewalt in Kombinationen mit Feldberichten über Gewalt, ein tieferes Verständnis von Gewalt als Idealtyp gegenüber anderen Interaktionspraktiken und gewährt so Einblicke in die Feld-Logik.

Als zentrales Aktivitätsfeld der Akteure konnte das Stadion-Event ausgemacht werden, da sich eine Vielzahl der von ihnen hervorgebrachten Praktiken auf diese Veranstaltung bezieht (Kap. 2.1). Entsprechend wurde ein Fußballstadion als Beobachtungsort gesampelt.

Wie in Kap. 3.2.1 dargelegt wurde, hat ein *Feld* keine klar lokalisierbaren Grenzen, sondern erstreckt sich über teilweise weitverzweigte Praxis-Zusammenhänge. Das Theoretical Sampling ergab, dass die Gruppen bereits vor Veranstaltungsbeginn auf dem Stadionvorplatz in vielerlei Aktivitäten eingebunden sind, weshalb die Praktiken vor dem Stadion ebenfalls berücksichtigt wurden. Ferner wurde in der Feldphase deutlich, dass die Reiseaktivitäten zu auswärtigen Fußballspielen ebenfalls als Gruppe erfolgten, die teilweise mit einem umfangreichen Organisationsaufwand (z. B. Busanmietung) verbunden waren, weshalb diese Reisepraktiken ebenfalls mit aufgenommen wurden.

Zur Einschränkung von Teilnahmemöglichkeiten an dem Feld wird folgendes Beispiel skizziert. Das Theoretical Sampling führte dazu, mehr Einblicke in die Vorbereitung der Praktiken im Stadion zu erhalten bzw. im Allgemeinen mehr Daten über die Interaktionen außerhalb der unmittelbaren Stadionevent-Tage zu gewinnen, da wie erwähnt, die Praktiken der Akteure auf umfangreiche Vorbereitungen verwiesen. So erfuhr ich von wöchentlichen Treffen der beforschten Gruppe, in welchen sie ihre Stadionaufenthalte vorbereiteten und besprachen. Ferner wurde exploriert, dass es ein bzw. mehrere Internetforen gibt, in welchen sich die Gruppe intern als auch mit anderen Gruppen austauscht. Sowohl zu der wöchentlichen Sitzung als auch zu den Internetforen erhielt ich ungeachtet meines kommunizierten Interesses keinen Zugang. Es wurde mir mitgeteilt, dass in dem physischen und digitalen Zusammentreffen darüber diskutiert wurde, ob der Ethnograph daran teilnehmen darf. Allein aus dieser Erklärung konnte geschlussfolgert werden, dass die Fußballshowtage als Begegnungen nicht ausreichen, um die Themen zu besprechen, mit welchen die Gruppe konfrontiert ist. Diese Überlegung stützte die Hypothese, dass die Akteure daran orientiert sind, das fußballbezogene Identitätskonstrukt *Ultra* in veranstaltungsunabhängige Lebensbereiche auszuweiten, wodurch es an Bedeutung gewinnt. Auf diese Weise wurden etwaige Zugangsbarrieren selbst als Daten verwendet oder Gespräche über die *unzugänglichen* Bereiche geführt, um jene vermeintlichen Wissenslücken zu kompensieren.

Zusammenfassend erfolgt in vorliegender Studie die teilnehmende Beobachtung einer sogenannten Ultra-Gruppe auf dem Stadionvorplatz, in Fußballstadien und auf Reisewegen. Die Feldteilnahme des Ethnographen erstreckte sich über einen Zeitraum von 14 Monaten, worin eine Unterbrechung von 2 Monaten Fußballspielsaisonpause enthalten ist. Somit begleitete ich die beforschte Gruppe mehr als eine gesamte Spielsaison. Dabei wurden über 30 Fußballspiele beobachtet und über 300 Seiten Beobachtungsprotokolle erstellt, sowie ca. 10 Stunden Gesprächsprotokolle aufgezeichnet. Zusätzlich wurde mit 5 Gruppenmitgliedern der beobachteten Gruppe eine Gruppendiskussion von über 150 min durchgeführt. Die gewonnen Daten sind hinsichtlich Gruppenname, Standort und weiterer identifizierungsfähiger Merkmale wie Name des Fußballvereins, Vereinsfarben etc. anonymisiert, so dass Rückschlüsse auf die beforschte Gruppe oder den Standort der Gruppe vermieden werden, um die Feldteilnehmer zu schützen.

Im empirischen Teil stehen die protokollierten Beobachtungsausschnitte jeder Rekonstruktion voran, wodurch die Nachvollziehbarkeit der gebildeten Lesarten gewährleistet werden soll. Die Protokolle sind der Intention nach deskriptiv. Sofern Kontextinformationen einfließen, wird darauf explizit hingewiesen. Darin ist der Versuch begründet, die Beobachtungen von unreflektierten Deutungen des Autors zu reinigen. Die Auswertung der Protokolle erfolgte mittels des Kodierparadigmas. Dieses eignet sich besonders gut für protokollierte Beobachtungen, da eine wörtliche Interpretation Ausdrucksbemühungen und Relevanzentscheidungen des Beobachters erhellen würden, jedoch weniger Erkenntnisse über das Feld generierten (Strübing 2013, S. 126 f.). Gleichwohl ist der Ethnograph je nach Situation selbst intensiv in das Geschehen involviert gewesen, was menschliche Gefühle evozierte. Die Protokolle enthalten folglich gelegentlich Konnotationen oder Wortwahlen, welche über die *sachliche* Deskription hinausgehen. Um diesen Umstand zu begegnen, wurden in seltenen Fällen die Beobachtungsprotokolle vereinzelt wörtlich oder ihrem konnotativen Stil gemäß, rekonstruiert. Hingegen wurden die verwendeten Segmente aus der Gruppendiskussion wörtlich interpretiert, da sie als Protokolle einer Lebenspraxis zu werten sind, die Logiken der Öffnung und Schließung von Optionen enthalten, welche die Feld-Logik rekonstruierbar macht. Entsprechend intensiv wurde bei der Auswertung der Interviewsegmente die erörterte line-by-line-Analyse (Kap. 3.2.2) durchgeführt. Um die Auswahl der Handlungsoptionen zu rekonstruieren, wurde ferner extensiv auf die Technik der Dimensionierung zurückgegriffen, die sequenzanalytischen

Verfahren gleichkommt. Mithin wurde bei den unterschiedlichen Datentypen berücksichtigt, dass protokollierte Beobachtungen eine Forschungspraxis begründen und Interviewsegmente eine Lebenspraxis. Die Integration der unterschiedlichen Datentypen ermöglicht wiederum das Theoretical Sampling. Es hebt zwar nicht die Differenz von Forschungspraxis und Lebenspraxis auf, mildert jedoch die Problematik der unterschiedlichen Selektionsmechanismen von Handlungs- bzw. Beobachtungsoptionen, indem die Daten permanent verglichen und so verbunden werden können. Es wird an dieser Stelle neben dem auswertungsbezogenen Theoretical Sampling betont, dass die intensive Erhebungsphase mir eine Art *Feldgefühl* vermittelte, welches über die datengeleitete Auswertung hinaus Interesse an Situationen oder einzelnen Praktiken schürte und so den iterativen Forschungsprozess anreicherte. In diesem Zusammenhang war insbesondere das Verfassen von Memos hilfreich, da ich so spontane Neugierden sowie Gedankenblitze aus meiner Gedankenwelt *rauslassen* und sie fixieren konnte, was meinem Interpretationsfluss zuträglich war.

Entsprechend der im Kapitel 3.2.1 verorteten interaktionischen Anlage der vorliegenden Forschungsarbeit, steht das persönliche Erleben des Ethnographen als aktives Mitglied der beforschten Teilwelt bei der Auswertung weniger im Vordergrund und wird nur punktuell berücksichtigt.

In Kapitel 3.2.2 wurde ausdrücklich betont, dass die Grounded Theory ein Forschungsstil ist, welcher die Analysefähigkeit des Forschers fördern, jedoch nicht limitieren soll. „Folglich sind Ermessensspielräume ratsam und oft sogar auschlaggebend" (Strauss 1998, S. 32), um einen gelingenden Forschungsprozess zu gestalten. Vor diesem Hintergrund teilte ich die Datensegmente gemäß ihrer raum-zeitlichen Erscheinung in die oben genannten thematischen Felder (Stadionvorplätz, Stadion und Reisewege) ein. Wie einleitend erwähnt, dient diese Einteilung allein der besseren Übersicht des Feldes, ohne dabei negieren zu wollen, dass sich die beobachteten Praktiken in einem Kreislauf wechselseitig konstituieren.

Das empirische Vorgehen unterteilt sich in die Darlegung eines Protokolls, woran jeweils eine Rekonstruktion anschließt. Für die Rekonstruktionen werden theoretische Bezüge gelegentlich eklektisch eingearbeitet. Die gebildeten Lesarten sollen so gestützt werden und Anregungen bereitstellen, dass Material möglichst umfangreich zu hinterfragen. Würde das Material umgekehrt, d. h. subsumtionslogisch in theoretische Bezüge eingearbeitet werden, würde sich der offene ethnographische Ansatz selbst standardisieren und somit seine Heuristik der Entdeckung gehemmt werden und letztlich den theoriegenerierenden Ansatz der Grounded Theory in Frage stellen. Im Fortgang der Auswertungen werden schließlich Beziehungen zwischen den rekonstruierten Sinneinheiten hergestellt, indem zuvor herausgearbeitete Lesarten in neue Analysen einfließen, wodurch sich die rekonstruierten Erkenntnisse zunehmend verdichten.

Das *sensibilisierende Konzept* (vgl. Strauss 1998) für die Auswertung des Datenmaterials orientiert sich an der Idee der *Spiegel* und *Masken*, aus welchen *situationsgebundene Identitäten* hervorgehen (vgl. Strauss 1974; Kap. 3.1.1 und 3.2.1). Diese Vollzugslogik legte ein prozessorientiertes Vokabular nahe wie *Handlungsorientierung* als Umschreibung für konzeptualisierte Sinneinheiten. Es sei angemerkt, dass die identitätsbezogene Situationsheuristik der *Spiegel* und *Masken* so offen ist, dass sie lediglich als grobe Heuristik herangezogen werden kann, jedoch nicht die Analyse überformt. Im Kapitel 10 werden die Erkenntnisse schließlich axial kodiert. D. h. es werden variationsreiche Beziehungen zwischen den einzelnen Rekonstruktionen hergestellt, die in übergeordneten *Kernkategorien* zusammengefasst werden. Schließlich werden die Kernkategorien als Eckpfeiler der materialbegründeten Theorie in einer Schlüsselkategorie zusammengefasst, welche die Grundproblematik des beforschten Gegenstands zu erfassen versucht.

Die Entwicklung der Theorie ist eng verbunden mit der Frage nach der Sättigung bzw. Dichte der erschlossenen Querverbindungen der Daten. M. E. ist es eine Illusion, zu glauben, man könnte mit der Auswertung fertig werden. Der Blick auf das Material wird während der Interpretationen immer klarer und weitreichender. Eine neue Erkenntnis am (vermeintlichen) Ende des Forschungsprozess, stellt vorherige Lesarten immer wieder auf die Probe bzw. ließe diese mit dem erweiterten Wissen noch konziser formulieren. Was bleibt, ist, dass hinsichtlich der Fragestellung geprüft werden muss, inwiefern sie beantwortet wurde und ob die zusammengefassten Erkenntnisse am Material plausibel begründet werden können. Neben diesem Vertrauen in die eigenen Erkenntnisse, war gleichsam die Rückmeldung des Betreuers sowie von Kollegen hilfreich, um die Plausibilität der Interpretationen zu erproben und das Ende des Forschungsprozesses schließlich zu legitimieren.

Erwartungen an eine Veränderungspraxis der untersuchten Prozesse kann mit der vorliegenden Arbeit nicht unmittelbar entsprochen werden. Sie können nur in einer eigenständigen erst zu gründenden Interaktionspraxis zwischen den zu beforschenden und externen Akteuren (z. B. der Sozialarbeit) angegangen werden. Dafür gibt die Untersuchung Anregungen, auch wenn sie sich selbst nicht in diese Veränderungspraxis begibt.

4 Bekenntnisnarration: Plausibilisierung von Teilnehmeridentitäten an Fußballdarbietungen

Im 2.2.1 Kapitel wurde dargelegt, dass es sich bei den Akteuren um Fans von einem kulturellen Objekt (*Profifußballverein*) handelt. Im Folgenden werden zentrale Eigenschaften dieses Interessenobjekts interpretiert, um so in die Geordnetheit des Feldes einzusteigen.

Ganz allgemein bringt ein Profifußballverein[16] in seiner zentralen Funktion fußballerische Leistungen hervor, die vermarktet werden, wodurch finanzielle Erträge für den Verein als Anbieter dieser Leistungen entstehen. Die fußballerischen Leistungen werden für Zuschauer in Form von Wettkämpfen zwischen zwei Fußballvereinen dargeboten. Solche Darbietungen verfolgen die beforschten Akteure nach Möglichkeit persönlich in dafür vorgesehenen Orten (Fußballstadien). Da es eines Fußballvereins zentraler Aufgabenbereich ist, fußballerische Leistungen zu produzieren, ist zunächst anzunehmen, dass eben jenes Angebot eine naheliegende Begründung für Zuschauer beinhaltet, eine Beziehung zu diesem Organisationszusammenhang (Sportverein) aufzubauen. Diesem Gedanken folgend, besteht eine direkte Verbindung zwischen der sportlichen Darbietung und dem sportorientierten Interesse eines Zuschauers. Dreht man diese Annahme um, dann ließe sich vermuten, dass ein Mensch, der keinerlei Interesse an Fußballsport hat, nicht zu Fußballveranstaltungen gehen würde. Es könnte weiterhin angenommen werden, dass ein Interesse an den Darbietungen eines Sportvereins im Sinne einer rein sportorientierten Teilnahme als Zuschauer sicherlich dann umso größer wäre, wenn die sportlichen Fähigkeiten der Sportler gemäß der Wettkampfregeln erfolgreich umgesetzt würden. Im Gegensatz zu diesen kausalen Annahmen, die sicherlich eine grundlegende Berechtigung haben, scheint jedoch die sportliche Leistung nicht das einzige Bindeglied zwischen den beforschten Akteuren und einem Fußballverein zu sein. So lässt sich etwa beobachten, dass ihr Interesse am Fanobjekt zunächst nicht abnimmt, wenn der Fußballverein weniger gute sportliche Leistungen hervorbringt, was an der Darbietung der Mannschaftsspieler bemes-

16 Die Bezeichnung *Fußballverein* oder kurz *Verein* wird vorliegend im alltäglichen Sinne unabhängig des rechtlichen Status' (z. B. Aktiengesellschaft, CoKg etc.) gebraucht. Eine formaldifferenzierte Bezeichnung ist für den vorliegenden Kontext unerheblich.

sen wird. Diese Kopplung stellt die Kausalität zwischen einer sportlichen Leistung und der Ausprägung der emotionalen Bindung zwischen den beforschten Akteuren und ihrem Fanobjekt *Profifußballverein* in Frage. Sie macht darauf aufmerksam, dass die sportliche Leistung zu unspezifisch ist, um ausreichend begründen zu können, was die Bindung zu einem bestimmten Fußballverein für die ihm sich zugehörig fühlenden Akteure ausmacht. Die Annahme eines rein sportbezogenen Interesses als einziges Bindeglied verweist zudem auf ein weiteres Problem: Wäre der Fußballsport der alleinige emotionale Bindungsgrund, um in ein Stadion zu gehen, dann wäre eine Festlegung auf einen speziellen Fußballverein als Fanobjekt nur zufällig bzw. könnte immer wieder neu erfolgen, da es viele Sportvereine gibt, welche fußballerische Leistungen anbieten, womit das Kriterium Fußballsport keine Differenzierung verspricht. Hingegen ist die beforschte Besucher-Gruppe in ihren Praktiken hauptsächlich auf einen Profifußballverein fokussiert.

Ferner scheint Fußball als Zuschauersport, begreift man ihn als Darbietung von regelgeleiteter Handlungen, unzureichend für eine umfangreiche emotionale Bindung. Denn eine rein sport-analytische Betrachtung könnte sich darin erschöpfen, über Strategien und Kompetenzen zu diskutieren, wie die Fußballspieler die vereinbarten Regeln anwenden. Diese Betrachtungsweise könnte relativ nüchtern darüber befinden, wer, warum gewonnen oder das Spiel verloren hat. Zudem scheint es vor allem aus einer sport-analytischen Perspektive eine Darbietung Dritter zu bleiben, mit der man zunächst selbst nichts zu tun hat, was kaum zu einer nachhaltigen emotionalen Involvierung einlädt. Folglich scheinen weitere Bedingungen als nur der Sport vorhanden zu sein, die einen Sportverein zum Fanobjekt machen. Hinweise dafür, dass der sportliche Erfolg des Fußballvereins nicht das Alleinstellungsmerkmal für die Beziehung zu ihm ist, lassen sich etwa auf Transparenten oder Kleidungsstücken finden, auf welchen die Akteure ihre *Treue* und *Liebe* zu einem Verein beteuern, wie folgendes Interviewzitat eines sogenannten Ultra-Fans es verdeutlicht: „*Vereinsliebe iss iss eigentlich das wo wo woraus alles resultiert* […]".

Die exklusive Bindung zu einem Fußballverein wird insbesondere in dem Ausspruch der Treue deutlich, die allgemein von vielen Fußballvereinsanhängern zugesichert wird. Jene Bekundung macht auf die prinzipielle Kündbarkeit der emotionalen Bindung zu einem Fußballverein aufmerksam. Sie verweist auf die potenzielle Möglichkeit, sich nicht mehr für den Sportverein zu interessieren bzw. einen anderen zu präferieren, auf welche Option man durch die postulierte Treue eben nicht zurückzugreifen verspricht. Die *Liebe* als eine der wohl intensivsten Formulierungen für eine emotionale Beziehung verweist darauf, dass nicht nur rationale Begründungen wie sportliche Leistungen das Verhältnis zu einem Sportverein grundieren. Es scheint gerade so, als wolle man bewusst über eine sportliche Ebene hinausgehen und Emotionalität herstellen, um so eine exklusive Bindung zu einem speziellen Verein aufzubauen, dessen Alleinstellungsmerkmal, die besondere Fanobjektbindung zu begründen vermag.

Wenn jedoch der sportliche Erfolg nicht zentral ist, was erzeugt dann die übersteigerte emotionale Bindung, die einen bestimmten Verein zum Fanobjekt macht? Um dieser Frage nachzugehen, müssen alternative Begründungen gesucht werden, die es ermöglichen, dass die beforschten Akteure *Liebe* zu einem Sportverein erleben, welche dazu beiträgt, eine Beziehung zu ihm aufrechtzuerhalten (Treue). Wie wird nun eine derartig exklusive Beziehung hergestellt?

Die angeführte Betrachtung hat auf das Problem aufmerksam gemacht, ein zunächst unspezifisches Interessenobjekt mit Bedeutung aufzuladen, um es vor sich und vor anderen als Fanobjekt begründen zu können. Gelingt dies, dann fühlt man sich situativ als Fan und wird von anderen als ein solcher erlebt. Demnach muss das, was einen Fan zum Fan macht und einem als solchen von anderen erkennbar werden lässt, hinreichend Raum zur Entfaltung und interaktiven Nachvollziehbarkeit bieten. Aber wie wird man eigentlich ein Fußballfan? Die Fantum-Begründung im vorliegenden Zusammenhang, also eine Antwort auf die Frage: „Warum bist Du ein Fan von einem Fußballverein", erfolgt bei den beforschten Akteuren nicht selten mittels biographischer Begründungen. So wurde mir von den Akteuren berichtet, dass sie beispielsweise als Kind von ihrem Vater mit ins Stadion genommen wurden. Ein weiterer Begründungszusammenhang, den ich immer wieder hörte, war, dass der eigene Geburtsort derselbe sei, wie der Sitz des Profivereins, von welchem sie Fan sind. Mit anderen Worten waren es naturhafte bzw. schicksalhafte Umstände, die jemandem zum Fan machten und dazu führten, sich schließlich als *Ultra* zu bezeichnen. In vielen Gesprächen mit den Akteuren wurden mir solche naturhaften Begründungen für ihr Fantum ungefragt und lebhaft geschildert, sodass diese Narrationen nun rekonstruiert wird.

Als schicksalhaft können biographische Erfahrungen insbesondere aus der Kindheit bezeichnet werden, da man auf sie als mehr oder weniger unmündiges Kind nur bedingt Einfluss nehmen konnte. Dementsprechend sind Kindheitserfahrungen als prägend für das eigene Gewordensein einzuordnen, da man vor allem als Kind die präsentierte Welt als gegeben annimmt sowie sich selbst in ihr. Demnach kann davon ausgegangen werden, dass die von Vätern, in ihrer Rolle als bedeutsame Sozialisationsagenten, initiierten Stadionbesuche eines speziellen Fußballvereins, zu einem wichtigen Teil der eigenen Biographie werden können. Das besondere Merkmal der Plausibilisierungsversuche in der bekenntnishaften Narration bei den Akteuren ist, dass sie retrospektiv kein Bedarf an einem emanzipatorischen Bruch mit den schicksalhaften biographischen Erfahrungen hervorbringt, sondern auf biographische Kontinuität setzt. Schließlich wäre es auch denkbar, gerade aus dem Grund als Kind immer ins Stadion mitgenommen worden zu sein, sich davon in einer kindheitsfolgenden

Lebensphase stark vom Fußball als emanzipatorischen Akt abzugrenzen, um ein Zeichen für seine Unabhängigkeit zu setzen. Eine solche Andersorientierung bleibt durch die Kontinuität jedoch aus und vermittelt mithin ein gewisses Einverständnis mit dem Lebensstil der Elterngeneration, der zum Anlass genommen wird, eine eigene, nachvollziehbare Faninitiation zu inszenieren. Fans, die keine vordergründigen, schicksalhaften Begründungen bezogen auf ihren Fanstatus zu einem Fußballverein haben, warten ebenfalls mit detaillierten Erklärungen auf, warum sie sich diesem einen Verein zugehörig fühlen und sonst keinem anderen. So ist von ihnen zu vernehmen, dass ein besonderer Umstand eintrat, wie der zufällige Erhalt eines Tickets, der dazu führte, sich ein Spiel anzusehen und seit diesem Tag ein Fan zu sein. Auch so wird eine gewisse unumkehrbare Originalität des eigenen – sozusagen – *Fan-Bekenntnis* dargelegt. Der Zugang zur Fußballfanwelt erinnert vor diesem Hintergrund an Erzählungen von Liebespaaren über ihr Kennenlernen. Wahrscheinlich würden die wenigsten auf eine nüchterne Erklärung zurückgreifen, die sich darin erschöpfen würde, dass man sich als Kollegen auf der Arbeit kennengelernt hat oder sich sah und dachte: *Warum nicht?* Vielmehr ist zu erwarten, dass eine Prise Sensation in diesen wichtigen Initiationsakt beigemischt wird, um die Begegnung schicksalhafter erscheinen zu lassen und sich so als ein romantisches Paar zu inszenieren. Kurz, die Bekenntnisnarration bei Fußballfans, die viele von ihnen malerisch auch ohne Nachfrage gerne in Interaktionen mir präsentierten, ist sehr wichtig, um das kulturelle Objekt *Fußballverein* für sich und vor anderen mit Bedeutung aufzuladen. Die Bekenntnisnarration bildet so ein zentrales Fundament für die Transformation von der Alltagswelt hinzu einer biographisch begründeten *Fanwelt.* Sie fungiert als eine Art Eintrittskarte in eine Welt, in der die Akteure eine emotionale Beziehung zu einem Fußballverein plausibilisieren, weshalb sie in dieser Fans sind.

Eine weitere Begründung der Fanidentität bezogen auf einen Profifußballverein wird aus dem schicksalshaften Umstand der gemeinsamen Herkunft zwischen den gewordenen Fan und Profiverein hergeleitet. So finden sich nicht selten in Vereinssymboliken die Wappenfarben und -zeichen einer Stadt wider. Als Bedingung hierfür dient eine weitverbreitete Kopplung zwischen Sportverein und Herkunft bzw. Sportler und Herkunft, welche bei (sportlichen) Wettkämpfen häufig zu beobachten ist. So lässt sich etwa bei den Olympischen Spielen eine nationenorientierte Zuordnung der Wettkämpfer beobachten, die bereits bei dem feierlichen Eröffnungslauf der Sportler expressiv zur Schau gestellt wird. Die Fußball Weltmeisterschaft 2006 in Deutschland ist ebenfalls ein prominentes Beispiel für die Verbindung zwischen Sport und Nationalität. Während dieser Weltmeisterschaft ließen sich mannigfach die deutschen Nationalfarben in Form von Flaggen, T-Shirts etc. hierzulande sowohl während der aktuellen Fußballspiele als auch an spielfreien Tagen öffentlich zur Schau gestellt beobachten. Die übereinstimmende Nationalität von Zuschauern mit den Sportlern oder dem Verein scheint dabei einigen die Konstruktion zu ermöglichen, sich selbst als Gewinner zu fühlen, wenn die Repräsentanten der eigenen Nation den sportlichen Wettkampf gewonnen haben. Darauf verweisen zumindest die häufig zu vernehmenden Aussagen wie: „Wir haben gewonnen!“.

Bei der Stadionveranstaltung, die als empirische Grundlage für die vorliegende Studie beobachtet wurde, handelt es sich hingegen um einen Wettkämpf zwischen deutschen Mannschaften, weshalb der Nationenbezug als Unterscheidungsmerkmal wegfällt. Die Fußballvereine stellen deshalb wie selbstverständlich einen Stadtbezug her, z. B. der Stadtname ist in dem Vereinsnamen enthalten oder Vereinsfarben finden sich im Stadtwappen wieder. Indem eine Verbindung zwischen Fußballverein und Stadt hergestellt wird, erfolgt jedoch nicht nur eine mögliche Unterscheidung zwischen den Vereinen, sondern es wird auch ein weiteres Sinnangebot offeriert, welches nun gedeutet wird. Eine Stadt oder Region, in der man geboren ist oder lebt, ist ebenfalls biographisch bedeutsam. Der Ort, in dem man geboren wurde und heranwächst, bietet die Infrastruktur für zahlreiche Erlebnisse, die das eigene Gewordensein strukturieren. In diesen je spezifischen Orten einer Herkunft haben sich viele Bildungsprozesse ereignet wie Fahrradfahren zu lernen oder zu schwimmen, der erste Schulbesuch oder die erste Liebe. Man kann demnach nachvollziehbar von sich behaupten, dass die eigene Heimat ein wichtiger identitätsstiftender Bezugspunkt innerhalb der eigenen Biographie ist. Diese Orte werden wohl in den meisten Fällen prägend für die Menschen sein, die dort aufgewachsen sind. Ähnliches gilt auch für Menschen, die in eine Region zugezogen sind. Gleichsam wird ihr tägliches Erleben davon beeinflusst, wo es stattfindet, wodurch die Orte ihre identitätsstiftende Dimension entfalten. Dieser bedeutsame Ort wird nun durch das Sportobjekt repräsentiert, wodurch es gleichsam bedeutsam werden kann.

Zusammenfassend wird an dieser Stelle festgehalten, dass die Bekenntnisnarration zu dem kulturellen Objekt *Fußballverein*, bereits wichtige strukturelle Merkmale über die Fantumbildung der beforschten Akteure beinhaltet. So wird der prinzipiellen Wahlmöglichkeit bzw. Freiwilligkeit, die besteht, ein kulturelles Angebot zum Fanobjekt zu machen, eine *naturhafte* Unumkehrbarkeit gegenüber gestellt, die man als Kind erlebt hat oder die sich aus *schicksalhaften Fügungen* ergab, woraus eine exklusive Fanobjektbeziehung hervorgeht. Daraus entsteht eine Art naturhafte Verwandtschaft zwischen dem Fanobjekt und ihren Bekenntnisträgern. Denkt man nun an andere Akteure, die ebenfalls ein derartig naturhaftes Bekenntnis haben, realisiert sich zwischen den Bekenntnisträgern eine vergemeinschaftende Grundlage. Die so entstandene Gemeinschaft ist unabhängig davon, wie sie von ihren Mitgliedern charakterisiert wird, eine posttraditionale Gemeinschaft, weil sie über keine internen oder externen Zwangsstrukturen verfügt und somit kündbar ist (Kap. 2.2.2). Die Inszenierung der naturhaften Verwandtschaft scheint vielmehr plausibilisieren zu sollen, die emotionale Distanz zu dem externen kulturellen Objekt zu überwinden, wodurch aus ihm ein Fanobjekt wird, was von diesem Zeitpunkt an als *mein Verein* usw. bezeichnet wird.

Erst die Bekenntnisnarration plausibilisiert die mentale Öffnung der Akteure, sich für die Geschicke und das Wohl des kulturellen Objekts zu interessieren. Es grundiert mithin die Schwelle in eine soziale Welt, in welcher sich die beforschten Akteure als Fans präsentieren. Das Sinnangebot *Stadt*, welches aus der permanenten Kopplung mit dem jeweiligen Fußballverein konstituiert wird, ist ebenfalls biographisch bedeutsam und hat insbesondere im Falle der Geburtsstadt, einen existenziell bedeutsamen Charakter. Die biographischen Anker, die mit einem Fußballverein hergestellt werden, machen damit aus diesem kulturellen Objekt ein identitätsstiftenden Angebot mit hoher „Verführungskraft" (Hitzler, Honer & Pfadenhauer 2009, S. 12).

Ferner ist das populäre Fanobjekt durch eine niedrigschwellige Verfügbarkeit als leicht zugänglich zu charakterisieren. So ist es nicht ganz unwahrscheinlich, durch welche Gegebenheiten auch immer, als Kind oder Heranwachsender in einem Fußballstadion gewesen zu sein. Solche Erlebnisse eignen sich, eine besondere Geschichte der Zugehörigkeit zu einem Fußballverein zu inszenieren. Selbstredend ist jeder Mensch irgendwo aufgewachsen oder lebt irgendwo. Der daraus ableitbare regionale Bezug kann ebenfalls als identitätsstiftendes Zugehörigkeitsmerkmal im Kontext eines Fußballvereins ausgelebt werden. Das Massenangebot *Fußballverein* wird durch die Verwobenheit mit der eigenen Biographie individualisiert. Das mentale Bekenntnis eines Fantum und die mit ihm verbundenen Praktiken können so kommunikativ plausibilisiert werden. Die sich aufdrängende Verfügbarkeit und die biographischen Einlassungen sind Bedingungen, die zur Massentauglichkeit von Fußballvereinen als Fanobjekte beitragen. Sie eignen sich als nachvollziehbare Begründung der emotionalen Zugewandtheit zu dem kulturellen Objekt, welcher die Überwindung von mentaler Distanz zu diesem externen Angebot vorausging. Indem das Interessenobjekt mit biographischen Besonderungen aufgeladen wird, führt ein objektbezogenes Handeln ferner zur Aktualisierung und Bestätigung jener biographisch relevanten Narrationen. Die Teilnahme an der sich regelmäßig wiederholenden Veranstaltung bestätigt dabei die eigene schicksalshafte Narration und wirkt so identitätsstiftend in dieser Teilwelt. Die repetitive Veranstaltungsform bietet dafür gute Bedingungen, da der Veranstaltungsverlauf einem konstanten Ablaufschema folgt, wodurch sich die Teilnehmer nicht ständig neuen Situationen anpassen müssen. Vielmehr wird ihnen ermöglicht, ihre eigene fanobjektbezogene Identität immer wieder zu reproduzieren. Damit bildet ein Fußballstadion den Ort einer beständigen Selbstbestätigung und ihre Aktualisierung. Mit anderen Worten einen Ort, der einen *Ich-bin-Raum* darstellt, da sein Aufenthalt, wie nachfolgend zu zeigen sein wird, institutionell

Ich-bin-Aussagen einfordert, z. B.: „Ich bin Fan von Verein X". Charakteristisch für das Feld ist demnach, dass es eng mit Identitätskonstruktionen für seine Teilnehmer verbunden ist.

Nach der rekonstruierten Bekenntnisnarration, in welcher die Objektbindung hergestellt wurde, werden im nächsten Schritt die Eigenschaften der Veranstaltung und ihr infrastrukturelles Setting rekonstruiert. Die Betrachtung folgt der interaktionistischen Annahme, dass die Bedingungen der Veranstaltung in einem sich gegenseitig beeinflussendem Wechselverhältnis mit den vollzogenen Praktiken der beforschten Akteure stehen.

5 Infrastruktur der Fußballstadionveranstaltung

Bevor auf einzelne Aspekte der organisatorischen Struktur der Veranstaltung eingegangen wird, erfolgt zunächst eine Charakterisierung des Veranstaltungstyps *Fußballshow*. Danach wird die veranstaltungsimmanente Aufteilung der Eventbesucher vor und innerhalb der Stadionveranstaltung rekonstruiert.

5.1 Veranstaltungstypen

Als zentraler Handlungsort der Akteure dient ein Stadion, in welchem Wettkämpfe zwischen zwei Fußballmannschaften zur Schau gestellt werden. Um die Handlungsorientierung der beforschten Veranstaltungsbesucher besser zu verstehen, wird dieses Setting nun interpretiert.

5.1.1 Theaterstück als geschlossene Darbietung

Es gibt Veranstaltungen, welche die Eigenschaft haben, in ihrem Verlauf sehr geschlossen zu sein. So besitzt ein Theaterstück ein Skript mit Texten und Regieanweisungen, woraus ein striktes Ablaufschema entsteht. Selbstredend ist nicht jede Darbietung eines Stücks wie die andere. Jedoch handelt es sich dabei um Abweichungen des vorgeschriebenen Ablaufs, die wohl in den meisten Fällen dem Publikum verborgen bleiben. Als Sicherheitsvorkehrung für den geordneten Ablauf eines Theaterstücks gibt es u. a. einen Souffleur, der bei Textstörungen den Schauspielern aushilft, um wieder zur Ordnung zurück zu finden. Diese Eigenschaft von Theaterstücken fest geschriebenen Vorgaben zu folgen, hat Konsequenzen für die Eigenschaften der Schauspieler. Auf der Bühne werden Rollen und Gefühle vorgetäuscht, d. h. gespielt. Besonderes Lob durch ein Publikum erhalten Darsteller dann, wenn das Spielen der Gefühle so überzeugend war, als wären es tatsächlich ihre eigenen gewesen, z. B. Weinen. Das Publikum der Darbietung kann treffend als Zuschauer beschrieben werden. Menschen, die etwas zur Schau gestelltem zugewandt sind. In ihrer Rolle als Zuschauer haben sie keinen regulären Einfluss auf das vorgängige Handeln auf der Bühne. Das Publikum eines Theaterstücks erwartet vielmehr, dass die präsentierten Darstellungen nach einer konzeptionell vorgedachten Logik präsentiert werden. Anders ist es bei Variationen von Theateraufführungen, wie dem

Improvisationstheater. Innerhalb solcher Darstellungskonzepte besteht die Möglichkeit, dass das Publikum Einfluss auf die Schauspieler nehmen kann, indem es Themen für ihre Handlungen vorgibt. Die Entwicklung derlei Sonderdarstellungen wird dann im Gegensatz zu herkömmlichen, geschlossenen Theateraufführungen eher unvorhersehbar.

5.1.2 Konzerte als zuschaueroffenere Darbietungen

Ähnlich wie bei einem Theaterstück folgen übliche Musikkonzerte einem Skript, was etwa die Komposition, Auswahl und Rheinfolge von Liedern betrifft. Konzerte haben ebenfalls die Eigenschaft, dass die Künstler die Emotionen bei einem Liebeslied etc. spielen. Die Überzeugungskraft der Emotionen für das Publikum kann dann gesteigert werden, wenn der Künstler eigene biographische Erlebnisse in den Liedtexten behandelt. Diese Eigenschaft von bestimmten Konzertformen, die es den Künstlern ermöglicht, sich persönlich auf der Bühne einzubringen, kann Konsequenzen für die Darbietungen haben. So ist eine situative Dynamik denkbar, in der sich Künstler von der Stimmung, die sie selbst erzeugt haben, derart mitreißen lassen, dass es zu ausschweifenden Gefühlexplosionen kommt, z. B. Stagediving, Instrumente zerstören. Die weniger starre Struktur von Konzerten gegenüber Theaterstücken hat gleichsam Konsequenzen für die Einflussnahme des Publikums auf die Darbietungen. Es kann vorkommen, dass ein Sänger sein Mikrofon in die Richtung des Publikums hält und es damit auffordert, Passagen eines Liedes mitzusingen. So entsteht der Eindruck, dass unter Anleitung des Künstlers gemeinsam gesungen und somit die Atmosphäre eines Konzerts gemeinsam gestaltet wird. Bei einem geglückten Verlauf des gemeinsamen Singens kann mithin aus einem Konzert ein ganz besonderes Konzert für die Künstler und Teilnehmer werden, da eine nicht ganz kalkulierbare Unternehmung funktioniert hat. Einen noch viel prägnanteren Einfluss erfährt das Publikum bei dem Phänomen der *Zugabe*. Nach dem die Künstler ihr überwiegend vororganisiertes Skript abgespielt haben und die Bühne verlassen (wollen), werden sie in nicht wenigen Fällen und je nach Konzertform vom Publikum zu einer Zugabe aufgefordert. Ob die Künstler der Aufforderung nachgehen, ist theoretisch offen. Diese Interaktionsmöglichkeit zwischen Darstellern und Publikum suggeriert, dass das Publikum Einfluss auf die Veranstaltung hat. So wäre denkbar, dass wenn ein Publikum den vorhergehenden Aufforderungen der Künstler mitzusingen und zu tanzen gefolgt ist, die Künstler nun zum Dank für dieses Engagement weitere Lieder spielen. Ebenso kann das Publikum die Aufforderungsversuche für eine Zugabe unterschiedlich gestalten, wodurch unterschiedliche Intensitäten von Vergemeinschaftungen erfolgen. Gelingt es etwa einem Publikum nach mehreren Minuten dauerhaftem Klatschen, Pfeifen und Rufen von *Zugabe*, dass die Künstler noch einmal auf die Bühne kommen, kann das Publikum die zusätzliche Darbietung der Künstler, der eigenen ausdauernden Strategie zuschreiben. Daraus kann ein Wir-Gefühl zwischen dem Publikum entstehen, welches sich daraus speist, gerade etwas gemeinsam geschaffen und erlebt zu haben. Die Darbietungsform Konzert kann demnach als eine offenere Schau als ein Theaterstück charakterisiert werden, in welcher dem Publikum gewisse Einflussmöglichkeiten auf die Darbietung eingeräumt sind. Grundsätzlich können Konzertgänger jedoch erwarten, dass unabhängig ihres Einflusses auf die Veranstaltung die Künstler ihren musikalischen Tätigkeiten konzeptionell nachgehen.

5.1.3 Wettkampfspiel als krisenhaftes Event des Gegeneinanders

Im Folgenden wird näher auf die Eigenschaft von Wettkämpfen als Bedingung für die Praktiken seiner Zuschauer eingegangen.

Eine Grundeigenschaft von Spielen ist Streit um Superiorität gegenüber der jeweils anderen Streitpartei. Das Thema, um das gewetteifert wird, kann vielfältig sein und neben Formen des Kampfes auch ein wetteifern um Kunstfertigkeit oder Scharfsinn beinhalten (vgl. Huizinga 2013). Ein weitverbreitetes Wettstreitthema ist Sport. Sportwettkämpfe finden in unzähligen Variationen statt wie Leichtathletik, Ballsport oder Motorsport. Die vorliegende Ballsportart Fußball, in der sich zwei Mannschaften gegenüber stehen und gegenseitig um bessere Leistungen konkurrieren, ist ein solcher Wettkampfsport. Wie bei allen Wettkämpfen ist der Ausgang von Fußballspielen prinzipiell unvorhersehbar, worin sein Unterhaltungswert liegt. Der schnell wechselnde Verlauf von Ballbesitz und -verlust führt in dem Gegeneinander zu einer Art Dauerkrise, die für den Zeitraum des Spiels ausgelöst wird. Sie spiegelt sich in der ständigen Gefahr Angriffe nicht abwehren zu können, einen Tortreffer zu bekommen und so das Spiel zu verlieren wieder. Da in diesem Gegeneinander auf dem Spielfeld die Unterhaltung für die Zuschauer besteht, lässt sich die Veranstaltung treffend als Event des Gegeneinanders charakterisieren.

Fußballsport folgt einem Regelsystem, durch welches er erst zum Fußballsport wird, z. B. ein Ball, der nur von einer bestimmten Anzahl von Spielern mit bestimmten Körperteilen berührt werden darf, mit dem Ziel, ihn in einen Kasten (sogenanntes Tor) zu befördern. Damit diese Ordnung – die Fußballsport zu Fußballsport macht – eingehalten wird, gibt es verschiedene Schutzvorkehrungen. Eine dieser befindet sich im organisierten Fußball direkt auf dem Spielfeld: der Schiedsrichter. Seine Aufgabe ist es, die Regeln einzufordern und Verstöße regelgeleitet zu sanktionieren.

Das Regelsystem wird von jeder Wettkampfpartei so genutzt, dass es möglichst vorteilhaft für sie ist, weshalb es ein bestimmtes Trainingsprogramm gibt sowie verschiedene Taktiken. Dem prinzipiell unvorhersehbaren Spielverlauf müssen sich die Spieler dabei immer wieder neu anpassen, um Krisen zu bewältigen und Chancen zu nutzen. Der ungewisse Spielverlauf hat Konsequenzen für die Spieler. Es spricht einiges dafür, dass die Spieler tatsächliche Emotionen aus dem Spielverlauf heraus entwickeln, z. B. Freude über eine erfolgreiche Regelumsetzung, die zu einem Tor führt und sich dann in Jubelgesten wie Springen oder Umarmungen ausdrücken. Die Eigenschaft der Unvorhersehbarkeit einzelner Ereignisse wird somit zur Bedingung für spontane Emotionsentfaltungen der Spieler. Anders als im Theater, in welchem Emotionen nur vorgetäuscht werden, beinhaltet die situationsgebundene Identität des Fußballspielers, die Entwicklung authentischer Emotionen. Der Wettkämpfer wird damit zu einem tatsächlichen Spieler mit echten Emotionen und kein Spieler, der lediglich vorgibt ein bestimmter Spieler mit Emotionen zu sein. Diese Bedingung ist so einschlägig, dass es der bereits erwähnten Sicherheitsvorkehrungen der Schiedsrichter bedarf. So kann ein Spieler sich emotional gesteuert dazu verleiten lassen, den regelgeleiteten Wettkampf auf einen tatsächlichen Kampf zu reduzieren. So ist denkbar, dass eine destruktive körperliche Auseinandersetzung zwischen Spielern entsteht, die mitunter gar keinen Ballbesitz haben. In solchen Fällen schreitet der Schiedsrichter ein und kann das Verhalten mit einer roten Karte sanktionieren, wodurch die Spieler das Feld verlassen müssen und die Chance des gesamten Teams sich verringert, den Wettkampf zu gewinnen. Die spontane Emotionsentfaltung verweist auf den prinzipiell schmalen Grat zwischen einem domestizierten sportlichen Wettkampf und einem tatsächlichen Kampf, der einen nicht regelgeleiteten physischen und psychischen Schaden des Gegners zur Herstellung der eigenen Superiorität zum Ziel hat. Ein solcher Kampf wäre durch Kampflust geleitet: Ein „Kampf um des Kampfes willen“ (Simmel 2013, S. 206). Welche Bedingungen schaffen diese Eigenschaften des Fußballwettkampfes für sein Publikum?

Der unvorhersehbare Verlauf der Fußballdarbietung ermöglicht dem Publikum ebenfalls eine prinzipielle Spannung darüber, wie der Wettkampf enden wird. Sie wird dadurch gesteigert, indem man parteiisch, d. h. die Darbietung mit dem Wunsch der Superiorität von einer der beiden Wettkampfparteien verfolgt. Denn mit dieser Voraussetzung sind es nicht mehr nur die Fußballspieler, welche um einen positiven Ausgang des Spiels ringen und hoffen. Auch die sie favorisierenden Zuschauer schließen sich den Gedanken der Spieler an, wodurch sie die emotionale Distanz zwischen sich auf der Tribüne und den Spielern auf dem Feld überwinden. Die überwundene Distanz hat zur Konsequenz, dass sich die parteiischen Zuschauer in die Wettkampfdramaturgie involvieren und die Krise des Wettkampfs *gemeinsam* mit den Spielern zu überstehen versuchen. Für das Wohl einer Wettkampfpartei zu sein, wird folglich zu einer Bedingung der emotionalen Anteilnahme an der Veranstaltung. Das Interesse eines Zuschauers für eine Wettkampfpartei lässt sich demnach als emotionale Zugehörigkeit zu dieser beschreiben. Das Phänomen der Zugehörigkeit beinhaltet die nun folgende Wechselbeziehung zwischen einer Person und einem Interessenobjekt. Indem sich ein Mensch einem Fußballverein zugehörig fühlt, öffnet er sich emotional für dessen Verfasstheit, z. B. geht es ihm gut im Sinne erfolgreich zu sein, wie ist seine personale Beschaffenheit, unterliegt er sonstigen Krisen. Es scheint, als würde die Zugehörigkeit zu einer Wettkampfpartei es ermöglichen, dass die Spielzüge der Spieler oder des Vereins allgemein (z. B. Spielertransfers), von ihren sich zugehörig fühlenden Zuschauern die Zuschreibung erfahren, zu den Zuschauern selbst zugehörig zu sein. Dieser Illusion erliegend, lassen sich Veranstaltungsgänger beobachten, die bei einer Niederlage *ihres* Vereins weinen, Kleidungsstücke tragen, auf welchen „Mein Verein, meine Liebe" zu lesen ist oder in Gesprächen Aussagen tätigen wie „Wir haben gewonnen!". Kurz, die Zugehörigkeit ermöglicht es, dass der Zustand des Fußballvereins als zu dem eigenen psychosozialen Zustand dazugehörig erlebt werden kann. D. h., eine Zugehörigkeit impliziert, das etwas Externes als etwas zu einer Person Dazugehöriges erlebt wird, womit es Einfluss auf die persönliche Verfasstheit der sich zugehörig fühlenden Person erlangt. Im Gegensatz zu der Bedingung des parteiischen Zuschauens eines Wettkampfs, würde ein unparteiisches folgende Konsequenzen implizieren: Ein unparteiisches Zuschauen eines Wettkampfes würde weniger dramatisch begründete Gefühle erzeugen, da kein gesteigertes Interesse für den Sieg oder die Angst einer Niederlage für eine der Wettkampfparteien bestünde. Im Falle dessen stünden vielmehr die gezeigten Fähigkeiten der Spieler im Vordergrund, woraus eher eine rationale denn emotionale Veranstaltungsteilnahme erwachsen würde, nach dem Motto: „Möge der bessere gewinnen!". Ein Motto, was durch die Parteilichkeit transformiert wird in: „Meine Mannschaft soll gewinnen!". Die Entwicklung einer emotional distanzlosen Beziehung in die Darstellung einer favorisierten Wettkampfpartei entspricht der Programmatik der Stadionveranstaltung. Dieser Umstand findet auch darin seinen Ausdruck, dass es innerhalb des Events keine neutralen Sitzplätze gibt. Das veranstalterseitige Streben nach emotional beteiligten Besuchern ist prinzipiell nachvollziehbar, da hierin das Wesen von Events besteht. Wie die Eventbetreiber die emotionale Involviertheit ihrer Besucher strukturell fördern, wird nun analysiert.

5.2 Heim- und Gästebereich: Stadionaufenthalt als Bekenntnis

Beobachtung:

> „Die Kassenschalter für den Heimbereich unterteilen sich in Stehplätze und Sitzplätze. Der Kassenschalter für den Gästebereich befindet sich auf der anderen Seite, welcher direkte Weg manchmal durch einen Zaun abgetrennt ist."

Um der Fußball-Darbietung beiwohnen zu können, muss ein Ticket an einer Kasse erworben werden, was grundlegend auf eine kommerzielle Veranstaltung hinweist. Das kulturelle Angebot wird dabei vom Veranstalter in verschiedene Besucher-Abschnitte eingeteilt. Die Besucheraufteilung erfolgt zunächst dichotom in einen „Heim- und Gästebereich". Der Heimbereich ist für die Besucher vorgesehen, die Sympathien für den ortsansässigen Verein bekennen. Der andere Bereich für den gastierenden Verein angedacht. Entsprechend müssen sich die Besucher der Fußballveranstaltung für eine Wettkampfpartei qua Raumaufteilung entscheiden. Der Aufenthaltsort der Besucher kann somit auch als Bekenntnis der Sympathie für einen der beiden Wettkampf-Parteien gewertet werden. Mittels der Aufteilung in „Heim- und Gästebereich" erfolgt eine Übertragung des Wettkampfcharakters des Fußballspiels auf die Besucher, wodurch sich auf der Tribüne zwei Großgruppen mit gegensätzlichen Bekenntnissen gegenüber stehen. Das kompetitive oder konfrontative Setting auf dem Feld kann so auf der Tribüne als Handlungsorientierung fortgesetzt werden. Damit wird prinzipiell ermöglicht, dass die Besucher zu einem Teil der wettkampforientierten Veranstaltung werden und der Wettkampf als *Event des Gegeneinanders* auch auf den Besucherrängen potenziell stattfinden kann. Die räumliche Aufteilung ermöglicht zudem die Herstellung eindeutiger Identitätszuschreibungen. Eine wenig überraschende Erkenntnis, da die Verbindung zwischen Raum und Identitätszuweisung allgegenwertig ist. So werden gegenüber Menschen stereotype Zuschreibungen aufgrund ihrer nationalen (räumlich-geographischen) Herkunft gemacht, die ebenfalls als Identitätsmerkmale charakterisiert werden können. Menschen werden ferner danach beurteilt, in welchen Stadtteilen sie wohnen. Organisationen bringen ihre Top-Down-Hierarchie zum Ausdruck, indem das Stockwerk eines Firmengebäudes, Auskunft über die Positionen der Angestellten in dem Unternehmen geben. Besitzt man viel Raum in Form von einem Haus oder Grundstück, werden Zuschreibungen wie wohlhabend zu sein, hergestellt. In Flugzeugen oder Zügen ermöglicht die Raumaufteilung nach Klassen ebenfalls Zugehörigkeit und Abgrenzung zwischen den Passagieren. D. h. für den vorliegenden Kontext, dass die Veranstalter des Fußball-Events sich mittels einer Raumaufteilung um Zuschreibungen über die sich dort befindenden Menschen zu generieren, einer relativ verbreiteten Strategie bedienen. Mithilfe der vorgenommenen Raumaufteilung bilden nun die selektierten Menschen eine Anhängerschaft eines Fußballvereins, die sich in einem Besucherbereich befindet, zu welchem sich jeder der dort Anwesenden zugehörig fühlen kann. Gleichzeitig ermöglicht die erfolgte dichotome Raumaufteilung, sich von den Menschen in dem anderen Besucherbereich abzugrenzen, worin sich ebenfalls gegenseitige Identitätszuschreibungen konstituieren. Die dichotome Differenzierung in der Veranstaltung folgt der Wettkampflogik auf dem Spielfeld, woraus wie bereits angedeutet wurde, ein konfrontatives Besuchersetting hervorgeht.

Die Bezeichnung *Heimbereich* scheint irreführend, da die meisten Besucher, egal in welchen Bereichen sie sich aufhalten, Gäste innerhalb des Veranstaltungsortes *Stadion* sind. Das *Heim* hingegen suggeriert, dass man hier zu Hause ist. An ein Zuhause sind Rechte und Pflichten gekoppelt, z. B. darf man entscheiden, wer unter welchen Umständen sich in seinem Heim aufhält oder was dort geschieht. Das Recht, entscheiden zu können, wer sich in dem Heim aufhalten darf, obliegt jedoch nicht den Besuchern, die sich dort heimisch fühlen mögen, denn der Kartenbesitz und somit der Veranstalter, entscheidet darüber, wer, wo sein darf. Der Veranstalter ist es auch, der entscheidet, dass eine Kleiderordnung einzuhalten ist. Etwa dürfen Besucher sich nicht in erkennbarer Kleidung von dem jeweils anderen Sportverein in dem Heim- oder Gästebereich aufhalten, wie es in den Veranstaltungsordnungen festgeschrieben ist[17]. Demzufolge sind die Besucher aufgefordert, Regeln des Benehmens (Goffman 2013, S. 329) einzuhalten. Die in dem Benehmen implizite Kleiderordnung, welche sich auf die erkennbare Sympathie für einen Fußballverein bezieht, macht auf eine zeremonielle Regel aufmerksam. Derlei Regeln stellen sicher, dass man angemessen handelt und auch behandelt wird. Kleidung bzw. Devotionalien der Vereinsanhängerschaft werden dem Veranstaltungsprotokoll gemäß zum Idiom von sozialen Gruppen (Goffman 2013, S. 322), die bestimmte Urteile über die Identität der Träger antizipierbar werden lassen. In diesem Zusammenhang erweist sich das Betretungsverbot mit Vereinssymbolen eines anderen Vereins, als dem Heim- oder aktuellen Gastverein als Einforderung einer Ehrerbietung. Als Ehrerbietung werden Akte der symbolischen Wertschätzung gegenüber ihren Empfängern erachtet, die als Repräsentanten einer sozialen Gruppe gelten (ebd., S. 322). Die räumliche Aufteilung sowie die Kleiderordnung sind somit zwei strukturierende Merkmale der Veranstaltung durch den Veranstalter, die dazu beitragen, dass sich zunächst zwei homogene Gruppen gegenüberstehen, welche unterschiedliche Sympathien zu einem Fußballverein repräsentieren. Die räumliche Trennung der dichotom selektierten Repräsentanten macht das Fußballstadion-Event zu einem Ort, in dem genaue Vorstellungen über eine soziale Ordnung eingefordert und präsentiert werden können. In diesem Fall die binäre Aufteilung zwischen Heim- und Gästebesucher, die gestützt durch Kleidungsstücke als gegenseitige Identitätszuweisungen, die Zugehörigkeit und Gegensätzlichkeit der Besucherschaften herstellt. Folglich fördert der Veranstalter die Selektion in homogene Besucherschaften bzw. fordert sie durch eine Kleiderordnung qua Hausrecht ein, was gemeinhin von den Besuchern eingehalten wird und somit für sie eine akzeptable oder wünschenswerte Ordnung darstellt.

---

17 siehe u. a.: http://www.bvb.de/Fans/Rechtliches/Stadionordnung, 18.05.2016.

Auf den ersten Blick wecken dichotome Aufteilungen von Menschengruppen gravierende Assoziationen wie die Rassentrennung im Nationalsozialismus oder den USA. Die damalige institutionell geförderte Trennung war folgenreich für den sozialen Umgang zwischen den heterogenen Gruppen und mündete in die gewalttätige Diskriminierung der jeweils schwächeren Minderheit. Derlei Assoziationen scheinen jedoch durch den Ausgangspunkt der Differenzierung im Fußballstadion nicht übertragbar. Denn anders als im Nationalsozialismus oder den USA beruht im Stadionfußball die Einteilung von Gruppen nicht aufgrund von einem unumkehrbaren Kriterium wie der Ethnie. Ferner erfolgt die Einteilung der Personen auf freiwilliger Basis innerhalb eines relativ beliebigen kulturellen Angebots, in Form eines Fußballvereins. D. h., dass die Besucher sich bereitwillig zu einem solchen kulturellen Objekt zuordnen lassen bzw. zugehören wollen und akzeptieren, dass dadurch eine räumliche Grenze zwischen ihnen und den Besuchern, die sich als zu einem anderen kulturellen Objekt zugehörig markieren, entsteht. Sie wählen damit eine freiwillige Zugehörigkeit zum Preis des Ausschlusses von einer anderen. Wie ließe sich eine solche bereitwillige Einteilung der Besucher erklären? In der Ritualforschung wird davon ausgegangen, dass der Mensch ohne zu wissen, wer er nicht ist, nicht wüsste, wer er ist. Rituale, wie die symbolische Einteilung von Personen in homogene Gruppen tragen dazu bei, die Welt zu ordnen, indem sie Unterschiede schaffen und mithin Identität (Douglas 2006, S. 82 f.). Demnach wird geschlussfolgert, dass das Veranstaltungsprotokoll im Fußballstadion durch seine permanente Besuchereinteilung dazu beiträgt, seinen Besuchern zu vermitteln, wer sie nicht sind und wer sie demnach sind. Folglich wird die Besucheraufteilung zur Bedingung für relativ eindeutige und angesichts der regelmäßigen Veranstaltungsdarbietung, stabile Selbst- und Fremdbilder, da sie strukturell ineinandergreifende Unterscheidungen von Personen herstellt, die kollektive Situationsdefinitionen begünstigen, welche als zusätzliche Stabilisatoren für die verhandelten Identitäten zur Verfügung stehen (Strauss 1974, S. 48). Die Bereitwilligkeit, mit der sich die Besucher kategorisieren lassen, erinnert an die Erkenntnisse aus Kapitel 1. So werden auch in der Spätmoderne, in der soziale Klassen nicht mehr trennscharf zu verorten sind, nach Orientierungsmöglichkeiten im Miteinander gesucht wie unterschiedliche Konsumstile, um gegenseitige Identitätszuweisungen vornehmen zu können. Die Einteilung, wir gehören zum Sportverein X und ihr zu dem Verein Y, stellt folglich einen dieser Orientierungsanker bereit, durch welchen Identitätszuweisungen ermöglicht und spätmoderne Kontingenzstrukturen temporär bewältigt werden. Somit dient der Stadionfußball mit seiner binären Struktur als Ressource für die Gewissheit, wer ich bzw. wer wir sind, indem man durch die anderen weiß, wer man nicht ist. Auch wenn der eingangs erfolgte Vergleich zur Rassentrennung durch die Merkmale der sich veränderbaren Differenzierungskriterien und der Freiwilligkeit der eingeteilten Personen als nicht passend erscheint, bleibt zumindest eine Eigenschaft den erzwungenen und freiwilligen Einteilungen gleich: Sie konstituieren eine Komplexitätsreduzierung, die eine Wechselbeziehung zwischen tausenden Menschen grundiert, wodurch übersichtliche Orientierungen geschaffen werden.

Die Bezeichnung *Heimbereich* fördert zusätzlich ein kollektives Gefühl von Heimat. Wie bereits in Kapitel 4 rekonstruiert wurde, repräsentiert die Heimat den Ort des eigenen Gewordenseins und steht charakteristisch dafür, wer ich heute bin und wer ich nicht bin. Die Besucher des Gästebereichs erleben ähnlich wie die Heimbesucher, ein kollektives Gefühl, wer sie als Gäste sind und wer sie nicht sind (Einheimische). Somit entfalten der Heim- und der Gästebereich Klassifikationen von Auffassungen über das Wesen der Welt und Menschen, in welcher kollektive Spiegel und Masken über situationsgebundene Identitäten von Einheimischen und Gästen abgeleitet werden. Dem symptomatischen Erleben der *inneren Heimatlosigkeit* in der Spätmoderne, die aus dem Wegfall traditioneller Glaubensinhalte resultiert und durch die Konkurrenz von Werten und neuen Glaubenssystemen ersetzt wurde (Honer 2011, S. 22), wird im Fußballstadion im wahrsten Sinne des Wortes ein eindeutiger Heimat und Nicht-Heimat Ort gegenübergestellt.

Der identitätsstiftende Zugehörigkeits- und Abgrenzungsdrang der Stadiongänger wird zudem durch vereinsbezogene Kleidung bekräftigt und reproduziert. Jene Praktik dient als weitere Selbstverortung, welche in die Hausordnung des Veranstalters einbezogen wird. Somit erzeugt der Veranstalter eine formale Ordnung, in der eine identitätsfördernde Zugehörigkeit und Abgrenzung institutionalisiert wird. Die Identitätszuweisung ist relativ radikal, da sie auf der Eindeutigkeit der Zugehörigkeit zu einem Sportverein und mithin der Abgrenzung gegenüber einem anderen Sportverein beruht. Sie erinnert an ein *Schwarz-Weiß-Denken*, dass die Funktion der Kontingenzbewältigung hat, die vorliegend mittels Aufenthalt und Vereinskleidung strukturiert wird. Kurz, die Eindeutigkeit darüber, wer man ist und wer man nicht ist, hat die Eigenschaft überschaubar zu sein, was als gewissheitsspendend für die Stadionbesucher erlebt wird.

Die Kategorisierung von Menschen in derartige Selbst- und Fremdbilder erfordert Urteile über die Motive der Akteure (Strauss 1974, S. 49). Die bisherige Rekonstruktion lässt das Urteil zu, dass nicht wenige Stadionbesucher mit dem Motiv die Fußballveranstaltung besuchen, um durch ihre binäre Gestalt *klare* Verhältnisse zu erleben und so Gewissheit über sich und den Ausschnitt von Welt, in dem sie sich befinden, zu spüren. Damit diese soziale Unternehmung gelingt, lassen sie sich bereitwillig in Heim- Gästebereiche einteilen.

In Kapitel 2.2.4 wurde herausgearbeitet, dass Event-Veranstalter die Herausforderung bewältigen müssen, ein emotional intensives Angebot zu schaffen. Ein solches kann etwa dann hergestellt werden, wenn die Teilnehmer mit in das Programm einbezogen werden, wodurch sie sich als Teil der Veranstaltung erleben. Der Veranstaltungsbetreiber wählt vorliegend die Strategie, die Besucher gemäß der Wettkampfparteien einzuteilen. Somit wird der Wettkampf als Event des Gegeneinanders auf die Tribüne übertragen. Die Strategie der basalen Besuchertrennung durch welche sich ein Füreinander durch ein Gegeneinander und umgekehrt konstituiert, ist ein Erfolgskonzept, wie die Besucherzahlen in Stadien andeuteten (Kap. 1). Die Fußballstadion-Show grenzt sich in diesem Zusammenhang von anderen Veranstaltungen ab, in welchen den Besuchern ein gemeinsames Interesse an etwas Dritten dargeboten wird, z. B. Musik-Konzerte.

Zusammenfassung

Das Event des Gegeneinanders auf dem Spielfeld wird durch die dichotome Besucheraufteilung auf die Tribüne übertragen. Die Aufforderung, sich für eine Seite zu entscheiden, impliziert das Bekenntnis der symbolisch-emotionalen Zugehörigkeit zu einer der beiden Wettkampfparteien. Das Bekenntnis drückt aus, wer man nicht ist und wer man demnach ist. Anders formuliert, im (Wett-)Kampf gegen andere muss man sich positionieren und Identitätsarbeit leisten, um zu jemandem zu werden, der für eine Seite und gegen eine andere kämpfen kann. Der Bekenntniszwang und die mit ihm verbundene Plausibilisierungsaufforderung erklärt nun auch die schicksalhafte Narration als glaubwürdige Bekenntnisträgerschaft der Akteure, welche in Kapitel 4 den Ich-bin-Raum grundierte: *Ich bin Fan von Verein XY.* Charakterisiert man die Besucherbereiche als Ritualorte, lässt sich deuten, den Alltag zu verlassen, wenn man ihre Schwelle überschreitet, um dann den Konsens mit der Ritualgemeinschaft zu vollziehen (Dücker 2006, S. 45). Ein Konsens besteht zwischen den Stadionbesuchern in der Notwendigkeit sich dichotom aufteilen zu müssen. Die dichotome Besucheraufteilung grundiert fortan die kollektiven Identitätszuschreibungen, in welchen Einheimischkeit und Fremdheit hergestellt werden. Diese binäre Struktur, die sich an einem Schwarz-Weiß-Denken anlehnt, ist kontingenzbewältigend und bietet damit eine verführerische Gegenwelt zur tendenziell unüberschaubaren und damit überfordernden Alltagswelt.

In dem vorhergehenden Kapitel wurde die Bedingung der Parteilichkeit rekonstruiert. Sie trägt dazu bei, dass die Besucher sich in den externen Wettkampf möglichst umfangreich emotional involvieren können. Die emotionale Distanzlosigkeit wird nun durch die binäre Besucheraufteilung infrastrukturell eingefordert. Diese Einteilung ermöglicht schließlich, sich nicht nur emotional gegen die gegnerische Wettkampfpartei zu positionieren, sondern auch gegen die anderen Bekenntnisträger, die nun zu *gegnerischen* Besuchern geworden sind, welchen man durch einen Zaun getrennt gegenübersteht. Durch eine gegnerische Besucherschaft wird das Event des Gegeneinanders schließlich zur allumfassenden Bedingung der Veranstaltung, die Bühne und Tribüne gleichermaßen einbezieht. Welche Konsequenzen daraus folgen, wird nun rekonstruiert.

5.3 Der Zaun: Entsymbolisierung des symbolischen (Wett-)Kampf

Beobachtung:

> „Zwischen dem Heim- und Gastbereich wurde vor dem Stadion ein ca. 2,5m hoher Zaun bei sogenannten ‚Risikospielen' installiert. Mein Gatekeeper erzählte mir, dass es sich dabei um eine Sicherheitsvorkehrung handelt, damit die gegnerischen Fans nicht aufeinander treffen und sich schlagen würden."

Bereits vor dem Stadion werden die Besucher in Heim- und Gästebesucher aufgeteilt. Dass verweist darauf, dass die Veranstaltungsgänger nicht erst mit dem Überschreiten der Schwelle in die Besucherbereiche den Konsens mit der Ritualgemeinschaft vollziehen. Vielmehr scheinen sie schon vor dem Veranstaltungsbeginn Interaktionen mit den anderen Bekenntnisträgern zu suchen, welche jedoch durch einen Zaun unterbunden werden. D. h., dass sich die dichotom eingeteilten Besucher sich gegenseitig nicht gleichgültig, sondern bedeutsam für die veranstaltungsbezogene Handlungsorientierung sind. Wie in der Bekenntnisnarration bereits angedeutet wurde, ist der Bekenntnisakt der Akteure zu einem kulturellen Objekt langfristig. Ferner wird dieser durch die regelmäßigen Veranstaltungen immer wieder aktualisiert. Die regelmäßigen Darbietungen ermöglichen ferner, dass die unterschiedlichen Bekenntnisträger, die als *Heim* und *Gäste* klassifiziert werden, eine Beziehung zueinander aufbauen können, was deren gegenseitige Bedeutsamkeit erklären würde.

Der Zaun deutet nun daraufhin, dass das Bekenntnis so umfangreich ist, dass es die raum-zeitlichen Grenzen der Veranstaltung verlässt und schon vor dem Stadion und vor dem Veranstaltungsbeginn handlungsstrukturierend ist. Der Zaun wurde von dem Sicherheitspersonal des Vereins installiert. Wie auch bei anderen Großveranstaltungen wird der Umstand akzeptiert, dass es zu Konflikten zwischen Besuchern kommen kann, weshalb Vorkehrungen getroffen werden, z. B. Türsteher in Diskotheken. Die extreme Sicherheitsvorkehrung im vorliegenden Kontext, in der eine strukturelle Trennung von Veranstaltungsgängern erfolgt, scheint hingegen erklärungsbedürftig. So scheint im Rahmen der Veranstaltung davon ausgegangen zu werden, dass die Fans der unterschiedlichen Wettkampfparteien gewalttätige Auseinandersetzungen miteinander suchen. Die im vorhergehenden Kapitel genannte, provokative Lesart, dass die Aufteilung von Heim- und Gästebesuchern an die Rassentrennung etwa in den USA erinnert, die in gewaltvollen Konflikten mündete, scheint angesichts des Zauns gar nicht mehr so fern. Da der Zaun regelmäßig installiert wurde, scheint der Veranstalter eine Akzeptanz gegenüber dem Umstand zu haben, dass seine Veranstaltung situationsgebundene Identitäten hervorbringt, die räumlich außerhalb des Darbietungsortes getrennt werden müssen, da andernfalls mit gewalttätigen Konfrontationen zwischen den Besuchern zu rechnen ist. Daran wird deutlich, dass einige Besucher, sich sogar so stark mit dem Wettkampf-Setting der Veranstaltung identifizieren, dass sie vermeintlich selbst zu Kämpfern werden. Vor diesem Hintergrund wird die im vorhergehenden Kapitel entwickelte Lesart, dass in der Veranstaltung das Event des Gegeneinanders auch zwischen den Besuchern zelebriert wird, bestätigt. Bezogen auf die Herausforderung von Events, ihre Teilnehmer in einen emotionalen Bann ziehen zu müssen, woraus ein *Miteinander-Machen* entsteht (Kap. 2.2.4), scheint das vorliegende Event sein Ziel für einige Besucher umfangreich erreicht zu haben. Von einer intendierten Absicht seitens der Veranstalter gewalttätige Auseinandersetzungen zwischen Besuchern als Ergebnis einer Anlehnung an die wettkampforientierte Veranstaltungsdramaturgie zu schüren, ist nicht auszugehen. Im Kapitel 2.2.1 wurde deutlich, dass Fans eigene Aneignungspraktiken von kulturellen Objekten vollziehen. Gemäß der Eigenschaft der Fußballveranstaltung ein sportlicher Wettkampf zu sein, scheinen nun einige Besucher kämpferische Aneignungspraktiken hervorzubringen. Die Frage nach Verantwortlichkeiten hinsichtlich eines Veranstaltungsangebots, welches Bedingungen für kämpferische Praktiken offeriert, ist nicht leicht zu beantworten. Wie sollte man etwa den Barbesitzer für die Existenz alkoholabhängiger Menschen verantwortlich machen, welche in seiner Einrichtung ihre Sucht befriedigen oder dem Diskotheken-Besitzer, dass seine Veranstaltung manche Besucher dazu beflügelt, illegale Drogen zu konsumieren. Die Frage nach dem Verhältnis zwischen dem angebotenen Vergnügen und der daraus folgenden Verantwortung, wie das angebotene Vergnügen ausgelebt wird, bleibt jedoch. Da jene Überlegungen einen normativen Diskurs betreffen, wird an dieser Stelle nicht näher darauf eingegangen. Für die ethnographische Erkundung des Phänomens *Ultra* bleibt jedoch die Erkenntnis, dass die Veranstaltung seinen Besuchern starke Identifikationsmöglichkeiten bietet und damit ein intensives *Miteinander-Machen* ermöglicht wird. Der Glaube an das veranstaltungsbezogene Selbstbild einiger Besucher ist dabei offenbar derart ausgeprägt, dass eine Teilung der Veranstaltungsbesucher mit unterschiedlichen Bekenntnissen durch den Veranstalter installiert werden muss, um eine kämpferische Interaktion zu vermeiden. Es scheint gerade so, als würde das Bestreben des Veranstalters, seine Besucher emotional zu involvieren, indem sie die Distanz zu der Show überwinden und ein *Miteinander-Machen* entsteht, ihm auf die Füße fallen. Denn der Zaun verweist darauf, dass das symbolische Bekenntnis einiger Besucher gegenüber einer der Wettkampfparteien in der sportlichen Darbietung insofern nicht mehr relativiert wird, als dass sie durch die Ausübung von Gewalt ernst mit dem Spiel machen und damit den symbolischen Kampf in der Veranstaltung außerhalb von ihr entsymbolisieren.

Die veranstaltungsbezogene Besucheraufteilung hat noch weitere Ausprägungen, welche nun rekonstruiert werden.

5.4 Aufteilung Sitz- und Stehplatz

Beobachtung:

> „Die Heim- und Gästebereiche sind zusätzlich in Sitz- und Stehplätze unterteilt."

Die Aufteilung innerhalb des Heimbereichs in Sitz- und Stehplätzen ist ein weiteres veranstaltungsseitiges Angebot, aus welchem Identitätsverweise generiert werden können. Es zeigt zunächst an, dass die Veranstaltungsteilnahme mit unterschiedlichem Komfort, aber auch nach unterschiedlichen Interessen gestaltet werden kann. So haben die Stadiongänger im Stehplatzbereich tendenziell mehr Bewegungsfreiheit als jene, welche sitzen. Sie müssen jedoch in Kauf nehmen, für die Dauer der Stadionanwesenheit zu stehen oder an einem Stehgeländer zu lehnen. Die Stadionbetreiber schaffen somit unterschiedliche Angebote für unterschiedliche Interessenlagen. Sie ermöglichen mithin ganz unterschiedlichen Besucherschaften den Zugang. Beispielsweise sind Stehplätze finanziell günstiger als Sitzplätze und somit insbesondere für junge Besucher mit weniger Kaufkraft attraktiv.

Bezüglich der Eigenschaften von Steh- und Sitzplätzen ist festzuhalten, dass ein Sitzplatz auf dem Eintrittsticket genau festgelegt ist. Ein Stehplatzticket bezieht sich lediglich auf einen Tribünenabschnitt. Wo genau sich die Besucher dort aufhalten sollen, ist hingegen nicht vorgeschrieben. Insofern lässt sich der Stehplatzbereich gegenüber dem Sitzplatzbereich als ein weniger veranstalterseitig vorstrukturierter Raum klassifizieren. Dieser Umstand impliziert ein höheres Maß an Entfaltungsfreiheit der dort Anwesenden. Sofern sich Regelmäßigkeiten für den Aufenthalt einzelner Besuchergruppen erkennen lassen, wäre es ein Hinweis auf eine besucherseitige soziale Ordnung, die damit auf die geringe Einflussnahme der Veranstalter reagieren. Prinzipiell fördert die Aufteilung in Sitz- und Stehplätzen eine Differenzierung der Besucher innerhalb einer der anwesenden homogenen Gruppen, die zunächst als Heimstehplatzbesucher und Heimsitzplatzbesucher deskriptiv beschrieben werden. Die Überlegung, dass Steh- und Sitzplätze unterschiedliche Aktivitätsgrade zulassen, verweist darauf, dass es weitere Differenzierungen innerhalb einer Heim- bzw. Gästebesucherschaft gibt. Die Aufenthaltsorte der Besucher in Sitz- oder Stehplatzbereich können demnach verschiedene Erwartungen an das Veranstaltungsangebot implizieren, welche durch die Vorstrukturierung des Betreibers geebnet ist.

Zusammenfassend zu der Besuchereinteilung im Stadion wird festgehalten, dass die Strategie des Veranstalters, das Event in einen Heim- und Gästebereich zu unterteilen, ein Zugehörigskeitsmanagement evoziert, aus dem sich als Konsequenz zwei homogene Gruppen bilden, die ihrerseits durch Steh- und Sitzplätze zusätzlich differenziert werden und damit weitere Klassifikationen von Besucherschaften zulassen. Somit entsteht ein Event eines nach unterschiedlichen Erwartungen klassifiziertes Für- und Gegeneinanders, dass als Bedingung zur Veranstaltungsteilnahme von seinen Besuchern das Bekenntnis abverlangt, sich zu einem Sportverein zugehörig zu positionieren.

Mithin ermöglicht der Stadionbau mit seinen verschiedenen und klar voneinander abgegrenzten Bereichen die Aufteilung der Besucher in weitere Gesinnungsgemeinschaften.

6 Vorstrukturierung der Veranstaltung und Praktiken vor dem Fußballstadion

Bisher wurden die Eigenschaften des kulturellen Objekts *Fußballverein* und das Bekenntnis seiner Fans zu ihm rekonstruiert. Danach erfolgte die Interpretation der konfrontativen Sinnstruktur des Veranstaltungssettings. Im Folgenden wird nun die Ausgestaltung der Wechselbeziehung zwischen den zu beforschenden Akteuren und dem kulturellen Objekt gedeutet. Dabei richtet sich der Fokus raum-zeitlich zunächst auf Praktiken vor dem Stadion bzw. vor der Fußballdarbietung.

6.1 Szene-Bekenntnis: Beziehungszeichen einer szenebezogenen Teilnahmeidentität

Beobachtung:

> „Als ich die Leute vor dem Stadionheimbereich beobachtete, war es wie eine Maskerade, auf welcher nahezu jeder ein oder mehrere vereinbezogene Accessoires trug. Ich versuchte die Menschen ihrer Verkleidung entsprechend zuzuordnen: Da waren Gruppen von Leuten mit Jeans-Weste mit Ansteckern und unterschiedlichen Aufnähern, z. B. einem größeren Aufnäher auf dem Rücken mit dem Vereinswappen und ein Aufnäher mit der Aufschrift ‚Nordkurve'. Leute mit Vereins-Trikots oder Baumwollschals. Dann war da noch eine Gruppe mit juvenil-modischer Kleidung: eng geschnittene T-Shirts auf welchen der Name einer Ultra-Gruppe in einer künstlerisch geschwungenem Schrift aufgedruckt war. Die Leute mit diesen T-Shirts hatten nicht, wie viele andere, die großen Schals aus Baumwolle um den Hals, sondern hatten kleinere, aus einem feineren Material wie Seide umhängen."

Allein der Umstand fußballvereinsbezogene Kleidung zu tragen, deutet darauf hin, dass die Besucher Elemente der Darbietung nahe an sich (in dem Fall an ihre Körper) heran lassen und so auch physisch die Distanz zu der externen Darbietung überwinden. Die Arbeitskleidung der Fußballspieler wie etwa Trikots zu tragen, suggeriert, selbst ein Mitspieler zu sein, obwohl die Besucher lediglich von der Tribüne aus dem Spiel zuschauen. Indem sich einige Besucher Trikots mit dem Namen bereits vorhandener Spieler anziehen, tauschen sie ferner ihren eigenen Namen gegen den eines anderen Menschen aus. Der eigene Name als prägnantes Merkmal dafür, wer man ist, wird damit gegen ein anderes identitätsstiftendes Merkmal ausgetauscht. Die Eigenschaft, ein solches

Trikot einfach an und ausziehen zu können, verweist auf den flexiblen und flüchtigen Status dieser Selbstklassifizierung ein bestimmter Mannschaftsspieler zu sein. Die Frage, ob sie Mitspieler sind, würden die Trikot-Träger vermutlich irritiert verneinen. Demnach *tuen sie nur so* als wären sie es, womit im vorliegenden Feld die Dimension des Spielens (vgl. Huizinga 2013) eröffnet wird.

Allgemein ließ sich beobachten, dass sich die Bekleidung und Accessoires insbesondere auf den Oberkörper beschränkt. Zumindest konnten während der Feldphase keine Besucher beobachtet werden, die in Fußballschuhen oder den Sporthosen der Spieler auf der Tribüne stehen. Dieser Umstand macht auf eine Kleiderordnung und damit auf eine soziale Ordnung aufmerksam. Zwar ist es zulässig ein Trikot zu tragen, es bekundet jedoch keine wirkliche Teilnahmeabsicht auf dem Fußballspielfeld. Ein Besucher auf der Tribüne, der mit Trikot, kurzen Hosen und Fußballschuhen mit Kniestrümpfen anwesend wäre, würde vermutlich von den anderen Anwesenden als jemand eingeschätzt werden, der übertrieben handelt, weil die Grenze als Zuschauer von einer Darbietung mit der übermäßigen Teilnahmeinszenierung an der Darbietung als überschritten erlebt werden würde. Die Kleiderordnung erinnert vielmehr daran, was Goffman (1973) als das Spielen von Spielen innerhalb von zentrierten Versammlungen bezeichnet hat, in welchem man nur so tut, als würde man tatsächlich selbst ein Spieler sein (S. 40 f.). Die Kleidungsstücke am Oberkörper scheinen weniger die Funktion zu erfüllen, vor klimatischen Bedingungen wie Kälte zu schützen. So lassen sich auch im Sommer Stadiongänger mit Baumwollschals beobachten oder gar Besucher, welche die Schals um ihr Handgelenk gewickelt haben. Die teilweise expressive Zurschaustellung von vereinsbezogener Kleidung wie gleich mehrere Schals am Körper zu befestigen, deutet vielmehr auf die Strategie hin, als jemand bestimmtes von den anderen Anwesenden klassifiziert zu werden. Mithin fungieren die Kleidungsstücke als eine Art Beziehungszeichen (Goffman 2009, S. 262), mit welchen die Besucher sich gegenseitig zu erkennen geben, wer sie in der Veranstaltung sind. Sie bekunden auf diesem Weg, welche Perspektive sie auf die Veranstaltung haben und welche Handlungen von ihnen zu erwarten sind. Ergeben sich zwischen einzelnen Akteuren oder Gruppen überschneidende Perspektiven, kann eine Wechselbeziehung zwischen den Akteuren entstehen. Die Eigenschaft solcher Beziehungszeichen soll an folgendem Feldaufenthalt konkretisiert werden.

> „Als ich mit meinem damaligen Mitbewohner zu dem Auswärtsspiel ‚seines' Vereins fuhr, welcher sich allgemein großer Beliebtheit erfreute, war er engagiert dabei, mir einen Vereinsschal von ihm anzubieten, den ich für die Auswärtsfahrt tragen sollte. Als ich schließlich einwilligte, um mich anzupassen, sagte er, dass ich gut auf ihn aufpassen solle, da er schon sehr alt sei und er ihm deshalb wichtig wäre."

An dem Beispiel wird erkennbar, dass der routinierte Stadiongänger (Mitbewohner) eines Sportvereins die Selbstklassifizierung des Ethnographen sich als dem Fußballverein zugehörig zu positionieren, mit dem Beziehungszeichen *Vereinsschal* nahezu einforderte. Folglich fordert das Feld von seinen Teilnehmern ein Bekenntnis zu einem Sportverein durch eine strategische Kleiderordnung ein. Die nach außen ersichtlichen Beziehungszeichen zu einem Fußballverein stellen Wechselbeziehungen zwischen Akteuren her, da sie ein gemeinsames Interesse bekunden. Dieser Strategie wollte sich der Ethnograph zunächst nicht anschließen, weil er das Erleben, ein Bekenntnis gegenüber dem kulturellen Objekt zu haben, nicht teilte. Dass er nicht bereitwillig einen Schal anziehen wollte, impliziert, dass auch der Ethnograph sich der symbolischen Bedeutung der Selbstklassifikation qua Kleiderordnung in dem beforschten Feld bewusst war.

Die Eigenschaft des Schals, alt zu sein wird hierbei zum Indikator der *Geschichte* des Trägers in dem beforschten Feld. Mit der Praktik *alte Vereinskleidung zu tragen*, präsentiert man sich als jemand, der auf eine lange Feldteilnahme zurück blickt und somit viel Erfahrung hat. Dass kann sich positiv auf den sozialen Status der entsprechenden Person auswirken, welchen er durch andere im Feld zugewiesen bekommt, z. B. einen Expertenstatus. Dieser Status gilt als erhaltenswert, weshalb der Ethnograph darauf hingewiesen wurde, gut auf den Schal aufzupassen. Im Gegensatz zu anderen sozialen Zusammenkünften, bei denen sich Teilnehmer dadurch auszeichnen, die neueste Mode zu tragen, wird im vorliegendem Feld scheinbar mehr Wert darauf gelegt, Nachweise über die Dauer seiner Zugehörigkeit zu dem Feld zu belegen. Zeitlicher Dauer kann die Eigenschaft zugeschrieben werden, dass ein bestimmter Handlungskontext Relevanz in der Lebenspraxis eines Akteurs erfährt. Somit verweisen die Besucher von Fußballveranstaltungen, die ein erkennbar altes veranstaltungsbezogenes Kleidungsstück tragen, auf ihre ernsthafte Teilnahme an dem Event. Diese Selbstpräsentation wird deutlicher, wenn man sie dimensioniert und ihr eine kurze Dauer gegenüberstellt. So wäre denkbar, dass eine Person, die sich zum ersten Mal in einem Fußballstadion befindet, sich von der Euphorie des Events mitreißen lässt und sich deshalb selbst vor den anderen Besuchern als enthusiastischer Teilnehmer klassifiziert, der sich zu einer der Wettkampfparteien zugehörig fühlt. Nimmt die Person an der Veranstaltung zukünftig nicht mehr Teil, könnte ihr Bekenntnis dem Verein gegenüber von anderen Akteuren als wenig glaubhaft erlebt werden. Der Träger von alten veranstaltungsbezogenen Kleidungsstücken, der damit seine Teilnahmehistorie zur Schau stellt, umgeht mit dieser Strategie das mögliche Urteil anderer, nur situativ aus einer Stimmung heraus sich mit einem Fußballverein verbunden zu fühlen. Vielmehr beweist er durch die Dauer seiner Zugehörigkeit die strukturelle Relevanz des Phänomens *Fußballverein* in seiner Biographie. Es ist anzunehmen, dass je größer die biographische Priorisierung dieses Phänomens ist, desto authentischer werden die emotionalen Bekundungen bewertet. Sie bekommen den Anschein, als wären sie nicht nur dahin gesagt, sondern aufgrund der Dauer und des betriebenen Aufwandes, der damit zusammenhängt, glaubwürdig. Als glaubwürdig werden folglich Praktiken definiert, die auf eine hohe Priorität eines Themas in der eigenen Biographie schließen lassen. Wird demnach die eigene Lebenspraxis auf ein kulturelles Angebot zu Gunsten anderer Aktivitäten ausgerichtet, vermittelt dies den Eindruck eines glaubwürdigen Bekenntnisses, dass durch seine Priorisierung unter Beweis gestellt wird. Bezogen auf Strauss' (1974) Identitätskonzept (Kap. 3.1.2) wird formuliert, dass der Nachweis einer zeitlich dauerhaften Feldteilnahme das Urteil (Spiegel) anderer Feldteilnehmer grundiert, ein glaubwürdiger emotional involvierter Veranstaltungsgänger (Maske) zu sein. Sofern es sich dabei um ein gewünschtes Urteil handelt, ist davon auszugehen, dass im weiteren Material weitere Strategien erfolgen, mit welchen Glaubwürdigkeit hergestellt werden soll. Jene Glaubwürdigkeitsbegründungen eröffnen ferner sogleich Hierarchisierungen zwischen den Besuchern.

Nach dem eben genannten Beispiel nehme ich nun wieder auf den raum-zeitlichen Kontext vor dem Stadion innerhalb der eingangs dargelegten Beobachtung Bezug.

Die Kleidungsstücke wie Mannschafts-Trikots und Baumwollschals lassen sich als Fanshopkleidung charakterisieren, die käuflich von dem jeweiligen Verein erworben wurden. Die Beobachtung der Veranstaltungsbesucher vor dem Stadion macht jedoch noch auf einen weiteren Typ von Kleidungsstücken aufmerksam, die selbsterstellt ist wie die genannten Jeans-Westen. Bei genauerer Betrachtung solcher Westen, eröffnet sich eine spezifische Selbstpräsentation, die nur mittelbar an den Fußballverein gebunden ist. Sie beginnt mit dem eigenen Namen der Träger, die als *Kutten-Fans* bezeichnet werden, wie dem Ethnograph erklärt wurde. D. h., die meisten Besucher, die eine Jeans-Weste tragen, gehören prinzipiell diesem Identitätskonstrukt an. Somit ist die Jeans-Weste ein Beziehungszeichen, ein bestimmter Besucher zu sein, der vermeintlich gemeinsam mit anderen Besuchern, die ebenfalls eine Jeans-Weste tragen, die Veranstaltung besucht. Die Jeans-Westen ermöglichen mit ihren Aufnähern zusätzliche Merkmale der Differenzierung und Selbstauskünfte. Auf den Aufnähern ist u. a. der Name des Vereins zu lesen oder auch der Aufenthaltsbereich, in dem die Kutten-Gruppe anzutreffen ist (etwa Nordkurve). Die Aufnäher erinnern an Abzeichen auf den Hüten oder Stöcken von Wanderern, welche Nachweise zur Schau stellen, wo sie schon überall waren. Assoziationen zu militärischen Kontexten sind ebenfalls naheliegend. Wie diese Bezeichnung bereits impliziert, zeigen Uniformen an, dass ihre Träger uniform sind, d. h. eine gemeinsame Perspektive vertreten. Die Rangabzeichen ermöglichen eine zusätzliche Differenzierung zwischen den Akteuren und geben Hinweise zu ihrer Karriere innerhalb des uniformen Kontexts. Ähnlich scheint es auch bei den vorliegenden *Kutten-Fans* zu sein. Die gemeinsame Perspektive der Akteure ermöglicht ihnen durch die Aufnäher eine Geschichte über ihre Karriere im Feld zu erzählen. Die Funktion solcher Spezialkleidung ist demnach, eine relativ detaillierte Auskunft über sich für diejenigen bereitzustellen, die über die gleichen Wissensbestände verfügen. Das übergeordnete Symbol *Jeans-Weste* wird folglich zum Beziehungszeichen einer zusätzlichen Zugehörigkeit gegenüber der Hauptzugehörigkeit zu einer Wettkampfpartei.

Was lässt sich nun über die Kleidungsstücke der Akteure deuten, welche den Namen einer *Ultra-Gruppe* tragen. Ihre Kleidung ist wie bei den *Kutten-Fans* selbsterstellt und somit unabhängig von den angebotenen Accessoires des Vereins. Selbsterstellte Kleidung deutet bereits auf veranstalterunabhängige Praktiken hin. So setzt die gruppenbezogene Kleidung der Ultra-Besucher einen Produktionsprozess voraus. Er bezieht sich insbesondere auf das Design der T-Shirts und Schals und verweist mithin auf gruppenspezifische Organisationsstrukturen, die außerhalb des Veranstaltungszeitraums operieren. So muss es jemanden geben, der ein Design für ein Kleidungsstück nach bestimmten Vorstellungen entwirft, was auf Arbeitsteilung und Abstimmungsmechanismen schließen lässt. Dies impliziert die Bedingung, überhaupt eine Gruppe zu sein, deren Name auf Kleidungsstücke gedruckt werden kann. Jene impliziten Bedingungen verweisen folglich auf eine Verkettung von Praktiken, die zum Ergebnis ein T-Shirt mit dem Aufdruck eines Gruppen-Namens haben, dass von mehreren Menschen getragen wird. Die Bedingungen verweisen ferner auf eine veranstaltungsbezogene Identität, die außerhalb des unmittelbaren Veranstaltungsrahmens aufrechterhalten bleibt. Die Erstellung eigener Kleidung trägt folglich dazu bei, dass sich veranstaltungsbezogene Identitätskonstruktionen in der eigenen Lebenspraxis etablieren können, da ihr ein vielseitiger interaktiver Raum eröffnet wird. In einem dieser sozialen Räume erschaffen die Akteure ihre eigene Kleidung, womit weitere Bedingungen erfüllt werden. So wäre es denkbar, dass sich die Akteure durch den selbstinitiierten Produktionsprozess in besonderer Weise damit identifizieren und sich ein Erleben wie Stolz zu sein einstellt.

Neben dem identitätsstiftenden Produktionsprozess hat diese Praxis noch weitere Eigenschaften. Erwirbt man Fanshopkleidung, wird ein Angebot des Veranstalters angenommen. Auf das Angebot einzugehen impliziert, einverstanden mit dem Hersteller zu sein oder kein Interesse zu haben, sich mit dem Anbieter auseinanderzusetzen. Sich nicht mit dem Anbieter auseinanderzusetzen, evoziert Urteile, ein unkritischer Konsument zu sein. Vorliegend wird durch die selbsterstellte Kleidung der Akteure und der damit einhergehenden Konsumverweigerung die Möglichkeit eröffnet, ihre Kritik an dem Hersteller zum Ausdruck zu bringen. Der soziale Kontext *Stadionfußballveranstaltung* ermöglicht somit den Akteuren, ein umfassendes Statement für einen kritischen

Konsum zu verwirklichen, indem sie sich von den Angeboten des Eventbetreibers abwenden. Diese Kritik umfasst jedoch nicht, gänzlich den Veranstaltungskonsum zu verweigern.

Ferner ermöglicht die selbsterstellte Kleidung ihren Trägern, eigene Deutungen in der Veranstaltung durch spezifische Beziehungszeichen zu formulieren. So lässt sich bei einer Kontrastierung der Kleidung der Beforschten gegenüber der Kleidung von den anderen beschriebenen Besuchern feststellen, dass ihre Kleidung vordergründig ihre eigene Gruppe thematisiert und nicht etwa den Sportverein. Die Namen von sogenannten Ultra-Gruppen in Deutschland erfüllen nicht selten das Merkmal, dass die Gruppen-Zugehörigkeit vor der Vereins-Zugehörigkeit steht und gar auf eine eigene Gruppengeschichte mit Gründungsdatum verwiesen wird, wodurch der ursprüngliche Vereinsbezug hintergründig erscheint, z. B. *Ultras Bochum, Ultras Dynamo, The Unity 2001, Commando Cannstatt 1997, Schickeria München, Weekend Brothers.* Somit erfolgt ein Beziehungszeichen zunächst bezogen auf eine Gruppe und dann erst, wenn überhaupt, ein Stadtbezug, welcher auf den Fußballverein verweist. Der Name der beobachteten Gruppe in der vorliegenden Studie reiht sich in diese Prioritätensetzung ein und beinhaltet erst einen Verweis auf die Gruppe und dann den Namen einer Stadt. Welche tiefere Bedeutung verbirgt sich hinter den selbstgewählten Beziehungszeichen, in denen vordergründig ein Gruppen-Name präsentiert wird?

Namen sind eine charakteristische Bezeichnung durch die Gruppen gekannt werden. Namen können als bewusste oder auch unbeabsichtigte Behälter bezeichnet werden, in welche die Bewertungen der Namensgeber eingeflossen sind. Sie enthalten folglich Hinweise auf die Identität ihrer Träger, da die Benennung des Selbst eine Einstufung oder Kategorisierung enthält. Die Verbindung zwischen Namen und Selbstbild offenbart sich insbesondere – wie vorliegend – bei freiwillig angenommenen Namen. Namen haben die Eigenschaft, eine Vorstellung darüber zu beinhalten, welche Eindrücke seine Träger bei einem bestimmten Publikum auslösen wollen. Namen können ferner in Form von Titeln einen Status implizieren und müssen in diesem Zusammenhang erworben werden. Hat man den Titel erworben, sagen sich die Namensträger, dass sie genau das sind, wer sie aufgrund des Namens zu sein scheinen. Gleiches urteilen auch die anderen Leute, die jenen erworbenen Namen als Adressierung an die Träger wie selbstverständlich verwenden (Strauss 1974, S. 13 ff.). Diese Perspektive regt dazu an, nicht nur eine Gruppe zu deuten, die sich in den Vordergrund rückt, sondern auch ihren Titel *Ultra* anzuerkennen. Denn die Akteure müssen das Problem bewältigen, Praktiken hervorzubringen, die von ihrer Umwelt als Praktiken von *Ultras* bewertet werden. Insofern ist die Praxis der Gruppe im Lichte der Legitimation dieses Titels zu kontextualisieren.

Der vordergründige Bezug auf die Gruppe und den Ultra-Titel irritiert die Erkenntnisse aus Kapitel 4. Dort wurde die Teilnahme an der Veranstaltung durch ein Bekenntnis zu einem Interessenobjekt plausibilisiert. Vorliegende Beobachtung der Kleidung der Akteure verweist jedoch auf eine gruppenbezogene Teilnahmeidentität in dem Event, die sich auf das Bekenntnis zu dem Titel *Ultra* bezieht. Ein Titel, der im Kapitel 2.2.3 als Szene theoretisch verortet wurde. Mithin muss der Bekenntnis-Begriff aus Kapitel 4 erweitert werden. So scheint es plausibler, die beforschten Akteure als Träger eines Szene-Bekenntnisses zu charakterisieren, welches ihre Handlungsorientierung strukturiert. Aus der selbstgewählten Namensgebung der Ultra-Gruppe wird demnach geschlussfolgert, dass die Perspektive der Akteure sich auf ein szenebezogenes Weltverhältnis innerhalb der Veranstaltung bezieht, weshalb im Vordergrund der Selbstbenennung die Gruppe genannt wird, welche eine Voraussetzung für die Teilnahme an der Szene impliziert. D. h., die Akteure mit derartigen Beziehungszeichen nehmen in erster Linie als gruppenförmige Mitglieder einer Szene an der Veranstaltung teil. Eines der thematischen Felder einer solchen Szene kann zwar ein Fußballverein sein, laut der Namensgebung scheint jedoch der Fokus auf der Praxis der Gruppe innerhalb der Szene zu liegen, wodurch sich der Aufmerksamkeitsfokus weg von der Fußballdarbietung zu verschieben scheint. Indem die Akteure in der Veranstaltung sich als Szene-Mitglieder präsentieren, ist ihre Teilnahme grundlegend als sozialorientiert denn als sportbezogene einzuordnen.

Die mit den eigenen Namen verbundenen Selbstbilder und Zugehörigkeitsformen implizieren eine Eigendynamik, welche von dem Veranstalter zunächst nicht vorgesehen war. Dieser zielte lediglich auf eine direkte Wechselbeziehung zwischen seinem Angebot und Konsumenten ab. Somit manifestieren sich an dieser Stelle unterschiedliche Veranstaltungsdeutungen, welche Aushandlungsprozesse zwischen den beforschten Akteuren und Veranstalter erwarten lassen.

Zusammenfassung

Grundlegend kann die Kleiderordnung zwischen erworbener vs. selbst erstellter Kleidung dimensioniert werden. Innerhalb jeder Dimension ergeben sich weitere Klassifikationen wie alter, gruppen- oder szenebezogene Kleidung. Die unterschiedlichen Kleidungsstile ermöglichen unterschiedliche Identitätsurteile zwischen den Besuchern. Die mit ihnen präsentierten Beziehungszeichen strukturieren die gegenseitigen Erwartungen zwischen den Trägern. Die Kleiderwahl orientiert sich dabei an den antizipierten und gewünschten Urteilen (Spiegel) der anderen Anwesenden über sich selbst. Selbst erstellte Kleidung zu tragen deutet in diesem Zusammenhang daraufhin, eine eigenständige Identität mit selbstgewählten Schwerpunkten präsentieren zu wollen, anstelle eine vom Veranstalter übertragene anzunehmen. Bezogen auf die beforschten Akteure zeigt sich die Deutung ihrerseits, die Veranstaltung als eine sozialausgerichtete zu begreifen. Ihre soziale Verortung bezieht sich dabei auf eine szeneorientierte Gruppenzugehörigkeit, welche über der Zugehörigkeit zu dem kulturellen Objekt *Fußballverein* steht. Die Bekenntnisnarration (Kap. 4), welche sich auf die Plausibilisierung einer mentalen Öffnung zu einem kulturellen Objekt bezieht, erfährt mithin einen anderen Schwerpunkt. Er ist als Bekenntnis zu einer Szene-Gruppe zu charakterisieren, welcher die Sympathie zu einem Interessenobjekt umfasst, worauf die Veranstaltungsteilnahme hindeutet, sich jedoch nicht in ihm erschöpft.

Die Szene-Gruppe konstituiert sich durch raum-zeitlich eigenständige Produktionsprozesse der Kleidung, d. h. veranstaltungsunabhängig, als auch durch ihre Präsentation vor der Veranstaltung. Das szenebezogene Beteiligt-Sein impliziert die sozialorientierte Veranstaltungsteilnahme der Akteure. Der ursprüngliche Aufmerksamkeitsfokus der Veranstaltung, das Zuschauen einer Sportdarstellung, wird somit lediglich zu einer Teilnahmemotivation von anderen. Eine Erkenntnis, die in der folgenden Beobachtung bestätigt wird.

6.2 Standinhaber: Zur Idealisierung der Veranstaltung und der eigenen Teilnahme

> „Ich hatte noch 50min Zeit bis zum Spielbeginn. Auf dem Weg zum Kartenkauf sah ich einen kleinen ‚Stand' (eine verbreitete Bezeichnung aus dem Feld) der Ultras, an dem sie eigene Produkte und Infomaterialien anboten. Zu einem späteren Zeitpunkt erfuhr ich von den Ultras, dass sie für den Stand keine Gebühren an den Verein bezahlen müssen und die Erlöse einiger der dort ehrenamtlich verkauften Produkte (z. B. selbst erstellte Stadionzeitung, T-Shirts) dafür verwendet werden, Aktionen wie ‚Choreos' zu bezahlen.

Ähnlich wie der Verein, der auf dem Stadionvorplatz einen Kassenstand und andere Stände mit verschiedenen Produkten wie Vereinsaccessoires oder Lebensmittel bereitstellt, haben die beforschten Akteure ebenfalls einen eigenen Stand. An diesem bieten sie eigene Produkte zum Verkauf sowie Informationen über sich und besucherorientierte Themen an. Mithin kann von einer Alternative zu den vereinsseitigen Produkten gesprochen werden, wodurch diese Besucher selbst zu Produzenten werden und den ursprünglichen Veranstaltungsrahmen damit erweitern.

Der Stand-Ort des Standes befand sich immer an derselben Stelle des Stadionvorplatzes, unmittelbar neben dem Eingang der Stehplatzbereiche. Entsprechend der räumlichen Präsenz scheinen gezielt die Besucherkreise im Stehplatzbereich mit dem Angebot angesprochen werden zu sollen. Diese Annahme wäre ein Indikator dafür, dass nach dem Urteil der Standbetreiber die Besucher der Veranstaltung unterschiedliche Interessen haben und ihre Angebote passender für die Veranstaltungsgänger in den Stehplatzbereichen hinter dem Stand sind. Hinsichtlich des Stand-Ortes wird festgehalten, dass ein Raum keine gegebene Tatsache ist, sondern sich sozial-interaktiv konstituiert und fortwährend ausgehandelt wird (vgl. Simmel 2013). Demnach präsentiert der *feste* Platz des Standes einen beständigen sozialen Status der Standinhaber vor dem Stadion, der ihnen das *Recht* gibt, dort einen Stand haben zu dürfen. Die Eigenschaften eines solchen Stands sollen nun rekonstruiert werden.

Ein Stand dient dazu, Produkte im weitesten Sinne anzubieten. Ferner, dass es ein Bedarf an den Angeboten gibt oder geben könnte, welcher bisher noch nicht abgedeckt wurde oder erst angeregt werden soll. Anders als bei einem Markt, der von einem Anbieter initiiert wird, damit Anbieter an ihren Ständen Produkte anbieten können, ist bei einem Stadionvorplatz nicht davon auszugehen, dass der Stadionbetreiber als Anbieter diesen Bereich für besucherseitige Stände geschaffen hat. Somit handelt es sich bei dem beobachteten Stand um eine Sonderregelung. Die Sonderreglung impliziert einen Sonderstatus der Standinhaber gegenüber den anderen Besuchern ohne einen Stand.

Das Wort *Stand* erinnert an das Wort *Stehen* oder auch an etwas Beständiges oder Festes. Zwar ist ein Stand auch etwas Mobiles, in vorliegender Betrachtung scheint jedoch vielmehr der Aspekt der Beständigkeit des bei jedem Veranstaltungstag aufgebauten Stands im Vordergrund zu stehen, wodurch er zu einem festen Be-stand-teil des Events wurde.

Welche Annahmen können über die Standbetreiber gemacht werden? Welche situationsgebundene Identität stellen sie durch ihre standbezogenen Praktiken her?

Zunächst handelt es sich bei dem Stand um eine Installation mit Angeboten, die so nicht von dem Veranstalter intendiert war, was erneut auf eine selbstbezogene und veranstalterunabhängige Teilnahme der Akteure verweist. Der Stand ermöglicht seinen Inhabern sich als jemand zu präsentieren, der Angebote herstellen und unterbreiten kann. Als Standinhaber sind sie demnach Betreiber und nicht mehr nur bloße Besucher eines Events. Dieser situationsgebundenen Identität gehen ferner verschiedene Vorgänge voraus, wie Kenntnisse über die Interessen der potenziellen Konsumenten zu haben. Des Weiteren bedarf es Fertigkeiten, um attraktive Angebote herzustellen sowie eine Installation, die als Stand erkennbar ist und die bereits angesprochene Erlaubnis, den Stand an einem Ort aufzustellen. Alle jene Indikatoren machen auf vorstrukturierte bzw. von der eigentlichen Darbietung *Fußballsport* unabhängige Praktiken aufmerksam, welche die Veranstaltung verändern. Die situationsgebundene Identität *Standinhaber* funktioniert ihrem Wesen nach nur dann, wenn es Konsumenten oder Interessenten der Angebote gibt. Diese Bedingung erfüllt sich, wenn jemand an den Stand geht und die Produkte in Augenschein nimmt oder kauft. Somit ermöglicht und erfordert ein Stand die Entfaltung einer Wechselbeziehung zwischen einem Anbieter und einem Konsumenten.

Derlei Wechselbeziehungen reproduzieren den Sonderstatus der Standinhaber, die ursprünglich Besucher waren gegenüber den anderen Besuchern, die immer noch Besucher sind.

Was könnte im vorliegenden Freizeitbereich die eigentliche Geschichte (Strauss 1998, S. 61) hinter der Inszenierung einer derartigen Wechselbeziehung sein, welche die zu beforschenden Akteure initiierten? Um diese Frage zu beantworten, müssen die idealtypischen Eigenschaften von *Besuchern* und *Anbietern* rekonstruiert werden.

Einem Besucher können u. a. die Eigenschaften zugeschrieben werden, Interesse an einem kulturellen Angebot zu haben, welches er aufsucht und sich entsprechend offen und aufmerksam dem Dargebotenen gegenüber zeigt. Diese Eigenschaften verweisen auf folgende Wechselbeziehung zwischen Konsument und kulturellem Objekt: Zunächst wird aus einem Organisationszusammenhang ein Angebot hergestellt und unterbreitet. Ein Besucher eines Angebots muss mehr oder weniger aktiv ein Interesse im Sinne einer emotionalen Beziehung für das Angebot herstellen, was ihn entscheiden lässt, derlei Angebote aufzusuchen bzw. sich mit ihm auseinanderzusetzen. Nach der Herstellung einer Beziehung zu einem kulturellen Angebot durch den Besucher, kann dieser nun wieder reaktiv werden, indem er mit seinem Handeln auf Dargebotenes eingeht. Der Aufbau einer Bindung zu dem Angebot ist demnach entscheidend, damit sich die Wechselbeziehung überhaupt konstituieren kann. Im Gegensatz zu dieser Wechselbeziehung zwischen Interessent/Besucher und kulturellem Angebot schaffen nun die beforschten Akteure als Standinhaber eigene Angebote, welche sie den Besuchern ihres Standes anbieten. Die Standinhaber treten mithin aus der Rolle des reagierenden Besuchers heraus, indem sie zu einem aktiven Anbieter werden. Somit transformieren die Standinhaber oben genannte Wechselbeziehung zwischen kulturellem Angebot und Interessent, da sie als ursprünglich konsumierende Besucher selbst zu produzierenden Anbietern werden.

Ein privater Besucher einer kulturellen Veranstaltung wie einem Stadion-Fußballevent erweckt den Anschein, er sei dort freiwillig. Die Standinhaber erwecken hingegen den Eindruck, nicht nur zum Spaß dort zu sein, sondern ernste Absichten zu verfolgen, wie ihre Angebote zu vertreiben. Die Transformation vom Besucher einer Veranstaltung zum Anbieter innerhalb der Veranstaltung hat Konsequenzen für ihre situationsgebundenen Identitäten. So offeriert das auf konsumbasierende Event nicht mehr nur die situationsgebundene Identität des Konsumenten. Vielmehr wird es zum Ausgangspunkt eigener initiativer Darbietungspraktiken. Daran schließt sich die Frage an, was sich hinter der Strategie verbirgt, als Besucher im Kontext der Veranstaltung zum Anbieter zu werden?

Die generative Frage führt zu der Annahme, dass die Standinhaber in der Rolle als Produzenten ihre eigene Veranstaltungsteilnahme idealisieren können.

D. h. mittels der eigenen Beiträge oder Produkte wird eine Geschichte (Maske) über sich generiert, die wünschenswerte Urteile (Spiegel) durch andere evoziert. Eine Bedingung für eine sozial angesehene Teilnahme wäre, dass die Veranstaltung positiv konnotierte Eigenschaften besitzt. Die Herausforderung der zu beforschenden Akteure besteht folglich darin, die Veranstaltung durch Strategien so zu inszenieren, dass ihr sozial wünschenswerte Attribute zugeschrieben werden können. Werden sie zu Initiatoren von wünschenswerten Eigenschaften, kann ihre Teilnahme ebenfalls idealisiert werden. Um der Hypothese nachzugehen, müssen zunächst weitere Eigenschaften des Events und des *Stands* interpretiert werden.

Das kulturelle Angebot *Profifußball*, welches als Darbietung in Fußballstadien stattfindet, ist ein full-profit Angebot, welches dazu dient, seinen Betreibern finanzielle Gewinne zu erwirtschaften, indem es Besucher dazu verführt, das Angebot zu konsumieren. Diese Eigenschaft impliziert die bereits rekonstruierte Wechselbeziehung zwischen produzierendem Anbieter und konsumierendem Interessent, die banal erscheint und wenig soziale Anerkennung verspricht, da man als Teilnehmer eines solchen Angebots lediglich ein Konsument von Unterhaltung ist. Was passiert nun durch die Strategie der beforschenden Akteure? Aus der Praxis einen eigenen Stand zu haben, entsteht die situationsgebundene Identität von Standinhabern. Sie transformiert die als banal klassifizierte Wechselbeziehung, da die ursprünglich konsumierenden Besucher nun ebenfalls zu produzierenden Anbietern werden. Im Gegensatz jedoch zu den Anbietern des Profifußballs, scheinen die beobachteten Standinhaber keine finanziellen Interessen zu haben, sondern ihr Handeln nach ideellen Werten auszurichten. So arbeiten die Standinhaber ehrenamtlich, womit eine Werteorientierung der Akteure zum Ausdruck kommt, die nicht finanziell sondern ideell motiviert ist. Gleiches gilt für die angebotenen Produkte. So habe ich an den Ständen Informationsmaterialien wie Flyer über rechtliche Hilfen bei fußballbezogenen Strafanzeigen gegen Besucher gesehen, die sich wiederum aus gesammelten Spenden von anderen Besuchern finanzieren. Das Beispiel der rechtlichen Hilfen verweist auf soziale Werte, weil Hilfe bei rechtlichen Problemen angeboten wird. Daraus ergibt sich eine Solidargemeinschaft, die einen Zusammenhalt selbst in Krisensituationen gewährt. Ferner wird der Erlös aus den käuflich zu erwerbenden Produkten für veranstaltungsbezogene Zwecke, etwa der in Kap. 2.1 erwähnten Kurvenshows (sogenannter Choreos) oder für anderweitig gemeinnützige Zwecke, wie Spenden für soziale Einrichtungen, eingesetzt. Somit ist nicht nur die ehrenamtliche Tätigkeit der Standinhaber werteorientiert, sondern auch die bereitgestellten Angebote. Es ergibt sich folglich ein wertebasierter Kreislauf, indem die Veranstaltung durch eigene Themen erweitert wird. Der non-profitorientierte Stand wird entsprechend zu einem Wertemultiplikator, der dazu beiträgt, die eigene Anwesenheit in und um die Veranstaltung zu idealisieren und vom Konsum abzugrenzen. Gleichzeitig wird das kulturelle Angebot von den Akteuren als eines umgedeutet, in welchem Wertemotive erzeugt werden und nicht nur finanzielle Gewinne im Fokus stehen. Durch die Praxis einen eigenen Stand zu unterhalten, wird demnach Gemeinnützigkeit konstituiert und damit die eigene Anwesenheit idealisiert.

Die rekonstruierte Sinnstruktur der Idealisierung ist in ihrer Bedeutung nicht zu unterschätzen. Eine emotionale Bindung zu einem kulturellen Angebot aufzubauen, welches lediglich mit der Zielsetzung betrieben wird, Geld zu generieren, ermöglicht es kaum, es zu idealisieren. Zumindest würde die eigene Teilnahme an dem Angebot sozial weniger bedeutsam erscheinen, da mit ihr lediglich ein Unterhaltungsangebot konsumiert werden würde. Um also gewünschte Urteile (Spiegel) über die eigene Veranstaltungsteilnahme zu generieren, inszenieren sich die Akteure als werteorientierte Ehrenamtler (Maske), die werteorientierte Angebote schaffen, wodurch die Veranstaltung als auch ihre Teilnahme idealisiert werden. Als Bedingung für diese Idealisierungen wird die Transformation von einem konsumierenden Besucher einer vororganisierten Veranstaltung hin zu einem produzierenden Anbieter von ideellen Aspekten festgehalten, die sich in der Strategie einen Stand zu betreuen, manifestiert.

Zusammenfassung

Das Phänomen eigener *Stand* vor einem Stadion wird als Praxis rekonstruiert, um eine situationsgebundene Identität produzierender Anbieter herzustellen. Etwas Selbsthergestelltes erfüllt die Bedingung, es mit eigenen Werten zu besetzen. Als Beispiel ist in diesem Zusammenhang die im Kapitel 2.1 erwähnte offensive Kritik der beforschten Besuchergruppe an der Ökonomisierung des Fußballs zu nennen. Aus der Kritik entsteht in sich selbst ein Wert (Mündigkeit). Der Veranstaltungskontext befähigt dabei die Akteure ihre eigene Wertehaltung zu praktizieren. Der Stand stellt eine solche wertorientierte Praxis dar. Indem nach eigenen Wertvorstellungen veranstaltungsbezogen gehandelt wird, wird die zunächst konsumorientierte Veranstaltung gleichsam mit Werten aufgeladen. Mithin erfolgt eine Idealisierung des Events und der eigenen, gemeinnützigen Teilnahme an ihm.

In den Feldprotokollen des Ethnographen wurde immer wieder der Stand als fester Be-stand-teil der Szenerie vor dem Stadion registriert. Die materiale Installation (Tisch) mit den vielseitigen Angeboten, die routiniert über die gesamte Feldaufenthaltsdauer an immer derselben Stelle vorzufinden war, erscheint dabei wie eine quasi-institutionelle Einbettung in den Veranstaltungsrahmen. Mit anderen Worten wird in dem Stand eine quasi-institutionelle Einbettung von Gemeinnützigkeit innerhalb der Unterhaltungsshow verkörpert. Die Rekonstruktion verdeutlicht, wie die Akteure durch ihre eigenen Angebote die Unterhaltungsshow transformieren, indem sie soziale Aspekte wie

Gemeinnützigkeit in den Vordergrund stellen und nicht etwa Konsum. Damit üben die Akteure ein gewisses Maß an Kontrolle über die Bedeutung des Objekts aus, die zu seiner Idealisierung beiträgt.

Die Produktionsprozesse der Standangebote implizieren weitere Konsequenzen für das Identitätskonstrukt der beobachteten Akteure. Angebote herzustellen ermöglicht und erfordert außerhalb von Veranstaltungstagen in der veranstaltungsbezogenen Identität zu agieren. Daraus resultiert eine spieltagsunabhängige Expansion dieser Identität in weitere Lebensbereiche. Die Regelmäßigkeit, des sich selbstkompensierenden und sich selbstbeendenden Kreislaufs voneinander abhängiger Praktiken, ermöglicht die Entwicklung gut ausgeprägter situationsgebundener Identitäten bzw. situierter Rollen (vgl. Strauss 1974; vgl. Goffman 1973). Bezogen auf die rekonstruierte Eigenschaft der Standinhaber, die Fähigkeit zu besitzen, Angebote hervorzubringen, wird geschlussfolgert, dass das Identitätskonstrukt handlungsbefähigend ist. Diese positive Eigenschaft scheint eine Ausweitung dieser Identität zu begünstigen. Ein Hinweis dafür findet sich in dem Selbstbild der Akteure 24 Stunden am Tag und 7 Tage die Woche ein *Ultra* zu sein (Kap. 2.1). Kurz, die genannten Praktiken verweisen auf das Erleben von Handlungsfähigkeit, welches wiederum an das Selbstbild *Ultra* gekoppelt ist. Das Selbstbild *Ultra* wird so zu einer Strategie, die komplexen Identitätsanforderungen in der Spätmorderne zu bewältigen. So setzen die beforschten Akteure den gesellschaftlich unübersichtlichen Ansprüchen ein Identitätsentwurf entgegen, der eine möglichst umfängliche und weitreichende Orientierungsressource bildet, mit welcher Handlungsfähigkeit reproduziert werden kann. Solche Identitätskonzepte versprechen die Illusion von Gewissheit in unsicheren Zeiten (vgl. Fischer 2017).

Eine weitere Idealisierungsstrategie wird im Folgenden rekonstruiert.

6.3 Spenden-Eimer: Zur situationsgebundenen Identität als Spendensammler

Beobachtung:

> „Als das Spiel zu Ende war, bin ich wie die anderen Besucher auf dem Weg zum Ausgang an einem Ultra vorbeigekommen, der einen herkömmlichen Plastikeimer mit der Aufschrift ‚Choreo-Spende‘ an dem Henkel hielt. Er bewegte sich langsam in einem kleinen Radius von wenigen Metern. Dabei schüttelte er etwas den Eimer, sodass man die Münzen darin klingen hörte. Gelegentlich warfen vorbeigehende Personen tatsächlich Münzen in den Eimer, ohne dabei auf die Eimer haltende Person mit Blicken oder Worten einzugehen.“

In der Beobachtung wird Geld gesammelt. Das Sammelbehältnis trägt ein Schild mit der Aufschrift „Choreo-Spende". Demzufolge bezieht sich die Feldnotiz auf Praktiken um das Phänomen *Geldspende* für die Produktion von besucherseitigen Angeboten. Da in dem Feld für die beforschten Akteure das Thema sogenannter Choreos immer wieder in Gesprächen aufgegriffen wurde, zeugt es von zentraler Bedeutung. Die Praxis des Spendensammelns für dieses wichtige Thema wird deshalb nun gedeutet.

Geldspenden lassen sich als etwas Gemeinnütziges charakterisieren. Die Erwartung an den Umgang mit einer Geldspende ist folglich, sie im weitesten Sinne für wertebasierte Zwecke zu verwenden. Eine Person kann um eine Geldspende bitten, um sich etwas zu essen zu kaufen. Die spendensammelnde Person spekuliert mithin auf die moralische Werthaltung der potenziellen Spender, ihr eine grundlegende Versorgung zu ermöglichen. Die spendende Person trägt wiederum zu einem sozialen Miteinander bei, in welchem auch hilfsbedürftigen Menschen geholfen wird, ohne dafür eine geldwerte Gegenleistung zu erwarten. Hingegen kann der Spender durch seine Leistung das Gefühl erleben, soziale Verantwortung übernommen zu haben, also einen ideellen Mehrwert erfahren. Demnach wird die Entscheidung eine Spende zu entrichten, zu einer moralischen Entscheidung. Dies wird besonders daran ersichtlich, wenn die moralischen Beweggründe durch den Empfänger als hintergangen klassifiziert werden. Dies wäre etwa dann der Fall, wenn eine Spende für Zwecke verwendet werden würde, die als nicht existenziell bewertet sind, z. B. würde mit der Spende Schmuck erworben werden. Wäre ein solcher Umgang bekannt, würde zukünftig wahrscheinlich keine Geldspende mehr an den Bittsteller erfolgen. Ein Geldspender geht insofern ein gewisses Risiko ein, ob seine Spende tatsächlich für moralisch anerkannte Zwecke verwendet wird. Ferner können Spenden für etwas Drittes gesammelt werden wie für Hilfsorganisationen. Die Orientierung an Gemeinnützigkeit ist in diesem Fall ähnlich, nur dass der Spendensammler ebenfalls Spender von Zeit und Energie ist, indem er die Spenden eintreibt.

Die skizzierte Betrachtung des Phänomens *Geldspende* macht darauf aufmerksam, dass eine Spende ein moralischer Akt ist, der einen moralisch anerkannten Umgang mit der Spende einfordert. Werden die gegenseitigen Erwartungen der Spender und Empfänger erfüllt, wird ein soziales Miteinander hergestellt, welches wertebasiert ist und somit als gemeinhin wünschenswert einzuordnen ist.

In der Beobachtung wird um eine Geldspende für Choreos gebeten. *Choreos* werden folglich Werte zugschrieben, die es plausibilisieren, Spenden für sie zu sammeln und dafür zu spenden. Eine *Choreo* im vorliegenden Kontext ist eine von einzelnen Akteuren organisierte Präsentationsform für die Veranstaltung, in welche viele weitere Besucher einbezogen werden. Daraus erfolgt eine imposante Show innerhalb von einzelnen Tribünenabschnitten (Kap. 2.1). Der Wert, welcher solchen Choreos zugeschrieben wird, scheint darin zu bestehen, etwas Imposantes gemeinsam als Besucher innerhalb des Events herzustellen. Das gemeinsame Handeln wird als Nutzen für die beteiligten Akteure und der anwesenden Zuschauer klassifiziert, der die Bedingung für eine Spendenaktion rechtfertigt. Der kollektive Handlungsvollzug und die ihm inhärente soziale Orientierung wird somit von den beteiligten Akteuren als wertebasiert und bedeutsam für die Veranstaltung eingeordnet.

Welche situationsgebundenen Identitäten werden in der Wechselbeziehung durch die vorliegende Spendenpraxis hergestellt?

Zunächst wird festgestellt, dass es sich um eine Spendenanfrage eines Akteurs handelt, der um die Unterstützung für etwas Drittes aktiv wird. Sein Handeln ist ehrenamtlich, womit er in eine moralische Vorleistung gegenüber den Adressaten seiner Spendenhandlung geht. Die Sache, für die gespendet werden soll, ist dem Akteur jedoch nicht extern. Ganz im Gegenteil, der Akteur versucht Spenden für ein Vorhaben zu generieren, in das er selbst involviert ist, wodurch er eigene Ziele verwirklichen kann. Das Spendenobjekt impliziert einerseits gemeinsames Handeln zwischen den Besuchern innerhalb der Veranstaltung zu fördern, andererseits ermöglicht es den Einfluss darüber, welches gemeinsame Handeln vollzogen wird. Zu steuern, was mehrere hundert bis tausend Menschen machen, ermöglicht das Erleben von umfassender Einflussnahme. Ferner kann es Anerkennung von außenstehenden Akteuren mobilisieren, da die Durchführung eines solchen kollektiven Akts logistischer Kompetenzen bedarf. Der Spendensammler mit seinem Eimer kann sich als ein organisatorischer Baustein für das Vorhaben verstehen. Die teilweise langwierige Vorbereitungszeit für *Choreos* von bis zu mehreren Monaten evoziert dabei das Urteil über die Organisatoren, viel Aufwand für das Event zu opfern und somit umfassend emotional involvierte Veranstaltungsgänger zu sein und damit ein glaubhaftes Bekenntnis gegenüber dem gemeinsamen Interessenfokus *Fußballverein* zu haben.

Auf Seiten der Spender wird festgehalten, dass sie ebenfalls einen direkten Nutzen von der Spende haben, weil sie das Ergebnis potenziell selbst in der Veranstaltung erleben können, worin der Eigennutzen besteht. Folglich handeln sie zunächst weniger sozial verantwortlich, als in anderen Spendenkontexten. Vielmehr entsteht zwischen Spendensammler und Spender eine Wechselbeziehung, in der eine doppelte Gemeinnützigkeit vollzogen wird: Die Spendensammler benötigen Spenden für ihr Vorhaben und die Spender können die Erwartung hegen, ein wünschenswertes Produkt zu erleben. Somit handelt es sich um einen Tausch für ein gemeinsames Interesse. Indem es Akteure gibt, die Spenden sammeln und mit diesen Spenden eine gemeinsame Handlung durchführen, welche den Spendern gleichermaßen zukommt, entfaltet sich ein wertebasierter Kreislauf, der ein wünschenswertes soziales Miteinander beinhaltet. Ein Miteinander, dass vermutlich nur in wenigen Bereichen des Lebens vorhanden ist, wodurch der soziale Raum *Fußballstadion* von den Akteuren als besonderer erlebt werden kann, was sich etwa in dem viel geäußerten Erleben eines *Wir-Gefühls* wiederspiegelt: Ein Gefühl für eine Sache, die gerade gemeinsam hergestellt wird (Goffman 1973, S. 20).

Zusammenfassung

Die Initiation der beforschten Gruppe, Spenden zu sammeln, trägt dazu bei, dass Besucher einer Veranstaltung in einen geplanten gegenseitigen Interaktionszusammenhang treten. Dieser besteht aus Spendensammlern und Spendern, welche das Ziel verfolgen, einen Herstellungsprozessen zu initiieren, der eine kollektive Besucherpräsentation zur Folge hat, die in Form einer imposanten Tribünenshow dargestellt wird. Sie wird dabei zum Indikator für das soziale Miteinander auf der Tribüne. Die Kontextbedingung Fußballverein als gemeinsame Interessenlage der Anwesenden ermöglicht folglich gegenseitiges, wertebasiertes Handeln. Die daraus resultierende Tribünenshow verspricht allen Beteiligten ein größeres Vergnügen an der Veranstaltung und operiert mithin gegenseitig eigennützig.

Insbesondere die Ultra-Besucher können sich durch die Organisation der Tribünenshow als eigenständiger Veranstaltungsteil präsentieren, der neben der eigentlichen Darbietungsleistung *Fußballsport* in der Veranstaltung operiert und in dem Fall das soziale Miteinander auf der Tribüne organisiert. Es ist davon auszugehen, dass das Gefühl seitens der Besucher, unabhängig von der Darbietung geplant gemeinsam handeln zu können, ein Zusammengehörigkeitsgefühl zwischen ihnen stärkt. Ein Erleben, was als Wir-Gefühl beschrieben wird. Die situationsgebundene Identität als Spendensammler ist somit ein organisatorischer Bestandteil, der für das organisierte Wir-Gefühl verantwortlich ist.

Die Rekonstruktion macht darauf aufmerksam, dass die Bedingung des gemeinsamen Interessenfokus *Fußballverein*, welcher zwischen den Besuchern besteht, ihnen vielseitige Potenziale und Anschlussmöglichkeiten für gemeinsame veranstaltungsbezogene Praktiken bietet, was von den beforschten Akteuren erkannt und genutzt wird. Indem sie das gemeinsame Interesse zur Stärkung des Wir-Gefühls zwischen den Stadionbesuchern nutzen, tragen sie wie im vorherigen Kapitel zur Idealisierung der Veranstaltung bei, derer sie sich als Funktionäre präsentieren.

Die situationsgebundenen Identitäten der *Ultras* formieren sich mehr und mehr zu einer Sinnstruktur, in der sie als produzierende Anbieter agieren, welche durch eine eigene Vororganisation wie Kleidung, Stand oder Spendensammeln ihr Verhalten als Gruppe und das von anderen Veranstaltungsbesuchern ausgeprägt planen und koordinieren können. Mithin werden sie hinsichtlich der sozialen Aspekte innerhalb der Veranstaltung zu zentralen Akteuren. Mit anderen Worten nimmt das Selbstkonzept der beforschten Akteure die Gestalt von Mitveranstaltern an. So beeinflusst nicht mehr nur das veranstalterseitige Angebot Fußballsport die Erwartungen der Besucher im Stadion, z. B. Jubel bei einem Tor. Auch die Ultra-Besucher mit ihrer vororganisierten Praxis beeinflussen die Erwartungen, etwa in Form von Vorfreude auf eine Tribünenshow.

Die Rekonstruktion der Ultra-Besucher als vororganisierte Mitgestalter von Angeboten lässt die Annahme zu, dass nicht nur Zugehörigkeitsgefühle zu einem Sportverein identitätsstiftend sein können, sondern der Umstand jemand zu sein, der geplant Einfluss auf eine Veranstaltung nimmt, ebenfalls ein identitätsstiftendes Zugehörigkeitserleben fördert.

Welche grundlegende Bedeutung werteorientierte Praktiken für die beforschten Akteure haben, um die Veranstaltung und die eigene Teilnahme an ihr zu idealisieren, wird an folgender Felderfahrung des Ethnographen deutlich.

6.4 Gemeinnütziges Handeln als idealisierende Praxis

In einem Gespräch mit einem *Ultra* über die Fans der Nationalmannschaft, bezeichnete er diese diskreditierend als „Konsum-Fans“ bzw. „Event-Fans“. Nach Ansicht des Sprechers können diese gar keine „richtigen“ Fans sein, da sie selber nichts zu dem Erfolg der Mannschaft beigetragen hätten. Zudem handele es sich bei der Nationalmannschaft um ein kommerzielles Produkt des Deutschen Fußball Bundes (DFB) und sei deshalb nicht unterstützenswert. Dieser Einstellung gemäß verfolgen *Ultras* gemeinhin die Spiele der Nationalmannschaft, wenn überhaupt, wenig enthusiastisch.

Die Deutungen des Sprechers gegenüber den Fans der Nationalmannschaft haben sich im theoretical sampling in vielen Feld-Gesprächen mit unterschiedlichen Ultras bestätigen können, weshalb sie nun interpretiert werden.

Die Aussage des Sprechers impliziert, dass er nicht nur ein konsumierender Fußball-Fan ist. Als was er sich erlebt, plausibilisiert er, indem er einen eigenen Beitrag zur Veranstaltung leistet. Hierin exemplifiziert sich die Deutung des kulturellen Angebots *Zuschauer-Fußball* als eines, in welchem man selbst zum Anbieter werden müsse, um die eigene Teilnahme idealisieren zu können. Indem die Zuschauer von Fußballspielen der Nationalmannschaft keine eigenen idealisierbaren Praktiken in Form von Angeboten vollziehen, bleibt die Nationalmannschaft wie in Kapitel 6.2 rekonstruiert wurde, ein ökonomisch orientiertes Angebot und damit ein banales. Aus diesem Grund bewertet der Sprecher die Interessenten als Konsumenten. Das Urteil des Akteurs legt nahe, dass *Ultras* eine Maske herstellen müssen, in welcher gespiegelt werden kann, keine

Konsumenten zu sein. Um ein solches Urteil zu evozieren, werden die beforschten Akteure zu Produzenten mit einem eigenen Stand oder der Herstellung von Tribünenshows. Als Produzenten haben sie die Möglichkeit, die Veranstaltung zu gestalten und sie sowie ihre eigene Teilnahme zu idealisieren. Die Strategie der Produktion wird folglich als Begründungsfolie herangezogen, um sich von anderen Fußballfans, die als Konsumenten etc. bezeichnet werden, abzugrenzen. Entsprechend wird die Annahme bestätigt, dass die Akteure sich daran orientieren, idealisierbare Praktiken hervorzubringen.

6.5 Zusammenfassung der Vorstrukturierung der Veranstaltung und Praktiken vor dem Stadion

Im Kapitel 4 werden in der Bekenntnisnarration naturhafte Verwandtschaften oder schicksalhafte Gegebenheiten rekonstruiert, welche die emotional überwundene Distanz zu dem externen Objekt Fußballverein plausibilisieren und als eine Art *Eintrittskarte* in die Teilwelt der Fußballfans fungieren. Ein Bekenntnis zu einem der darstellenden Sportvereine wird in dem Wettkampf (Kap. 5.1) durch seine Infrastruktur in Heim- und Gästebereich (Kap. 5.2) zusätzlich eingefordert. Die binäre Gestalt des Wettkampfs wird mithin auf die Veranstaltungsbesucher übertragen, welches ein *Event des Gegeneinanders* auf den Tribünen begünstigt. In einem Fußballstadion entsteht eine binär eingeteilte und damit definitorisch unproblematische Welt, in der sich zwei dichotom getrennte Gruppen auf dem Spielfeld und den Tribünen gegenüberstehen. Das symbolische Gegeneinander wird von einigen Besuchern durch eine tatsächliche Gewaltorientierung entsymbolisiert, was der Zaun vor der Veranstaltung zu verhindern versucht (Kap. 5.3)

In Kapitel 6.1 werden weitere Bekenntnisse zwischen den Veranstaltungsbesuchern rekonstruiert, die durch Beziehungszeichen in Form von Kleidung präsentiert werden. Solche Beziehungszeichen, welche die Perspektive der Akteure auf die Veranstaltung ausdrücken, haben strukturierende Eigenschaften hinsichtlich der erfüllten Erwartungen und realisierten Verpflichtungen an Begegnungen (Goffman 1973, S. 20). In der Analyse wurde daher der Bekenntnis-Begriff der Akteure erweitert. Die Veranstaltungsteilnahme ist demnach im Rahmen eines gruppenförmigen Szene-Bekenntnis zu kontextualisieren. Es ist das Szene-Bekenntnis, an welchem sich die Praktiken der Akteure orientieren. Diese Erkenntnis verweist auf eine szenebezogene, sozial orientierte Veranstaltungsteilnahme, die Formen vororganisierter und damit veranstaltungsunabhängiger Selbstpräsentationen umfassen, die sich nicht in den ursprünglich angebotenen Erlebnisoptionen des Events erschöpfen.

Im Kapitel 6.2, 6.3 und 6.4 wird die Idealisierung der Veranstaltung und die der eigenen Teilnahme der Akteure interpretiert. Die Akteure bedienen sich der Strategie, sich an einer eigenen Angebotsstruktur zu orientieren, in welcher Werte plausibilisiert werden können, was an einem eigenen Stand, Spendensammlung und der Abgrenzung zu nicht produzierenden Fans exemplifiziert wird. Die eigene Angebotsstruktur führt gleichsam dazu, dass die beforschten Akteure Einfluss auf die Veranstaltung und andere Besucher geltend machen.

Die für die Angebote notwendigen Praktiken verweisen ferner auf veranstaltungsunabhängige Handlungsroutinen, welche zur Entwicklung relativ stabiler situationsgebundener Identitäten beitragen.

7 Praktiken im Stadion

Nachdem die Praktiken vor dem Stadion rekonstruiert wurden, wird nun der raum-zeitliche Kontext innerhalb des Stadions rekonstruiert.

7.1 Generalisiertes Misstrauen: Einlasskontrolle als symbolische Kontrolle über die Veranstaltung

Beobachtung:

> „Nachdem ich mir ein Ticket gekauft hatte, stand ich an einer der drei Schlangen, in denen sich die Fans geordnet eingereiht hatten. Die Einlasskontrolle wurde durch ein dreiköpfiges Ordner-Team durchgeführt. Alle trugen eine schwarze Jacke aus massiven Material mit einem weißen Aufdruck von einer Sicherheitsfirma. Die beiden männlich und kräftig gebauten Ordner wirkten mit der Jacke noch größer. Die weibliche Ordnerin kontrollierte vornehmlich die weiblichen Fans. Ich fragte mich, ob mein Kugelschreiber für meine Notizen eigentlich als Waffe gilt? Als ich an der Reihe war, zeigte ich einem der männlichen Ordner mein Ticket und hob danach automatisch meine Arme seitlich nach außen an. Er tastete über meiner Jacke meinen Oberkörper rundherum ab, nickte mir zu und ich ging in die abgesicherte Veranstaltung rein.“

Ob in der Oper, im Kino oder bei Konzerten, Ticketkontrollen sind bei kommerziellen Veranstaltungen weitverbreitet. Bei einem Ticket handelt es sich um ein Dokument, welches einen Vertrag zwischen Kunden und Veranstalter nachweist. Das Ticket belegt, dass der Kunde seinen Teil des Vertrags erfüllt und einen vereinbarten Preis gezahlt hat. Im Gegenzug verpflichtet sich der Veranstalter, eine Dienstleistung zu erbringen, wie ein Unterhaltungsangebot darzubieten. Die Einlasskontrolle ist veranstalterseitig eine Praxis, welche ein Misstrauen gegenüber den Angebotsnehmern beinhaltet. Dieses Misstrauen zwischen Anbietern von Dienstleistern und Kunden ist, wie die verschiedenen Veranstaltungskontexte zeigen, allgegenwärtig. Insofern verwundert es nicht, dass auch im Fußballstadion derlei Kontrollen durchgeführt werden. Entsprechend routiniert bildeten die Fußball-Besucher Reihen, um sich nacheinander kontrollieren zu lassen. Im Gegensatz zu Ticketkontrollen in Opern oder Kinos, bei denen es sich meist um weniger spezialisiertes Personal handelt, welches beispielsweise nicht nur Tickets kontrolliert, sondern ebenfalls an der Kasse oder während der Show hinter einem Getränkestand anzutreffen ist, verweist der Aufdruck einer Sicherheitsfirma in der Beobachtung auf ein spezialisiertes

Personal. Konkret, ein Personal, welches Sicherheit gewähren soll. Die Einlasskontrolle ist folglich nicht nur zum Zweck der Ticketkontrolle vorhanden. Die Besucher werden zudem als Sicherheitsrisiko wahrgenommen und zur Abwehr der von ihnen ausgehenden Gefahren, von geschultem Personal am Einlass kontrolliert. Die Arbeitskleidung („massive Jacke") dient sowohl zum Schutz vor klimatischen Bedingungen als auch als Arbeitsschutz etwa zum Schutz des Körpers gegen diverse Krafteinwirkungen. Da zum Zeitpunkt der Beobachtung sommerliche Temperaturen herrschten, scheint insbesondere die Schutzfunktion vordergründig. Die Jacken erinnern in diesem Zusammenhang an die Kleidung von Polizisten, die durch Westen vor Angriffen mit Schuss- oder Stichwaffen geschützt sind. Entsprechend scheint bei vorliegender Unterhaltungsveranstaltung ein gesteigertes Misstrauen gegenüber den Besuchern zu herrschen, weshalb sich das Sicherheitspersonal mit der Arbeitskleidung schützt. Die männlichen Sicherheitskräfte haben zudem eine „kräftig gebaute", physische Statur. Das physische Erscheinungsbild spricht dafür, dass sie im Falle einer körperlichen Auseinandersetzung, diese Situation bewältigen könnten. Das Misstrauen lässt vermuten, dass der Veranstalter sicherheitsrelevante Erfahrungen mit den Besuchern gesammelt hat, weshalb er ihnen gegenüber das Urteil erhebt, gefährlich zu sein.

Das veranstalterseitige Misstrauen veranlasst intuitiv den Ethnograph sich zu fragen, ob sein Kugelschreiber als Stichwaffe umgedeutet werden könnte. Der Gedanke macht auf die Wirkung der Kontrollstrategie des Veranstalters aufmerksam, wonach sich der Ethnograph als Sicherheitsrisiko einordnet, indem er Argumente findet, welche das Urteil zulassen, deviant zu sein. Hierin wird deutlich, dass wenn man als potenziell abweichend klassifiziert wird, situativ dazu wird und erst die weitere Interaktion zeigt, ob sich ein solches Urteil bestätigt. Um diesem entgegenzuwirken, wendet der Ethnograph die Strategie an, bereitwillig sein Ticket zu zeigen, womit er seine Kooperationsbereitschaft darlegt. Der Verdacht, dass er sich als Besucher Leistungen erschleicht, ist durch das Ticket abgegolten. Wie geht er nun mit dem Verdacht um, ein Sicherheitsrisiko zu sein? Dass der Ethnograph nichts zu verbergen hat, verdeutlichte er, indem er bereitwillig dem Misstrauensurteil entsprechend („automatisch"), mit offenen Armen einlud, sich abtasten zu lassen. Er bot demnach an, ihm zu vertrauen, was er durch seine performative Geste der Offenheit unterstrich. Diese Einladung schien für die Situation angemessen, da der Sicherheitskontrolleur, indem er den Oberkörper des Ethnographen abtastete, eine Handlung vollzog, die für beide Akteure keine weitere Irritation bedeutete. Die Kontrolle selbst wird mit der oberflächlichen Abtastung über der Jacke als symbolisch charakterisiert. Es wäre für den Ethnographen in dem Fall leicht gewesen, etwa in der Unterhose ein kleineres Messer oder eine Pistole zu verstecken. So gesehen war die Kontrolle oberflächlich, was auf ein weniger stark ausgeprägtes Misstrauen gegenüber den Besuchern hindeutet. Ungeachtet dessen entfaltet jedoch der gesamte Kontrollvorgang eine soziale Wirklichkeit, in der eine potenziell gründliche Kontrolle den Besucher davor bewahrt, unüberlegt verbotene Gegenstände in die Veranstaltung zu nehmen.

Die Interaktion endete schließlich mit dem Kopfnicken des Kontrolleurs, welches den Ethnographen in die Veranstaltung entließ.

Zusammenfassung

Die Ticketkontrolle hat zunächst auf das Misstrauen gegenüber den Besuchern aufmerksam gemacht, sich den Eintritt zu erschleichen. Die weiteren Strategien des Veranstalters wie spezialisiertes Sicherheitspersonal mit Spezialkleidung und kräftiger Statur zu engagieren, verweisen ferner auf das Urteil, dass von den Besuchern Gefahren ausgehen, welche durch Kontrollen verhindert werden sollen. Der Veranstalter präsentiert sich mithin als jemand, der Kontrolle über die Veranstaltung haben und ausüben will. An dieser Stelle muss man den besonderen Charakter der Einlasssituation hervorheben. So markiert der Einlass die Grenzlinie einer Alltagswelt in eine Sonderwelt. Da Fußball-Stadionevents regelmäßig stattfinden, kann vorliegend von dem Eintritt in eine Ritualgemeinschaft (Dücker 2007) gesprochen werden, in welcher festgelegte Regeln das Miteinander organisieren und konstituieren. Einfluss auf diese Regeln nehmen zu wollen, wurde in vorliegender Einlasssituation mit der Strategie des generalisierten Misstrauens gegenüber den Veranstaltungsbesuchern rekonstruiert.

Gedankenexperimentell lassen sich nun Überlegungen anstellen, wie diese symbolische Macht irritiert werden könnte. Würde man die Kontrolle gewaltsam überwinden oder ungeachtet der Kontrolle dennoch verbotene Gegenstände in die Veranstaltung *reinschmuggeln*, wären dies wiederum symbolische Praktiken, welche die Kontrolle des Veranstalters über die Besucher in Frage stellen würde. Kurz, können Besucher die symbolische Kontrolle des Veranstalters überwinden, wird dies zum symbolischen Akt unkontrollierbar zu sein bzw. selbst Kontrolle über die Veranstaltung zu haben.

Dass jene hypothetischen Gedanken um die symbolische Kontrolle in der Veranstaltung nicht unbegründet sind, deutet sich bereits in dem nächsten Beobachtungsprotokoll an.

7.2 Zur Aushandlung über die Kontrolle von Veranstaltungsabläufen

Beobachtung:

„Der Capo und andere, jüngere Ultras standen auf der Innenseite am Eingang und diskutierten erregt mit einem der Ordner. Es ging darum, Fahnen mit ins Stadion nehmen zu dürfen. Der Ordner hatte jedoch auf die Vorschriften verwiesen, dass die Fahnen verboten seien. Der Capo meinte: ‚Ey, hier wollen ein paar Kinder Fahnen mitreinbringen, das war doch sonst nie ein Problem.' "

Die Rekonstruktion der Einlasskontrolle im vorherigen Teilkapitel hatte zum Ergebnis, dass der Veranstalter mit seinem generalisierten Misstrauen gegenüber den Besuchern symbolische Kontrolle über die Vorgänge innerhalb der Veranstaltung beansprucht. In vorliegender Beobachtung sind die beforschten Akteure beteiligt und eine Sicherheitskraft des Veranstalters. Die Bezeichnung „Capo" impliziert Feldwissen des Ethnographen über die Akteure. Der Name *Capo* rekurriert auf das italienische Wort *Kopf* und bezeichnet den Anführer einer Gruppe. Wie in Kap. 2.1 skizziert wurde, stammen die ersten Ultra-Besuchergruppen aus Italien, an welchen Vorbildcharakter durch gleiche Bezeichnungen auch in Deutschland erinnert wird.

Der Umstand der Existenz von Statuszuweisungen wie *Capos*, verweist auf hierarchische Strukturen innerhalb der beforschten Gruppe, welche den Sinn haben, gemeinsames Handeln zu organisieren. Organisationale Ausprägungen wie diese implizieren eine Arbeitsteilung, um gemeinsame Ziele zu erreichen. Dass derlei Statuszuweisungen im vorliegenden Freizeitkontext bei Besuchern einer Unterhaltungsshow bestehen, scheint zunächst verwunderlich. Schließlich wäre es nahliegend, dass Menschen in ein Fußballstadion gehen, um sich von einer Fußball-Show unterhalten zu lassen. Für ein solches Unterfangen bräuchte es zunächst keine hierarchisch organisierte soziale Ordnung. Wie die zuvor rekonstruierte Sinnstruktur der Idealisierung bereits darlegte, orientieren sich die Akteure daran eigene Angebote hervorzubringen, für welche geregelte Gruppenstrukturen wichtig sind.

Da an der vorliegenden Beobachtung ein Sicherheitsakteur des Veranstalters beteiligt war, ist davon auszugehen, dass die Interaktion sicherheits- oder regelbezogene Inhalte zum Gegenstand hat. Konkret wurde die Mitnahme von Fahnen in die Veranstaltung verhandelt. Fahnen sind meist rechteckige Tücher, die verschiedenartig gestaltet sein können, z. B. mit Farben oder Symbolen. Sie symbolisieren gemeinhin eine Gemeinschaft wie Nationen, Institutionen oder Interessengruppen. Durch Symbole nehmen Menschen die Welt wahr und gestalten sie. Symbole dienen ferner als Vehikel, um etwas Abwesendes anwesend zu machen (Dücker 2007, S. 33). Wie die gruppenbezogene Kleidung (Kap. 6.1) bereits andeutete, scheint in der Interaktion durch die Fahnen die Gruppe oder sie thematisierende Aspekte symbolisiert werden zu sollen. Demnach behandelt die beobachtete Situation nicht die Mitnahme von Fahnen, sondern diskutiert die Praxis einer Gruppe ganz generell innerhalb der Veranstaltung. Dieser eher existenziell gelagerte Umstand erklärt sogleich die Aufregung der beiden Besucher gegenüber dem Sicherheitspersonal. Indem der Ordner auf das Verbot der Fahnen verweist, bestätigt sich gleichzeitig der Kontrollwunsch des Veranstalters auf die Veranstaltung. Dieser umfasst vorliegend nicht nur augenscheinlich sicherheitsrelevante Aspekte wie die Mitnahme von Waffen, sondern betrifft eben die Kontrolle darüber, wie sich die Besucher innerhalb der Veranstaltung inszenieren dürfen.

Auf den Hinweis der Sicherheitskraft über das Verbot der Fahnen reagierte der Gruppenanführer (*Capo*) mit dem Satz: *„Ey, hier wollen ein paar Kinder Fahnen mitreinbringen, das war doch sonst nie ein Problem"*. Die depersonalisierte Anrede „Ey" bestätigt, dass der Sprecher sein Gegenüber nicht als Person, sondern als Veranstaltungsvertreter adressiert. Die Form der Adressierung ist appellierend. Er soll gegenwärtige Handlungen oder Gedankengänge unterbrechen und die Aufmerksamkeit auf den Inhalt der zu erwartenden Botschaft im Anschluss an die Anrede lenken. „[...] hier wollen ein paar Kinder [...]". Der Besucher stellt dem Kontrollbedürfnis des Veranstalters den Wunsch von Kindern gegenüber. Kinder symbolisieren Harmlosigkeit oder Unschuld. Da sie Bestandteil einer Gruppe sind, wird diese Gruppe ebenfalls als harmlos und unschuldig inszeniert. Vom Sprecher wird mithin angemahnt, es sei übertrieben, Kinder bzw. die Gruppe als Sicherheitsrisiko einzustufen. Somit wird der Veranstalter von ihm als jemand beurteilt, der aus einem unverhältnismäßigen Kontrollbedürfnis heraus, die Wünsche von harmlosen Kindern und Gruppen verwehrt. Mit dem Zusatz: „[...] dass war doch sonst nie ein Problem.", wird die intervenierende Bedingung der Aushandlung dargelegt. Sie verweist auf eine Entwicklung von einer Vergangenheit, als das Kontrollbedürfnis des Veranstalters über die Veranstaltung und damit auf die Gruppe noch nicht so ausgeprägt war, hinzu einer Gegenwart, in der die Gruppen-Praxis ein Problem darstellt, weshalb sie nun verboten wird und so die Interessendifferenz grundiert. Bereits im Kapitel bezüglich der Kleidung wurde ein veranstaltungsbezogenes Eigenleben der Besucher rekonstruiert, was anhand der Selbstkategorisierung *Ultra* und der selbst erstellten Kleidung dargelegt wurde. Jenes Eigenleben der Besucher operiert unabhängig von den Erwartungen des Veranstalters, welcher lediglich Besucher in Heim- und Gästebereich sowie nach verschiedenen Sitz- und Stehplatzbereichen einordnet.

Zusammenfassung

In der protokollierten Interaktion zwischen Besuchern einer Veranstaltung und einem Funktionsträger der Veranstaltung wird die Mitnahme von besucherseitigen Symbolen in das Event verhandelt. Einer der Besucher wird als Anführer (*Capo*) der beforschten Gruppe identifiziert. Insofern handelt es sich bei vorliegender freizeitkontextuierten Besuchergruppe um eine hierarchisch organisierte Gruppe, in der gemeinsame Ziele innerhalb der Unterhaltungsshow verfolgt werden. Die Handlungsorientierung der Gruppe ist so umfangreich, dass sie eine organisatorische Aufgabenverteilung erfordert. Die Ziele umfassen

Darstellungsformen, welche etwa durch Symbole wie Fahnen präsentiert werden. Den veranstaltungsbezogenen Zielen der Besuchergruppe steht ein Kontrollbedürfnis (Verbote) des Veranstalters über die Abläufe innerhalb des Events gegenüber. Daraus resultiert eine Wechselbeziehung, die sich auf einem Kontinuum zwischen besucherseitig beeinflussten vs. veranstalterseitig beeinflussten Veranstaltungsabläufen dimensioniert. Sofern innerhalb der Dimensionierung gegenseitige Erwartungen hinsichtlich der Wünsche an die Veranstaltung erfüllt werden, ist von Kooperationen zwischen beiden Akteursgruppen auszugehen. Widersprechen sich die Erwartungen, sind Strategien zu erwarten, die auf jeweilige Handlungshemmungen abzielen, wie das Verbot der Gruppen-Symbole andeutet. Innerhalb dieser Wechselbeziehung wird vorliegend das Kontrollbedürfnis des Veranstalters von dem beforschten Akteur als übertrieben dargestellt. Ferner verweist der Sprecher auf eine Entwicklung, in welcher das Kontrollbedürfnis des Veranstalters gestiegen sei, wodurch strukturell die Entfaltungsmöglichkeiten der Besucher sich minimieren und abhängiger von den Vorgaben des Veranstalters werden. Hierin markiert sich das Strukturmerkmal des Aushandlungsprozesses, in welchem die Kontrolle über Veranstaltungsabläufe verhandelt wird und damit die Frage nach genereller Einflussnahme. Diese Struktur führt zu der situationsgebundenen Identität der *Verteidiger einer besucherseitigen Darstellungspraxis* (Maske) und der Maske des Veranstalters als *Kontrolleur des besucherseitigen Eigenlebens.*

7.3 Veranstalter als Wächter der Sicherheit

Beobachtung:

> „Als ich auf der Tribüne stand, von welcher ich gute Sicht auf die Ultras hatte, ertönte ca. 5 Minuten vor dem Spielbeginn eine Stadiondurchsage via Lautsprecher. In der Durchsage wurden alle Zuschauer herzlich willkommen von jemandem geheißen, der sich als ‚Sicherheitsbeauftragter' vorstellte. Er sagte: ‚Wenn Sie meine Stimme hören, geht es um Ihre Sicherheit!'. Ohne weitere Erklärung wünschte er allen ein spannendes Spiel. Ich persönlich konnte mir zu diesem Zeitpunkt den Hintergrund der Durchsage nicht richtig erklären, weshalb ich umso neugieriger war, wie die Ultras und andere Besucher darauf reagierten. Aus meinem Blickwinkel haben weder die Ultras noch sonst wer auf die Durchsage reagiert. Alle sind ihren Aktivitäten wie mit anderen zu reden, etwas zu essen oder Zaunfahnen anzubringen ohne Unterbrechung weiter nachgegangen."

Kurz vor Spielbeginn meldet sich veranstalterseitig via Lautsprecherdurchsage ein sogenannter Sicherheitsbeauftragter zu Wort. In der Lizenzierungsordnung der Deutschen Fußball Liga (DFL) und den Statuten des Deutschen Fußball

Bund (DFB) ist ein derartiges Amt, für welches es eine eigene Qualifizierung gibt, für die Durchführung von Fußballveranstaltung vorgesehen[18]. Wie bei jeder Großveranstaltung bestehen verschiedene Risiken, etwa das Feuer ausbricht, was zu einer Massenpanik führen könnte. Es sind auch Risiken denkbar, die von den Besuchern ausgehen, wie ein gegenseitiges Bedrängen, wodurch Besucher an den Zaun gedrückt werden könnten. Indem die Veranstaltung einen Beauftragten für die Sicherheit hat, entsteht der Eindruck, dass diese eine besondere Rolle in dem Event spielt.

In der Stadionveranstaltung wird raum-zeitlich vor dem Spiel und vor dem Eintreten einer sicherheitsgefährdenden Situation präventiv auf das Vorhandensein von Event-Personal, welches für Sicherheit sorgt, hingewiesen. Kontrastiert man diese Großveranstaltung mit anderen, wie einer Opern-, Kinoaufführung oder Konzerten, fällt auf, dass dort keine präventiven Sicherheitshinweise mittels einer Durchsage erfolgen, obgleich ebenfalls Risiken durch die großen Menschenansammlungen durch den Veranstalter oder die Besucher bestehen. Die raum-zeitliche Besonderung im Fußballstadion bestätigt mithin den dortigen besonderen Stellenwert des Themas Sicherheit. Da im Vergleich zu anderen Großveranstaltungen Stadionfußballspiele selbst keine nennenswerten Sicherheitsrisiken bürgen, wie es der Fall bei Flugzeugshows mit Flugmanövern über dem Publikum wäre, drängt sich der Verdacht auf, dass Gefahren von Seiten der Besucher erwartet werden, welche das rekonstruierte Misstrauen aus Kapitel 7.1 bestätigen würde.

Die präventive Sicherheitsdurchsage, die auch für Beunruhigung sorgen könnte, führte im Stadion zu keinen ersichtlichen Reaktionen der Besucher, was auf eine routinierte Situation schließen lässt. Befreit man sich von dem Kontext Stadionfußballveranstaltung und denkt an die bereits angesprochen Veranstaltungen in Kinos oder Opernhäuser bzw. an andere sicherheitsrelevante Bereiche im öffentlichen Raum mit vielen Menschen wie Nah- und Fernverkehrsmittel oder Gottesdienste in Kirchen, dann wird ersichtlich, dass es dort keine präventiven Sicherheitsdurchsagen gibt. Diese wären nur dann denkbar, wenn ein tatsächlicher Sicherheitsfall eintritt bzw. es sich um Sicherheitshinweise mit einer konkreten Aufforderung handelt, wie an Bahnhöfen sein Gepäck nicht unbeaufsichtigt zu lassen. Ist jedoch weder eine unmittelbare Gefahr gegeben noch eine Aufforderung an die anwesenden Personen identifizierbar, scheinen sich die Besucher auf die Sicherheitsvorkehrungen der Veranstalter blind zu verlassen. Umgekehrt könnte es gar als beängstigend erlebt werden, säße man in einem Kino und es würde auf einmal ein Sicherheitsbeauftragter die Kinogäste begrüßen und darauf verweisen: „Wenn sie meine

---

18 http://s.bundesliga.de/assets/doc/660000/656428_original.pdf, 23.09.2017
http://www.dfb.de/fileadmin/_dfbdam/15_Ligaverband_Ligastatut-3.pdf, 23.09.2017

Stimme hören, geht es um ihre Sicherheit!", was wie bereits festgestellt wurde, im Stadion keine Reaktionen hervorrief. Die Rekonstruktion macht auf einen Bruch mit dem sicherheitsbezogenen Vertrauensvorschuss von Besuchern in öffentlichen Veranstaltungen aufmerksam, welcher mittels der Durchsage implizit hergestellt wird. Da für die Strategie der präventiven Sicherheitssuggestion des Veranstalters, welche auf das antizipierte Urteil der Besucher zurückzuführen sein müsste, sich unsicher zu fühlen, keine naheliegenden Lesarten erdacht werden können, wird eine zunächst ferne Deutung bemüht, die aufschlussreich sein könnte. So ist es denkbar, dass die präventive Sicherheitsdurchsage nicht etwa die Sicherheitskompetenzen des Veranstalters unter Beweis stellen soll, damit sich die Besucher aufgehobener fühlen, sondern diese Strategie könnte ein veranstalterseitiges Urteil gegenüber einzelnen Besuchern implizieren, dass diese die Sicherheit gefährden würden. Jene verurteilten Besucher wären somit die Adressaten der Durchsage. Die Durchsage wäre demgemäß eine Strategie zu zeigen, dass jemand über die Sicherheit in der Veranstaltung wacht und sich potenziellen Gefährdungen entgegenstellt. Um jene Deutung zu plausibilisieren, wird im Folgenden der Wortlaut des Sicherheitsbeauftragten analysiert:

> „Wenn sie meine Stimme hören, geht es um ihre Sicherheit!".

Bereits die Formulierung: „Wenn sie meine Stimme hören" ist ambivalent. So würde sich die Formulierung: „Wenn sie im Falle einer sicherheitsrelevanten Situation meine Stimme hören [...]", den Verweis auf ein potenziell mögliches Ereignis in der Zukunft beziehen. Eine solche Formulierung würde verdeutlichen, dass gegenwärtig eine Situation durchgespielt wird, die sich auf einen nicht gegenwärtigen Moment beruft. Vorliegender Sprechakt („Wenn sie meine Stimme hören") bezieht sich hingegen auf die unmittelbare Gegenwart, da man die Stimme gegenwärtig hört, was auf die aktuelle Situation verweist. Was passiert, wenn man die Stimme des Sicherheitsbeauftragten hört? In einem solchen Fall: „[...] geht es um ihre Sicherheit!". Dieser Logik folgend wird vom Veranstalter die aktuelle Situation als eine sicherheitsgefährdende eingestuft, weshalb die Stimme zu hören ist. Somit ist die bloße Anwesenheit im Stadion vor dem Spielbeginn bereits bedenklich für die Sicherheit.

Die im Sprechakt gewählte Kombination aus Stimme und Sicherheit grundiert ferner eine Konditionierung. So deutet die Stimme zwar auf eine Gefahr hin, aber wenn man der Stimme folgt, ist man in Sicherheit. Die ambivalente Aussage wird durch die Konditionierung noch diffuser. So wird zunächst mit dem Vertrauensvorschuss der Besucher sicher zu sein gebrochen, indem anders als bei anderen Großveranstaltungen eine Sicherheitsdurchsage erfolgt und somit Unsicherheit überhaupt erst thematisiert wird. Nach diesem Bruch des Vertrauensvorschuss' erfolgt jedoch wiederum eine vertrauensbildende Maßnahme: Die Stimme verspricht Sicherheit. Die Aussage ist damit selbstrelativierend. In ihr ergibt Minus (Vertrauensvorschuss wird gebrochen) mal Minus (gegenwärtige Situation wird als unsicher gerahmt) Plus (Stimme = Sicherheit). Es wird eine unnötige Sicherheitsrelevanz angesprochen und sogleich mit Sicherheit entgegnet. Die Selbstrelativierung bestätigt die Annahme, mit der Durchsage werde nicht die Darstellung von Sicherheitskompetenzen des Veranstalters verhandelt, sondern gegenüber sicherheitsgefährdenden Besuchern das Bestreben demonstriert, die Sicherheit in der Veranstaltung aufrechtzuerhalten. Um Gewissheit über diese Lesart zu bekommen, müsste man eine Intervention durch die Stimme des Sicherheitssprechers in einer sicherheitsrelevanten Situation rekonstruieren. Dass eine derartige Intervention nicht unwahrscheinlich ist, wird durch die Ankündigung bereits deutlich. Demnach rechnet der Veranstalter mit Praktiken seitens der Besucher, denen mit Sicherheitsanweisungen oder gar Ermahnungen begegnet werden müsse. Sollte tatsächlich der Sicherheitssprecher eine Durchsage zu einem späteren Zeitpunkt tätigen, würde die vorliegende Durchsage mit der Konditionierung dazu beitragen, nicht in Panik zu verfallen, sondern sich in Sicherheit zu fühlen, wenn man der Stimme folgeleisten würde. Diese Lesart würde auch die Konditionierung zwischen Stimme und Sicherheit erklären, welche ohne der Erwartung zukünftiger Durchsagen, nicht notwendig noch sinnvoll erscheint.

Das Misstrauensurteil des Veranstalters gegenüber einigen Besuchern wurde bereits durch die präventive Einlasskontrolle rekonstruiert. Vorliegende Sicherheitsdurchsage impliziert eine weitere präventive Strategie, welche das Misstrauensurteil bestätigt. Entsprechend inszeniert der Veranstalter die Maske des *Wächters der Sicherheit* auch während der Veranstaltung, wobei er sich auf das antizipierte Urteil gegenüber einigen Besuchern bezieht, sicherheitsgefährdend zu sein.

Zusammenfassung

In der dokumentierten Beobachtung erfolgt vor dem Fußballspiel eine präventive Sicherheitsdurchsage eines *Sicherheitsbeauftragten* des Vereins. Die Existenz des Amtes und die raum-zeitliche Besonderung verweist auf den hohen Stellenwert von Sicherheit innerhalb der Fußballveranstaltung, obwohl zunächst von der Veranstaltung mit ihrer Darbietung Fußballsport keine erhöhten Gefahren zu erwarten sind. Entsprechend überraschend ist es, dass der präventive Sicherheitshinweis keine nennenswerten Reaktionen wie Verwunderung oder Misstrauen bei den Adressaten hervorrief.

Es wird rekonstruiert, dass die Sicherheitsdurchsage ambivalent ist, da sie mit einem Vertrauensvorschuss der Besucher bricht und gleichzeitig versucht ein Sicherheitsgefühl herzustellen. Die sich selbstrelativierende Aussage wurde jedoch durch die Lesart eines Misstrauensurteils des Veranstalters gegenüber einigen Besuchern aufgelöst. Mithin war die Sicherheitsdurchsage kein Kompetenznachweis des Veranstalters für Sicherheit zu sorgen, sondern eine Demonstration, dass Sicherheit in der Veranstaltung durch ihn gegenüber sicherheitsgefährdenden Besuchern durchgesetzt wird. Sofern das Misstrauensurteil des Veranstalters gegenüber den Besuchern berechtigt ist, könnten tatsächlich Anweisungen in Gefahrensituationen von dem Sicherheitsbeauftragten durchgegeben werden. Um in solchen Fällen keine Massenpanik auszulösen, wären dann alle Besucher konditioniert wonach sie sich bei erklingen der Stimme sicher fühlen können.

Die mittels der Sicherheitsdurchsage inszenierte Maske des *Wächters der Sicherheit*, impliziert – wie bereits verdeutlicht – ein allgemeines Misstrauen des Veranstalters gegenüber seinen Besuchern. Mithin wird eine Sinnstruktur fortgesetzt, die sich bereits im Fall der professionellen Sicherheitsakteure mit ihren Kontrollen am Einlass rekonstruieren ließ. Was ist das für eine Veranstaltung, welche ein so ausgeprägtes Misstrauen seinen Besuchern gegenüber hat und einen derartigen Sicherheitsapparat erzeugt? Hängt es mit dem Wettkampf als Event des Gegeneinanders zusammen, welcher durch eine dichotome Besucheraufteilung den Wettkampfcharakter auf die Besuchertribüne überträgt? Gibt es tatsächliche Erfahrungswerte des Veranstalters mit Besuchern, welche die Sicherheitsstrategien rechtfertigen oder handelt es sich um einen übertriebenen Sicherheitswahn? Jene generativen Fragen müssen im Verlauf der ethnographischen Untersuchung geklärt werden, um die methodische Selbstkonstitution des Feldes besser nachzuvollziehen.

7.4 Zur ambivalenten Wechselbeziehung zwischen dem Veranstalter und der Besucher-Gruppe

Beobachtung:

> „Auf dem Monitor werden kurz vor dem Spielereinlauf Bilder und Videosequenzen der supportenden (singen, springen) Ultra-Gruppe gezeigt."

Die beforschten Akteure werden durch ihre Handlungen in dem Besucherbereich als ein Teil des Events schon vor Beginn der Veranstaltung auf einer Leinwand präsentiert. Im Kapitel 2.2.4 wurde herausgearbeitet, dass Events auf Spannung, Spaß und Rausch im Kollektiv abzielen. Dafür kann jedoch ein Betreiber nur den passenden Rahmen bieten. Dieser muss letztlich durch die Teilnehmer mit Leben gefüllt werden, woraus sich ein Miteinander-Machen ergibt, durch welches sich erst die Besuchererwartungen zu erfüllen versprechen. Die Bilder auf der Leinwand verweisen darauf, dass die beforschte Besucher-Gruppe mit ihren Praktiken des Singen und Springen, aus Veranstalterperspektive in gewünschter Weise an dem Event-Rahmen in der Vergangenheit teilgenommen hat, weshalb sie präsentiert werden. Entsprechend werden sie als Vorbilder für die heutige Show herangezogen, indem gezeigt wird, welche Rausch-, Spannung- und Spaßpotenziale in der Veranstaltung möglich sind. Somit erhält die beforschte Gruppe durch die Übertragung ihrer Praktiken einen Sonderstatus gegenüber anderen Besuchern. Die Videosequenzen wirken sicherlich animierend für die präsentierte Gruppe, die Praktiken erneut zu vollziehen. Auch für die übrigen Anwesenden können die Einspieler motivierend für ein aktives Miteinander-Machen sein. Eine ähnliche Strategie ist bei anderen sich wiederholenden Großveranstaltungen wie Festivals oder Diskotheken zu beobachten, in welchen ebenfalls auf Leinwänden Highlights der vergangenen Events gezeigt werden. Die Dokumentation dieser einzigartigen Momente regt die Veranstaltungsteilnehmer an, am heutigen Tag noch mehr Einzigartigkeit durch intensive Teilnahme herzustellen, um so ein außergewöhnliches Erleben zu erzeugen und vielleicht selbst einmal auf der Leinwand dargestellt zu werden.

Die Einbindung der beforschten Akteure in die Dramaturgie der Stadionveranstaltung ist ferner eine veranstalterseitige Inszenierung der gewünschten Wechselbeziehung zwischen ihm als Produzent und den Beforschten als Teilnehmer. Demnach werden diese Besucher in ihrer Strategie bestärkt, Praktiken wie Singen und Springen auf der Tribüne zu vollziehen, was performativ als Idealbild der Veranstaltungsteilnahme präsentiert wird. Das Idealbild des Veranstalters über die Besuchergruppe kreiert den Spiegel, in welchem sich die beforschten Akteure als *Teilnahme-Vorbilder* (Maske) präsentieren können. Folglich wird den Akteuren ihr eigenes Urbild (Kap. 2.1) gespiegelt, Stimmung während der Fußballshow zu generieren und mithin die Spaß- und Rauschpotenziale des Events vorbildlich zu nutzen. Die Maske, welche der Veranstalter in der Situation inszeniert, ist entsprechend der *Organisator des Rahmens* zu sein, in der jenes Erleben sich entfalten kann. Der Veranstalter inszeniert mithin eine Wechselbeziehung mit folgenden Erwartungshorizont: Wir bieten die Show (Fußballsport) und ihr auf der Tribüne lebt sie enthusiastisch in dem vorgegebenem Rahmen aus, so wie es auf der Leinwand zu sehen ist.

Zusammenfassung

Die Beobachtung behandelt die visuelle Präsentation von vergangenen Praktiken der beforschten Akteure vor dem Beginn der gegenwärtigen Fußballshow. Sie werden damit in die Unterhaltungs-Choreographie des Veranstalters integriert und somit als integraler Bestanteil des Events inszeniert. Diese Betreiber-Strategie ist verbreitet, da ein Event zur Herstellung seiner Einzigartigkeit auf die aktive Teilnahme seiner Besucher angewiesen ist, weshalb diese stimuliert wird. Da vordergründig die beforschte Gruppe gezeigt wird, bekommt sie einen Sonderstatus vom Veranstalter zugewiesen. Die Visualisierung fungiert für die Gruppe als Spiegel für die Maske *Teilnahme-Vorbilder* zu sein. Die eingespielte Dokumentation vergangener Event-Praktiken der beforschten Gruppe visualisiert gleichzeitig die gewünschte Wechselbeziehung zwischen Veranstalter und Besucher: Ersterer organisiert den Rahmen, letzterer nutzt diesen aktiv, jedoch nach den Vorgaben des Veranstalters.

Im Gegensatz zu dem Spiegel *Teilnahme-Vorbilder* zu sein, zeigte die Rekonstruktion der Spiegel und Masken am Beispiel des Mitnahmeverbots der Fahnen am Einlass, eine Handlungsorientierung der beforschten Besucher, welche über den bereitgestellten Rahmen bzw. die gewünschten Teilnahmeoptionen des Veranstalters hinaus reicht. Jener Umstand hatte zur Konsequenz, dass die Teilnahme der Besucher in Form von Darstellungspraktiken reglementiert wurde (Fahnenverbot). Mit anderen Worten wollen die Konsumenten mehr machen, als der Veranstalter es in seiner Produzenten-Konsumenten-Wechselbeziehung wünscht. Jene Orientierung einiger Besucher an einer eigenen Darstellungspraxis führt schließlich zu dem Misstrauen des Veranstalters, welches bereits in den Rekonstruktionen der Einlasskontrolle und der präventiven Sicherheitsdurchsage analysiert wurde. Daraus resultiert eine ambivalente Wechselbeziehung zwischen dem Veranstalter und den beforschten Akteuren: Auf der einen Seite werden sie als bedeutsame Akteure für die Veranstaltung inszeniert, wodurch sie einen Sonderstatus erhalten. Auf der anderen Seite erzeugt ihre Teilnahme Misstrauen und wird reglementiert. Die Wechselbeziehung lässt sich folglich auf einem Kontinuum zwischen Veranstalternutzen vs. Gruppennutzen dimensionieren. Die freiwilligen Praktiken der Akteure auf der Leinwand entsprechen im hohen Maße dem rauschhaften Miteinander-Machen wie es sich ein Event-Betreiber nur wünschen kann. Jene Interessenübereinstimmung wird entsprechend gefördert. Die Fahne am Einlass war hingegen für den Veranstalter weniger nützlich und wurde somit verboten, was jedoch dem Gruppenutzen abträglich war. Die diffusen Spiegel des Veranstalters gegenüber den beforschten Akteuren als Teilnahme-Vorbilder einerseits und als einzuschränkende Akteure andererseits, lässt ebenfalls ein misstrauisches oder kritisches Verhältnis von der Besucher-Gruppe gegenüber dem Veranstalter erwarten. Diese Annahme bestätigte sich bereits durch die selbsthergestellte Kleidung der Akteure, die sich damit vom Veranstalter abgrenzen. Dass weitere Aushandlungen über die Veranstaltungsgestaltung zwischen beiden Seiten erfolgen, wird vor diesem Hintergrund naheliegend.

7.5 Interaktionsangebot Namensschild

Beobachtung:

> „Ich befinde mich im benachbarten Block der Ultras, von welchem aus ich einen guten Blick auf sie habe. Einige von ihnen installieren gerade einen Stoffbanner. Er wird von der Spielfeldinnenseite des Stadions an dem Zaun zwischen Spielfeld und Tribüne angebracht und aus diesem Grund von allen ‚Zaunfahne' genannt. Auf der Zaunfahne ist der Name der Gruppe auf großen Buchstaben zu lesen. Die Farben des Banners sind sehr kräftig und überwiegend in den Farben des Vereinswappens. Viele der Leute; die hinter dem Banner bzw. links und rechts von ihm stehen, tragen Accessoires wie T-Shirts und Schals der Ultra-Gruppe. Rechts außen von der Kurve gab es noch andere Fahnen mit Gruppennamen."

Wenn eine Gruppe sich einen Namen gibt, präsentiert sie sich als etwas Geplantes oder Organisiertes. Durch die Namensgebung bildet die beobachtete Gruppe, wie bereits in Kapitel 6.1 rekonstruiert wird, eine selbstorganisierte Einheit. Diese bricht mit der Vororganisation des Veranstalters, welcher zunächst lediglich Heim- und Gästebesucher vorgesehen hatte. Indem die Gruppe nun ihren Namen auf einem Stoffbanner an dem Spielfeldzaun installiert, macht sie ihre dortige Praxis identifizierbar. Der Name vereinheitlicht die Wiedererkennung der Akteure und sichert somit Anschlussfähigkeit für zukünftige Interaktionen ab. Sich mit Namen vorzustellen, ist so gesehen ein personalisiertes bzw. gruppenbezogenes Interaktionsangebot, was dazu beiträgt, Wechselbeziehungen leichter aufzubauen. Entsprechend bezeichnet Goffman (2013) die Strategie der Namensgebung als ein standardisiertes Mittel, mit dem auf gegenseitige Beziehungen verwiesen wird oder als Mittel, mit dem eine Seite sich an die andere wendet (S. 259 f.).

Indem die „Zaunfahne" in einem Blockbereich installiert wird, erfolgt eine Markierung dieses Abschnitts. Intuitiv schlussfolgert man, dass die Personen, die hinter der Fahne stehen, sich zu dieser Gruppe zählen bzw. eine Verbindung zu ihr haben. Eine Konsequenz aus der Markierung ist, dass die dortigen Handlungen an die Gruppe gekoppelt werden können, weil sie sich mit dem Namen identifizierbar gemacht hat. So entsteht aus dieser Praktik des Sich-Zu-Erkennen-Gebens ein Interaktionssetting, in dem Menschen in identifizierbare Beziehungen miteinander treten und sich so potenziell dauerhaft begegnen können. Die Gruppe vorstrukturiert damit einen Abschnitt im Stehplatzbereich des Stadions. Wie bereits bei der Rekonstruktion der Einteilung in Sitz- und Stehplätze herausgearbeitet wurde, sind die Stehplätze veranstaltungsseitig weniger stark vorstrukturiert, da die Tickets lediglich abschnittsgebunden sind. Die dortige Aushandlung, wer, wo stehen darf, wird den Besuchern überlassen. Prinzipiell werden Räume durch Aneignung und Aushandlung konstruiert und existieren nicht als gegebene Tatsachen jenseits menschlicher Zuschreibungen (vgl. Simmel 2013). Zunächst reservieren sich also die beforschten Akteure mit ihrem Namensschild einen festen Platz in einem relativ offenen Besucherbereich. Mithin macht die Gruppe diesen Bereich als ihren eigenen Bereich wahrnehmbar. Der Umstand, dass der markierte Stadionabschnitt in einer halbüberdachten Kurve ist, der sich relativ nahe zu dem Spielfeld befindet und deshalb einen beliebten Bereich darstellt, verweist auf eine Hierarchie zwischen den Stehplatzbesuchern. Innerhalb dieser kann die beforschte Gruppe sich behaupten und diesen begehrten Platz als ihren beanspruchen. Folglich bestätigt sich der Sonderstatus der Gruppe gegenüber andern Besuchern, welcher bereits im vorherigen Unterkapitel durch die Videosequenzen auf der Leinwand rekonstruiert wurde, welcher auf ihre Tribünenpraktiken zurückgeführt wurde.

Zusammenfassung

Die Beobachtung dokumentiert die Gestaltung eines Besucherabschnitts mit einer sogenannten Zaunfahne, auf welcher der Name der dahinterstehenden Akteure zu lesen ist. Es werden folgende Funktionen dieser Praxis rekonstruiert: Das Namensschild ermöglicht, die Praktiken der Gruppe hinter dem Banner identifizierbar werden zu lassen. Damit erfolgt ein Interaktionsangebot mit Wiedererkennungswert, was ermöglicht, Beziehungen mit der Gruppe aufzubauen. Es wird daraus geschlussfolgert, dass die Gruppe Interesse an Interaktionen mit ihrer Umwelt hat, was wie in den vorherigen Kapiteln auf ihre sozial orientierte denn sportbezogene Veranstaltungsteilnahme verweist.

Indem die „Zaunfahne“ einen attraktiven Stadionbereich markiert, signalisiert die Gruppe schließlich ihren Einfluss in diesem Besucherabschnitt. Die bloße Anwesenheit in diesem Bereich wird so zu einem Beziehungszeichen (Goffman 2013, S. 262), da sich die jeweiligen Besucher als jemand präsentieren, die dort sein dürfen. Mithin kann die Zugehörigkeit zu der Gemeinschaft, welche die dortige Anwesenheit ermöglicht, als eine privilegierende Zugehörigkeit charakterisiert werden. Dieses Privileg ergibt sich aus der Raumfreigabe der anderen Anwesenden, die Gruppe an diesem Platz gewähren zu lassen. Jener Umstand schließt darauf, dass die knappe Ressource *Raum* nach noch nicht näher geklärten Kriterien zu Gunsten der beforschten Akteure aufgeteilt wurde.

Welche Bedeutung das Namensschild „Zaunfahne“ für die Akteure hat, wird im Folgenden rekonstruiert.

7.6 Heilige hinter der Zaunfahne

Um den symbolischen Stellenwert der Zaunfahne für die Akteure besser zu verstehen, wird nun das Segment einer Gruppendiskussion mit Mitgliedern der beforschten Besucher-Gruppe rekonstruiert. Die Gruppendiskussion fungiert als *Datenscheibe*, welche zusätzliche Erkenntnisse über das Feld generieren soll (Strauss 1998, S. 56). Hierfür wird zunächst das gesamte Segment vorgestellt, was anschließend sequenziell analysiert wird.

M: gerade die Zaunfahne iss ja wirklich, wie kann man sagen, das,
P: Heiligtum der #( )#
M: #Das# Heiligtum /mhm/, hinter der Fahne stehst du, diese Fahne präsentierst du und diese Fahne gibt- n-nimmt diesen ganzen Weg mit, /mhm/ die iss natürlich auch meistens total voll gesifft äh teilweise hat se Brandlöcher oder (2) ja iss das Heiligtum (2) beziehungsweise dann gibt's ja noch den Auswärtsbanner, wenn man den, hat (2) ja und dann äh der Rest an Fahnen iss eigentlich eher dann äh (2) so'n #optisches Stilmittel#
N: #Also die Dinge die man als Gemeinschaft#, hinter dieser Fahne erlebt hat, äh, sind halt nich begreiflich für jemanden Außenstehenden (2) /mhm/ ne?

1. Sequenz:

M: „Gerade"

Die Wortwahl „gerade" bezieht sich auf eine Besonderung. Es wird etwas hervorgehoben. Im Gegensatz zu Ergänzungen wie „auch" oder „Aufzählungen" wie „wie" handelt es sich bei der Bezeichnung „gerade" um eine markante Klassifikation, den Idealtypus eines Phänomens oder eine raum-zeitliche Spezifikation. Die Emphase „gerade" innerhalb von Interaktionen ist dominant und muss berücksichtigt werden, da auf etwas Essentielles für den Kontext des gegenseitigen Verstehensprozesses hingewiesen wird.

2. Sequenz:

M: „die Zaunfahne"

Der Kontext wird geschärft auf ein Objekt mit der Bezeichnung „Zaunfahne". Der Artikel „die" unterstreicht sowohl die Bedeutung und sogleich ihre Einzigartigkeit, womit die vorherige Emphase („gerade") nochmals unterstrichen wird. So gibt es namentlich nur eine („die") Zaunfahne und nicht mehrere. Wie bereits in Kapitel 7.1 festgestellt wurde, sind Fahnen Objekte, die Gruppen symbolisieren. Jene Deutung schließt aus, dass durch die hier behandelte Fahne ein Zaun repräsentiert wird. Vielmehr scheint die Fahne an einem Zaun angebracht zu werden. Fahnen symbolisieren nicht nur Gruppen, sondern markieren auch Bereiche, in denen sich Gruppen aufhalten bzw. für sich das Recht beanspruchen, in diesem Bereich Einfluss zu haben. Der Zaun ist ebenfalls eine Installation, welcher Bereiche trennt. Vorliegend scheint ein umzäunter Bereich, den Bereich einer Gruppe hinter dem Zaun zu markieren. Welche Funktion die Bereichsmarkierung hat, wird vermutlich in den weiteren Sequenzen nachvollziehbar.

3. Sequenz:

M: „iss ja wirklich, wie kann man sagen, das,"

Es erfolgt eine weitere zustimmende („ja") Identifizierung des Objekts als „wirklich". Die Bezeichnung „wirklich" lässt Assoziationen zu verwandten Begriffen wie *echt* oder *tatsächlich* zu. Mit derlei Ankündigungen wird meist ein Objekt als bedeutend charakterisiert. Der Bedeutungsgehalt scheint für den Sprecher so überwältigend, dass ihm gar die Worte fehlen, ihn zu beschreiben („wie kann man sagen"). Der Anschluss „das" verweist wiederholt auf das Alleinstellungsmerkmal und mithin auf die Eigenschaft des Objekts, einzigartig zu sein.

4. Sequenz:

P: „Heiligtum der #(   )#"

Es folgt ein Sprecherwechsel, der dem in Beschreibungsnot geratenem Vorsprecher mit einem Beschreibungsvorschlag aushilft. Folglich scheint P die rhetorische Frage „wie kann man sagen" als Aufforderung erlebt zu haben, weshalb er mit seiner Bezeichnung „Heiligtum" eine Antwort auf die Frage seines Vorredners offeriert. Da jener Vorschlag von P bereits nach einer kurzen Pause nach Ms Sprechbeitrag eingebracht wurde, entsteht der Eindruck, dass sich die Sprecher bekannt sind, z. B. aus einer Gruppe oder sonstigen Interessenzusammenhängen. Jene Bekanntschaft führt zu einer relativ hohen Antizipationsdichte für Sachverhalte, welche die gemeinsame Praxis betreffen. Ps Hilfestellung präsentiert gleichzeitig ein *geschlossenes* Auftreten der Gruppe gegenüber Nicht-Gruppenmitgliedern, wodurch die dargestellten Inhalte durchdacht und nicht zufällig erscheinen. Nach der Hilfestellung erfolgt ein unmittelbar sich überschneidender Anschluss. P wird folglich abgeschnitten, weitere Erläuterungen auszuführen. Sofern es sich um M handelt, der Ps Vorschlag annimmt und mit ihm seine Ausführungen weiter verfolgt, würde sich die Vermutung einer geschlossenen Gruppe bestätigen, die gegenseitige Sinneinheiten antizipieren kann und so ko-produzierend operiert. Auf welcher inhaltlichen Grundlage erfolgt die vorliegende Herstellung von Gemeinschaftlichkeit zwischen den Sprechern?

Die mehrmals betonte Besonderung des Objekts Zaunfahne findet nun eine charakterisierende Bezeichnung, welche nicht auf ihren objektiven, sondern ideellen Sinngehalt abzielt und somit seine wahrhafte Bedeutung erfährt. Das Objekt wird als „Heiligtum“ bezeichnet. Daraus wird ein sakraler Bedeutungsgehalt des Objekts ersichtlich, womit die Interaktion in eine Sphäre des Glaubens gerückt wird. Diese Sphäre lässt sich dimensionieren in sakrale vs. profane Sachverhalte. Die Bezeichnung „Heiligtum“ findet sich insbesondere in religiösen Kontexten wieder. Durkheim (2007) definiert Religion als „[...] ein solidarisches System von Überzeugungen und Praktiken, die sich auf heilige, d. h. abgesonderte und verbotene Dinge beziehen, die in einer und derselben moralischen Gemeinschaft [...]“ (S. 75) existieren. Demnach ist das Objekt Zaunfahne das existenzielle Bindeglied der Sprecher, an welchem sich ihre Praxis orientiert. So gesehen, würde die Praxis der Akteure zu einer sakralen werden. Das Ideal von sakralen Praktiken liegt darin, sie nicht als selbstzweckliches Vergnügen zu vollziehen, sondern einer religiösen Lehre wegen. Im Namen einer dritten Sache zu handeln, kann prinzipiell dazu legitimieren, sonst gültige Orientierungen der Sache wegen zu suspendieren.

Die Wortwahl „Heiligtum“ verwundert vor dem Hintergrund, dass M das Objekt nicht als Heiligtum einzuordnen wusste, sondern die Hilfestellung von P benötigte, um das Objekt überhaupt zu klassifizieren. Schließlich wird nicht gesagt, etwas sei wie ein Heiligtum, womit man alles und jeden bezeichnen könnte, sondern es wird gesagt, das Objekt sei ein Heiligtum. In einem religiösen Kontext wäre es stark irritierend, würde etwa ein Christ an dem Versuch scheitern, ein Kruzifix in seiner Bedeutung für die christliche Gemeinschaft zu klassifizieren. Es würde der Eindruck entstehen, er sei gar kein Christ oder nehme die Gemeinschaft nicht ernst. Für beide Vermutungen gibt es vorliegend bisher jedoch keine Hinweise. Ungeachtet dessen dient die klassifikatorische Terminologie von Akteuren als symbolischer Rahmen, mit welchem die Welt geordnet und organisiert wird (Strauss 1974, S. 24). Die Klassifikation der Sprecher des Objekts „Zaunfahne“ als ein „Heiligtum“ ist entsprechend diffus, sofern man von einem sakralen Symbol im religiösen Sinne ausgeht. Welche weltordnende Funktion dahinter steht, muss in den nächsten Sequenzen rekonstruiert werden.

5. Sequenz

M: „#Das# Heiligtum /mhm/, hinter der Fahne stehst du,“

Der Vorschlag von P zur Bezeichnung des Objekts „Zaunfahne“ als „Heiligtum“, um auf die Bedeutung aufmerksam zu machen, wird von M angenommen und in seinen Erzählfluss integriert, mit welchem er P unterbricht. Die nahtlose Integration der Bezeichnung von P in Ms Erzählung plausibilisiert die Deutung der geschlossenen Einheit, als welche sich die Sprecher präsentieren sowie ihre gegenseitige Bekanntschaft die Sinnantizipationen erleichtert.

Indem M danach jedoch wieder eine eigene Bezeichnung formuliert („Fahne“), emanzipiert er sich von P und stellt damit eine Nicht-Hilfsbedürftigkeit her, die seine Stellung als kompetentes Mitglied einer gemeinsamen Sache gegenüber P konsolidiert. Obwohl Heiligtümer der symbolische Ausdruck von Glaubensgemeinschaften sind und insbesondere das Objekt *Fahne* ein weitverbreitetes Gruppensymbol darstellt, erfolgt vorliegende symbolische Praktik individuell: „hinter der Fahne stehst du“. Da jenes „du“ vorliegend jedoch nicht auf ein Gegenüber verweist, sondern stellvertretend für ein eigenes Handeln steht und so sinnverwandt mit der umgangssprachlichen Bezeichnung *man* ist, kann mit dem individuellen Vollzug auch ein kollektiver gemeint sein.

Hinter etwas oder jemandem zu stehen, bedeutet im übertragenen Sinn jene hervorgebrachten Perspektiven zu teilen bzw. zu unterstützen. Interessant in dem objektbezogenen Zusammenhang *Zaunfahne* könnte der performative Charakter sein. So wäre es denkbar, dass die Akteure tatsächlich hinter einer Zaunfahne stehen. In einem solchem Fall würde hingegen eine Profanisierung des Handelns stattfinden, da sie nicht abstrakt ist, sondern einer augenscheinlichen Tatsache entsprechen. Die Performativität des Handelns vorliegender Akteure versus der Symbolik sakraler Handlungen im religiösen Sinne führt zur Annahme, hier spreche sich eine Gemeinschaft selbst durch ihr Handeln heilig, da der Verweis auf das Dritte (Religion) als sakrales Moment fehlt.

6. Sequenz:

M: „diese Fahne präsentierst du“

M knüpft an die Bedeutung der eigenen und wiederholt individualisierten Praxis an, indem er darauf verweist, dass man („du“) eine Fahne präsentiert. Demnach trägt sie nicht in sich selbst ihre Bedeutung. Somit wird die ungenügsame Präsentationskraft der Fahne als symbolische Repräsentation eines solidarischen Systems aufgezeigt. Indem das heilige Moment nicht in dem Objekt liegt, sondern sich erst durch die Handlungen der Sprecher entfaltet, wird die pseudo-sakrale Eigenschaft des Objekts deutlich, welchem scheinbar sonst kein übergeordneter Eigensinn zu geschrieben werden kann.

Es werden weitere Schilderungen bezüglich diverser Praktiken der Akteure erwartet.

7. Sequenz:

M: „und diese Fahne gibt-“

Im Gegensatz zu der Vermutung, mehr über die Praktiken der Sprecher zu erfahren, wodurch die selbstreferenzielle Symbolik sich entfalten würde, bekommt die Fahne wieder eine Funktion zugesprochen. Die Verwendung des Wortes „diese“ entlässt die Fahne wiederholt aus ihrer profanen Bedeutung ein Objekt zu sein und lädt sie symbolisch auf. „Diese Fahne“ ist in der Lage aus ihrer Bedeutung heraus etwas zu geben. Bezogen auf Durkheims Definition wäre denkbar, dass sie die Überzeugung gibt, auf die sich das solidarische System der Sprecher aufbaut. Der ständige Wechsel zwischen der eigenen Bedeutsamkeit und der eines Heiligtums, in welchem die Bedeutsamkeit symbolisch enthalten ist, wirkt jedoch diffus. Es wird der Eindruck bestärkt, vorliegend würden weniger die Praktiken einer religiösen Glaubensgemeinschaft verhandelt, sondern sakrale Sinnsetzungen als Strategie angewendet, um eigenes Handeln künstlich zu überhöhen. Das Heiligtum ist vorliegend demnach lediglich das Symbol mit welchem eine Praxis heilig gesprochen werden soll.

8. Sequenz:

M: „n-nimmt diesen ganzen Weg mit,“

Die Fahne gibt und sie nimmt. Ein Kruzifix kann Kraft oder Hoffnung für die eigene Lebenspraxis geben. Es wäre hingegen im religiösen Sinne blasphemisch zu meinen, dass ein Kruzifix etwas nimmt, geschweige denn, dass man es mitnimmt, um es an den eigenen *heiligen* Handlungen teilnehmen zu lassen. Schließlich enthält das heilige Symbol des Kruzifix’ für Christen bereits die gesamte Weisheit der religiösen Lehre, weshalb das eigene Handeln an ihm – als Symbol der Moral und Weisheit – ausgerichtet wird und vor ihm Rechenschaft abgelegt werden muss. Vorliegend wird das Heiligtum hingegen eingeladen, den „ganzen Weg“ der Akteure mitzunehmen und wie ein Zeuge dabei zu sein. Die Praxis der Akteure richtet sich demnach nicht nach dem Heiligtum, sondern dieses wird lediglich als eine Art Stilisierung des eigenen Wegs der Akteure genutzt. Damit wird nicht etwa ein Glaubenssystem zur Orientierung der Handlungen der Akteure herangezogen, sondern ihr eigenes Handeln wird als Glaubenssystem klassifiziert, welches symbolisiert wird durch ein Pseudo-Heiligtum. Die latente Diffusität zwischen dem profanen, sich selbst betreffendem Handeln und dem sakralem und damit einer heiligen Lehre folgendem Handeln, wird in dieser Sequenz bestätigt.

Im Anschluss folgt ein weiterer Widerspruch zwischen einem symbolisch profanen und sakralen Rahmen der Geordnetheit von Welt.

9. Sequenz:

M: „die iss natürlich auch meistens total voll gesifft äh teilweise hat se Brandlöcher oder“

In der Ordnung der Sprecher, die ihr Handeln als sakrales Handeln klassifizieren, wird nun eine „natürlich[e]“, den Bedingungen der Weltordnung entsprechende Konsequenz dargelegt. Die pseudo-heilige Praxis der Akteure unterliegt einer Routine („meistens“). Diese routinierte Handlungsorientierung führt zu der Beschreibung des Heiligtums als „total voll gesifft“. Die Wortwahl „gesifft“ meint umgangssprachlich meist einen dreckigen oder verwahrlosten Zustand eines Objekts. Der Zustand wird in diesem Zusammenhang als so gravierend klassifiziert, dass er das gesamte Objekt in seinem Wert drastisch abstuft. Nicht selten wird mit der Bewertung *versifft* ein Vorwurf an die verantwortliche Person des Objekts gerichtet, sich schlecht darum gekümmert zu haben. Insofern kann die Bezeichnung auch als beleidigend gegenüber den Verantwortlichen eingestuft werden. Vorliegend beleidigt sich einer der Objekthalter jedoch selbst. Er hat eine Verschlechterung des Objektes nicht nur zugelassen, sondern ist für diese sogar verantwortlich. Die Praxis der Objekthalter geht gar so weit, dass das Objekt „Brandlöscher“ bekommt. Dieser Umstand verweist auf einen fahrlässigen bzw. rücksichtslosen Umgang mit dem Objekt. Es ist den Besitzern scheinbar egal, ob es versifft oder verbrennt. Im Gegensatz dazu sind heilige Dinge durch Tabus und Verbote beschützt (vgl. Durkheim 2007). Sie versiffen oder anbrennen zu lassen, würde im hohen Maß einen Tabubruch oder eine Verbotsübertretung darstellen und mithin blasphemische Wirkung entfalten. Insofern wird auch in dieser Sequenz das Heiligtum, dessen Bezeichnung zunächst unklar war, jedoch nach dem Vorschlag von P als gegebene Tatsache verwendet wurde, als etwas Nachgeordnetes von einer Gruppenpraxis und ihr nicht vorgeschaltetes präsentiert. Konkret, die Gruppenpraxis steht symbolisch über dem Gruppensymbol. Aus diesem Grund darf die Praxis das Symbol auch fahrlässig behandeln, ohne dabei einen Tabubruch zu begehen. Dieser Umstand verweist vice versa auf die Stilisierung einer Praxis, die ein Objekt nutzt, um sich selbst heilig zu sprechen. Dieses Objekt wird sogleich zum Tätigkeitsnachweis der Praxis der Akteure, denn der Siff und die Brandlöscher erzählen Geschichten. Jene Form des Nachweises eigener Aktivitäten wurde als Sinnstruktur bereits im Kapitel der Kleidung rekonstruiert. Eine weitere Option auf dem Stilobjekt hinterlassener Nachweise der eigenen Praxis, wird mit dem „oder“ angedeutet. Somit ist für die folgende Sequenz anzunehmen, dass weitere Handlungen der Akteure thematisiert werden.

10. Sequenz:

> M: (2) ja iss das Heiligtum (2)

Die Diffusität der Sinneinheiten des Sprechers werden an den kaum zu antizipierenden Folgesequenzen ersichtlich. Denn nun wird wiederholt bestätigt („ja"), dass es sich bei dem zuvor von Gruppenpraktiken gebrandmarkten Objekt, um das Heiligtum der Akteure handelt. Diese Bestätigung („ja") macht auf eine latente Unsicherheit aufmerksam, wie das Objekt zu bezeichnen ist, was bereits bei der Suche nach einer passenden Bezeichnung zu Beginn des Interviewausschnitts deutlich wurde. Jene Unsicherheit macht die profane Willkür der Bezeichnung deutlich. Diese wird in vorliegender Sequenz nun evaluiert und schließlich als zutreffend bilanziert („iss das Heiligtum"). Dass jenes Objekt eine hohe Bedeutung für die Sprecher hat, steht vorliegend nicht zur Frage. Zur Disposition steht lediglich, wie die Sprecher ihre eigene Praxis inszenieren. Sie wählen einen religiösen Rahmen, um mit diesem ihre Praxis zu charismatisieren. Mithin wird ihr Handeln ein sakrales und ist nicht länger profan. Jene Handlungsorientierung bestätigt die Sinnstruktur der Idealisierung, die in Kapitel 6 rekonstruiert wurde. In der folgenden Sequenz wird wieder die Praxis der Akteure thematisiert.

11. Sequenz

> M: „beziehungsweise dann gibt's ja noch den Auswärtsbanner, wenn man den, hat (2)"

Es wird eine Beziehung („beziehungsweise") zu etwas weiterem hergestellt. Es „gibt ja noch" ein weiteres Symbol, welches als „Auswärtsbanner" klassifiziert wird. *Auswärts* verweist auf einen räumlichen Kontext. Demnach scheint es einen heimischen und einen nicht-heimischen Raum zu geben, der gleichfalls für die Sprecher von Bedeutung ist. Der Auswärtsraum wird mit einem anderen Symbol als der heimische markiert. Folglich werden unterschiedliche Räume in die Symbolsprache der Akteure aufgenommen. In der nächsten Sequenz erfolgt eine Differenzierung der Symbolsprachen.

12. Sequenz:

> M: „ja und dann äh der Rest an Fahnen iss eigentlich eher dann äh (2) so'n #optisches Stilmittel#"

Es werden weitere Facetten der Symbolsprache der Gruppe dargelegt. So gibt es noch weitere Fahnen. Mit anderen Worten: Es gibt noch weitere Symbole, welche die Gruppe und damit die Akteure selbst symbolisieren. Innerhalb der Sequenzanalyse wurde rekonstruiert, dass die Akteure nicht einer sakralen Lehre folgen, sondern ihre eigene Praxis durch Symbole heilig sprechen. Diese Lesart wird durch den „Rest an Fahnen" bestätigt, welcher dazu dient, sich selbst zu thematisieren und nicht etwas Drittes in einem religiösen Sinne. M gerät wiederholt bei dem Versuch ins Stocken, die Sinnhaftigkeit dieser Fahnen zu erklären *(„Fahnen iss eigentlich eher dann äh (2)")*. Ihr Sinn („iss") wird nur vage angedeutet. Das „dann" bezieht sich darauf, dass etwas dem „Heiligtum" nachgeschaltet ist und so nur ein Beiwerk darstellt. Bei diesem Beiwerk handelt es sich um „so'n optisches Stilmittel". Ausgesprochen bedeutet die Formulierung „so'n" „so ein". Damit könnte ein Bestandteil von mehreren gemeint sein. Der Verweis „optisch" beinhaltet die Funktion: Es soll etwas sichtbar für andere gemacht werden. Konkret handelt es sich dabei um ein „Stilmittel". Ein Stil ist eine bestimmte Art und Weise sich oder etwas darzustellen. Ein Stilmittel ist ein Teil eines übergeordneten Stilkomplexes. Ein Stil kann zwar auch religiös sein, die Bezeichnung „Stilmittel" scheint hingegen unpassend für einen religiösen Zusammenhang und bestätigt die Lesart der profanen Praxis der Akteure.

Die Transkription zeigt einen Sprecherwechsel an. Es ist denkbar, das P wieder *einspringt*, um M bei der Bedeutungssuche zu unterstützen.

13. Sequenz:

N: #Also die Dinge die man als Gemeinschaft#, hinter dieser Fahne erlebt hat, äh,

Es schaltete sich N als neuer Sprecher ein. Wie P unterstützt nun auch N M, indem er seine Darlegungen weiter ausführt. Diese Art der Gesprächsbeteiligung bestätigt die Lesart, es handele sich um Sprecher einer Gruppe, welche sich durch ihre gemeinsame Praxis gegenseitig ergänzen können. Mit dem Wort „Also" leitet N einen bilanzierenden und grundlegenden Redebeitrag ein. Er kündigt an, die eigentliche Geschichte einer Praxis, vorliegend die Praxis Fahnen zu präsentieren, dazulegen, was bisher so noch nicht erfolgte. In der Bilanzierung führt er an, es gehe um die Erlebnisse, die man als Gemeinschaft erlebt hat. Daraus geht hervor, dass es sich um ein gruppengebundenes Erleben handelt, welches ohne die Gruppe nicht erlebt werden kann. Ferner wird wiederholt die Praxis einer Gruppe in den Vordergrund gestellt und nicht etwa eine Praxis zu Gunsten von etwas Übergeordnetem wie einer religiösen Lehre.

Konkret geht es um die raum-zeitliche Praxis hinter „dieser Fahne". Folglich bezieht sich Ns Redebeitrag nicht unmittelbar auf die vorliegende Sequenz von M und den darin thematisierten „optischen Stilmitteln". N bezieht sich auf „diese Fahne". Dieser Verweis auf Einzigartigkeit sowie die räumliche Verortung „hinter" lässt darauf schließen, dass er sich auf das eingangs erwähnte Objekt „Zaunfahne" bezieht, welches als „Heiligtum" bezeichnet wurde. An dieser Stelle wird deutlich, dass das Erleben hinter „dieser Fahne“ für die Akteure *heilig* ist. Diese Lesart bestätigt die Struktur, in der nicht religiös im Sinne einer religiösen Lehre gehandelt wird, sondern die Praxis einer Gruppe durch sie selbst heilig gesprochen wird. Mithin erfolgt eine Überhöhung der Gruppenpraxis, was der Sinnstruktur der Idealisierung entspricht. Eine Überhöhung, die als solche plausibilisiert werden muss, was dem Sprecher gar nicht so leicht zu fallen scheint, wie das „äh“ als Lückenfüller für die Zeit der Suche nach Begründungen anzeigt.

Es folgt eine Erklärung, warum das Handeln hinter der Fahne *heilig* ist.

14. Sequenz:

N: sind halt nich begreiflich für jemanden Außenstehenden (2) /mhm/ ne?

„Die Dinge“, die hinter „dieser Fahne“ erlebt wurden, könne nur der nachvollziehen, der es als Gruppenmitglied selbst erlebt habe. Nur aus jener Perspektive, könne man diese Praxis begreifen und folglich erst als heilig erleben. Außenstehende würden jenen heiligen Sinn nicht nachvollziehen können. Die Inszenierung der Rolle „Außenstehender“ wird nun hinsichtlich ihrer Funktion rekonstruiert.

Der konstruierten Rolle „Außenstehender“ liegt die Strategie einer polaren Einteilung zugrunde, die aus folgenden Bestanteilen besteht: Auf der einen Seite gibt es Akteure, welche die Bedingung erfüllen, einer Gruppenpraxis zugehörig zu sein. Auf der anderen Seite befinden sich Akteure, welche diese Bedingung nicht erfüllen, da sie jener Praxis nicht zugehörig sind. Welche Konsequenzen lassen sich aus dieser polaren Einteilung antizipieren?

Auf der Seite der vollziehenden Akteure entsteht ein selbstreferenzieller Kreislauf, in dem diese Praxis als heilig erlebt wird. Mit jenem Erleben bestätigen sich die beteiligten Akteure gegenseitig. Daraus resultiert eine relativ dauerhaft verfügbare Geordnetheit von Welt, in der jene Praxis das ist, als welche die Akteure sie klassifizieren. Das, was hier nicht für Außenstehende zu verstehen sei, entzieht sich scheinbar rationalen Begründungszusammenhängen und erhält somit in Anlehnung an die Klassifizierung *Heiligtum* die Eigenschaft sakral zu sein. Die sakrale Dimension konstituiert die polare Trennung zwischen Zugehörigkeit und Nicht-Zugehörigkeit zu einer Gruppenpraxis, woraus Wechselbeziehungen mit Menschen entstehen, die keine Erfahrungen hinter der Zaunfahne als Gemeinschaftsmitglied haben. So ermöglicht die polare Einteilung den Akteuren ihre Gruppenpraxis davon zu befreien, sie intersubjektiv gegenüber unbeteiligten Akteuren plausibilisieren zu müssen. Gleiches betrifft Aushandlungsprozesse etwa bei Kritik an der Praxis hinter dem Objekt „Zaunfahne“ durch außenstehende Akteure. So ermöglicht die polare Ordnung „Außenstehenden“ ein pauschales Unverständnis („nich begreiflich“) für die Gruppenpraxis zu unterstellen. Dies hat zur Konsequenz, die eigene Ordnung von Welt innerhalb des Gruppenkontexts aufrechtzuerhalten und gegenüber äußeren Einflüssen zu schützen. Kurz, eine gegenteilige Klassifizierungen über die Praxis der Gruppe hinter dem Objekt *„Zaunfahne"* kann durch die polare Einteilung mit der Zuschreibung „Außenstehender" von vornherein blockiert werden, wodurch eine Art Selbstimmunisierung der Gruppenpraxis gegenüber Kritik durch ihre Umwelt entsteht.

Zusammenfassung

In der Sequenz einer Gruppendiskussion mit den Mitgliedern der beforschten Besucher-Gruppe, wird die Bedeutung des Objekts „Zaunfahne" verhandelt. Dieses Objekt wird als „Heiligtum" der Gruppe von den Sprechern klassifiziert. Jene Bezeichnung erweckt zunächst den Eindruck, die Praxis der Gruppe sei eine sakrale, d. h. religiöse. Die Analyse zeigt hingegen, dass die Gruppenpraxis selbst im Fokus steht und nicht stellvertretend für eine religiöse Lehre vollzogen wird. Mithin werden die Akteure selbst zu *Heiligen*. Entsprechend tritt die als *heilig* erklärte Gruppenpraxis in den Vordergrund, was sich an Sequenzen zeigt, wie: „die Fahne präsentierst du", ohne dabei jedoch Verweise auf repräsentierte sakrale Inhalte zu erbringen. Die „Zaunfahne" als vermeintliches „Heiligtum" wird vielmehr zum Zeugen einer heilig gesprochenen Praxis der Akteure, die ihre Praxis („voll gesifft" und „Brandlöscher") zusätzlich als Beweis auf dem Objekt dokumentiert. Daraus leitet sich der pseudo-sakrale Charakter der Gruppenpraxis ab, der dazu dient, das eigene Handeln mithilfe von als heilig erklärten Devotionalien in seiner Bedeutung aufzuwerten und sich dabei selbst zu thematisieren. Die mithin erfolgende Idealisierung der eigenen Handlungen entspricht der rekonstruierten Sinnstruktur der Idealisierung in Kapitel 6, in welcher die Praxis der Akteure als werteorientiert inszeniert wird, um Urteile zu umgehen, Konsumenten einer Unterhaltungsshow zu sein, was weniger idealisierbar wäre. Ferner wird die eigene Praxis durch die Klassifikation *heilig* zu sein legitimiert, da die Akteure in Würde stehen und somit einer höheren Verpflichtung nachkommen, worin man sie gewähren lassen soll.

Die in dem Interviewausschnitt erfolgten Sprecherwechsel verweisen auf eine sinnbezogene Antizipationsdichte mit welcher die soziale Wirklichkeit einer Gruppe ko-produziert wird. Jener kooperativ geführte Produktionsprozess wird als Verweis für eine engverbundene Gruppe gedeutet, welche sich an einem gemeinsamen, identitätsstiftenden Fundament orientiert. Ein Pfeiler des Fundaments ist die Gruppenpraxis hinter der Zaunfahne.

In dem Interviewausschnitt inszenieren die Sprecher die Maske *Heilige hinter der Zaunfahne* zu sein. Die dort vollzogene Gruppenpraxis soll durch die sakrale Dimension antizipierte Urteile (Spiegel) evozieren, legitimiert und notwendig zu sein, wodurch sich die Akteure eine wichtige Rolle in der Veranstaltung zuschreiben können. Ferner ist die Stofffahne das Symbol der Gemeinschaft, welche ihr gruppenbezogenes Weltverhältnis dadurch permanent sowohl sich selbst als auch ihrer Umwelt präsentiert, was als Strategie zu verstehen ist, sich selbst zu verstetigen. Zur weiteren Verstetigung wird dieses Weltverhältnis in *Innenstehende* und *Außenstehende* unterteilt. Dieser binäre Mechanismus, zu wissen, wer man nicht ist (Unbeteiligte) und dadurch zu wissen, wer man ist (Beteiligter), zeigt sich bereits als strukturierendes Moment im Kapitel 5.2 bei der dichotomen Einteilung in Heim- und Gästebesucher. Wird man von den Akteuren als *Außenstehender* klassifiziert, erhält man das Urteil, dass „[...] die Dinge die man als Gemeinschaft, hinter dieser **Fahne** erlebt hat, äh, sind halt nich begreiflich für jemanden Außenstehenden". Dieses Urteil unterstellt ein pauschales Unverständnis von Unbeteiligten. Es hat gleichzeitig zur Konsequenz, Plausibilisierungszwänge der eigenen Gruppenpraxis gegenüber Nicht-Beteiligten zu umgehen und sich so gegen Kritik von außen selbst zu immunisieren.

Im Folgenden werden Bestandteile der *heiligen* Gruppenpraxis hinter der Zaunfahne rekonstruiert, um mehr darüber zu erfahren, was die Gemeinschaft dort erlebt. Dieses Vorgehen zielt darauf ab, weitere Einblicke in das Gewordensein der Akteure zu gewinnen.

7.7 Tribünensport: Zur situationsgebundenen Identität als Blockanweiser

Beobachtung:

> „Schon vor dem Spielbeginn wurden alle im Block vom Vorsänger, der auf einem Podest stand, über das Megaphon zur intensiven Teilnahme auf der Tribüne animiert: ‚Gebt heut' alles' oder ‚Heute zeigen wir, was in uns steckt'. Ferner wies der Vorsänger die Blockanwesenden wie ein Platzeinweiser mit Rufen und Handzeichen an, enger zusammen zu stehen. Insbesondere die Ultras, die am nahsten zum Vorsänger standen, folgten sofort den Anweisungen. Etwas versetzt, aber ebenfalls am Spielfeldzaun, gab es eine weitere Person, die mit dem Rücken zum Spielfeld sich den Ultras sowie den anderen Fans im Block zuwandte. Dieser Akteur leitete die verschiedenen Anweisungen an, wie sich dichter zu stellen oder mitzusingen, in die Seitenbereiche des Blocks und teilweise darüber hinaus in die angrenzenden Stadionbereiche weiter. Zusätzlich zum Vorsänger-Team war im unteren Blockbereich eine dritte Person zu sehen, die mit Drumsticks und einer Trommel ausgestattet war, welche direkt am Podest des Vorsängers befestigt wurde."

Die Beobachtung beinhaltet Praktiken im Block vor dem tatsächlichen Spielbeginn. Die Wortwahl „schon vor dem Spielbeginn" drückt eine gewisse Verwunderung und damit eine irritierte Erwartungshaltung des Ethnographen aus. Sie bezieht sich auf die Annahme, Zuschauer würden zu einer Veranstaltung gehen und sich zunächst um ihr Wohl kümmern, indem sie sich mit Getränken versorgen, über die bevorstehende Veranstaltung oder sonstiges sprechen. Eine solche Besucherpraxis entwickelt sich aus der Situation heraus und ist von ihrem Organisationsgrad so geringfügig, dass sie sich kaum selbst zur Disposition stellen muss. So kann etwa die Absprache, wer für eine Gruppe von drei Zuschauern Getränke für alle anderen holt, spontan geschehen und muss nicht im Vorfeld organisatorisch durch eine Aufgabenteilung geklärt werden.

Anders ist es hingegen bei den Praktiken der Akteure in der Beobachtung. Sie verweisen auf einen deutlich höheren Organisationsgrad, der auf das Ziel schließen lässt, andere zu beeinflussen. So gibt es einen sogenannten Vorsänger. Doch wer oder was ist ein Vorsänger? Aus Kontextinformationen ist bekannt, dass es sich dabei um eine Funktionsbezeichnung innerhalb von sogenannten Ultra-Gruppen handelt. Diese macht auf das Bestehen verschiedener Organisationseinheiten in Ultra-Gruppen aufmerksam. Bezogen auf den Gründungsmythos der *Ultras*, mehr Stimmung in Fußballstadien zu erzeugen (Kap. 2.1), scheint der vorliegende Funktionsträger den Sinn zu erfüllen, Praktiken vorzumachen, woraus Stimmung erzeugt werden kann. Einem *Vor* folgt ein *Nach*. Im Falle eines *Vorsängers* folgen ihm Nachsänger. Da es sich bei den Tribünenpraktiken nicht nur um Gesänge handelt, sondern auch um Sprechchöre oder Klatschrhythmen, ist die Bezeichnung Nachahmen präziser. Dass diese Funktion einen eigenen Namen besitzt, wird als Indiz gewertet, dass es sich dabei um eine regelmäßige situationsgebundene Identität handelt. Ferner hat sich niemand der Anwesenden im Block über diese Person gewundert, was ebenfalls auf einen routinierten Vorgang innerhalb des beobachteten sozialen Raums hinweist.

Indem die beforschte Gruppe einen Funktionsträger hervorbringt, der Praktiken der Anwesenden auf der Tribüne anleiten soll, wird ein Bedarf unterstellt, Praktiken anzuleiten. Ein solcher Bedarf kann aus dem Defizit bisheriger Praktiken abgeleitet werden. Aus einer raum-zeitlichen Perspektive ermöglicht die zentrale Steuerung von Vorgaben nicht nur, welche Praktiken vollzogen werden, sondern auch wann sie vollzogen werden. Der gemeinsame Aufmerksamkeitsfokus der Besucher auf die Reaktionen auslösende Fußballshow, wird durch den Vorsänger unterbrochen. Dieser ermöglicht nun einen neuen Fokus, auf welchen sich die Reaktionen beziehen können und das unabhängig von der Sportdarbietung.

Der Vormacher besitzt einen exponierten Platz, ein Podest. Das Podest ist mit gerüstähnlichen Metallstangen am unteren Ende des Tribünenabschnitts vor dem Zaun zum Spielfeld befestigt. Es ermöglicht eine vergleichsweise gute

Sicht zwischen dem Akteur auf dem Podest und den Personen im Block. Die Materialität des Podests macht auf eine dauerhafte Installation aufmerksam und wirkt mithin ähnlich wie der Stand in Kapitel 6.2 wie eine institutionelle Einbettung der Praktiken der Gruppe in die Veranstaltung. Da es sich bei der beobachteten Gruppe lediglich um Besucher der Veranstaltung handelt, impliziert die institutionelle Einbettung eine Absprache zwischen den Veranstaltern und jener Besucher-Gruppe, die zum Ergebnis das Podest hatte. An dieser Stelle wiederholt sich die ambivalente Wechselbeziehung zwischen dem Veranstalter und der beforschten Gruppe. So gewährt er ihr mit dem Podest einen Sonderstatus gegenüber den anderen Besuchern einzunehmen. Gleichzeitig wird ihr Sonderstatus durch die Reglementierung von Fahnen (Kapitel 7.2) vom Veranstalter eingrschänkt.

Im Kontext von Unterhaltungsveranstaltungen dienen Podeste ganz allgemein als Bühnenelemente. Die Bühne ist gemeinhin der Bereich, in welchem die Darstellung erfolgt. Das festinstallierte Artefakt *Podest* zeigt folglich auf, dass innerhalb der Stadionveranstaltungen mindestens zwei Darstellungen erfolgen: Eine auf der Bühne (Fußballfeld) und eine auf der Tribüne.

Neben der Tribüne, die den visuellen Austausch zwischen Vorsänger und der im Stadionblock anwesenden Personen begünstigt, hat der Vorsänger zusätzlich ein Megaphon als Hilfsmittel. Dieses technische Kommunikationsmittel dient dazu, akustische Signale zu verstärken. Es ermöglicht, größere Menschenansammlungen mit der Stimme zu erreichen. Im Gegensatz zu einem Mikrophon, welches über Lautsprecher akustische Signale verstärkt, ist ein Megaphon mobiler einsetzbar und bedarf weniger technischer Voraussetzungen. Denkbare Kontexte in denen Megaphone eingesetzt werden, sind Demonstrationen oder Notsituationen, in denen Menschen verbal in ihrem Handeln angeleitet werden müssen. Die Gemeinsamkeit dieser beiden Kontexte verweist auf die Beeinflussung von Menschenansammlungen, in welchen man als Megaphone-Benutzer beeinflussende Funktion einnimmt, indem man den *Ton angibt*. Dies verweist ebenfalls auf den Status des Vorsängers. Durch seine Handlungsvorgaben wird ein nicht unerheblicher Einflussversuch gegenüber den anderen Block-Besuchern geltend gemacht.

Die Aussage des Vorsängers „Gebt heut' alles" bezieht sich im vorliegenden Kontext auf den Einsatz von physischen Aktivitäten, mit welchen der Glaube verbunden ist, das Fußballspiel zu beeinflussen. Dekontextualisiert wäre die Aussage mühelos in sportlichen Wettkämpfen denkbar, wobei ein Trainer vor dem Spiel seine Spieler zur Leistungsbereitschaft moralisiert. Vorliegend moralisiert hingegen ein Besucher der Veranstaltung andere Besucher. Er beschwört sie, zu guten Leistungen. Was wie eine wilde Fantasie klingt, dass sogenannte Zuschauer sich derart auf eine sportliche Darbietung einschwören, ist in der beobachteten Situation hingegen sehr ernst gemeint und verwundert niemanden der Anwesenden.

Der Apell „Heute zeigen wir, was in uns steckt" verweist auf ein abrufbares Leistungspotenzial, welches den Adressaten als abrufbar unterstellt wird. D. h., ähnlich wie bei einer Trainer-Spieler-Interaktion, setzt die Aussage voraus, dass die beteiligten Personen über ein Repertoire an Praktiken verfügen, die sie gemeinsam vollziehen können. Eine soziale Welt stellt eine organisierte Perspektive dar. Da sie keine statische Ganzheit ist, muss die geteilte Perspektive kontinuierlich wiederhergestellt werden (Strauss 1974, S. 176 f.). Indem der Vorsänger insbesondere seine Gruppe auf ein gemeinsames Handeln einschwört, stellt er die geteilte Perspektive her.

Damit die gemeinsame Perspektive als Handlungsorientierung gelingt, werden die Menschen im Block angewiesen, dichter zusammen zu stehen. Dadurch intensiviert sich die physische Co-Präsenz zwischen den Veranstaltungsteilnehmern. Die Nähe impliziert Intimität und Vertrautheit. Von außen auf den Tribünenbereich betrachtet ergibt sich daraus ein geschlossenes Gesamtbild wie eine Einheit. Räumlich betrachtet wird so eine gegenseitige Zugehörigkeit zu einer Gruppe hergestellt.

Das Einschwören, die Anweisungen, wer wo zu stehen hat, all das sind kleine Rituale, die zur Selbstvergewisserung führen, da in ihnen gemeinschaftskonstituierende Tauschvorgänge äußerlich sichtbar gemacht werden (Keller 2006, S. 100). Ein Tauschvorgang, indem Individuen durch räumliche Nähe zu einem Kollektiv verschmelzen. Diese Ordnung, die der Vormacher initiiert, orientiert sich folglich daran, dass die beforschten Akteure selbst regelgeleitete, kollektive Praktiken hervorbringen.

Um diese Ordnungsvorstellung möglichst vielen Menschen im Zuschauerbereich zugänglich zu machen, um so scheinbar das Kollektiv zu erweitern, hat der Vorsänger unterstützendes Personal: Eine zweite Person am Spielfeldzaun. Der Gehilfe des Vorsängers transportierte seine Anweisungen in die Randbereiche des Aufmerksamkeitsfokus der eigenen Gruppe. Die Orientierung der Gruppe, welcher der Anweiser zugehörig ist, deutet somit daraufhin, andere Zuschauer für ihre Vorhaben gewinnen zu wollen. Eine solche Strategie erscheint wie eine Optimierung der Gruppenziele. Sie impliziert zunächst, das Vermögen der Gruppe, geplante Praktiken hervorzubringen. Nun gilt es, diese Planung in die Praxis der weiteren Zuschauer zu implementieren. Derartige Optimierungsstrategien deuten auf die Praxisroutine der Gruppe. Die Teilnahme an einer Gruppe ist dann möglich, wenn Menschen für das Funktionieren der Gruppe grundlegende Auffassungen besitzen (Strauss 1974, S. 168). Die Menschen in der Peripherie der *Ultra-Gruppe* anzuhalten, ihre Auffassungen zu teilen, erhält demnach einen missionierenden Charakter. Ihr liegt der Glaube zugrunde, die eigene Praxis sei so erfüllend, dass auch andere Menschen sich ihr anschließen sollten. Der Umstand, dass die idealtypisch passiven Zuschauer zum aktiven Handeln animiert werden müssen, verweist darauf, dass es sich bei der geplanten Praxis keinesfalls um eine grundlegend zu erwartende Zuschauerpraxis handelt. So wäre eher zu erwarten, der Veranstaltungsgänger habe ein thematisches Interesse an der Veranstaltung, worin sich seine Anwesenheit begründet. Die Aufforderung, bei den beforschten Akteuren mitzumachen, impliziert jedoch, dass man auch darüber hinaus an der Veranstaltung partizipieren kann. So gesehen, muss es sich um ein attraktives Angebot der beforschten Besucher für die anderen Zuschauer handeln, damit sie ihnen im vorliegenden Freizeitkontext überhaupt folgen. Die Mission der beiden Akteure, ihre Gruppenmitglieder und weitere Zuschauer für ihre Handlungsanweisungen zu begeistern, bedingt die Ausrichtung ihres Aufmerksamkeitsfokus auf die Tribüne statt auf das Spielfeld. Erhält sich der tribünenorientierte Aufmerksamkeitsfokus während des Feldspiels, wäre es fraglich, inwieweit diese Akteure dann noch als Zuschauer im engeren Sinne beschrieben werden könnten. Sie wären dann auch keine Zuschauer von den Praktiken der Zuschauer, zumindest wenn sie ihnen weitere Anweisungen geben, worauf die Bezeichnung *Vorsänger* bereits aufmerksam gemacht hat.

Eine weitere Organisationseinheit in der beforschten Gruppe bildet der Trommler mit Trommel und Sticks. Er scheint eng mit den Praktiken des Vorsängers verbunden zu sein, worauf die räumliche Nähe zwischen dem Instrument und dem Podest hinweist. Wie das Megaphon ist eine Trommel durchaus ein gangbares Accessoire für Demonstrationen, die dazu dient, etwa den Rhythmus von Sprechchören anzugeben. Eine Trommel hat die Eigenschaft laute und somit aufmerksamkeitserregende Töne zu produzieren. Diese sind rhythmischer statt melodischer Natur. Somit erfüllt sowohl das Megaphon als auch die Trommel die Bedingung zu koordinieren, was Menschen in welchem Takt tun sollen. Um diese Bedingungen umzusetzen, wurde ein zuständiges Personal aus Vorsängern und Trommler aus der Gruppe heraus installiert.

Zusammenfassung

In der Beobachtung werden Praktiken von Besuchern rekonstruiert, die vor dem eigentlichen Spielbeginn auf der Zuschauertribüne erfolgen. Die personalen und materialen Bestandteile wie einen Vorsänger oder eine Trommel zu haben sowie die eigenen Gruppenmitglieder und andere Anwesende zum Einsatz zu moralisieren, sind nicht spontan, sondern entstammen einer vororganisierten und routinierten Praxis. Sie impliziert das antizipierte Bild der Akteure über die Veranstaltung und ihrer eigenen Identität in ihr. So orientieren sich die Akteure daran, einen kollektiven Handlungsvollzug zu initiieren, für welchen sie den Ton und den Takt angeben. Geplante Praktiken durchzuführen, erinnert an die Spieler auf dem Feld, die ebenfalls ihre Darbietungen in Trainings planen. Diese Handlungsorientierung scheint sich wie ein roter Faden durch die Praktiken der Beforschten zu ziehen. Denn bereits bei dem Stand auf dem Stadionvorplatz wurde das Selbstbild der Akteure als produzierende Anbieter statt lediglich konsumierende Zuschauer rekonstruiert. Welche Erkenntnisse können hinsichtlich der Suche nach Identität (vgl. Strauss 1974) von der protokollierten Situation abgeleitet werden? Die Beobachtung dokumentiert Konsequenzen von geplanten Handlungen. Diese orientieren sich an der Herstellung einer öffentlichen Darstellungs-Praxis. Der Vorsänger auf der Tribüne (Podest) hat durch diese Installation formal die situationsgebundene Identität eines instruktiven Darstellers für die anderen Darsteller. Die Tribüne transformiert sich mithin ebenfalls in eine Bühne, wie die des Spielfeldes. Um nun ein besseren Verständnis von dem dahinterliegendem Identitätskonstrukt der Gruppe auf der Tribüne zu bekommen, muss geklärt werden, welche Praxis nach den stimulierenden Appellen des Vorsängers vollzogen wird. Es kann vermutet werden, dass die Praxis weniger den Charakter eines Zuschauens von Praktiken Dritter (Fußballspieler) hat, als vielmehr eine eigene Darstellungsleistung hervorgebracht wird. Ein Zuschauersport wie Fußball würde entsprechend von den Akteuren als eine Mitmachveranstaltung gedeutet werden, in welchem die Zuschauer aus dem Zuschauersport einen eigenen Tribünensport und damit einen aktiven Part wie die Spieler auf dem Feld leisten.

7.8 Raum-Praxis-Parallelität: Zur situationsgebundenen Identität als Mitspieler

Beobachtung:

> „Als das Spiel begann, heizte der Vorsänger sofort den Ultras und den anderen Fans von seinem Podest aus mit einem Lautsprecher ein, indem er alle wiederholt dazu aufforderte, zu klatschen, zu springen und zu singen. Mit anderen Fans meine ich Kutten, Normalos und eine Hand voll Familien, was also eine bunte Mischung ergeben hat. Der Unterschied zwischen ihnen war, dass die Ultras wirklich dauerhaft Support geben und am meisten Liedtexte auswendig können und bei dem Einheizen des Vorsängers die ganze Zeit mit machen, wohingegen die anderen Fans spielzentriert anfeuern und eher damit beschäftigt sind, spielbezogene Kommentare zu äußern."

Die in Kapitel 5.1.3 rekonstruierte Eigenschaft von Wettkampfveranstaltungen ergebnisoffen zu sein, ermöglicht zwischen Spielern und Zuschauern eine Raum-Zeitlichkeit, in der die Magie des Miteinander-Machens besonders intensiv werden kann, da Sportler als auch Zuschauer sich gemeinsam in einer hoffungsvollen Ungewissheit über den Ausgang des Wettkampfes befinden. Bei vielen Sportdarbietungen beziehen sich die Zuschauer-Praktiken wohl zumeist mehr oder weniger unmittelbar auf die sportlichen Darbietungen, zumindest sofern davon ausgegangen wird, dass sie das Spiel aufmerksam verfolgen. Die meisten Menschen, die schon einmal einen Sportwettkampf live oder im Fernsehen gesehen haben, kennen den Moment, in dem die Zuschauer als Reaktion auf ein wichtiges Spielereignis, wie ein Tortreffer, in Jubel ausbrechen, als hätten diese es selbst geschossen. Gleiches gilt umgekehrt: Eine verpasste Torchance, kann Ärger auslösen. Insofern werden reaktiv auf die Spielzüge Emotionen bei den Zuschauern freigesetzt. Das Reagieren auf die dargebotenen Spielzüge wird demnach als ein herkömmliches Fühlen und Handeln des Zuschauens von Darbietungen eingeordnet. In einer solchen Wechselbeziehung wäre zunächst davon auszugehen, es bestehe auf Seiten der reagierenden Zuschauer wenig Hoffnung, tatsächlichen Einfluss auf das Spiel nehmen zu können. Ungeachtet dessen beobachtete der Ethnograph bei seinen Feldaufenthalten Zuschauer, die wie Trainer von der Tribüne aus den Spielern Anweisungen geben, wie sie spielen sollen und wo sie zu stehen haben. Hierbei handelt es sich jedoch nicht um tatsächliche Interaktionsversuche mit den Spielern auf dem Feld, sondern um eine Form sich als Zuschauer selbst zu unterhalten bzw. Interaktionen mit anderen Zuschauern zu initiieren. Ein Indiz, dass derlei Anweisungen selbstbezüglich sind bzw. einen interaktiven Bezug zu anderen Zuschauern implizieren und damit nicht ernsthaft die Spieler adressiert werden, besteht darin, dass wohl kaum einer der kommentierenden Zuschauer sich ernsthaft darüber beschweren würde, dass die Spieler nicht auf ihn gehört hätten, weshalb sie in Folge dessen verloren haben. Stillschweigend scheinen jene Zuschauer sich demnach durchaus bewusst zu sein, keinen tatsächlichen Einfluss auf das Spiel mit ihren Kommentaren zu haben.

Anders hingegen kann das Gefühl der Einflussnahme gelagert sein, wenn Zuschauer zeitlich vor einem Spielzug agieren. So lässt sich bei Stadionfußballwettkämpfen beobachten, dass wenn ein Freistoß geschossen wird, einige Zuschauer noch bevor der jeweilige Spieler den Ball geschossen hat, beginnen einen langgezogenen „O-Laut" im Kollektiv zu verbalisieren. Dieser Laut hält an, während der Schütze Anlauf nimmt, um den Ball zu schießen und endet mit einem „Hey-Laut", wenn der Ball geschossen wird. Somit können die Zuschauer das Gefühl verspüren, den Spieler vor seinem Spielzug beeinflusst zu haben, indem sie den Akt des Schießens kollektiv davor, während und danach begleitet haben. Hierin zeichnet sich die Dimensionierung zwischen Selbstbezug (Zuschauer wie Trainer) vs. Spielbezug (Begleitung bei Freistößen durch O-Laute etc.) bei Zuschauern ab. Noch deutlicher wird der Glaube an die spielbezogene Einflussnahme der Zuschauer, wenn die präferierte Fußballmannschaft gerade ein Gegentor bekommen hat, was potenziell den Kampfgeist der Spieler demoralisieren kann. In solchen Momenten kann es vorkommen, dass die Zuschauer beginnen, rhythmisch in einem schneller werdenden Takt zu klatschen. Dieses Klatschen bezieht sich auf die unmittelbare Zukunft des Spielhergangs und soll die Moral der Spieler stärken, an ihren Erfolg zu glauben. Bei Tenniswettkämpfen ist dieses motivierende Klatschen ein sehr prägnantes Ereignis.

Wenn ein Spieler mehrere und ggf. unnötige Fehler gemacht hat und das Gefühl entsteht, er sei demoralisiert, kann vor dem Moment der nächsten Spielzüge das Publikum ein rhythmisches Klatschen durchführen, um den lädierten Spieler moralisch zu unterstützen. Das Publikum ergreift in dem Moment die Rolle, den vermeintlich verloren gegangenen Kampfgeist des Spielers zu wecken. D. h., es wird etwas vermeintlich Unterstützungsbedürftiges des Spielers durch die Zuschauer animiert bzw. dem Spieler für sein zukünftiges Spiel angeboten. Die Praktik der Zuschauer, wie die des Klatschens, entfaltet durch die Synchronität eine intensive Geräuschkulisse. Sie bringt zum Ausdruck, dass alle die Menschen, die gerade klatschen, hinter dem Spieler stehen und gemeinsam an seine Fähigkeit glauben, wodurch die moralisierende Wirkung hergestellt wird, was den Spieler motivieren kann. Das Handeln des Publikums ist vergemeinschaftend, da ein Wir-Gefühl entsteht, für eine Sache, die gerade gemeinsam vollzogen wird (Goffman 1973, S. 20). Stellt man sich nun vor, eine Kausalität würde zwischen den Praktiken der Zuschauer und einem gewünschten Spielverlauf konstruiert, kann das durch die gemeinsame Praxis entstandene Wir-Gefühl sich dahingehend erweitern, miteinander etwas erreicht zu haben, wie etwa die Motivation des Spielers gefördert zu haben. Dabei ist es wichtig zu beachten, dass es sich bei dieser beeinflussenden Zuschauer-Praxis nicht um strategische Hinweise handelt, sondern lediglich die Funktion der Moralisierung beinhalten. In der Moralisierung markiert sich die mehr oder weniger akzeptierte Grenze des Einflusses der so agierenden Zuschauer auf die Spieler. Wie sollte auch über die Distanz zwischen Spielern und Zuschauern hinweg Strategien kommuniziert werden? Nicht nur die Entfernung ist zu weit, auch die Vielzahl von Anweisungen der gleichzeitig sprechenden Zuschauer wären für die Sportler kaum zu verarbeiten. Die Rolle der Zuschauer kann demnach mit der Eigenschaft der moralischen Hilfe oder Unterstützung beschrieben werden. Ob derlei Zuschauer-Praktiken helfen, ist kaum festzustellen. Zumindest scheint jeder der beteiligten Interaktanten daran zu glauben, es könne helfen. Indizien für den Glauben sind, dass Zuschauer immer wieder zu derlei Praktiken greifen und auch die Spieler gelegentlich selbst klatschende Gesten in Richtung des Publikums machen, womit diese es an ihre Rolle erinnern, die Spieler moralisch anzuspornen. Daraus ergibt sich eine Wechselbeziehung zwischen Zuschauern und Spielern, in der die Spieler sportliche Fähigkeiten darbieten, welche die Zuschauer reaktiv genießen.

Eine weit verbreitete Zuschauer-Praxis, die ebenfalls der Sinnstruktur der moralischen Einflussnahme folgt, ist im Fußball die des Auspfeifens. In vielen Fällen adressiert sie die gegnerische Wettkampfpartei. Es kann jedoch ebenfalls die favorisierte Mannschaft bei einem unbefriedigend bewerteten Spielverlauf adressieren. Die kollektiven Pfiffe, z. B. bei dem Ballbesitz der gegnerischen Spieler oder Freistößen, sollen eine einschüchternde Geräuschkulisse erzeugen und so einen entmutigenden Einfluss auf den nächsten Spielzug nehmen. Kurz, sie sollen die Spieler in ihren Fähigkeiten demoralisieren, woraus die präferierte Mannschaft Vorteile ziehen soll. Werden durch Pfiffe die favorisierte Mannschaft adressiert, handelt es sich um einen Protest gegen die aktuell gezeigte Moral der favorisierten Fußballmannschaft, welcher dazu auffordert, sie zukünftig in eine für den Wettkampf zuträglichere zu verwandeln.

Zusammenfassend ist festzuhalten, dass die Zuschauerhandlungen, die den Zweck erfüllen sollen, tatsächlich von den Spielern gehört zu werden, wie durch Klatschen und Pfeifen, die zentrale Eigenschaft haben, moralische Appelle zu sein, welche die Gefühlslage der Spieler beeinflussen sollen. Der Appell besteht darin, retrospektiv Spielzüge meist durch Klatschen zu wertschätzen und damit auszudrücken, weiter solche Spielzüge durchzuführen. Ferner gibt es den prospektiven Apell, welcher sich darauf bezieht, dass die Spieler nach einem nachteiligen Spielverlauf die Moral, im Sinne des Glaubens an ihre Fähigkeiten, nicht verlieren sollen, womit sie zu besseren Leistungen angespornt werden sollen. Wie schon das Klatschen, folgen die Pfiffe ebenfalls weniger einer sportlich strategischen Einflussnahme als vielmehr einer moralischen.

Im Gegensatz zu diesen Praktiken, die als retrospektive oder prospektive Reaktionen auf gezeigte sportliche Darbietungen rekonstruiert werden, ist in der oben genannten Beobachtung eine Raum-Praxis-Parallelität der Zuschauer und der Spieler zu erkennen, die mit dem Spielbeginn einsetzt. Die Praktiken sind damit zeitlich abhängig von dem Spiel. Unabhängig sind sie hingegen von dessen Verlauf. D. h. die bisher rekonstruierte Funktion der Zuschauer, für die Spieler moralisch unterstützende Praktiken bei einem schlechten Spielverlauf zu vollziehen, wird durch die zu beforschenden Akteure von vornherein parallel umgesetzt. Die Zuschauer haben damit nicht mehr nur die situationsgebundene Identität in Krisen zu intervenieren, sondern eine Identität, mit der die Akteure tendenziell eigenständig den Spielverlauf moralisch begleiten und beeinflussen wollen. Für diese situationsgebundene Identität der dauerhaften moralischen Unterstützung haben die Akteure verschiedene vororganisierte Strategien initiiert, wie einen Vorsänger mit Megaphon (Kap. 7.7). Jene Strategien ermöglichen es, den Wettkampf von seiner ersten Minute an zum Ausgangspunkt für eigene Aktivitäten werden zu lassen und nicht etwa auf einen situativen Wettkampfverlauf spontan reagieren zu müssen. Ferner entsteht durch die zentrale Steuerung des Vormachers ein relativ hoher Grad an Synchronität der Tribünenpraktiken. Indem nun die Bewegungen und Stimmen ineinander verschmelzen, entsteht daraus eine kraftvolle, kollektive Bewegung oder Stimme.

Die weitere Beobachtung (*„Mit anderen Fans meine ich Kutten, Normalos und eine Hand voll Familien, was also eine bunte Mischung“)* deutet auf die Anwesenheit verschiedener Besucheridentitäten in dem Tribünenabschnitt hin. Die Namen verweisen erneut auf den Umstand der interaktiven Herstellung der Zugehörigkeit zu einem Interessenobjekt, welche zwischen Gleichgesinnten erfolgt. Gleichgesinnt zu sein, d. h. eine gemeinsame Sinnstrukturierung bezogen auf gegenseitige Verpflichtungen und Erwartungen (vgl. Goffman 1973) zu haben, wird dabei durch geteilte Beziehungszeichen wie Kleidung und eine gemeinsame Namensgebung hergestellt.

Die beobachtete Gruppe hat im Gegensatz zu den anderen Besuchern einen eigenen *Vorsänger*, dessen Anweisungen ihre Mitglieder folgen. Durch die geschlossene Teilnahme der Gruppemitglieder an der spielparallelen moralischen Unterstützung der Spieler, konstituiert die Gruppe die Maske, eine eigenständige Organisationseinheit mit selbst gewählten Zielen zu sein.

Die anderen Anwesenden in dieser Beobachtung vollzogen nicht in der Ausprägung den transformativen Schritt von reaktiven hinzu eigenständigen parallelen Praktiken. Damit wird ein begrenzter Einfluss der beobachteten Besucher-Gruppe auf die anderen Blockanwesenden deutlich. Sie schaffen durch ihre Organisation (z. B. Vorsänger) lediglich ein freiwilliges Angebot für andere Stadiongänger, was jedoch nicht zwangsläufig attraktiv für alle ist.

Im Gegensatz zu anderen Zuschauern, die, wenn überhaupt, nur in misslichen Lagen der präferierten Spieler sich zu proaktiven Praktiken wie dem weiter oben rekonstruierten Klatschen sich hinreißen lassen, scheinen die Ultras ihren Stadionaufenthalt folglich anders zu deuten. Sie schreiben sich die situationsgebundene Identität zu, eine permanente moralische Unterstützung für die Spieler zu sein. An dieser Sinnstruktur orientiert sich ihr geplantes und durch Hilfsmittel gestütztes Handeln, welches als Raum-Praxis-Parallelität gegenüber dem veranstalterseitigen Angebot (Fußballdarbietungen) rekonstruiert wird.

Zusammenfassung

Vorliegend wird die Strategie der Akteure rekonstruiert, eine Person zu ernennen, welche bekannte Handlungsanweisungen gibt, die von der beobachteten Gruppe umgesetzt werden. Daraus ergibt sich die strukturelle Voraussetzung für eine Wechselbeziehung zwischen einem anleitendem Akteur und einer Gruppe von Besuchern, woraus ein Vor- und Nachmachen von Besucherpraktiken parallel zum Spielverlauf ermöglicht wird. Diese Organisation hat einen doppelten Eröffnungsakt zur Konsequenz, der durch parallele Praktiken auf dem Spielfeld und der Tribüne erfolgt. Mithin wird eine Raum-Praxis-Parallelität zwischen Bühne und Tribüne grundiert. Die Zugehörigkeit zu einer Wettkampfpartei sowie die Eigenschaft des Wettkampfes, ergebnisoffen zu sein, lassen somit einen Teil der Zuschauer direkt mit dem fußballerischen Wettkampfbeginn eigene wettkampfartige Praktiken vollziehen. Bei einem Wettkampf zählt jeder erdenkliche Moment, weshalb der Vorsänger den Eröffnungsakt des Spieles zum Eröffnungsakt von Tribünenaktivitäten werden lässt. In ein Spiel reinzukommen und *warm* zu werden, ist strategisch wichtig, um vorhandene Potenziale entfalten zu können. Insofern verwundert die Wortwahl „einheizen" des Ethnographen in der Feldnotiz nicht, die als Mensch-Maschinen-Metaphorik zu bezeichnen ist, womit von den Akteuren die Betriebstemperatur erreicht werden soll, um eine optimale Leistung zu erlangen. Einen solchen Zustand zu erreichen, scheint offenbar das Ziel des Vorsängers zu sein. In Hinblick auf die rekonstruierte Eigenschaft von Zuschauern, eine moralische Unterstützung für die Spieler zu sein, beinhaltet der optimale Zustand der beobachteten Gruppe eine spielunabhängige parallele moralische Unterstützung für die Spieler ab dem Beginn der Darbietung herzustellen. Die Einflussversuche auf den Spielverlauf durch klatschen etc. erfolgt mithin nicht mehr spielabhängig, sondern hat sich verselbstständigt. Wie bereits in der Praxis des Stands auf dem Stadionvorplatz (Kapitel 6.3) gezeigt wurde, schaffen die beforschten Akteure auf der Tribüne ebenfalls Angebote, durch welche sie ihre Veranstaltungsteilnahme idealisieren können. Denn die Gruppen-Praxis beinhaltet nicht mehr nur ein Veranstaltungsangebot passiv zu konsumieren, sondern von vornherein aktiv einen eigenen Beitrag zu leisten. Mit dieser Handlungsorientierung und entsprechender Organisation (Vormachen etc.) sind die beforschten Akteure vielmehr als Mitmacher denn als Zuschauer zu charakterisieren, die dauerhaft parallel zum Spielverlauf eigenständig operieren können.

Dass eine Besucher-Gruppe eine derartig geplante Praxis vollzieht, wodurch sich die Veranstaltung in Teilen verändert, lässt darauf schließen, dass diese Gruppe sich in ihren weiteren Praktiken ebenfalls daran orientiert, Einfluss auf die Veranstaltung zu nehmen. Um die Orientierung der Akteure an einer eigenen Darstellungspraxis zu plausibilisieren, muss sie am weiteren Material überprüft werden, um zu bestätigen, ob es sich dabei tatsächlich um eine zentrale Disponiertheit einer Lebenspraxis handelt (Oevermann 2002, S. 7).

Zur Prüfung dieser Handlungsorientierung wird eine weitere Praxis der Akteure rekonstruiert, die zum Beginn der Veranstaltung beobachtet wurde. Der Auswahl liegt neben dem theoretical sampling, welches wiederholt auf die Bedeutung dieser Praxis verwiesen hat, die theoretische Annahme zugrunde, insbesondere in der Eröffnung von sozialen Interaktionen würden typische Selbstpräsentationen der Interaktanten gewählt, mit welchen sie im weiteren Vollzug identifiziert werden wollen. Der Zwang, sich zu Beginn einer sozialen Situation auf eine bestimmte Art und Weise präsentieren zu müssen, wirft die Frage auf, warum die Selbstpräsentation so und nicht anders erfolgt sowie welche Funktion sie zu erfüllen versucht. Folglich kann davon ausgegangen werden, dass in Interaktionseröffnungen zentrale Orientierungsmuster der Akteure ersichtlich werden (Rosenthal & Fischer-Rosenthal 1997), welche aufschlussreich sind, um das Selbstbild *Ultra* besser zu verstehen.

7.9 Tribünenshow als Eröffnungsakt: Zur situationsgebundenen Identität als darstellende Würdenträger

Beobachtung:

„Vor dem Blockeingang sowie im Toilettenbereich waren Zettel mit der Überschrift ‚Choreo Ankündigung' angebracht. Der Din/A4 Zettel, welcher von der Ultra-Gruppe unterschrieben war, hatte zusammengefasst folgenden Inhalt: In der sehr höflichen (Liebe Fans, bitte um Hilfe, danke etc.) Beschreibung war zu lesen, dass wegen des Stadtjubiläums eine ‚Choreo' durchgeführt werden soll. Ferner, dass Fahnen auf ein ‚Zeichen' während des Spielereinlaufs über den Block gespannt werden und alle vorsichtig mit anpacken sollen, die Fahnen im Block auszubreiten. Sie dann 3 Minuten zu präsentieren und auf ein ‚Zeichen' wieder vorsichtig runter zu reichen.

Gesagt, getan! Schon bevor die Spieler einliefen, wurden zwei längliche Stofffahnen auf der linken und rechten Seite des Blocks ausgebreitet und von den Personen, die sich darunter befanden, hoch gehalten. Die Banner sind jeweils 20m lang, sodass viele im Block sie über ihren Köpfen hoch halten mussten. Um die Banner aufzuspannen, haben alle mitangepackt und mitgeholfen. Fans, die nichts mit Ultra zu tun hatten, standen sehr engagiert mit helfender Hand zur Seite und waren daran beteiligt, die Stoffe konzentriert hochzuhalten etc. Was zu tun war, stand auf der bereits erwähnten ‚Choreo Ankündigung'. Entsprechend koordiniert wirkten auch die Handgriffe aller Beteiligten.

Auf dem linken Banner waren historische Daten der Stadt sowie typische Stadtsymbole wie das Wahrzeichen abgebildet. Der rechte Stoffbanner zeigte historische Daten des Vereins und sein dazugehöriges Wappen. Als die Fußballspieler schließlich auf das Spielfeld einliefen, wurde parallel zu der Stadionmusik des Veranstalters von der Unterseite des Blocks eine ca. 20m breite und lange Fahne über die Mitte der beiden rechts und links installierten Banner relativ gleichmäßig Richtung Block-Oberseite des Tribünenabschnitts aufgerollt, bis der gesamte Mittelteil des Blocks überdeckt war. Auf dieser zentralen und größten Stofffläche war im Hintergrund das Stadtwappen zu sehen und im Vordergrund das Wahrzeichen der Stadt. Das Dritte Element bestand aus einem Lorbeeren ähnlichen Ehrenkranz, der die beiden ersteren Elemente umrandete. Jenes Symbol fand sich auch auf der Kleidung der Ultras wieder. Während der Präsentation dieser Fahne wurde gesungen: Schalalala [...] Verein XY [ausgesprochener Vereinsname]. Dieser Gesang wurde mehrmals wiederholt. Als die Fahne auf Kommando des Vorsängers wieder runter gezogen wurde, wurden noch Papierröllchen (Feldbezeichnung ‚Kassenrollen') in den Vereinsfarben gleichzeitig Richtung Spielfeld geworfen. Dadurch löste sich das zusammengerollte Papier und ergab den Effekt, von Papierschlangen. Viele der umstehenden Stadionbesucher haben geklatscht als die Choreo zu Ende war. Es war wirklich sehr schön anzusehen, v. a. wenn man die Mühe dahinter bedenkt."

Der komplexe Vorgang innerhalb der beobachteten Situation wird im Folgenden unter einzelnen Überschriften rekonstruiert, um so die Erkenntnisse zu systematisieren.

7.9.1 Choreos als künstlerische Praxis

Die in der Beobachtung beschriebene Praxis, Stofffahnen über Tribünenabschnitte auszubreiten, trägt die im Feld übliche Bezeichnung *Choreographie* (kurz ‚*Choreo*'). Dieser Begriff findet sich häufig in Tanz- und Theaterkontexten wieder. Eine Choreographie beinhaltet das Skript eines Handlungsablaufes, woraus eine Darbietung entsteht bzw. besteht. Eine Choreographie ist demnach gemeinhin eine künstlerische Praxis. Künstlerische Darbietungen bewegen sich auf einer kulturellen Ebene. Ihr Wert besteht vordergründig nicht darin, einen Produktionsprozess mit einem ökonomischen Erzeugnis innerhalb einer Gesellschaft zu erschaffen. Der Beitrag einer künstlerischen Praxis ist vielmehr die Vermittlung von Ästhetik durch den Vollzug einer Praxis, wodurch ihr ein Unterhaltungswert zugeschrieben werden kann. Sie kann ebenfalls dazu dienen, vergangene und gegenwärtige gesellschaftliche Zustände ihren Zuschauern symbolisch zu spiegeln, wodurch künstlerische Praxen eine bildende Dimension erhalten. Vor dem idealtypischen Hintergrund einer unterhaltenden und bildenden Praxis, wird nun die *Choreo* mit ihren einzelnen Aspekten rekonstruiert.

7.9.2 Ankündigung als Koordination des kollektiven Akts

Die künstlerische Praxis der Zuschauer wurde vor dem Spielbeginn auf dem Fußballfeld auf Zetteln im Stadion angekündigt. Die Ankündigung beinhaltete den Grund (Stadtjubiläum) der Handlung, Elemente des Aktes, wer sich wie daran beteiligen soll sowie das sie zentral durch „Zeichen" der Urheber gesteuert wird. Die Ankündigung selbst sowie ihre Inhalte verweisen auf eine umfangreich geplante Vororganisation der beforschten Akteure ihres Stadionaufenthaltes. Dimensionieren lässt sich der Akt auf einem Kontinuum zwischen spontanen vs. geplanten Praktiken, wobei die Choreo als geplanter Akt zu klassifizieren ist. Als Bedingung für diesen geplanten Handlungsvollzug diente die vororganisierte Veranstaltung mit ihrem standardisierten Ablauf wie Spielereinlauf, Anpfiff, Halbzeit usw. Generell ermöglichen die veranstaltungsimmanenten Routinen raum-zeitliche Vorhersagbarkeit und entsprechende Vorbereitungen auf relativ erwartungsgemäße Ereignisse, die mithin beeinflusst werden können. Für die Konstitution von situationsgebundenen Identitäten bedeutet die relative Erwartungssicherheit dieser Abläufe, dass sie gezielt für Selbstpräsentationen genutzt werden können.

Eine Besonderheit an geplanten Selbstpräsentationen durch die *Choreo* ist einerseits, ihr Hervorbringen abgestimmter Praktiken, die aufgrund ihres kollektiven Vollzugs eine imposante Erscheinung bilden. Eine weitere Besonderung findet sich in dem Umstand wieder, dass der kollektive Praxisvollzug im halböffentlichem Raum *Stadion* stattfindet. Die Akteure eröffnen entsprechend für sich die Möglichkeit öffentlich ein gewünschtes Bild von sich zu präsentieren. Die mediale Übertragung und Berichterstattung der Fußballshows erweitert die öffentliche Selbstpräsentation zusätzlich. Es entsteht für die Beforschten eine nationale und teilweise internationale Bühne für Selbstpräsentationen in Eigenregie.

Die weitere Rekonstruktion verfestigt die Orienierung an einer Selbstpräsentation. So impliziert die angekündigte Handlungsanleitung eine Darbietung der Veranstaltungsbesucher. Dieser Umstand verwundert, da hinsichtlich der Infrastruktur der Veranstaltung zunächst davon auszugehen ist, dass auf dem Fußballfeld eine Darbietung erfolgt, die von Zuschauern auf einer Tribüne verfolgt wird. Vorliegende Ankündigung verweist hingegen auf eine Darbietung, die auf der Tribüne erfolgt, womit Zuschauer zu Darstellern werden und Tribünen zu Bühnen. Die Bewertung der beforschten Besucher als Zuschauende, d. h. darbietungsreaktive Akteure scheint damit wie bereits zuvor (Kap. 7.8) festgestellt, irreführend. Indem die Urheber ihren Handlungsablauf planen, generieren sie Expertenwissen. Dieses in einer Anleitung preiszugeben, konsolidiert ihren Expertenstatus. Denn einer Anleitung ist implizit, dass andere Menschen nicht über jenes Expertenwissen verfügen. Da jedoch andere Menschen in die Darstellung der beforschten Akteure eingeplant sind, werden sie von den Experten eingeweiht. Folglich wird eine identitätsstiftende Differenz durch Zugehörigkeiten zwischen Menschen mit einem eigenen Handlungsplan und Menschen, die einen vorgegebenen Handlungsplan folgen sollen, grundiert. Die Anleitung von Wissenden für Unwissende wird demnach als Artefakt gedeutet, durch welches die Verfasser der Anleitung die Maske der *Darstellungsleiter* herstellen und die anderen Tribünenanwesenden die Maske der *Darstellungsgehilfen* gespiegelt bekommen. Die Ankündigung, mit ihren höflichen (Bitten) Appellen an die Unwissenden im Block, impliziert ein Ordnungsprinzip des Führens-und-Folgens (vgl. Thalheim 2016). Dass im Rahmen von Stadionfußballspielen ein derartiges Ordnungsprinzip zwischen den Besuchern vollzogen wird, scheint keine nennenswerten Irritationen bei den anwesenden Akteuren auszulösen, wie die spätere Beteiligung der Blockanwesenden zeigte. Die Strategie der beobachteten Gruppe, eine verschriftlichte Handlungsanweisung vorzugeben, war demnach erfolgreich. Ungeachtet dessen wäre ebenfalls denkbar gewesen, dass Menschen sich durch den Appell bevormundet fühlen, die sichtbehindernden Stoffflächen für mehrere Minuten über ihren Köpfen halten zu müssen. Eine Choreo scheint jedoch nicht als Bevormundung von den Choreo-Gehilfen empfunden zu werden. So lassen sich regelmäßig deutschlandweit in Fußballstadion unter Beteiligung von tausenden Besuchern Choreos als kollektive top-down Praxis beobachten. Als zentrale Bedingung für den Vollzug der sozialen Ordnung des Führens-und-Folgens scheint der Veranstaltungstyp *Wettkampf* zu dienen und ein Veranstaltungssetting, welches eine dichotome Besucheraufteilung einfordert (Kap. 5.2). Diese Umstände haben zur Konsequenz, dass Besucher im Einvernehmen orientiert an dem Wohl eines gemeinsame Standpunktes (Wettkampfpartei) Handlungen ausrichten können. Insofern müssen die beforschten Akteure, welche die anderen Führen wollen, plausibilisieren, weshalb ihre Choreo dem gemeinsamen Standpunkt *Fußballverein* zuträglich ist. Jene Begründungsnotwenigkeit erfolgte durch den Anlass *Stadtjubiläum* in der Ankündigung, welcher weiter unten genauer analysiert wird.

Die rekonstruierte Eigenschaft der Veranstaltung, durch einen gemeinsamen Standpunkt ein gegenseitiges Einvernehmen zu erzeugen, stellt eine nicht zu unterschätzende Gegenwelt zum Alltag dar. Denn im komplexen und teils unübersichtlichen Alltag ergeben sich nicht selten unauflösbare Gegensätzlichkeiten, die verhindern, einen festen Standpunkt einzunehmen, woraus eine allgemeine Verunsicherung in der eigenen Handlungsorientierung resultieren kann. In der Veranstaltung *Stadionfußball* sind die Perspektivoptionen hingegen auf einen binären Wettkampf reduziert, indem kollektiv für einen Standpunkt (favorisierter Fußballverein) und gegen einen anderen Standpunkt (gegnerischer Fußballverein) votiert wird. Der favorisierte Fußballverein in der Wettkampfveranstaltung ist somit die Bedingung für die Reduktion von Komplexität, wodurch die Akteure temporäre Gewissheit über sich und die anderen Beteiligten erleben, woraus umfangreiche Handlungsfähigkeit ermergiert.

7.9.3 Raum-Zeitlichkeit: Besucher als Darsteller

Die beobachtete Praxis *Choreo* vollzog sich raum-zeitlich vor dem Spielbeginn während die Spieler das Spielfeld betraten. Die Tribünenshow ist mithin als ein alternativer, von den Besuchern initiierter Eröffnungsakt innerhalb der Sportveranstaltung zu bewerten. Er erfolgte parallel zu der Stadionmusik des Veranstalters, welcher damit seinerseits die Veranstaltung zeremoniell eröffnete. Als die Stoffflächen ausgespannt waren und die meisten Blockanwesenden anfingen zu singen, ergab sich daraus eine akustische Konkurrenz zwischen den besucherseitigen Gesängen und der Stadionmusik. Die sich teilweise überschneidenden Eröffnungsakte zwischen den Besuchern und dem Veranstalter wirkten in der Folge diffus. Zwischen den veranstaltungseröffnenden Akteuren entstand eine Wechselbeziehung, in der buchstäblich ausgehandelt wurde, wer hier eigentlich den Ton angibt. Dies bestätigt die zuvor als ambivalent charakterisierte Wechselbeziehung zwischen beforschten Akteuren und dem Veranstalter (Kap. 7.4). Welche Konsequenz hat die Praxis der beforschten Besucher-Gruppe für die Veranstaltung? Die darstellerische Leistung der Veranstaltungsbesucher verändert die Veranstaltung. So wird nicht mehr nur dem Veranstalter die alleinige Ehre zuteil, seine Darsteller (Fußballspieler) zum Darstellungsbeginn auf dem Spielfeld mit Musik zu begrüßen. Es sind nun auch die Besucher unter der Leitung der beforschten Gruppe, welche sich ebenfalls die Ehre nehmen, die Begrüßung durchzuführen. Mit der eigenen, besucherseitigen feierlichen Eröffnung des Events, inszeniert sich die Gruppe als eine Art *Hausherr* in der Veranstaltung. Welche Eigenschaften lassen sich Hausherren zuschreiben?

Im Allgemeinen kann ein Hausherr als eine sozial-hierarchisch angesehene Person (auch Organisation) beschrieben werden, der seinen Status situativ zu legitimieren versucht. Im sportlichen Kontext kann ein Verein, der in seinem Stadion die Veranstaltung ausrichtet, als ein solcher Hausherr bezeichnet werden. Eine naheliegende Erwartung stellt nun die Annahme dar, einem Hausherr obliege im Allgemeinen die Aufgabe, eine soziale Zusammenkunft zeremoniell zu eröffnen. So ist denkbar, dass bei einem Familientreffen das Familienoberhaupt das Glas zu einem Toast anhebt und damit alle offiziell begrüßt. Das Familienoberhaupt würde folglich seine Stellung und damit eine soziale Ordnung innerhalb der Familie konstituieren. Irritierend wäre hingegen, wenn ein Kind der Familie mit erhobenem Glas alle Anwesenden herzlich begrüßte, seine Freude über die rege Teilnahme bekundete, die Bedeutung von Familie thematisierte und schließlich allen eine schöne gemeinsame Zeit wünschte. Auch in anderen sozialen Kontexten wird deutlich, dass die Durchführung eines Eröffnungsakts von einer sozialen Zusammenkunft eine hohe Bedeutung für die soziale Ordnung zugesprochen wird. So erfolgt zur Eröffnung des Bundestags ein Gong-Ton – ein Äquivalent der Technik mit einem Löffel an ein Glas zu schlagen, um so Aufmerksamkeit zu erregen. Der Gong im Bundestag signalisiert, die Gespräche mögen eingestellt werden und alle sollen sich vor ihren Sitzplatz stellen. Kurz danach betritt der Bundestagspräsident den Bundestag, geht zu seinem Platz, der sich auf einem Podest mittig befindet und die größte Rückenlehne im gesamten Raum hat, und sagt Worte wie: „Die Sitzung ist eröffnet, nehmen Sie bitte Platz!“. Im weiteren Verlauf der sozialen Zusammenkunft hat der Bundestagspräsident u. a. die Rolle, Themen und Diskussionen zu moderieren. Dafür hat er ein übergeordnetes Rederecht. Ferner ist er legitimiert, Sanktionen zu verhängen. Diese soziale Ordnung, in welcher der Bundestagspräsident eine derart exponierte Stellung zugetragen bekommt, wurde bereits durch die Eröffnungszeremonie inszeniert. Somit wird geschlussfolgert, ein Eröffnungsakt von sozialen Begegnungen ist von hoher Bedeutung für die sich anschließenden Situationen und deren darin entstehenden situationsgebundenen Identitäten. Der beobachtete Eröffnungsakt im Fußballstadion erschien hingegen, wie bereits angedeutet, diffus: Die Stadionmusik (Veranstalter) und die Choreo (Besucher) überschnitten sich unpassend parallel zueinander, indem die Gesänge der Besucher die Stadionmusik zu übertönen versuchten und umgekehrt. Die soeben analysierte Bedeutung von Eröffnungsakten für die soziale Ordnung der Zusammenkunft, verdeutlicht den symbolischen Gehalt der Situation. In ihr wird eine gewisse Konkurrenz zwischen Veranstalter und der Darstellung der beforschten Besucher deutlich, in der verhandelt wird, wer die Zügel des Events als Hausherr eigentlich in den Händen hält.

Abschließend ist neben der Wechselbeziehung zwischen Verein und der beforschten Gruppe festzuhalten, dass die *Choreo* eine Sinnstruktur bestätigt, in welcher der eigenen Darstellung von Besuchern ein zentraler Stellenwert beigemessen wird und nicht dem Zuschauen von Darstellungen Dritter (Fußballspieler), auf welche man nur reagiert, z. B. jubeln. Die Praxis *Choreo* ist zwar anlassbezogen, da vermutlich ohne der vororganisierten Stadionveranstaltung derlei Handlungen nicht vollzogen werden würden. Dieser Umstand verändert jedoch nichts an der Tatsache, dass aus einer raum-zeitlichen Perspektive, Besucher einer Unterhaltungsshow sich selbst als Hausherren präsentieren.

Im Folgenden werden die Voraussetzungen für den alternativen Eröffnungsakt rekonstruiert.

7.9.4 Produktionsprozesse als Ich-bin-Räume eines veranstaltungsbezogenem Selbstbildes

Für die vorliegende künstlerische Darbietung mit ihren Stofffahnen musste ein beachtlicher materialer und gestalterischer Aufwand betrieben werden. Ein solcher Aufwand impliziert eine Steigerung der bisher beobachteten vororganisierten Handlungen wie Megaphon oder Trommel. Die beobachtete *Choreo* verweist auf umfangreiche Voraussetzungen. So müssen Räumlichkeiten gefunden werden, in denen die ca. 20m langen Stoffflächen gestaltet werden können. Materialien wie Farben oder Pinsel müssen organisiert und bezahlt werden. Die Auswahl der Motive und deren Gestaltung müssen geklärt sowie Fertigkeiten und Kapazität vorhanden sein, um die Materialien zielorientiert einzusetzen. Diese Bedingungen implizieren einen relativ komplexen und routinierten Organisationsgrad der beobachteten Akteure. An diesen sind situationsgebundene Identitäten gebunden. So gibt es die situationsgebundene Identität der *Visionäre*, welche die Idee für die *Choreo* haben; die *Materialbeschaffer*; *Entscheider*, *Gestalter* etc. Diese Praktiken, durch welche derlei situationsgebundene Identitäten hergestellt werden, sind Bausteine einer Maske deren

Spiegel die feldimmanente Beurteilung *Ultras* begründen, die gerade eine *Choreo* vorbereiten. Eine Praxis, wie die Präsentation einer Choreographie verweist darauf, dass der Maske *Ultra* eine umfangreiche Inszenierung zugrunde liegt, die zeitliche, energetische und finanzielle Ressourcen beansprucht. Die Entscheidung, eine derart aufwändige Maske mit ihren vielseitigen, situationsgebundenen Identitäten zu inszenieren, in welchen veranstaltungsbezogene *Ich-bin-Räume* für die Akteure entstehen, deutet auf einen hohen biographischen Stellenwert hin, der einen solchen Aufwand rechtfertigt. Dieser Stellenwert trägt dazu bei, dass das Event und die eigene Rolle in ihm, eine alltagsstrukturierende Funktion zukommt. Die Grenzen einer Fußball-Show mit ihrer Geltung als Unterhaltungsangebot können infolgedessen ausgeweitet und mit weiteren Bedeutungsoptionen aufgeladen werden. Dabei scheint insbesondere die Reduktion des veranstaltungsbezogenen Weltverhältnisses, wonach sich zwei Wettkampfparteien gegenüber stehen, als Handlungskatalysator zu fungieren, der Handlungsgewissheit spendet und so Praktiken umfangreich hervorbringt.

7.9.5 Anlass Stadtjubiläum: Repräsentation von Errungenschaften

Der Anlass für den beobachteten Organisationsaufwand war ein Jubiläum der Stadt, in welcher der Fußballverein ansässig ist. Dieser Anlass mag erklären, warum sich auf den äußeren Fahnen historische Daten und signifikante Symbole der Stadt befanden. Ein Stadtjubiläum ist ein symbolisches Ereignis, in dem wie bei einem Geburtstag das Bestehen einer Stadt feierlich begangen wird. Als Bewohner einer Stadt macht es im Grunde genommen keinen Unterschied, ob eine Stadt 100, 300 oder 1000 Jahre alt ist. Viel entscheidender für den Alltag ist die wirtschaftliche und soziale Infrastruktur der Stadt, z. B. Erwerbsmöglichkeiten. Auf symbolischer Ebene lässt sich hingegen von dem Alter einer Stadt ableiten, sie habe eine lange Geschichte oder historisch bedeutsame Personen habe sie hervorgebracht. Kurz, die Geschichte einer Stadt verleiht ihr Einzigartigkeit. Die daraus ableitbare Bedeutsamkeit der einzigartigen Stadt, kann abfärben auf ihre Bewohner. So ist es denkbar, dass ein Stadtbewohner, der stadtfremden Besuch bekommt, *seine* Stadt von ihrer besten Seite präsentiert und auf die Sehenswürdigkeiten oder Errungenschaften dieser bei einer Führung verweist. Diese Strategie kann einerseits darin begründet sein, dem Besuch einen angenehmen Aufenthalt zu bescheren. Andererseits ermöglicht es, sich als Bewohner einer bedeutsamen Stadt zu präsentieren. Je nach Errungenschaften der Stadt kann die Selbstpräsentation *Bewohner der Stadt* zu sein, wünschenswert sein und folglich einen willkommenen identitätsstiftenden Anker darstellen.

Ein Stadtjubiläum ist der symbolische Anlass für das Ritual, eine Stadt mit eben ihren Leistungen zu feiern und möglicherweise sich selbst, als Teil der

Stadt. Vorliegend sind es relativ junge Stadtbewohner, die stadionöffentlich dieses Jubiläum zelebrierten, indem sie die Errungenschaften der Stadt auf Stofffahnen darstellen. Sie inszenierten sich damit als symbolische Vertreter jener einzigartigen Historie und suggerierten, ihr Erbe aufrechtzuerhalten. Kurz, mit diesem Akt zeigten sie sich als Repräsentanten einer Stadt.

7.9.6 Verein und seine Errungenschaften als besonderer Teil der Stadthistorie

Auf der Stofffläche am anderen Ende des Blocks waren bedeutsame Daten des Vereins wie gewonnene Meisterschaften präsentiert. Den Errungenschaften und Charakteristika einer Stadt werden durch ein solches Vorgehen die Errungenschaften eines ansässigen Fußballvereins gegenübergestellt. Daran lässt sich erkennen, dass die konstruierte Verbindung zwischen den Sinnangeboten *Fußballverein* und *Stadt* (Kap. 4) von den beforschten Akteuren ebenfalls aktiv hergestellt wird. Innerhalb dieser konstruierten Verbindung wird der Fußballverein mit seinen Errungenschaften als wichtiger Bestandteil der Stadt inszeniert. Dem Sportverein wird besondere Ehre gegenüber den einzelnen Errungenschaften der Stadt zu Teil, da sie separat und einzeln auf einem eigenen Stoffbanner aufgelistet werden. Die Akteure präsentieren sich so als Funktionäre eines Stadtbildes, in welchem der ansässige Fußballverein ein bedeutendes Merkmal bildet. Dieser Sinnstruktur folgend, kann ein vereinsorientiertes Handeln ebenfalls als ein stadtorientiertes Handeln von den Akteuren verstanden werden.

Indem die Vereinsgeschichte mit ihren wesentlichen Eckpfeilern geschildert wird, wird der Verein nicht nur als glorreich, sondern insbesondere als historisch einzigartig charakterisiert. Daraus können wiederum identitätsstiftende Anker für seine Verehrer abgeleitet werden. Mithin greift die gleiche Sinnstruktur wie bei der Darstellung der Stadt. Ein Fußballverein wird durch seine Errungenschaften definiert, womit er zu einem einzigartigen Fußballverein wird. Zusammenfassend wird durch die kollektive Praxis *Choreo* die Einzigartigkeit einer Stadt sowie die des ansässigen Fußballvereins inszeniert und repräsentiert. Im Allgemeinen sind Repräsentationen in einer ideellen Wertespähre verhaftet. Eine Repräsentation macht demgemäß Gemeinschaften, die durch ideelle Werte zusammengehalten werden, präsent, z. B. Staaten, Kirche. Im Gegensatz dazu können etwa wirtschaftliche Interessen nicht repräsentiert, sondern nur von Organisationen vertreten werden (Bernsdorf 1969, S. 893). Die repräsentierten Errungenschaften stehen gleichzeitig synonym für verschiedene Werte der Stadt wie Bildung oder Kreativität. Der Sportverein hat mit seinen Titeln Kampfgeist und Zusammenhalt bewiesen. Diese Wertesphäre wird nun durch die Zurschaustellung der Errungenschaften der beiden Konstrukte ebenfalls vermittelt. Sofern man sich mit den Konstrukten positiv verbunden fühlt, trägt die vorliegende Darstellung dazu bei, Stolz auf die hervorgebrachten Leistungen zu sein.

7.9.7 Vom Darsteller zum Würdenträger

Innerhalb der symbolischen Handlung wurde zwischen den beiden Stoffflächen, welche die einzigartigen Leistungen einer *Stadt* und eines *Fußballvereins* thematisieren, ein weiteres Symbol dargeboten. Diese Stofffahne wurde mittig zwischen den beiden bereits postierten Symbolen Stück für Stück mit den Händen der Anwesenden über ihre Köpfe hinweg vom unteren bis zum oberen Blockende hochgereicht, sodass schließlich der gesamte Tribünenabschnitt bedeckt war. Von außen betrachtet entwickelte sich durch dieses Vorgehen eine Spannung darüber, was die Inhalte der sich entfaltenden Stofffläche wohl preisgeben würden. Eine Spannung wurde ferner dadurch erzeugt, ob der kollektive Akt, eine Stofffahne von unten nach oben auszubreiten, an dem mehrere hundert Menschen beteiligt waren, tatsächlich gelingen würde. Als die dramatische Einlage gelang, fiel es nicht schwer als Zuschauer davon begeistert zu sein, dass unter Anleitung der beforschten Besucher-Gruppe so ein kollektiver Akt gelungen ist.

Auf dieser mittig präsentierten Stofffläche befand sich ein weiteres Symbol. Es bestand aus dem vereinsansässigen Stadtwappen im Hintergrund, dem Wahrzeichen der Stadt im Vordergrund sowie einem Ehrenkranz, welcher die beiden Symbole umrandete. Das Gesamtbild konnte als das Symbol der Gruppe identifiziert werden, welches sich ebenfalls auf ihrer Kleidung oder Fahnen wiederfindet. Symbole haben im Allgemeinen die Eigenschaft fixierte und damit formalisierte Erkennungszeichen oder Bedeutungsträger zu sein. Sie dienen als Container für bestehende Sinneinheiten, welche die Funktion besitzen, Abwesendes anwesend zu machen (Dücker 2007, S. 34). Bezogen auf die historischen Daten der Stadt und des Vereins wurde bereits analysiert, dass so die jeweiligen Errungenschaften vergegenwärtigt wurden. Was wird nun durch das Gruppensymbol vergegenwärtigt? Um Plausibilisierungen für diese Frage zu finden, werden nun die einzelnen Elemente des Gruppensymbols interpretiert.

Das Element im Hintergrund zeigt das Wappen der Stadt, in dem der Fußballverein ansässig ist. Die entsprechende Stadt kann somit als eine konstitutive Sinneinheit der Gruppe identifiziert werden. Die darin sich grundierende Wechselbeziehung kann mit der sinngemäßen Aussage charakterisiert werden: „Wir sind Stadtbewohner". Diese Wechselbeziehung hätte die relativ unspezifische Eigenschaft, dass die Wohnhaft der Akteure identitätsstiftend für die Gruppe ist. Als Konsequenz ließen sich Verhaltensweisen der Gruppenmitglieder erwarten, die typisch für die Stadt sind, z. B. einen bestimmten Dialekt sprechen oder eine regionale Essgewohnheit pflegen. Komplexer würde sich die Wechselbeziehung zwischen Gruppe und Stadt dann gestalten, wenn diese nicht nur auf eine passive Zugehörigkeit verwiese, sondern auf eine aktive Rolle innerhalb der Stadt (z. B. Politiker), wofür an dieser Stelle noch keine Plausibilität besteht. Es kann jedoch bereits festgehalten werden, dass die Stadt als Symbol eine bedeutende Sinneinheit für die Existenz der Gruppe bedeutet, weshalb sie derart aufwendig in Szene gesetzt wird.

Im Vordergrund des Gruppensymbols ist das Wahrzeichen der Stadt abgebildet. Wie bereits bei der seitlichen Stofffläche mit den historischen Daten der Stadt, welche die Funktion hatte, die Errungenschaften der Stadt zu präsentieren, wird nun die Stadt wiederholt glorifiziert dargestellt. Diesem Glamour und Glanz bedient sich die Gruppe als identitätsstiftende Eigenschaft für sich selbst, indem sie das (Wahr-)Zeichen der Stadt als Teil ihres Gruppenzeichens gewählt hat. Mit der Strategie, die Stadt zu glorifizieren und mit Werten aufzuladen, begründet die Bedeutung der Stadt sie als Sinnkonstitutiv für die Gruppe zu klassifizieren. Indem sich die Akteure mit ihrem Gruppensymbol als Teil der Stadt inszenieren, machen sie sich vice versa zu einem Teil ihrer glorreichen Geschichte.

Das dritte Element des Gruppensymbols zeigt einen Ehrenkranz, welcher das Stadtwappen und das Wahrzeichen umrandet. Im Gegensatz zu den anderen Elementen, ist der Ehrenkranz ein Symbol, welches die Gruppe selbst entworfen und zu den bestehenden Symboliken hinzugefügt hat. Folglich gibt das selbstentwickelte Symbol nähere Hinweise über die Selbstzuschreibungen der Akteure innerhalb der Wechselbeziehung mit der Stadt. Der Ehrenkranz symbolisiert gemeinhin Sieg, Erfolg, Ruhm oder Weihe. Es scheint, als wollte die Gruppe damit ausdrücken, dass sie die bestehende Bedeutsamkeit der Stadt ehrt sowie aktiv zu ihrer Ehrwürdigkeit beitragen will. Um dies zu bewerkstelligen hilft die konstruierte Verbindung zwischen Stadt und ansässigem Fußballverein. Sie ermöglicht, die Stadt mittels fußballvereinsbezogenem Handeln zu ehren. Symbolische Handlungen, wie die des kollektiven Aktes einer *Choreo*, überhöhen den soziokulturellen Alltag der Beteiligten, indem sie ihm etwas hinzufügen, dass nur sie ihm hinzufügen können (Dücker 2007, S. 34). Indem sich die Besucher-Gruppe mit der situationsgebundenen Identität der Repräsentanten einer Stadt und eines Fußballvereins darstellen, idealisieren sie ihr veranstaltungsbezogenes Handeln und schreiben ihm einen höheren Auftrag zu. Dieser ehrenvolle Auftrag trägt dazu bei, ihre Veranstaltungsteilnahme zu idealisieren. In jener Geordnetheit von Welt agiert die beobachtete Gruppe nicht als Besucher einer Veranstaltung, in der eine Darbietung von Dritten gezeigt wird. Vielmehr agieren sie als aktive Würdenträger eines Wertekomplexes, der in eine Stadt und einen Sportverein hinein gedeutet wird und demgemäß nach außen sichtbar repräsentiert wird.

In nächsten Schritt wird die räumliche Anordnung der drei Stoffflächen rekonstruiert.

7.9.8 Räumliche Anordnung

Das Gesamtbild der Tribünenshow bestand aus zwei schmalen Stoffflächen an den Außenseiten und einer mittigen Stofffahne, die gut Zweidrittel der Gesamtpräsentation einnahm.

Die räumliche An-Ordnung zeigte mithin, eine mittige Platzierung des Gruppensymbols, welches überdies die größte Fläche einnahm. Die zentrale Stellung des Gruppensymbols verweist darauf, dass die Gruppe selbst im Fokus ihrer gezeigten Präsentation steht. Sie stellen sich als übergroßes Bindeglied zwischen den Errungenschaften der Stadt und des Fußballverein dar. Mit dieser repräsentativen Rolle präsentiert sich die Gruppe als eine Art *Würdenträger. Würdenträger* sind gemeinhin als Personen mit hohen Status und Rang einzuordnen, weshalb vorliegend die Akteure entsprechend viel Raum in der Darbietung einnehmen. Es ist zu berücksichtigen, dass symbolische Handlungen wie die einer *Choreo* nicht ergebnisoffen sind, sondern einem bestimmten Zweck dienen. Mithin fungieren sie als Konsensproklamationen für die beteiligten Akteure (Dücker 2007, S. 34). Mit der Choreo proklamiert die Gruppe, dass wertebesetzte Konstrukte innerhalb der Fußballveranstaltung verhandelt werden, womit die Veranstaltung wie bereits erwähnt, ideell aufgewertet wird. Ferner proklamiert die Gruppe, dass ihr die Rolle zugeschrieben ist, als Würdenträger der Werte aktiv in Erscheinung zu treten. Folglich spiegeln alle Beteiligten und Bewunderer der symbolischen Handlung die Maske der Gruppe *Würdenträger* zu sein. Die Besucher-Gruppe darin zu unterstützen und gewähren zu lassen, impliziert, dass Anschlusshandlungen der Gruppe als Würdenträger ebenfalls konsensuell gewährt werden (vgl. Dücker 2007). Falls dem nicht so wäre, würde ein Bruch der Sinnstruktur *Würdenträger* zu sein erfolgen, was zu einer Krise der Gruppe führen könnte und Aushandlungsprozesse erwarten ließe.

7.9.9 Papierrollen: Abschluss des symbolischen Aktes

Die sich entrollenden Papierröllchen bildeten den finalen Abschluss des kollektiven Aktes. Es ergab sich ein Meer aus Papierschlangen, welche in einer elliptischen Wurfbahn Richtung Spielfeld flogen. Die Papierröllchen, die sich plötzlich entfalteten und genauso abrupt wieder verschwanden, erinnern an den Effekt von Feuerwerken. Feuerwerke lösen für viele Menschen deshalb Begeisterung aus, weil sie von jetzt auf gleich ein spektakulären Bild zeigen, was nur für einen kurzen Augenblick zu sehen ist. Das hat zur Konsequenz, dass man sehr konzentriert versucht, diese einzigartigen Augenblicke zu erhaschen. Entsprechend aufmerksamkeitserregend war dieser Abschluss der spektakulären Tribünenshow. Während die Papierschlangen flogen, wurden im Hintergrund die seitlichen Banner runter gezogen. So waren fast zeitgleich mit dem finalen Abschluss die einzelnen Show-Bestandteile verschwunden, als wären sie wie die Papierschlangen plötzlich *in Luft* aufgegangen. Dieser plötzliche Schnitt, von dem spektakulären kollektiven Akt mit seinem spektakulären Ende, mystifizierte den gesamten Handlungsvorgang, von dem jetzt nur noch die ehrenvolle Präsentation der Stadt, des Vereins und der Besucher-Gruppe im Geiste aller Stadionanwesenden vorhanden blieb, welcher Umstand alle vereinte.

Zusammenfassung

Die Beobachtung dokumentierte eine kollektive Tribünenshow. Anlass hierfür war das Jubiläum einer Stadt, in der ein Fußballverein ansässig ist. Ein solches Jubiläum wird in Anlehnung an Dücker (2007) als Ritual begriffen, da durch diesen Anlass eine nur implizit gegenwärtige Gründung und Historie einer Stadt explizit vergegenwärtigt wird.

Wie im Kapitel 2.2.4 herausgearbeitet wurde, ermöglichen Events ihren Teilnehmern an symbolisch vermittelten Angeboten zu partizipieren, um ihrer Anwesenheit Sinn zu verleihen. Die Verführungskraft der symbolischen Angebote ist insbesondere dann gegeben, wenn sie identifikationswürdig sind. Innerhalb der vorliegenden Rekonstruktion wird der biographisch bedeutsame Ort *Heimat* und der an sie gebundene Fußballverein als symbolische Sinnangebote verwendet. Der angebotene Heimatgedanke ist identifikationswürdig, was dazu beiträgt, dass seine Besucher das Event idealisieren können und eine emotionale Verbindung zu ihm aufbauen. Durch diese idealisierte und emotionalisierte Verbindung entsteht zwischen den Besuchern ein gemeinsamer Standpunkt in Form eines Fußballvereins. Er basiert auf dem komplexitätsreduzierten binären Schema der Wettkampfveranstaltung. Das mithin evozierte simple Weltverhältnis enthält eine eindeutige Orientierung, die Gewissheit spendet und handlungsbefähigend für die Akteure ist. Die emotionale Bindung zu dem gemeinsamen Standpunkt intensiviert sich dadurch, dass die Veranstaltungsteilnehmer nicht nur Angebote des Veranstalters annehmen, sondern selbst identifikationswürdige Angebote schaffen, an denen weitere Teilnehmer partizipieren können. Angebote zu schaffen, gelingt den Akteuren wiederum durch die eindeutige Orientierung, welche sich aus dem gemeinsamen Standpunkt der Akteure ergibt. Daraus entsteht eine Transformation von angebotsannehmenden Besuchern zu angebotsanbietenden Besuchern. Letztere inszenieren sich selbst zu Trägern von veranstaltungsbezogenen Identifikationspotenzialen, wodurch sich die Veranstaltung für sie und die anderen Anwesenden verändert.

Indem nun die Zuschauer selbst zu angebotsschaffenden Idealisten ihrer Heimat und ihres Fußballvereins geworden sind, werden die praktizierten Huldigungen authentischer. Die Idealisierung entsteht nun aus dem Innersten der Akteure, womit die Situation bzw. die veranstaltungsbezogenen Emotionen besonders *echt* oder *wahr* erscheinen. Diese Selbstauthentifizierung der Akteure erklärt ihre sinngemäßen Aussagen wie: „Wir sind der Verein" oder „Unser Verein, Unsere Stadt, Unsere Liebe". Ferner ist festzuhalten, dass die besucherseitigen Idealisierungen in Form von Darstellungsleistungen einen aufmerksamkeitserregenden Bestandteil des gesamten Events bilden, wodurch es sich verändert. Kurz, ihre Show wird zum Bestandteil der gesamten Show, welche die Teilnahmeerwartung vieler Veranstaltungsgänger prägt.

Die Tribünenshow wurde raum-zeitlich vor und während des Betretens der Spieler auf dem Feld vollzogen. Somit wird das besucherseitige Angebot zu einem alternativen feierlichen Eröffnungsakt der Veranstaltung. Als Veranstaltungseröffner evozieren betreffende Besucher die soziale Ordnung, Hausherren der Veranstaltung zu sein. Indem unbeteiligte Besucher am Ende der Tribünenshow klatschten, bestätigten sie diesen sozialen Status, was weitreichende soziale Konsequenzen hat: Als Hausherren sind die Mitglieder der beobachteten Gruppe dazu legitimiert, Einfluss auf die Veranstaltung zu nehmen. Dieser Einfluss wurde in der geschilderten Beobachtung jedoch von dem Veranstalter untergraben, indem dieser seinerseits die Veranstaltung mit Musik eröffnete. Darin grundiert sich zwischen Verein und Besucher-Gruppe eine Wechselbeziehung zwischen zwei Hausherren in nur einem Haus. Beide Hausherren erheben den Anspruch, die Veranstaltung zu gestalten, was Irritationen erwarten lässt.

Rituale dienen dazu, eine Ordnung herzustellen und zu erhalten (Dücker 2007, S. 53). Die An-Ordnung der Tribünenshow hat darauf verwiesen, dass die Gruppe sich als zentrales Bindeglied der Errungenschaften der Stadt und des Sportvereins inszeniert. Mit der Repräsentation ehrwürdiger Konstrukte präsentieren die Initiatoren sich als eine Art Würdenträger der Errungenschaften. Der Anlass, Stadtjubiläum, wird somit zum Anlass der Gruppe sich als Würdenträger der Stadt und des Vereins zu aktualisieren. Somit wird das Stadtjubiläum zum Jubiläum der Gruppe. Im Gegensatz zu dem Urbild der beforschten Akteure mehr Stimmung in die Veranstaltung zu bringen (Kap. 2.1), inszenieren sie sich damit als Würdenträger, die mit ihrem stimmungsanregenden Handeln, Werte von veranstaltungsbezogenen Konstrukten repräsentieren. Entsprechend fungieren die Sinnangebote *Fußballverein* und *Stadt* als sinngebende Anlässe für die beforschten Akteure, sich als Gruppe zusammenzufinden, um sich in der Stadionöffentlichkeit als Würdenträger zu präsentieren, wodurch die Veranstaltung als auch ihre Teilnahme idealisiert werden und ihnen letztlich ein angesehener, veranstaltungsbezogener sozialer Status ermöglicht wird.

Als Voraussetzung für das geplante und mit Materialien ausgestattete Handeln wird eine umfängliche Vororganisation benötigt. Das Darstellungsbestreben führt zur Expansion von veranstaltungsbezogenen Praktiken außerhalb der gegenwärtigen Veranstaltung, welche in anderen Lebensbereichen vollzogen werden. Der Veranstaltungsbezug als umfängliche Lebenspraxis verweist auf den biographischen Stellenwert, welches die Akteure ihrem Selbstbild als Veranstaltungsbesucher beimessen. Ferner wird durch die Expansion der veranstaltungsbezogenen Identität in weitere Lebensbereiche die zeitliche Struktur des Events aufgebrochen, was ermöglicht, dass ein veranstaltungsbezogenes Erleben zum dauerhaften Begleiter im Lebensvollzug wird. Als Konsequenz kann das Event eine alltagsstrukturierende Funktion für die Akteure einnehmen und so zu einer umfänglichen psycho-sozialen Ressource werden. Die Handlungsbefähigung, welche durch das reduzierte Weltverhältnis in der Veranstaltung entsteht, wird somit in weitere Lebensbereiche hineingetragen, in denen zuvor vielleicht weniger Handlungssicherheit bestand. Damit wird der gemeinsame Standpunkt der Akteure mit seinen eindeutigen Orientierungsankern zu einer Art universellem Standpunkt, der Handlungsfähigkeit in vielen Lebensbereichen verspricht. Der tendenziellen Unübersichtlichkeit in der Spätmoderne, welche zu Handlungshemmungen führen kann, wird somit temporäre Übersichtlichkeit entgegengesetzt und das mit Erfolg. So gelingt es den Akteuren mehrere hundert Menschen anzuleiten, wodurch sie Momente öffentlicher Popularität erleben, was verführerisch ist und gleichzeitig bestätigt, dass ihr eingenommener Standpunkt als Orientierungsleistung gelungen ist.

Die extensive Rekonstruktion des kollektiven Akts *Choreo* war notwendig, da die beforschten Akteure einen hohen Aufwand für die Umsetzung des Handlungskomplexes aufgebracht haben. Diese Anstrengungen verweisen auf die Bedeutung des Phänomens für sie. Ein Erkenntnisinteresse, welches an der sinnstrukturierten Praxis der Akteure ansetzt, muss sich mit den Handlungsschwerpunkten der Akteure auseinandersetzen, um sie besser zu verstehen.

Nachstehende Rekonstruktion behandelt weitere Praktiken der Akteure während der Fußballshow.

7.10 Zur situationsgebundenen Identität der Beschwörer eines heiligen Wesens

Beobachtung:

> „Nachdem das Spiel angepfiffen wurde, begann der Vorsänger, das eher melodische Lied durch sein Megaphon vom Podest aus, anzustimmen: ‚Hey ho [Verein] komm' bring uns den Sieg heim, kämpf für unsere Fahne, schieß ein Tor'. Dabei brauchte er nur ‚Hey' sagen, woraufhin die Ultras direkt einstimmten und mit einem leichten Wippen aus den Beinen heraus anfingen zu singen. Dieses Lied wiederholte sich 2–3-mal, immer mit der Einlage des Vorsängers und wurde rhythmisch passend von dem Trommler begleitet.
>
> Nach diesem Lied schrie der Vorsänger: ‚Und jetzt alle: [X-Y-Z; Abkürzung des Vereinsnamens]'. Dabei streckte er die Arme seitlich nach oben aus. Ihm taten es die Ultras gleich und wiederholten dabei die Abkürzung des Vereinsnamens. Der nächste Vers des Vorsängers lautete ein sehr langgezogenes: ‚Kämpfen und Siegen', was die Ultras wiederholten. Danach erweiterte sich der Vers um: ‚Auf geht's [Stadt] kämpfen und siegen'. Dieser Ausspruch wurde von den Ultras ebenfalls wiederholt und zwischen den Wiederholungen mit den bereits ausgestreckten Armen in einem schnellen Rhythmus geklatscht. Diese beiden Durchläufe wiederholten sich mehrmals, wobei auch immer wieder die übrigen Tribünenanwesenden per Megaphon aufgefordert wurden, mitzumachen (z. B. ‚alle die Arme hoch' etc.), welche den Aufforderungen teilweise für wenige Momente folgten."

Die Vororganisation der beobachteten Gruppe ermöglicht es, dass ein Funktionsträger Namens *Vorsänger* aus dieser Gruppe auf einem Podest steht und durch ein Megaphon „Hey" schreit. Als daraufhin die eigene Gruppe dieses Signal aufnimmt und in einer textbezogenen in sich stimmigen Weise weiterführt, kann dieser Initiationsakt als geglückt bewertet werden, da eine adäquate Resonanz eingetreten ist. Ihr liegt ebenfalls eine Vororganisation der Gruppe zugrunde, die sich auf Text- und Rhythmuswissen bezieht. Dieses Wissen führt dazu, dass der Vormacher nicht vorgibt, wie etwas gemacht wird, sondern was als bereits definierte Praxis gemacht werden soll.

Bemerkenswert an der routinierten Praxis der Akteure gemeinsam zu singen ist, dass überhaupt in einem Stadion während eines Fußballspiels gesungen wird. Bei vielen anderen Wettkämpfen, wie Golf, Tennis, Formel 1 oder Boxen, wäre es sehr irritierend, weshalb die *selbstverständlich* vollzogene Praxis des Singens in der Beobachtung nun interpretiert wird.

Gemeinsames Singen ist ein ritueller Akt, welcher konzeptionell eine gemeinsame Praxis ermöglicht. Der vielzitierte Vers von J. G. Seume: „Wo man singt, da laß' dich ruhig nieder, böse Menschen haben keine Lieder."[19], macht auf den kulturell verankerten sozialen Aspekt des Singens aufmerksam. Jene Praxis des Singens suggeriert eine Gemeinschaftlichkeit sowie mithin ein bestehendes Interesse an ihr und somit an seinen Mitmenschen. Persönliche Eigenschaften wie Mitgefühl oder Empathie werden durch dieses Interesse bekundet. Diese Charakteristiken wiederum implizieren, dass man nicht nur auf sein eigenes Wohl bedacht ist und dafür einen Schaden seiner Mitmenschen in Kauf nehmen würde, sondern dass man sich moralisch seinen Mitmenschen verpflichtet fühlt. Insofern kann man sich an Orten, wo gesungen wird, ruhig und folglich vertrauensvoll, niederlassen. Denn die gemeinschaftliche Praxis des Singens schließt aus, dass es sich um „böse" Menschen handelt, die keinen Gemeinsinn hätten. Indem nun die beforschten Akteure singen, präsentieren sie sich als eine Gemeinschaft, die sich umeinander kümmert und von der nichts Böses zu erwarten ist, wenn man sich mit ihr umgibt. Ebenfalls für die Sänger stellt es ein gegenseitiges Signal dar, sich füreinander zu interessieren und demnach wohlgesonnen der Gemeinschaft gegenüber zu stehen. Bekannte Kontexte um zu singen sind etwa vor internationalen Sportwettkämpfen, die Nationalhymne der jeweiligen Parteien zu singen, und damit eine gemeinsame Nationalität auszudrücken. Geburtstage sind auch weitverbreitete Gelegenheiten, um zu singen und somit zu signalisieren, dass ein geschätztes Mitglied der Gemeinschaft älter geworden ist und man an diesem Lebensprozess teilnimmt, wodurch eine gegenseitige Bedeutung ausgedrückt wird. Singen, als gemeinschaftlicher Akt, hat ferner die Eigenschaft, soziale Begegnungen stimmungsvoll zu untermalen und so eine besondere Atmosphäre zu schaffen, an der sich alle gemeinsam beteiligen, wodurch das soziale Miteinander gefördert wird bzw. gefördert werden soll. Eine Erwartungshaltung, der der Ethnograph insbesondere zu Beginn seiner Feldaufenthalte nicht gerecht werden konnte, da er nicht an der Vororganisation der Praxis teilnahm und deshalb weder Text noch Rhythmus kundig war. Besonders virulent wurde dieses Problem, als der Ethnograph zum ersten Mal in einem Stadion bei einem anderen Verein war, der für seine große und berühmt berüchtigte Ultra-Gruppe bekannt ist. Der Beobachter hielt sich dort ohne Vorbereitung von Liedtexten direkt in dem Bereich auf, in denen die meisten Ultras waren, welches an den typischen Erkennungszeichen wie Kleidung oder Vorsänger ersichtlich wurde. Die Beteiligung an den Vorgaben der dortigen Vorsänger war sehr groß. Nur der Ethnograph beteiligte sich nicht an den Liedern, weil er sie nicht kannte. Dieser Umstand erweckte Misstrauen bei einem der Anwesenden, welcher deshalb den Ethnographen mit

19 Schlögl, A. (2011). „Wo man singt, da lass Dich nieder…". In Mehrwert Musik: Musikwirtschaft und Stadtentwicklung in Berlin und Wien (pp. 21–50). Wiesbaden: VS Verlag für Sozialwissenschaften.

animierenden Armbewegungen und übertriebenen Lippenbewegungen immer wieder dazu aufforderte, mitzusingen. Hatte er den Beobachter als jemand verdächtigt, der Böses im Schilde führen könnte, da er „keine Lieder hatte"? Die Aufforderung mitzusingen sowie das gedeutete Gefühl von Misstrauen gegenüber dem Ethnographen, welches durch immer wieder prüfende Blicke, ob eine akustische Beteiligung von ihm erfolgte, offensichtlich war, lassen folgende Annahme zu: Mitzusingen wird als wohlwollendes Signal gegenüber der Gemeinschaft gedeutet, welches auch als Pflicht eingefordert werden kann. In militärischen Kontexten ist dieses Phänomen bereits bekannt, hier soll der Korpsgeist gestärkt werden. Vice versa wird ausbleibendes Singen als Indikator für Desinteresse oder gar Feindseligkeit gegenüber der Gemeinschaft gedeutet.

Nachdem die Funktion von Singen als gemeinschaftsstiftende und vertrauenerweckende Praxis rekonstruiert wurden, erfolgt nun eine Betrachtung der Inhalte des gesungenen Texts:

> „Hey ho [Verein] komm' bring uns den Sieg heim, kämpf für unsere Fahne, schieß ein Tor".

1. Sequenz:

> „Hey ho [Verein]"

„Hey ho" ist weniger eine inhaltliche Aussage als vielmehr eine simple akustische Aneinanderreihung von Lauten, um Aufmerksamkeit zu erregen. Das „Hey" kann dabei als eine Art Anrede von jemandem fungieren. „Ho" hingegen drückt einen erregten Gemütszustand aus, der freudig oder angespannt konnotiert sein kann. Adressat der Anrede ist ein Fußballverein. Es handelt sich dabei um eine symbolische Anrede, da ein Fußballverein keine Person ist, die unmittelbar darauf reagieren könnte, sondern lediglich einen Organisationszusammenhang bildet, der aus Personen besteht. Dieser Organisationszusammenhang löst Emotionen bei den Adressaten aus, worauf das „Ho" verweist. Der raumzeitliche Kontext lässt darauf schließen, dass die Adressaten die Mannschaftsspieler des Vereins sind. Sie werden folglich als Repräsentanten des Fußballvereins gedeutet.

2. Sequenz:

> „Komm' bring uns den Sieg heim"

Das Wort „Komm" leitet einen Appell ein, einen Zustand zu erreichen. „Komm', mach das mal" oder „komm' schon" wären sinnverwandte Aussagen, die als Anrede dazu dienen, jemanden von etwas zu überzeugen. Die Verwendung des Imperativs in der zweiten Person Singular unter impliziter Verwendung der Du-Form, macht auf einen informellen oder privaten Kontext aufmerksam. Inhaltlich richtet sich der Appell darauf, dass die Mannschaftsspieler als Repräsentanten den nicht vorhandenen Zustand des Sieges über die andere Mannschaft erlangen sollen. Dieser Sieg gehört dann jedoch nicht den Repräsentanten bzw. dem Sportverein, sondern er soll von ihnen herbeigeführt werden, um dann den Sängern übergeben zu werden. Übergabeort ist ein *Heim*. Wie schon im Kapitel 5.2 über den Heim- und Gästebereich rekonstruiert wurde, wird durch die Akteure wiederholt eine der beiden Kategorien mit ihrem kollektiven Identitätsverweis bemüht, wodurch das binäre Weltverhältnis mit seinen klaren Grenzen der Integration und Desintegration reproduziert wird.

Die Mannschaft wird als geschlossene Einheit adressiert, was durch die Formulierung „bring" statt „bringt" für Mannschaftsspieler, erkennbar ist. Das Duzen symbolisiert darüber hinaus eine emotionale Nähe und Vertrautheit der Singenden gegenüber der Mannschaft. Dass sie den Sieg in das gemeinsame Heim von der Mannschaft und den Sängern bringen sollen, impliziert ebenfalls deren Gemeinsamkeit. In dem Appell ist zunächst die Mannschaft gefragt, eine Leistung für dieses Gemeinwohl zu erbringen, woran sie durch die Sänger erinnert wird.

3. Sequenz:

„kämpf"

Der vorliegende Veranstaltungstyp *Wettkampf* macht es naheliegend, das Spielen der Mannschaft im übertragenen Sinne *kämpfen* zu nennen. Im Vergleich zur Bezeichnung *spielen*, ist *kämpfen* jedoch sehr ernst. Es lässt Assoziationen zu kriegerischen Handlungen zu, in denen es um Leben und Tod geht. Kriege fordern von ihren Kämpfern hohe Opferbereitschaft ein. Schließlich geht es um ihr Leben. Andererseits wird auch der Wille abverlangt, den Gegner für die eigene Gemeinschaft auszuschalten oder unschädlich zu machen.

4. Sequenz:

„für unsere"

Die adressierten Kämpfer setzen oder sollen ihr Leben für etwas Drittes einsetzen: Das Gemeinsame zwischen den Akteuren auf dem Spielfeld und auf der Tribüne. Die Dimensionierung der Praxis im kriegerischen Sinne zu kämpfen, verweist entweder auf den Kampf um etwas, oder aber darauf, den Kampf als Selbstzweck zu vollziehen. Der Kampf als Selbstzweck, d. h. aus Lust am Blutbad und Töten, würde pathologische Urteile über die Kämpfer evozieren. Wird hingegen im Auftrag einer dritten Sache gekämpft, handelt es sich dabei zunächst um Opferbereitschaft. Sofern das Dritte ethisch wervoll – nach welchen Maßstäben auch immer – klassifiziert wird, kann gleichermaßen der Kampf für diese Sache als ethisch vertretbar oder gar notwendig klassifiziert werden und nicht als pathologisch-sadistischer Akt bewertet werden. Diese Betrachtung macht auf Legitimationserfordernisse aufmerksam, um sozial anerkannt kämpfen zu dürfen. Die teilweise sozial eingeforderten und anerkannten Formen des Kampfes um Leben und Tod, ermöglichen nicht nur Gewalt als legitimes Mittel, sondern reproduzieren auch eine archaische Gesellschaftsordnung, die Krieg anstelle von Diplomatie einsetzt. Eine solche Ordnung zu befolgen, wird von den Sängern vorliegend eingefordert.

5. Sequenz:

„Fahne“

Das Dritte, um das in der Beobachtung sozial anerkannt und eingefordert gekämpft wird, symbolisiert sich in einer Fahne. Fahnen sind Erkennungszeichen für Gemeinschaften jeder Art. Ihre Symbolkraft kann ähnlich stark sein, wie bei religiösen Devotionalien. Die Identifikation mit solchen Devotionalien ist so groß, dass der unsachgemäße Umgang mit ihnen zu weitreichenden Sanktionen führen kann. Handelt es sich um eine mutwillige Beschädigung oder Zerstörung von Devotionalien, kann dies als direkter Angriff auf die in ihr symbolisierte Gemeinschaft verstanden werden und einen Gegenangriff heraufbeschwören. Man denke nur an die symbolträchtige Handlung öffentlich eine Nationalfahne von einem Land zu verbrennen, um Antipathie zu bekunden. Ein anderes prägnantes Beispiel findet sich in Kriegen zwischen Nationen: Nachdem eine Nation die andere bezwingt, wird an bedeutsamen Orten der unterlegenen Nation die Nationalfahne der Siegernation platziert wie etwa im Zweiten Weltkrieg die sowjetische Siegerfahne auf dem Reichstag in Berlin gehisst wurde. Der symbolische Akt markiert, dass dort nun eine andere Gemeinschaft als die bisherige herrscht. Die bisherige Gemeinschaft kann mithin als gescheitert erklärt werden und muss sich nun ggf. größeren Umstrukturierungen unterordnen. Dementsprechend wird festgehalten, dass die Verbindung zwischen dem Symbol *Fahne* und einer dazugehörigen Gemeinschaft so intensiv werden kann, dass eine direkte Kopplung zwischen Symbol und Gemeinschaft herzustellen möglich ist. Bezogen auf den Liedtext, soll nun für diese Gemeinschaft gekämpft werden.

6. Sequenz:

„schieß ein Tor“

Es soll geschossen werden. Dieser Appell erinnert zunächst wieder an einen militärischen Kontext. Jeder der bisherigen Textsequenzen ließe sich problemlos in einen kriegerischen Zusammenhang verorten, mit all seinen martialischen Ausprägungen. Doch wie der weitere Text zeigt, wird er nicht im Kontext von Krieg präsentiert. Es soll lediglich ein Tor geschossen werden. An dieser Stelle findet der Krieg seine Transformation in ein Spiel. Der Pathos des Krieges mit *Siegen* und *Kämpfen* bleibt jedoch erhalten, wenn auch nur zum Spaß und ohne den Konsequenzen eines tatsächlichen Krieges.

Inhaltlich wird zusammengefasst, dass es sich bei dem Lied um Appelle handelt, für eine mittels Fahne formalisierte Gemeinschaft zu kämpfen und zu siegen. Zwar wird daraufhin gewiesen, dass der Sieg durch das Schießen von Toren erlangt werden kann, im Grunde sind es jedoch überwiegend moralische Appelle, in welcher der Kampfgeist thematisiert wird. Infolgedessen plausibilisiert der Text die bereits rekonstruierte Funktion der Zuschauer, eine moralische Unterstützung für die Spieler zu sein.

Die dazu gespielten Trommelschläge untermalen den Takt der sich präsentierenden Gemeinschaft. Die Trommel setzt schnelle und dumpfe akustische Signale frei, die Menschen in den Bann des Kollektivs reinzuziehen vermögen. Vergleicht man die Trommelschläge mit Herzschlägen, ist in der Gemeinschaft ein Herz am Schlagen, das erregt, aber dennoch kontrolliert ist und entschlossen seinen Weg geht. In diesem Fall den Weg zu siegen. Dieses *eine* Herz vermittelt zudem der Gemeinschaft das Erleben ein großer Organismus zu sein, an dem jeder Einzelne teil hat und so zu seinem Bestehen beiträgt.

Der nächste kollektive Beitrag der Gruppe, welcher parallel das Spiel begleitet, wird eingeleitet mit den Worten: *„Und jetzt alle!“*. Somit erfolgt eine Anschlusshandlung („und“), an der sich „jetzt alle“ als nächstes beteiligen sollen. Folglich wird wieder eine Gemeinschaft adressiert. Die Eigenschaft dieses Appells impliziert Gehorsam gegenüber einer einzelnen Person zu haben, wodurch jedoch eine gemeinschaftliche Praxis entsteht. Derartige Wechselbeziehungen sind in vielen sozialen Settings zu finden, etwa in Sportkursen, in denen Trainer Übungen vormachen oder in religiösen Veranstaltungen, in denen ebenfalls weisungsbefugtes Personal Vorgaben macht. Die Gemeinsamkeit der Beispiele deutet darauf hin, dass die individuelle Motivation der Teilnahme, die eines gemeinschaftlichen Handelns ist und deshalb Anweisungen, in welchen dieses Handeln erfüllt wird, bereitwillig befolgt werden.

Nach der Anweisung „und jetzt alle“ ruft der Vormacher durch sein Megaphon die einzelnen Buchstaben der Abkürzung des Vereinsnamens. Damit erfolgt eine Variation der Bezeichnung des verhandelten kulturellen Objekts. „Gruppenleben ist um Kommunikation organisiert“ (Strauss 1974, S. 161). Ein gleiches Vokabular führt zu gleichen Urteilen, welche Handlungen konstituieren (Strauss 1974, S. 51). Eine Abkürzung zu verwenden verweist auf eine Spezialsprache, in welchem gemeinsame Wissensbestände enthalten sind. Im vorliegenden Fall ist es zwar nicht zwangsläufig die Spezialsprache der beobachteten Gruppe, da der besungene Fußballverein wie viele andere Fußballvereine, allgegenwärtig mit Abkürzungen bezeichnet wird. Der Umstand, dass eine Spezialsprache eine gemeinsame Praxis begünstigt, scheint hingegen bemerkenswert zu sein. So ermöglicht die Abkürzung eine weitere Variation der Gruppenpraxis, wodurch die emotionale Verbundenheit zu dem kulturellen Objekt ausgedrückt wird. Diese wird umso mehr bekräftigt, in dem die Akteure ihre Arme seitlich nach oben ausstrecken. Bei genauerer Betrachtung konnte man nicht selten beobachten, dass die Handflächen dabei nach vorne zeigten, bevor mit ihnen der Klatschrhythmus vollzogen wurde. Diese Geste der nach vorne ausgerichteten Handflächen erinnert an die Beschwörungsgeste etwa in christlichen Zeremonien, in denen ein Pfarrer Botschaften vermittelt. Die Beschwörung soll die vermittelte Botschaft auf eine magische Weise in die Lebenspraxis der Adressaten implementieren. Da die beschwörende Geste von den Worten „Kämpfen und Siegen“ begleitet wird, zielt das magische Denken der Akteure darauf ab, die Moral der Spieler beschwören zu können und somit die Kontingenz des Spielverlaufs zu den gewünschten Gunsten zu beeinflussen.

Die Abschlusssequenz des Aktes lautet: *„Auf geht's [Stadt] kämpfen und siegen“*. Damit wird der Zeitpunkt für die Beschwörung auf die Gegenwart festgelegt, die nun beeinflusst werden soll.

Die andauernden Wiederholungen der Praktiken verdeutlichen ihren rituellen Charakter. Rituale implizieren ein routiniertes Verhalten, welches eine Entlastungsfunktion für Situationsdefinitionen beinhaltet, da eine Handlungsform vordefiniert zur Verfügung steht (Dücker 2006, S. 18). Mit dem Wissen, dass die Frage, wer man in einer Situation ist, so lange problematisch bleibt, wie die Situation selbst (Strauss 1974, S. 48), erscheint ein Ritual folglich als weitgehend unproblematischer Handlungszusammenhang, um sich selbst und andere zu verorten. Es hat mithin einen gewissheitsspendenden Charakter darüber, wer wir sind. Die ständigen Wiederholungen der ritualisierten Praktiken sind konstitutiv, da in ihnen die Funktion von Orientierung, Ordnungsgebung und Strukturierung erfüllt werden, welche Wiederkehrbarkeit voraussetzen, die in ihr bestätigt wird. Wiederholungen ersetzen folglich keine Handlungen, sondern bestätigen die vergangenen und rechtfertigen somit ihre Reproduktion (Strauss 1974, S. 42 f.). Soziale Handlungen wie Rituale kommunizieren deshalb immer etwas, was über ihre eigene Handlung hinausweist (Goffman 1973, S. 61). In Kapitel 2.1 wurde auf das Urbild der beforschten Akteure verwiesen, Stimmung in Fußballstadien zu generieren. An jenem Urbild orientiert sich die beobachtete Gruppe und führt ein sich wiederholendes Abbild von diesem auf. Konstitutive Bedingung für den Kreislauf ist ein Fußballverein, dessen Symbol eng verwandt mit einer Stadt als Heimatsymbol ist. Durkheim (2007) zufolge wird *das Soziale* zusätzlich durch die Anbetung *heiliger Wesen* verstärkt. Diese existierten zwar bloß in der Vorstellung der Anbetenden, bewirken jedoch eine Zentrierung der Gefühle, die sich in Begegnungen körperlicher Kopräsenz besonders deutlich zeigen (S. 506). Die heiligen Wesen „[…] erreichen ihr Maximum an Intensität in dem Augenblick, wenn die Individuen versammelt sind und in unmittelbarer Beziehung zueinander stehen; wenn sie alle in ein und derselben Idee, in ein und demselben Gefühl vereint sind" (Durkheim 2007, S. 507). *Verein* und *Stadt* werden in diesem Zusammenhang zu einer Art Programmatik eines *heiligen Wesens*, die in einem tendenziell dauerhaften Kreislauf beschworen wird, wodurch sich eine Gemeinschaft bildet. Ihre Identität ist daran gebunden, eine spielbegleitende moralische Unterstützung für das *heilige Wesen* zu sein. Damit wird der Umstand erfüllt, dass ihre rituellen Handlungen nie im Namen der Akteure erfolgen, sondern an Institutionen und deren Programmatik und Interessen gebunden sind (Dücker 2006, S. 41). Aus diesem Grund deutet auch der Name der Gruppe auf das *heilige Wesen* hin, welches die Stadt als zentralen Bestandteil umfasst und so in den Beschwörungen thematisiert wird.

Ebenfalls rituell werden die übrigen Anwesenden außerhalb der Gruppe mit Handbewegungen gezielt aufgefordert, sich der Gruppenpraxis anzuschließen. Daraus wird geschlussfolgert, dass die institutionalisierte Perspektive der Gruppe sich nicht unbedingt mit den Perspektiven der anderen Veranstaltungsteilnehmer deckt. D. h., es gibt Veranstaltungsgänger mit unterschiedlichen Urbildern. Die Aufforderungen, sich der Institution der Gruppe anzuschließen, wirken dabei missionierend.

Zusammenfassung

Die beobachtete Gruppe bringt durch ihre umfangreiche Vororganisation eine Vielzahl von rituellen Praktiken wie Lieder singen hervor. Die Lieder besitzen einen Appellcharakter und beziehen sich inhaltlich auf die Aufforderung zu kämpfen und zu siegen. Die gesprochenen und gesungenen Inhalte wirken bekräftigend für den Kampf der Spieler auf dem Feld bzw. sollen bekräftigende Wirkung haben. Die Aufforderungen der Beforschten beziehen sich jedoch nicht auf spiel-strategische Aspekte, wie etwa schnell zu rennen oder eine gute Abwehr zu haben. Vielmehr wird an eine grundlegende innere Haltung der Spieler appelliert, Kampfgeist zu zeigen. Insofern wurde gedeutet, dass die Akteure insbesondere eine moralische Unterstützung hinsichtlich der kämpferischen Aspekte innerhalb der Wettkampfveranstaltung fokussieren. Für die Vermittlung der kampfgeisterstärkenden Appelle werden die stimmungsanregenden Lieder und Sprechchöre von Trommel- und Klatschrhythmen untermalt. In diesem Sinne wird das initiierte Kampfpathos zum freudigen Event der Akteure. Als ritualisiert lassen sich diese Aufführungen der Gruppe charakterisieren, da sie nach einem bekannten und raum-zeitlich regelmäßigen Ablauf erfolgen. Es handelt sich demgemäß um eine institutionalisierte Praxis der Akteure, welche damit einer Art Selbstverpflichtung nachkommen, die Programmatik des *heiligen Wesens Fußballverein* und *Stadt* durch appellativ-moralisierende Lieder zu beschwören, wodurch sie sich als *Spielbeschwörer* präsentieren.

Zentrale Funktion von Ritualen ist, eine konstruierte Urszene einer Gemeinschaft zu aktualisieren (vgl. Durkheim 2007), z. B. Weihnachten als die Geburt von Jesus Christus. Daraus wird geschlussfolgert, dass das gesungene Lied eine Strategie ist, durch welche die beforschten Akteure ihr Urbild reproduzieren und damit sich als Gruppe. Derlei Gruppenrituale wirken vertrauensbildend zwischen den Mitgliedern, da die Praxis einer gemeinsamen Orientierung unterliegt, welche durch den kollektiven Vollzug von Praktiken konstituiert wird. Der Anlass für das gemeinsame Handeln ist das Event, in welchem das *heilige Wesen* agiert. Seine ewige Neuinszenierung wird zur regelmäßigen Neuinszenierung der Gruppe, woraus relativ stabile und damit individuell bedeutsame zwischenmenschliche Beziehungen entstehen können. Wer sich an der Praxis nicht beteiligt, die vielmals angeboten wird, ist weder Mitglied des Urbildes noch der Gruppe als Gemeinschaft. In diesen Erkenntnissen besteht sogleich eine Antwort auf die Frage, warum die beobachteten Akteure freiwillig beschwörende Hilfestellungen für das *heilige Wesen* ausüben: Es ermöglicht ihnen die Zentrierung von Gefühlen in körperlicher Kopräsenz, die das Soziale zwischen den Akteuren konstituiert und verstärkt. Eine solche Geschlossenheit zu erleben, kompensiert Isolierungserfahrungen im häufig sozial fragmentierten Alltag, weshalb sie als wünschenswert zu bewerten sind.

Die Inhalte der Texte thematisieren nicht etwa wertebezogene Aspekte des Sports wie „Dabei sein ist alles" oder „möge der Bessere gewinnen". Vielmehr wird ein kriegerisches Pathos vollzogen, das sich an *Kämpfen* und *Siegen* orientiert. Dieses Pathos ist so zentral, dass der sportliche Aspekt hintergründig scheint. Folglich bietet die Veranstaltung den Rahmen für kriegerisches statt sportliches Handeln, welches legitimiert ist, da sich die Wettkampfparteien freiwillig und nach einem gesellschaftlich vertretbaren Regelwerk darauf eingelassen haben. Ferner wird für etwas Drittes gekämpft, weshalb der Kampf keinen anti-sozialen Charakter hat. Das Kriegspathos impliziert eine archaische Gesellschaftsordnung, in der klare Fronten zwischen der eigenen und der gegnerischen Gemeinschaft herrschen. Eine derartige Ordnung verlangt im Kriegsfall von ihren Mitgliedern eine hohe Opferbereitschaft. Der Kriegsfall ist durch den Wettkampf zwischen den Gemeinschaften nun gegeben, weshalb die Opferbereitschaft beschworen wird. Diese archaische Veranstaltungsstruktur verweist auf eine unterkomplexe Geordnetheit von Welt, in der sich die beobachtete Ritualgemeinschaft entfaltet. Die reduzierte und dadurch überschaubare Welt ist verführerisch angesichts einer komplexen und damit tendenziell überfordernden Alltagswelt. Sie wird noch verführerischer, in dem dieser Freizeitwelt eine universelle Geltung zugeschrieben wird, worauf bereits die umfangreichen Veranstaltungsvorbereitungen in Kapitel 7.9 verweisen oder auch die Maxime der beforschten Akteure, 24 Stunden am Tag und sieben Tage die Woche ein Ultra zu sein (Kap. 2.1). Daraus wird der Versuch abgeleitet, das komplexitätsreduzierte Weltverhältnis als Ultra in weiteren Lebensbereichen fruchtbar zu machen. Folglich handelt es sich bei dem Event für die Akteure nicht nur um ein temporäres Vergnügen. Vielmehr wird eine fußballbezogene Lebenseinstellung inszeniert, deren Relevanz unabhängig von der gegenwärtigen Fußball-Show aufrecht erhalten wird.

Dass die anderen Anwesenden auf der Tribüne aufgefordert werden, sich ebenfalls an der Gruppenpraxis der Beforschten zu beteiligen, wirft ein Schlaglicht auf die unterschiedlichen Urbilder der Veranstaltungsgänger. Diese lassen sich dimensionieren in ein fußballsportbezogenes Urbild und einem Urbild, welches die eigene Darstellung in den Vordergrund stellt. Im Gegensatz dazu wurde in dem Lied das *heilige Wesen* thematisiert. So gesehen bleibt die Frage, woran sich die Akteure orientieren: an sich selbst als Gruppe oder an den veranstaltungsbezogenen Objekten? Die Rekonstruktion beantwortet die Frage, indem die Gruppe vordergründig den Fußballverein mittels einer bestimmten Praxis (dauerhaft Singen) thematisiert. Diese Praxis dient jedoch eigentlich dazu, die Gruppe zu reproduzieren.

Die Deutung der Beschwörung heiliger Wesen plausibilisiert zugleich, warum die Akteure im Kapitel 7.6 „Heilige hinter der Zaunfahne“ ihre eigene Praxis als eine sakrale klassifizieren. Denn der Ort hinter der Zaunfahne ist jener rituelle Ort, an dem das *heilige Wesen* beschworen wird. Das Beschwören des Sakralen wird gleichsam zu einer sakralen Praxis, durch welche sich die Gemeinschaft konstituiert.

Die vororganisierte Praxis der Akteure orientiert sich an einem Urbild, welches über das alleinige Interesse an fußballerischen Darbietungen hinausreicht. Respektive transformiert die Handlungsorientierung der Akteure die Sport-Veranstaltung in eine soziale Veranstaltung, in der die Akteure eine Gemeinschaft bilden. Mithin nehmen sie vielseitig verändernden Einfluss auf die Sport-Veranstaltung, wie durch eigene Darstellungs-Praktiken während des Fußballspiels gezeigt wurde.

Dass die Praktiken jedoch in dieser Veranstaltung und während der fußballerischen Darstellungen stattfinden und nicht an anderen Orten vollzogen werden, zeigt eine sich gegenseitig konstituierende Wechselbeziehung zwischen Fußballsport und Tribünenpraxis auf, die im Folgenden rekonstruiert wird.

7.11 Zur Inszenierung von Distanzlosigkeit und charismatisierender Krisenbewältigung

Beobachtung:

> „Gerade als ein Lied gesungen wurde, welches aus vier zusammenhängenden Textstücken besteht, schoss die gegnerische Mannschaft ein Tor. Das Lied wurde abrupt von einem allseitigen Fluchen (‚Scheiße', ‚verdammten Huhrensöhne') und Vorwürfen (‚wieso hat der {Abwehrspieler} den {Torschützen} nicht gesehen', ‚die Mannschaft kommt heute einfach nicht ins Spiel rein') unterbrochen. Der Vorsänger zog sich die Mütze über sein Gesicht und hielt sich zusätzlich beide Hände über das Gesicht und krümmte sich schmerzverzerrt nach unten. Einige von den Ultras schauten mit geballten Fäusten und fest zusammengebissenen Zähnen in den Himmel oder winkten mit dem Arm einfach nur ab und drehten dem Spielfeld den Rücken zu. Einen kurzen Moment später schrie der Vorsänger ins Megaphon: ‚Auf geht's {Stadtname} kämpfen und siegen' und die Ultras erwiderten im Chor: ‚Auf geht's {Stadtname} kämpfen und siegen', was durch einen schnellen Trommeltakt begleitet und mehrmals wiederholt wurde."

Die Beobachtung dokumentiert eine abrupte Unterbrechung der singenden Darstellungspraxis der Akteure zugunsten der sportlichen Darstellungspraxis. Das sportliche Ereignis *Gegentor* führt zu einer neuen Handlungsausrichtung, bestehend aus einer Vielzahl individueller Praktiken. Diese hatten jedoch denselben Auslöser und ferner die gemeinsame Eigenschaft, negative Emotionen zum Ausdruck zu bringen. Folglich existiert eine Einigung darüber, dass durch ein Ereignis wie einen gegnerischen Tortreffer, die bisherigen Handlungsvollzüge kollektiv gestoppt werden und Praktiken erfolgen, welche negative Emotionen ausdrücken. Die soziale Verpflichtung zur emotionalen Reaktion auf das Feldspiel wird insbesondere dann deutlich, wenn man nicht expressiv reagiert, was im Folgendem an einer weiteren rekonstruierten Interaktion zwischen dem Ethnographen und einem Ultra-Besucher dargelegt wird:

Die beforschten Akteure vollzogen ihre üblichen Darstellungen etwa zu singen. Plötzlich erzielte die favorisierte Mannschaft einen Tortreffer. Wie bei dem Gegentor, stoppte die eigene Darstellung und alle sprangen, umarmten sich, jubelten vor Freude und Bier wurde in die Luft gespritzt. Der Ethnograph zeigte weniger expressive Praktiken und lächelte nur etwas zurückhaltend. Einer der beforschten Akteure, welcher dem Beobachter wohlgesonnen war, schaute diesen länger an und bewertete die Reaktion des Ethnographen wie folgt: „Der freut sich ganz chillig." Diese Aussage beinhaltet die Annahme, dass sich der Ethnograph grundlegend freut, worauf sein Lächeln verweist. Der Aussage des Beforschten ist jedoch implizit, dass die Reaktion des Ethnographen deutungsbedürftig ist. So wurde bei den Feldaufenthalten nie eine Interaktion erlebt, in der jemand beispielsweise nach einem Tortreffer seitens der favorisierten Mannschaft vor Freude in die Luft sprang und ein anderer dieses Handeln als einen Ausdruck von großer Freude bewertet hätte, um so eine Erklärung des Handelns zu formulieren. Der expressive Ausdruck von Freude entspricht folglich einer kollektiven Handlungsorientierung und wird mithin sozial erwartet und somit als *natürliche* Reaktion bewertet, was jedwede Erläuterung obsolet werden lässt. Im Gegensatz zu dieser feldspezifischen Erwartung war das Verhalten des Ethnographen abweichend von der kollektiven Orientierung der anderen Anwesenden, weshalb seine Reaktion erklärungsbedürftig geworden ist. Sein Handeln wird jedoch so bewertet, dass es in die kollektive Orientierung integrierbar ist. So wird dem Ethnographen ein besonderer Stil der Freude („chillig") zugeschrieben. Ein Stil, der sich dadurch auszeichnet, Freude zwar intensiv zu erleben, sie jedoch körperlich wenig auszuagieren. Mit dieser Strategie des Bewertenden gegenüber dem Ethnographen löst der Urteilende folgendes Problem: Wäre der Veranstaltungsbesucher zu der Ansicht gekommen, dass sich der Ethnograph überhaupt nicht freut, wäre er jemand, der nicht an der kollektiven Handlungsorientierung der Akteure beteiligt ist und damit nicht der Gruppe zugehörig. Dieser Umstand würde zu der Frage führen, was er hier denn überhaupt mache, welche zur Antwort hätte, dass er den Bewertenden und dessen Gruppe beobachtet. Weitere Fragen wären die Folge, etwa, ob man überhaupt beobachtet werden will oder ob man dem Beobachter überhaupt trauen kann. Da der Ethnograph jedoch zu diesem Zeitpunkt schon vertraute Beziehungen zu den beforschten Akteuren und insbesondere zu dem in der Situation bewertenden Akteur aufgebaut hatte, umgeht nun der Beforschte mit der initiierten Bewertung diesen schwierigen Beziehungsfragen. Er gemeindet den Ethnographen in die kollektive Handlungsorientierung der Gruppe ein, indem er die Handlung des Ethnographen als eine spezifische Handlung der eigenen Handlungsorientierung klassifiziert. An dieser Stelle wird folglich festgehalten, dass es eine kollektive Praxis gibt, mit der auf bedeutende Spielzüge wie Tortreffer unmittelbar mit expressiven Praktiken reagiert wird, die auf eine massive Gefühlsregung schließen lassen. Solcherlei Gefühlregungen haben die Unterbrechung der eigenen sowie gleichzeitig kollektiven Darstellung zur Konsequenz, können indes selbst ebenfalls als kollektive Darstellung gedeutet werden, deren Ausgangspunkt jedoch die unmittelbar fußballerische Vorführung war.

Zurück zu den Reaktionen auf das Gegentor in der davor genannten Beobachtung: Als nach dem Tortreffer weitergespielt wurde (Anstoß von der Mittellinie), nahmen auch die beforschten Akteure ihre vororganisierte Darstellungspraxis wieder auf, indem sie erneut gemeinschaftlich an den Kampfgeist der favorisierten Sportler appellierten: „Auf geht's {Stadtname} kämpfen und siegen". Die Akteure deuten das Gegentor als demotivierendes Ereignis für die

Spieler. Aus diesem Grund appellieren die beforschten Akteure an die innere Haltung der Spieler *zu kämpfen* und stellen damit in Aussicht *zu siegen*. Die Unterstellung, dass die favorisierte Mannschaft siegt, wenn sie nur richtig kämpft, schwingt hier unmittelbar mit. Da die Gruppe sich nicht auf sportliche Aspekte bezieht, wird vorliegend die bereits rekonstruierte Maske der Akteure *Spielbeschwörer* zu sein bestätigt. Welche Wechselbeziehung zwischen Tribünen- und Bühnenpraxis hat sich konstituiert?

Die plötzliche Unterbrechung des Liedes durch ein Gegentor macht deutlich, dass das Unterhaltungsangebot *Fußball* entscheidenden Einfluss auf die Darstellungspraxis der beobachteten Akteure hat. Mithin bietet das Event nicht nur den Anlass für eine eigene Praxis. Vielmehr manifestiert sich in dem Event eine umfangreiche, wechselseitige Ausgestaltung einer Beziehung zwischen den Praktiken auf der Tribüne und auf dem Spielfeld. Insofern ist die rekonstruierte Raum-Praxis-Parallelität (Kap. 7.8) nicht als autarke Praxis auf der Tribüne zu deuten, sondern als dynamische Praxis zu verstehen, die sich innerhalb der Wechselbeziehung zwischen Tribüne und Bühne grundiert. Der Praxis der beobachteten Akteure sind folglich Aspekte implizit, die, wie bereits erwähnt (Kap. 7.8), als im Event mitspielende zu charakterisieren sind. So gibt es in der Veranstaltung eine Art Aufgabenverteilung. Einige der Mitspieler sind auf dem Spielfeld mit spezifischen Aufgaben betraut, wie im Mittelfeld der Spieltaktik zu folgen oder als Torjäger zu fungieren. Andere sind auf der Tribüne mit klassischen Anforderungen beschäftigt, wie zu singen oder Fahnen zu schwingen. Erfolgt nun ein gravierender Spielzug, wie ein Gegentor, werden die bisherigen Spielzüge unterbrochen und die Praxis richtet sich auf das Spielereignis. In der gemeinsamen Unterbrechung mit der gemeinsamen emotionalen Reaktion (Tor: Freude / Gegentor Unzufriedenheit) wird das gemeinsame Erleben zwischen den Akteuren auf dem Feld und auf der Tribüne hergestellt.

In der Beobachtung löst das Gegentor eine kollektive Krise aus, wodurch zwischen den Akteuren auf der Tribüne und Bühne eine übergeordnete Gemeinschaft entsteht, die sich durch ihre gegenseitige emotionale Anteilnahme herstellt. Diese Deutung scheint zunächst wenig erhellend, da es (vermeintlich) selbsterklärend ist, dass sich Stadiongänger freuen oder traurig sind, wenn die favorisierte Mannschaft ein Tor schießt oder einen Gegentreffer bekommt. Um das Selbstbild der Akteure jedoch besser zu verstehen, muss die Strategie des starken emotionalen Ausdrucks mit seinen Konsequenzen interpretiert werden, welche Analyse nun erfolgt.

Stellt man sich vor, dass ein Fremder in der U-Bahn erzählt, er habe gestern seinen Schlüsselbund samt Sicherheitsschlüsseln verloren und dass er nun einen Schaden von mehreren tausend Euro tragen muss, da seine Versicherung nicht greift. Nach einer solchen Erzählung würde man wahrscheinlich verstehen können, dass der Mensch traurig über das Geschehene ist oder sich über sich oder die Versicherung ärgert. Wenn der Mensch sympathisch auf den zufälligen Zuhörer wirkt, wäre es denkbar, dass versucht wird, ihm Mut zuzusprechen. Schon kurze Momente nach der Begegnung, wird der emotionale Abstand zu dem Betroffenen und seiner Geschichte jedoch schnell groß, sie wird vergessen oder lediglich als Anekdote für eigene soziale Zwecke verwendet.

Anders verhält es sich hingegen, wenn jemand Nahestehendes, wie ein Familienmitglied, die Schlüssel verliert. Bei der Übermittlung der Nachricht wäre dann eine unmittelbare emotionale Reaktion naheliegend, die für einen längeren Zeitraum anhalten kann. Hilfsangebote wären wahrscheinlich, was der Geschädigte wiederum als wohlfühlend erleben würde. In diesen Reaktionen der Anteilnahme und Unterstützung konsolidiert sich die Wechselbeziehung zwischen den Interaktanten als nahestende Beziehung. Bewertungen des Beziehungsgrades könnten dabei anhand der emotionalen Anteilnahme ersichtlich werden. Würde man hingegen neutral auf ein bedeutendes Ereignis einer persönlich bekannten Person reagieren, wäre dies gemeinhin als Zeichen emotionaler Distanz zu werten, in dem sich ein geringes Interesse an der Beziehung widerspiegelt.

Beide Beispiele verdeutlichen, dass die emotionale Ausdrucksweise ein Indikator für den Beziehungsgrad zwischen Akteuren ist und der emotionale Ausdruck bei bedeutenden Ereignissen gleichzeitig dazu beiträgt, eine Wechselbeziehung herzustellen sowie zu verfestigen. Im Kontext der Beobachtung verweisen die eben genannten Gedankenexperimente auf die Eigenschaft der Wechselbeziehung und deren Herstellung zwischen den Akteuren auf der Tribüne und dem Spielfeld: Es erfolgen massive emotionale Bekundungen aufgrund eines relevanten Ereignisses für die Mannschaftspieler. Die Reaktionen auf der Tribüne sind so intensiv, dass von einer innigen Anteilnahme zu sprechen ist, die den Besuchern der Show nicht nur im sprichwörtlichen Sinne durch Mark und Bein fährt. Der psychische Schmerz überträgt sich symbolisch auf die Physis und wird dort performativ offen-sichtlich. Insofern kann die Wechselbeziehung zwischen den Akteuren auf dem Feld und auf der Tribüne als eine emotional stark verbundene charakterisiert werden. Die Akteure auf der Tribüne signalisieren durch ihre Handlungen die Maske *emotional betroffen* zu sein, d. h. sich der Situation der Spieler nahe zu fühlen. Diese überwundene emotionale Distanz bzw. distanzlose Verbindung zu präsentieren, ist als eine Art verpflichtendes Beziehungszeichen zur Evidentmachung der gegenseitigen Verbindung (Goffman 2009, S. 262) zu verstehen.

Nach dem gemeinsamen Krisenerleben, welche durch das Gegentor ausgelöst wurde, was als Evidentmachung von Beziehungszeichen rekonstruiert wurde, wird nun die Anschlusshandlung der beforschten Akteure auf das unerwünschte Gegentor interpretiert.

Mit ihrem Appell: *„Auf geht's {Stadtname} kämpfen und siegen"*, begannen die beforschten Besucher im Anschluss an das Gegentor sofort die Mannschaftsspieler zu motivieren. Diese sind gemäß des Wettkampfes, in dem über Sieg oder Niederlage entschieden wird, vielen (spielerischen) Gefahren ausgesetzt. Sie können Rückschläge erleiden, verletzt oder unfair behandelt werden und müssen 90 Minuten physische Höchstleistungen erbringen. Der Wettkampf ermöglicht es ihnen andererseits, Überlegenheit über die andere Mannschaft herzustellen, Erfolge einzufahren und Siege zu erzielen. Der prinzipiell kontingente Verlauf des Fußballspiels erzeugt eine fragile Situation für die Fußballspieler, die ständigen Veränderungen ausgesetzt sind und so permanente Krisenerfahrungen durchleben. Die beobachteten Akteure auf der Tribüne schauen dem Wettkampf, wie in den bisherigen Praktiken gezeigt wurde, nicht tatenlos zu, sondern erkennen die prinzipiell vulnerable Situation der Fußballer und beginnen sich in diese Dramatik mit ihren Möglichkeiten auf der Tribüne aktiv zu involvieren. Diese feldimmanente Bezeichnung für jene aktive Beteiligung von der Tribüne aus bezeichnen die Akteure als *Support*. Sie ist eine Hilfeleistung, welche angesichts der Gefahren, denen die Spieler ausgesetzt sind, woraus sich ihre Hilfsbedürftigkeit ergibt, erbracht wird. Mithilfe dieser Handlungsorientierung der Akteure wird eine – zumindest einseitige – emotionale Allianz mit den Fußballspielern hergestellt, wodurch angesichts des permanenten Krisenzustands eine intensive Beziehung resultiert.

Zusammenfassung

Die Beobachtung dokumentiert eine Handlungsabfolge, die aus Singen – Gegentor – der Bekundung emotionaler Distanzlosigkeit – und dem Glauben an Unterstützungsleistungen besteht. Indem die Darstellungspraxis *Singen* durch das Spielereignis *Gegentor* abrupt unterbrochen wird, wurde geschlussfolgert, dass bedeutende Spielzüge unmittelbaren Einfluss auf die Praxis der Akteure auf der Tribüne haben. Die emotionalen Bekundungen verweisen auf ein gemeinsames Krisenerleben zwischen Bühnen- und Tribünendarstellern hinsichtlich des Ereignisses *Gegentor*. Die emotionale Distanzlosigkeit der Besucher konstituiert diese Wechselbeziehung zwischen beiden Akteursgruppen und reproduziert sie mit ihren umfangreich affektiv aufgeladenen Praktiken. Emotionale Bekundungen dienen gleichzeitig als vergemeinschaftende Praxis für die beforschten Akteure untereinander, da in ihr eine gegenseitige Anteilnahme für die gleiche Situation zum Ausdruck kommt, durch welchen Handlungsfokus sich die Gemeinschaft bestätigt. Darüber hinaus wissen die beforschten Akteure auf die Krise *Gegentor* kollektiv zu reagieren, indem sie eine Hilfeleistung für die in Gefahr geratenen Fußballspieler initiieren. Dieser Umstand verweist auf Bewältigungsmechanismen gegenüber Krisen, wodurch die Akteure *Agency* (vgl. Sax 2013) erleben. Auf Krisen handlungssicher zu reagieren, hat die Eigenschaft charismatisch zu sein. Mithin charismatisieren sie ihre Wechselbeziehung untereinander.

Emotionale Betroffenheit als Teil einer Maske, die den Begründungszusammenhang herstellt, den vulnerablen Akteuren auf dem Spielfeld zu helfen, folgt, wie in den vorherigen Kapiteln ebenfalls, der Handlungsorientierung, die eigene Praxis innerhalb der Veranstaltung zu idealisieren, indem sie als gemeinnützig für das Wohl der Mannschaft und damit für das heilige Wesen *Fußballverein* klassifiziert wird. Die Akteure transformieren folglich ihre Veranstaltungsteilnahme, in welcher sie nicht länger Konsumenten einer Unterhaltungsshow sind, sondern als *Helfer* für das vulnerable *heilige Wesen* in Form eines Fußballvereins mit seinen Spielern agieren.

Die Inszenierung der emotionalen Betroffenheit der Akteure und ihre Hilfestellung deuten auf *rituelle Normen* hin, deren primäre Bedeutung in der Haltung der Akteure liegt, welche sie gegenüber Phänomenen von höchster Bedeutung einnehmen. Innerhalb von Gemeinschaften sind derlei soziale Normen verpflichtend, in dem Sinne etwas in Bezug auf etwas zu tun oder zu unterlassen (Goffman 2009, S. 139). Jener Verpflichtung des expressiven und damit Bedeutung konstituierenden Ausdrucks von Freude gegenüber der Sache, ist der Ethnograph in dem Beispiel „freut sich ganz chillig“ nicht nachgekommen, weshalb er potenziell vom Ausschluss aus der kollektiv agierenden Gruppe betroffen war.

7.12 Wechselgesang: Zur situationsgebundenen Identität einer Grenzen überwindenden Gemeinschaft

Beobachtung:

> „Das Spiel lief sehr gut, die Mannschaft führte. Von der Mitteltribüne (die einzelnen Stadionabschnitte sind durch Zäune voneinander getrennt) wurde kollektiv der erste Teil des Vereinsnamens Richtung Stehplatz gerufen. Erkenntlich wurde der Zuruf, indem viele der Anwesenden im Mittelblock ihren Arm mit seitlich offener Hand in die Richtung des Stehplatzbereichs wiesen. Der Vorsänger erwiderte mit dem zweiten Teil des Vereinsnamen (Bsp. ‚EINTRACHT‘ (1. Teil) – ‚FRANKFURT‘ (2. Teil)), woraufhin die Ultras und viele andere im Stehplatz es ihm gleich taten. Daraus entstand ein mehrmaliges hin und her rufen. Der Inhalt der Block-zu-Block-Interaktion konnte variieren. So war ein weiteres Beispiel folgendes: ‚Hallo XY-Tribüne‘ (Eröffnung) – ‚Hallo YX-Tribüne‘ (Antwort). Kontextinformation: Diese Praxis trägt im Feld den Namen ‚Wechselgesang‘.“

Die Beobachtung dokumentiert eine Raum-Praxis-Parallelität gegenüber dem Spiel, die in diesem Fall nicht von den beforschten Akteuren initiiert wurde.

Der kommunizierte Text war mit den beiden Teilen des Vereinsnamens eher simpel, weshalb tendenziell viele an der Interaktion teilnehmen können. Entsprechend gering ist die Vororganisation dieser Block-zu-Block-Interaktion. Der vermittelte Inhalt ist demzufolge wenig aussagekräftig. Er ist so unbedeutsam, dass er randständig erscheint. Vordergründig scheint hingegen die Idee eine derartige Block-Block-Interaktion durchzuführen. Als Bedingung hierfür greift die grundlegende Handlungsorientierung, als Besucher der Unterhaltungsveranstaltung selbst zum Darsteller zu werden und die Veranstaltung zu verändern. Die Darstellung bezieht sich darauf, kollektiv in der Stadion- und Medienöffentlichkeit über die Zäune der getrennten Besucherbereiche hinweg miteinander zu interagieren. Wie schon bei den synchronen Tribünenpraktiken der Ultras rekonstruiert wurde, verschmilzt durch die Synchronität die Stimme des Einzelnen mit der Stimme des gesamten Kollektivs. Entsprechend kraftvoll fühlt es sich an, wenn die eigene Stimme durch hunderte weitere Stimmen verstärkt wird. Dieses Gefühl wird durch die synchron vorliegende Armbewegung betont und dient als zusätzlicher Indikator ein Kollektiv zu sein. Aus dem Gesamt der Interaktion ergibt sich von außen ein Bild, in dem zwei synchrone Kollektive reziprok miteinander interagieren. Infolge des wechselseitigen Austauschs wird eine räumliche Trennung überwunden. Die Tribünenakteure überbrücken damit die räumliche Fragmentierung zwischen ihnen, woraus eine Grenzen bezwingende Einheit entsteht.

Zusammenfassung

Die reziproke Interaktion zwischen den veranstalterseitig fragmentierten Besucherschaften ermöglicht es, jene Zersplitterung zu überwinden und eine Einheit entstehen zu lassen. Diese basiert auf dem gemeinsamen Standpunkt *Fußballverein*. Der gemeinsame Standpunkt wird somit zur Bedingung ein Teil der Gemeinschaft zu werden, die kollektiv ihre Wechselbeziehung zum Ausdruck bringen möchte. An der Praxis wird ersichtlich, dass die Fußballveranstaltung ungeachtet ihres unmittelbaren Darstellungsfokus auf einen Wettkampf von den Besuchern als ein Event gedeutet wird, in welchem man aus eigener Initiative mitmacht, um Gemeinschaftsgefühle zu befriedigen. Aus Veranstalterperspektive ist die aktive Handlungsorientierung zunächst erfreulich, da das allgemeine Ziel von Events als erreicht gilt, wenn Besucher emotional und praktisch in das Unterhaltungsangebot involviert werden (Kap. 2.2.4). Probleme würden sich dadurch nur dann ergeben, wenn die Erwartungen der Veranstaltungsbesucher eine aktive Teilnahme bedingten, die nicht mehr in den Veranstaltungsablauf integrierbar wäre. Dass jenes Potenzial besteht, deutet sich vorliegend darin an, dass die veranstalterseitigen Absperrungen zumindest akustisch überwunden werden. Das Selbstbild der Besucher einen aktiven Beitrag zu leisten und dabei Vororganisationen von Seiten der Veranstalter zu überbrücken, problematisiert somit erneut die Frage: Wer ist hier der eigentliche Hausherr in der Veranstaltung und wer hat die Deutungshoheit über ihre Gestaltung?

Dass die Einflussversuche der beforschten Gruppe auf die Veranstaltung für den VEranstalter auch prblematisch sein können, wird im Folgenden dargelegt. Da der zu behandelnde Einfluss gleichsam problematisch für den Ethnographen war, wird dieser zuvor interpretiert.

7.13 Reflexion zur eigenen Forschungspraxis

Als ich in meinen Daten Praktiken der Pyrotechnik-Nutzung sichtete, überkam mich eine kurzzeitige Interpretationsblockade, die ich als Reflexion zu meinem ethnographischen Forschungsprozess kurz erläutern möchte. Wer sich mit *Ultras* beschäftigt, kommt kaum umhin, sich mit der für diese Akteure prominenten Praxis Pyrotechnik zu verwenden, auseinanderzusetzen. Folglich hatte ich auch schon viel über Pyrotechnik mit *Ultras* gesprochen, welche mich von der Nutzung überzeugen wollten. Auch medial wird die Pyro-Nutzung im Stadion immer wieder thematisiert, wodurch ich viele Eindrücke aus dem konflikthaften Diskurs gewinnen konnte. Vor diesem mir inhaltlich bekannten Hintergrund, sollte ich mich nun mit Pyro-Praktiken in meinem Material beschäftigen. Meine Erwartung an mich war, etwas so Erkenntnisreiches dazu zu eruieren, dass daraus Ansatzpunkte zur Lösung des Konflikts der Pyro-Nutzung abgeleitet werden könnten. Dieser Anspruch blockierte meinen Forschungsprozess und ich musste mich fragen, was hier mein eigentliches Problem ist, mich diesem Thema zu widmen. Nach erhellenden Gesprächen mit Kollegen habe ich die Thematik als ein Nähe-Distanz-Problem identifiziert, dass mich als wissenschaftlicher Akteur hemmte. Denn als ich meine Erwartungen genauer hinterfragte, merkte ich, dass ich in erster Linie einen Beitrag zur Lösung des Problems im Feld herbei interpretieren wollte. Von dem 1:1 Übertragungsgedanken, der nicht selten von Praktikern an die Wissenschaft formuliert wird, musste ich mich zunächst distanzieren, um wieder handlungsfähig als Wissenschaftler agieren zu können. Mein Ziel mit der vorliegenden Arbeit ist ohnehin, das Selbstbild der Akteure zu rekonstruieren und nicht etwa praktische Probleme des Feldes zu bewältigen.

Nachdem ich eine arbeitsfähige Distanz zum Material wiedergefunden hatte, konnte ich schließlich das Phänomen *Pyrotechnik* als genauso besonders betrachten, wie es auch die übrigen Phänomene des Feldes sind und begann zu interpretieren.

7.14 Zur heroischen Aufopferung orientierungsspendender Gewissheiten

Nachfolgend wird eine Beobachtung als geschlossener Verlauf dargestellt, um den Leser in die Situation einzubeziehen. Um den Prozess der Handlungsorientierung der Akteure hervorzuheben, erfolgt anschließend eine sequenzielle Rekonstruktion. Diese Vorgehensweise erlaubt die Bildung sehr detaillierter Lesarten, was fördert, bisher Unentdecktes zugänglich zu machen.

Beobachtung:

> „Nachdem das 3:0 der favorisierten Mannschaft der Ultras geschossen wurde, brennen sie eine Pyrofackel ab. Der Sicherheitsbeauftragte sagt daraufhin: ‚Schon im Alter von sechs Jahren weiß man, dass abrennen von Pyro verboten ist'. Die Ultras machen einfach mit ihrem Support weiter. Auf der anderen Seite sehe ich zwei Feuerwehrmänner mit einem Metalleimer, der mit Sand gefüllt ist und einem Feuerlöscher. Die Ultras zünden nun die zweite Pyro-Fackel und werfen sie dann über den Zaun auf die Tartanbahn zwischen Tribüne und Spielfeld. Als ein Ordner die Fackel von dort wegräumt, werden ihm zwei ineinandergesteckte Pfandbecher aus Plastik hinterhergeworfen. Es kommt ein weiterer Ordner. Dieser wirkt etwas bedrohlicher (groß, muskulös). Er läuft vor dem Block auf und ab und schaut dabei zielgerichtet in den Block. Der Sicherheitsbeauftragte reagiert ebenfalls auf die zweite Fackel: ‚Pyro abbrennen ist dumm. Seid faire Fans. Ihr schadet eurem Verein'."

Nun erfolgt die sequenzielle Rekonstruktion:

1. Sequenz:

> „Nachdem das 3:0 der favorisierten Mannschaft der Ultras geschossen wurde, brennen sie eine Pyrofackel ab."

Im unmittelbaren Anschluss an den Tortreffer, wird die Fackel abgebrannt. Raum-zeitlich ist es somit eine spielbezogene Praxis, in der augenscheinlich Emotionen wie Freude wegen des Tortreffers ausgedrückt werden.

Die verwendete Fackel wird herkömmlich als Seenotsignal eingesetzt. Eine über 1000 Grad heiße sowie nicht mit Wasser löschbare Magnesium-Flamme mit enormer Rauchentwicklung wird mit der Fackel entfacht. Durch die damit zusammenhängenden Gefahren ist die Verwendung in dem Stadion-Event verboten, was auch in den Veranstaltungsordnungen explizit erwähnt wird. Verstöße gegen dieses Verbot werden mit Sanktionen wie Besuchsverboten von bis zu fünf Jahren geahndet. Weiterhin kann auch der Fußballverein durch den

Fußballverbund sanktioniert werden[20]. Dass die Fackeln explizit verboten sind, deutet daraufhin, dass es Erfahrungen mit Besuchern gibt, die eben jene Fackeln auf Tribünen abbrennen. Somit stellt die Fackel-Nutzung einen typischen Handlungsvollzug dar. Da in allen gesichteten Stadionordnungen des Profifußballs ein solches Verbot festgehalten ist, handelt es sich um eine evidente Praxis, die nicht nur von der beforschten Gruppe vollzogen wird, sondern auch von anderen sogenannten Ultra-Gruppen. Dieser Umstand verweist auf ein Bekenntnis zur Orientierung an einer übergreifenden gemeinsamen äußeren Handlungsform durch Symbole und Zeichen wie es für Szenen üblich ist, die dazu dienen, sich als Teil der Szene zu inszenieren und sie damit zu reproduzieren (Hitzler & Niederbacher 2010, S. 20).

Ungeachtet des bestehenden Verbots dennoch die szenesymbolisierenden Fackeln abzubrennen, zeugt von Risikobereitschaft oder Mut, die mithin Eigenschaften der Szenezugehörigkeit sind. Pyrotechnik als Zugehörigkeitssymbol zu nutzen, ist gleichzeitig eine Abgrenzung zu anderen Veranstaltungsbesuchern, welche sich dieses Symbols nicht bedienen, wodurch sich die Gruppe als Gruppe und konkreter als Gruppe einer Szene präsentiert. Ferner wird durch die Missachtung des Fackelverbots ein dominanter Einfluss auf den Verlauf der Veranstaltung ausgeübt. Insofern wird wie bereits zuvor (Kap. 7.9) die Frage nach der Veranstaltungsgestaltung zwischen den beiden *Hausherren*, der Besucher-Gruppe und des Veranstalters, thematisiert. Der Gestaltungsanspruch scheint ebenfalls von Bedeutung zu sein, statt in der Praktik *nur* den Ausdruck von spielbezogenen Handlungen zu sehen, auch wenn dieser Eindruck im ersten Moment vermittelt wird. Denn spielbezogene Ausdrucksformen könnten auch auf andere Art und Weise veranstaltungskonform erfolgen, wie in den vorhergehenden Kapiteln durch Singen oder Jubeln bereits gezeigt wurde. Insofern wäre es für die Akteure einfach, unnötige Sanktionsrisiken zu vermeiden. Diese Erkenntnis leitet zu der Frage, was eigentlich durch die Pyro-Nutzung als symbolische Praxis einer Szene-Gruppe genau gestaltet werden soll?

Die Fackeln erzeugen durch ihre chemische Zusammensetzung eine helle, rotleuchtende Flamme, weshalb sie gemeinhin als Seenotsignale Verwendung finden. Da es sich bei der Nutzung im Fußballstadion üblicherweise nicht um eine Notsituation handelt, drückt der Gebrauch in diesem Kontext einen anderen Begründungszusammenhang aus. Wenn also nicht die Not der Nutzer den Gebrauch erklärt, bildet folglich die generierte Aufmerksamkeit eine naheliegende Erklärung; die beforschte Gruppe möchte umfassende Beachtung für ihre spielbezogene Reaktion erzielen. Pyrotechnik erscheint dabei den Akteuren als geeignetes Mittel, um Aufsehen in einem Stadion mit mehreren tausend Menschen zu erlangen sowie das Spielereignis damit zu feiern. Auch in anderen

20 https://www.dfb.de/uploads/media/stadionverbotneu_01.pdf, 02.11.2017

Kontexten wird Pyrotechnik in Form von Raketen verwendet, um auf erfreuliche Anlässe wie den Jahreswechsel oder die Eröffnung der Olympischen Spiele aufmerksam zu machen.

Durch die Gefahren die mit Pyrotechnik verbunden sind, unterliegt ihre allgemeine Nutzung verschiedenen Auflagen, etwa der Anmeldung bei der Feuerwehr oder das Abbrennen muss durch geschultes Personal erfolgen. Silvester unterliegt hingegen einer Ausnahmeregelung. Denn dann ist die Verwendung von bestimmter freiverkäuflicher Pyrotechnik für einen kurzen Zeitraum gestattet, um die Jahreswende als besonderes Ereignis zu zelebrieren. An Silvester Pyrotechnik zu gebrauchen stellt eine tradierte Praxis dar. Insbesondere der private Gebrauch steht symbolisch für den Jahreswechsel vom 31. Dezember auf den 01. Januar. Kurz, es handelt sich um eine außergewöhnliche, aber typische Praxis. Der typische Charakter beinhaltet die Gewissheit, mit dem Ereignis *Jahreswechsel* umzugehen. Auffällig wird der tradierte Umgang vor allem dann, wenn die Praxis ausbleibt, welche Erfahrung man leicht in anderen Ländern machen kann. Die Gewissheit über den Umgang mit dem Ereignis *Jahreswechsel* erfährt dann eine Irritation. Dies kann gar dahin führen, dass der Tag als gar kein *richtiges* Silvester erlebt wird, da die typische Praxis *Pyrotechnik* zu nutzen ausbleibt. Daraus lässt sich schließen, dass typische Praktiken als Vergewisserung für die eigene Orientierung, die Herkunft und die Sicht auf die Welt dienen. Damit zu brechen, kann irritieren oder gar verunsichern. Welche Schlüsse können aus dem Ritual des Einsatzes von Feuerwerkskörpern zum Jahreswechsel oder besonderen Anlässen für die vorliegende Praktik der Pyro-Nutzung im Stadion nun abgeleitet werden?

In der Verbindung mit dem freudigen Ereignis *Tortreffer* scheint ähnlich wie beim feierlichen Charakter von Feuerwerken eine bestimmte Form der Freude markiert zu werden, die nach außen gerichtet sehr gut sichtbar ist. Die Zweckentfremdung der Magnesium-Fackel keine Not zu kommunizieren, sondern Freude, sowie der Umstand, dass der Gebrauch außerhalb eines üblichen Zeitraums wie Silvester stattfindet, offenbart die Inszenierung eines außeralltäglichen Ereignisses. Indem die Akteure das Verbot umgehen, senden sie zugleich das Signal, selbst zu entscheiden, in welcher Form Veranstaltungsanlässe zu würdigen sind und dass sie sich dabei nicht von äußeren Umständen bzw. Verboten einschränken lassen. Doch worin gründet die Entscheidung für gerade eben diese Praktik der Pyrotechnik-Nutzung anlässlich des Tortreffers?

Die Pyrotechnik-Nutzer und Befürworter vermittelten dem Ethnographen in Gesprächen, dass es sich bei dem Abrennen von Pyro-Fackeln um eine tradierte Ausdrucksform von Stadionbesuchern handele. Diese sei über Jahre im Stadion geduldet worden und erst nachträglich mit verschiedenen Strafen sanktioniert worden. Unabhängig davon, ob der Einsatz von Pyrotechnik in der Vergangenheit tatsächlich geduldet wurde, ist das Erleben und Empfinden der beforschten Akteure, dass eine typische sowie traditionsbehaftete Eventgestaltung der Besucher gegenwärtig nicht mehr gestattet ist. Die Gewissheiten, die in der typischen Praxis enthalten sind, werden folglich als bedroht wahrgenommen. Vor diesem Hintergrund erscheint das Verbot als Einschränkung einer gewissheitsspendenden Handlungsgewohnheit, was die Akteure verunsichert. Sie hätten nun die Möglichkeit, alternative Praktiken zu generieren. Auf der anderen Seite können sie versuchen, sich gegen die Handlungsroutinen hemmende Veränderung zu wehren, indem sie Strategien entwickeln, die gewohnte Praxis weiter auszuführen. Diese Praxis wird jedoch durch die veränderte Bewertung von einer geduldeten hin zu einer verbotenen Praxis in ihrem Wesen grundlegend verändert. Denn wer ungeachtet des Verbots dennoch Pyrotechnik verwendet, präsentiert sich damit als jemand, der die Gewissheit hat, mit dem Verbot nicht einverstanden zu sein und es deshalb zu missachten. Diese Art der Gewissheit ist eine des Widerstands gegen Veränderungen und damit in Verbindung stehenden Verunsicherungen. Um das Verbot der gewissheitsspendenden Praxis zu umgehen, entstehen neue Strategien mit neuen situationsgebundenen Identitäten. So müssen, nachdem die Fackeln organisiert wurden, diese ins Stadion an den Sicherheitskontrollen vorbeigeschleust werden, wodurch die beforschten Akteure situativ zu *Schmugglern* oder zu *Rebellen* werden, welche die bestehenden Regeln überlisten. Aus der Szeneperspektive der Akteure, welche diese Praxis befürwortet, sind damit Urteile zu erwarten, wie *mutig* oder *risikobereit* im Einsatz für die gemeinsame Sache zu sein. Im Stadion müssen ebenfalls Täuschungsstrategien angewandt werden, die eine Identifizierung der Nutzer erschweren. Maskierungen oder sonstige Verschleierungstechniken sind dabei zu beobachten. Diese vorbereitungsintensiven Praktiken mit ihren einkalkulierten Risiken und Sanktionsvermeidungsstrategien lediglich als einen spielbezogenen Emotionsausdruck zu deuten, scheint unzureichend, was sich in nachstehender, analysierter Feldnotiz ebenfalls bestätigt:

Auf der Rückfahrt eines Auswärtsspiels im Zug saß ich mit Ultras zusammen auf einem Vierer-Sitz. Mittels Smartphones zeigten sie sich gegenseitig Bilder von Pyro-Nutzungen anderer Ultra-Gruppen in Fußballstadien. Ein Ultra zeigte ein Bild in der Runde herum, in dem weite Teile eines Stehplatzbereiches in einem Stadion von Pyro-Fackeln erleuchtet waren. Alle waren sehr begeistert davon und staunten mit offenen Augen. Als ich sinngemäß fragte, was daran so begeisterungswürdig sei, antwortete ein Ultra, dass die Ultras auf dem Bild es einfach machten und ihr Ding durchgezogen hätten. Die Bewertung des Bildes richtete sich demnach nicht auf das Ausleben spielbezogener Emotionen, die etwa durch einen besonders relevanten Sieg für den Verein auf dem Foto evoziert worden wären. Das Ausbleiben eines emotionalen Begründungszusammenhangs steht im ostentativen Kontrast zu der häufig formulierten Erklärung der Pyrotechnik-Nutzer, dass es sich dabei um den Ausdruck spielbezogener Emotionen handele. Im Gegensatz dazu bezog sich die Bewertung des Ultras vielmehr darauf, Pyrotechnik ungeachtet von Verboten und

Sanktionen zu gebrauchen, was der eigentliche Grund für die erstaunt-begeisterten Gesichter bei der Betrachtung des Fotos war. Diese Lesart wird umso deutlicher, ginge man davon aus, dass Pyrotechnik nicht verboten wäre. In diesem Fall wären auf dem Bild lediglich Personen zu sehen, die eine große Anzahl von Pyro-Fackeln abbrennen. Lediglich von finanzieller und logistischer Natur wäre das Engagement der Akteure in diesem Fall gewesen. Ob derartige Beurteilungskriterien in der Situation für Staunen gesorgt hätten, ist unwahrscheinlich, da es schließlich jeder machen könnte. Mithin scheint die anerkennende Aufmerksamkeit sich dem Urteil zu verdanken, dass die betrachtete Gruppe sich den Regeln widersetzt hat. Die Auseinandersetzung mit der Handlungshemmung durch das Verbot, in dem sich darüber hinweggesetzt wurde, scheint somit zum vordergründigen Charakter der Handlung sowie der handlungsgebundenen Identitäten geworden zu sein, woraus schließlich eine neue Form von Anerkennung abgeleitet wird, die sich auf Widerstand oder Risikobereitschaft bezieht und so heroische Selbst- und Fremdbilder über die Pyro-Nutzer evoziert. Das bewusste sowie intendierte Brechen des Verbots der Pyrotechnikverwendung im Stadion fungiert dann als provokative Machtdemonstration gegenüber den Veranstaltern, der Szene von gleichgesinnten Gruppen und auch allen anderen Zuschauern gegenüber, die es zulässt, die *Ultra-Besucher* als einflussreiche Akteure in der Veranstaltung zu beurteilen.

An dieser Stelle wird festgehalten, dass die Praxis der Pyrotechnik-Nutzung, als Zeichen einer ursprünglich gewissheitsspendenden Handlungsroutine, sich durch das Verbot verändert hat und zu einer neuen Praxis mit neuen Gewissheiten geworden ist. Diese begründen gleichsam neue Spiegel wie widerständig oder risikobereit zu sein, was zu Masken wie heroisch zu sein bei Gleichgesinnt führt. Vor diesem veränderten Hintergrund bietet sich den Pyro-Nutzern schließlich die Möglichkeit, durch den verbotenen Gebrauch ein exklusives Netz zu konstituieren, wodurch die Praxis sich zur symbolischen Zugehörigkeit zu einer Szene transformiert.

Nach der einleitenden Rekonstruktion der *Pyrofackel-Praxis* im Stadion, wird nun die nächste Sequenz interpretiert:

2. Sequenz:

> „Der Sicherheitsbeauftragte sagte daraufhin: „Schon im Alter von sechs Jahren weiß man, dass abrennen von Pyro verboten ist."

Die präventiven Sicherheitsstrategien des Veranstalters, die in den Kapiteln 7.1 und 7.3 als generalisiertes Misstrauen gegenüber den Besuchern rekonstruiert wurden, scheint sich nun durch das Abbrennen der Pyrotechnik als nicht unbegründet zu bestätigen. In seiner Funktion für Sicherheit zu sorgen, kommentiert der Sprecher diese Praktik. Die Reaktion impliziert Erfahrungen, die er mit diesen Fackeln hat, da er sie als Pyrotechnik erkennt und durch die Formulierung „Pyro" auch in einem gewissen Slang verwendet, was ebenfalls auf einen routinierten Umgang mit dem Phänomen hindeutet. Somit ist die Pyro-Nutzung eine Praktik, die regelmäßig erfolgt, obwohl sie verboten ist. Anscheinend werden zwei Rituale vollzogen: Zum einen ein routinierter Veranstaltungsverstoß und zum anderen dessen routinierte Ermahnung. Wie kann die Reaktion des Sprechers auf den ritualisierten Regelverstoß charakterisiert werden?

Der verbale Akt richtet sich an die beforschte Gruppe. Inhaltlich bezieht sich der Sprecher auf einen Wissensbestand, der als so allgemein und voraussetzungslos klassifiziert wird, dass ihn selbst schon junge Kinder im Alter von sechs Jahren besitzen. Dieser Vergleich kann vor allem dann eine sarkastische Wirkung entfalten, wenn die Adressaten der kommentierenden Aussage das Wissen offensichtlich haben müssten, da sie weit älter als sechs Jahre sind, aber durch ihre Handlung so unwissend wie sechsjährige Kinder wirken. Die in der Aussage implizite Diskreditierung der adressierten Akteure, hat die Funktion als Anreiz zu dienen, sich das nächste Mal anders zu verhalten, um nicht nochmal als naiv bezeichnet zu werden. Als gedankenexperimentelle Kontexte für einen derartigen Kommentar eignen sich u. a. Bagatellen, zu denen man sich aus welchen Gründen auch immer genötigt sieht, belehrend einzuwirken. So könnte ein Kind, welches schon älter als sechs Jahre ist und ungeachtet eines roten Ampelsignals über die Straße läuft, mit folgenden Worten ermahnt werden: „Schon Kinder im Alter von sechs Jahren wissen, dass man das nicht machen darf." Oder wenn ein Jugendlicher beim familiären Essen am Tisch mit vollem Mund spricht, könnten Eltern sich ebenfalls zu einem solchen Kommentar hinreißen lassen. Dass es sich dabei eher um sarkastische Kommentierungen von Bagatellen handelt, wird daran deutlich, wenn man die Formulierung mit einer Straftat kontextualisiert. So würde man wohl kaum einem Autodieb, nachdem man ihn gestellt hat, damit konfrontieren, dass schon Kinder im Alter von sechs Jahren über das Verbot des Autodiebstahls wüssten. Folglich wird die vermeintlich ernste Funktion des Sicherheitsbeauftragten, welcher sich im Kapitel 7.3 mit den Worten vorstellte: „Wenn sie meine Stimme hören, geht es um ihre Sicherheit", eingesetzt, um Bagatellen zu kommentieren, die nicht auf eine schwerwiegende Gefahr hinweisen. Zwar ist die Bagatelle schwerwiegend genug, um kommentiert zu werden. Die Einschätzung, dass jedoch wirklich etwas Ernsthaftes passieren könnte, scheint bei der Art der Kommentierung allerdings nicht gegeben. Der Lesart einer Bagatelle mit zur Ordnung mahnendem Charakter folgend, impliziert ein tadelndes Urteil des Sicherheitsbeauftragten gegenüber den Akteuren einen Spiegel, in welchem sie sich mit der Maske *einen Streich zu spielen* präsentieren.

Im Kapitel 7.4 werden in der Eröffnungsphase veranstaltungsadäquate Tribünenpraktiken der beforschten Besucher präsentiert, in welchen sich ein gewünschtes Miteinander-Machen eines Events dokumentierte. In diesem Zusammenhang fungierten die Beforschten als eine Art Botschafter, die als Beweis für ein erfolgreiches Veranstaltungskonzept zur Schau gestellt wurden. Dieser Inszenierung von Teilnahmevorbildern steht das generalisierte Misstrauen gegenüber, welches sich in der vorliegenden Situation zeigt. Durch ihren Verstoß gegen das Veranstaltungsprotokoll werden die untersuchten Akteure zu Adressaten eines Ordnung-wiederherstellenden-Veranstalters. Darin manifestiert sich die ambivalente Eigenschaft der Wechselbeziehung zwischen den beforschten Veranstaltungsbesuchern und dem Veranstalter. Die Besucher-Gruppe ist einerseits der Traum eines jeden Veranstalters, da sie emotional involviert sind und sich aktiv an der Veranstaltung beteiligen. Andererseits verstoßen sie gegen das Veranstaltungsprotokoll, wodurch sie das Event gefährden. Diese diffuse Wechselbeziehung wird in vorliegender Situation verhandelt und bestätigt die bereits zuvor rekonstruierte Sinnstruktur einer ambivalenten Wechselbeziehung zwischen den beforschten Akteuren und des Veranstalters.

3. Sequenz:

> „Die Ultras machen einfach mit ihrem Support weiter."

Die unmittelbare Reaktion auf den Stadionsprecher ist eine Nicht-Reaktion, indem die Akteure anderweitig routinierte Handlungen fortführen. Suggeriert wird zunächst, dass sie von der Intervention unbeeindruckt sind und sich nicht aufgefordert fühlen, innezuhalten, um darauf zu reagieren. Mithin präsentieren sie sich als Besucher, die immun gegen äußere Einflussversuche sind. Das Beharren auf dem eigenen Handlungsvollzug sowie die Ignoranz gegen die äußeren Interventionsbemühungen lassen die Intention des Sicherheitsbeauftragten eine Handlungsveränderung zu erwirken, scheitern.

Eine weitere Lesart ist seitens der adressierten Akteure den Eindruck vermitteln zu wollen, dass nichts Kritikwürdiges passiert sei, weshalb alle Handlungsroutinen nahtlos weiterverfolgt werden können und etwaige Irritationen somit überspielt werden.

4. Sequenz:

> „Auf der anderen Seite sehe ich zwei Feuerwehrleute mit einem Metalleimer, der mit Sand gefüllt ist, wie ich später sehen konnte, sowie einem Feuerlöscher."

Die Anwesenheit der Feuerwehr ist eine weitere präventive Strategie, die auf dem antizipierten Urteil von Brandgefahren innerhalb der Veranstaltung beruht und die ausgeprägte Sicherheitsarchitektur des Events bestätigt, welches viele Gefahren zu haben scheint. Diese müssen nicht zwangsläufig von den Besuchern ausgehen und sind vielleicht in der Verordnung von Großveranstaltungen ohnehin vorgesehen. Hingegen impliziert der Metalleimer der Feuerwehr eine spezialisierte Sicherheitsvorbereitung für brennende Gegenstände, wie Magnesiumfackeln, welche nicht mit Wasser zu löschen sind. Dementsprechend ist das Event gegenüber allgemeinen Sicherheitsvorkehrungen für Großveranstaltungen als ein Event mit einer besonderen Sicherheitsthematik durch Veranstaltungsbesucher wie die der beforschten Akteure zu charakterisieren.

Zusammenfassend mit den Erkenntnissen aus den vorhergehenden Sequenzen wird festgestellt, dass der eingangs erwähnte Diskurs um die Pyrotechnik-Praxis von einer geduldeten hinzu einer verbotenen Praxis ein Definitionsproblem konstituiert hat, welches sich gleichsam für die Bestimmung der situationsgebundenen Identitäten äußert. So klassifiziert der Veranstalter die Nutzung der Seenotsignale als Sicherheitsrisiko, welches entsprechend zu dem Urteil über die beforschten Akteure führt, eine Sicherheitsgefahr darzustellen. In diesem Spiegel präsentieren die Akteure sich mit der Maske *Sicherheitsgefährder* zu sein. Im Gegensatz dazu klassifizieren die Pyrotechnik-Nutzer diese nicht als gefährlich, sondern als typischen Ausdruck spielbezogener Emotionen. Aus dieser Perspektive ist die Pyro-Nutzung kein gefährdender Akt, sondern ein gewissheitsspendender Akt zum Umgang mit besonderen Ereignissen (wie Tortreffer), vor welchem Hintergrund sie sich mit der Maske der *Wahrer* einer Handlungsroutine präsentieren, wodurch sie Gewissheit und Orientierung in der Welt herzustellen versuchen.

5. Sequenz:

> „Die Ultras zünden nun die zweite Pyro-Fackel und werfen sie dann über den Zaun auf die Tartanbahn zwischen Tribüne und Spielfeld."

Die weiter oben genannte Lesart, ungeachtet einer Ermahnung den sofortigen Handlungsanschluss zu suchen, um so die eigene Abweichung zu überspielen, trifft vorliegend nicht zu. Denn nach dem Eröffnungsakt der Situation durch die erste Pyro-Fackel, folgt nun die Wiederholung der veranstalterseitig unerwünschten Handlung, wodurch der Veranstalter als Hausherr regelrecht herausgefordert wird. Die Konfrontation und damit die Thematisierung der Wechselbeziehung zwischen den beforschten Akteuren und dem Veranstalter wird daran deutlich, dass sich die zweite Pyro-Fackel raum-zeitlich von dem Tortreffer gelöst hat, denn das Spiel befand sich längst im Aufbau neuer Spielzüge. Vielmehr ist nun die Fackel direkt auf die einschränkenden Interventionsversuche von außen gerichtet. Sie ist nun nicht mehr Ausdruck spielbezogener Emotionen, sondern der konfrontative Widerstand gegen die Gestaltungsansprüche des Veranstalters, welcher die Frage aufzuwerfen scheint: Wem gehört die Veranstaltung? Eine Frage, die im Kapitel 2.2.1 zwischen Fans und Produzenten als anhaltender Streit über den Besitz und die Bedeutung der kulturellen Objekte ebenfalls aufgeworfen wird. Mithilfe der Pyrotechnik wird folglich ein Raum zur Initiation eines solchen Streits eröffnet. Unter diesem Blickwinkel verhalten sich die Akteure demnach als typische Fans. Im Gegensatz zu den beschriebenen Konflikten um die Deutungshoheit über das kulturelle Objekt (vgl. Jenkins 1992), sind die beforschten Akteure hingegen bereit, mit ihrem Anspruch auf Deutungshoheit die Hausordnung der Veranstaltung zu übertreten und Sanktionen für sich bzw. für den Verein in Kauf zu nehmen. Als entsprechend ausgeprägt und distanzlos ist das Fantum der Akteure in diesem Kontext zu bewerten.

6. Sequenz:

> „Als ein Ordner die Fackel von dort wegräumt, werden ihm zwei ineinandergesteckte Pfandbecher aus Plastik hinterhergeworfen."

Indem der Ordner die Fackel entfernt und nicht die Feuerwehrmänner hinzugerufen werden, wird der Eindruck erweckt, dass die Situation nicht so gefährlich ist, als dass sie nur noch von professionellem Personal beseitigt werden könne, was die zuvor generierte Lesart, dass es sich vorliegend um eine Bagatelle bei dem Verstoß der Akteure handelt, bestätigt. Der Einsatz von speziellem Notfallpersonal trüge schließlich als Erkennungszeichen dazu bei, die Situation als eine Notsituation wahrzunehmen. Wenn die Situation selbst gelöst werden kann, stellt sie entsprechend auch keinen Notfall dar. Weil das Veranstaltungspersonal ohne viel Aufhebens die Fackeln wegräumt, entsteht der Eindruck, um eine veranstalterseitig schnellstmöglich gewünschte Wiedergewinnung des regulären Veranstaltungsprotokolls und damit einhergehend die Fokussierung auf das Spielgeschehen. Diese Strategie zeugt von einer deeskalierenden Haltung des Veranstalters, welcher die Unterbrechung durch die Pyro-Nutzung nicht weiter thematisiert und ihre materialen Beweise unauffällig beseitigt. So sind es nicht die beforschten Akteure, welche versuchen, die abweichende Handlung durch schnelle Anschlusshandlungen zu vertuschen. Es ist vielmehr der Veranstalter, der die Konfrontation scheut und deshalb bemüht ist, Offensichtliches aus dem Weg zu räumen.

Indem jedoch die Becher auf den Ordner geworfen werden, wird der Versuch des Veranstalters wieder zum regulären Veranstaltungsablauf zurückzukehren, unterbrochen, womit der Widerstand der beforschten Akteure und damit die Frage nach der Hoheit über die Veranstaltungsgestaltung abermals aktualisiert wird. Der Becherwurf ist zunächst eine Strategie, das für den Werfer bestehende Hindernis *Zaun* zwischen Tribüne und Spielfeld mittels der Becher zu überwinden und so den eigenen Wirkungskreis bis zum Ordner hin auszuweiten, was dem Werfer unmittelbar drei Euro Pfand wert war. Der Becherwurf symbolisiert eine Gegenstrategie zur veranstalterseitigen Wiederherstellung der Event-Ordnung zu vollziehen. Demgemäß wird der Interventionswille des Veranstalters torpediert, was in der vorliegenden Situation als Konfrontation zwischen zwei Ordnungsmächten oder Hausherren zu verstehn ist. Der Becherwurf wird mithin zu einem herausfordernden Akt der adressierten Hausherren, ihre Macht unter Beweis zu stellen.

Zusammenfassend haben die beforschten Akteure bereits drei in kurzer Zeit aufeinanderfolgende Praktiken (erste und zweite Fackel, Becherwurf) vollzogen, wodurch die veranstalterseitige Gestaltungshoheit über das Event zu Gunsten der Beobachteten ins Wanken geraten ist.

7. Sequenz:

> „Es kommt ein weiterer Ordner. Dieser wirkt etwas bedrohlicher (großgebaut, muskulös). Er läuft vor dem Block auf und ab und schaut dabei zielgerichtet in den Block."

Die Interventionen gegen die veranstaltungsprotokollabweichenden Besucher werden fortgesetzt, indem ein weiterer Ordner gerufen wird, der nun vor dem Tribünenabschnitt der beforschten Besucher auf- und abläuft. Der Ordner ist auffallend groß und muskulös. Davon ausgehend, dass er bewusst mit seinen physischen Voraussetzungen in diesem Moment der Situation vor den Block geschickt wurde, lässt sich darin eine Art Drohung bzw. ein gesteigerter Interventionswille als Machtbezeugung des Veranstalters erkennen. Denn die Größe des Ordners unterstützt nicht nur sein autoritäres Auftreten, sondern suggeriert zusätzlich, dass es dieser Mensch ist, mit dem man bei weiteren Zuwiderhandlungen konfrontiert wird, welcher durch seine Kraft der körperlichen Integrität der Abweichler schaden könnte. Zudem machen die genauen Beobachtungen des Ordners Glauben, beobachtet zu werden und damit tendenziell identifizierbar und somit sanktionierbar zu sein, was eine abschreckende Wirkung auf weitere potenzielle Zuwiderhandlungen haben kann.

8. Sequenz:

> „Der Sicherheitsbeauftragte macht eine weitere Stadiondurchsage: „Pyro abbrennen ist dumm. Seid faire Fans. Ihr schadet eurem Verein."

Es folgt eine weitere Ermahnung durch den Sicherheitsbeauftragten, der dadurch den beobachtenden Einsatz des zweiten Ordners unterstützt und den Glauben an seine Einflussnahme untermauert. Der Sprechakt adressiert die beforschte Gruppe inhaltlich auf drei unterschiedlichen Ebenen. Auf der ersten Ebene wird die Eigenschaft der Pyro-Nutzung bewertet mit dem Ergebnis, dass die adressierte Praktik „dumm“ ist. Warum dem so ist, bleibt noch offen. Anschließend erfolgt ein Appell an die Akteure: „Seid faire Fans“. Deeskalativ werden die Adressaten somit nach wie vor mit der weitverbreiteten Bezeichnung für Stadion-Besucher bezeichnet, womit ihre Zugehörigkeit zu dem Verein inszeniert wird, gegen welchen sie sich vermeintlich durch den Pyro-Gebrauch gewendet haben. Gegenüber dem Veranstalter und gegenüber dem Verein, so der Appell, sollen sich die Akteure „fair“ verhalten. Fairness ist in sportlichen Kontexten durchaus ein häufig gebrauchter Begriff. Die Verwendung bzw. der Apell fair zu sein, macht sogleich auf das Gegenteil aufmerksam, nicht fair zu sein. Die Regeln im Sport dienen der Funktionalität des sportlichen Wettbewerbs unter der Ägide der gleichen Voraussetzungen für alle Mitspieler. Um einen Wettkampfvorteil zu erlangen, kann versucht werden, gegen Regeln zu verstoßen. Ferner können durch den spielerischen Wettkampf auch kriegerische Energien freigesetzt werden. Beide Aspekte werden durch den Appell an die Fairness adressiert und gleichzeitig negativ gewertet, da andernfalls Ursprünge des Wettkampfs, wie Spaß zu haben oder Geschicke zu zeigen, verloren gingen. Da die in vorliegender Situation adressierten Akteure nicht Teil eines sportlichen Wettkampfes sind, sondern als Besucher lediglich einem solchen beiwohnen, scheint sich die Fairness eher auf den Aspekt der kämpferischen Energie der Adressaten zu beziehen, welche den ursprünglichen Rahmen für den Wettkampf zu gefährden drohen.

Dem Fairness-Appell folgt schließlich auf der dritten Ebene eine Aufklärung über die möglichen Konsequenzen der Handlung der Akteure, nämlich dem Schaden des Vereins. Salomonisch durchdacht, bezieht sich der Sprecher damit stadionöffentlich auf das gemeinsame Interesse der beforschten Akteure und des Veranstalters. Der Verein wird als zu den Adressaten zugehörig („eurem“) inszeniert, wodurch sich die Abweichler selber schaden würden. Dies wiederum erklärt, warum der Sprecher zuvor die Praktik der Akteure als „dumm“ bewertet hat, da nicht davon auszugehen ist, dass Personen sich durch ihr Verhalten selbst absichtlich schaden wollen. Indem die Konsequenz aufgezeigt wird, appeliert der Sprecher ferner an das Gewissen der Akteure.

Auffallend ist, dass die Sicherheitsdurchsage nicht die Sicherheit thematisiert, sondern den Schaden, welcher für das Objekt *Verein* entsteht. Dies erhärtet die weiter oben genannte Lesart, dass es sich bei den Durchsagen des Sprechers um Kommentierungen eines als Bagatelle gedeuteten Akts handelt, dessen Problem nicht in seiner Gefahr besteht, sondern darin, dass er verboten ist und daher sanktioniert werden muss.

Zusammenfassung

In der vorliegenden Situation wurde die Praxis der Pyrotechnik-Nutzung rekonstruiert. Diese Praxis symbolisiert für die Akteure eine Routine, weshalb sie gewissheitsspendend ist. Sie stellt nicht nur Gewissheit im Sinne der Veranstaltungsgestaltung her, sondern spendet Orientierung dafür, wer man innerhalb der Veranstaltung ist, wenn man diese Praxis vollzieht oder sie betrachtet.

Diese Handlungsroutine ist jedoch seit längerem eine verbotene und ausnahmslos sanktionsbedachte Praxis. Mit der Bewertung von einer geduldeten hinzu einer sanktionierten Praxis ist nicht nur die Handlungsroutine mit ihren immanenten Gewissheiten für die besucherseitige Gestaltung des Events bedroht. Vielmehr ist die situationsgebundene Identität, welche durch die Nutzung entsteht, ganz allgemein in Frage gestellt. Durch ihr Verbot ist die Praxis nun zu einer widerständigen Praxis geworden. Sie impliziert einerseits das Verbot zu ignorieren und andererseits sich dagegen aufzulehnen. Kurz, die Missachtung der eigenen Gestaltungs-Gewissheit durch das Verbot, wird durch die Verbotsübertretung zu einer neuen Gewissheit. Aus ihr ergeben sich neue Identitätszuweisungen. Aus Menschen, die Pyrotechnik abbrennen, werden Menschen, die gegen die Hausordnung verstoßen bzw. Menschen, die sich gegen ein Verbot widersetzen. Der Verein wird zu einem sanktionsbedrohten Akteur, der gegen die abweichenden Akteure vorgeht. Nicht weniger als die Hoheit über die Veranstaltungsauslegung wird in der entstandenen Wechselbeziehung verhandelt. Die beforschte Gruppe zeigt sich mit der Veranstaltungsentwicklung in dem Fall Pyro-Nutzung nicht einverstanden und handelt nach einer eigenen Ordnung. Jenen Anspruch durchzusetzen, wird zum Akt des Widerstandes gegen die geltende Ordnung. Die Neubewertung der Situation führt entsprechend zu neuen Bewertungen der situationsgebundenen Identitäten. So präsentieren sich die beforschten Akteure mit der Maske *risikobereite Widerstandskämpfer* zu sein, die sich heroisch für vormalige Gewissheiten aufopfern und dadurch zu neuen Gewissheiten gelangen, nämlich der, heroisch zu sein.

Eine Woche nach der oben genannten Beobachtung des Gebrauchs von Pyrotechnik, reagierte der Verein bei dem nächsten Spiel erneut auf diesen Zwischenfall, was in folgender Beobachtung dargelegt wird.

Beobachtung:

> „Kurz vor dem Spielbeginn wurden vor der Kurve der Ultras von drei führenden Vereinsmitarbeitern Transparente in den Vereinsfarben ausgelegt, die mit Feuerlöschern und Eimern fixiert wurden. Auf ihnen stand:
> ‚1300-EURO STRAFE FÜR PYRO GEGEN {Stadtname}'
> ‚{anderer Stadtname} WIRD FOLGEN'

‚WER SOLL DAS BEZAHLEN, SEIT (sic!) EINSICHTIG'
Diese Aktion wurde von Medienvertretern begleitet, welche Fotos machten und nachträglich einen Artikel darüber verfassten."

Inhaltlich beziehen sich die Transparente auf eine vergangene Pyrotechnik-Nutzung. Sie verweisen allerdings auf die zukünftig zu erwartenden Konsequenzen der Praktik, sollte sie sich wiederholen. Die Vereinsführung agiert mithin in mehreren Rollen. Zum einen sind sie Geschädigte, da das regelwidrige Verhalten einer Besucher-Gruppe der Verantwortung des Vereins übertragen wird und dieser demgemäß den Sanktionen ausgesetzt ist. Aus dieser Verantwortungsposition heraus, treten sie schließlich in der Rolle der Ermahnenden gegenüber den Verursachern mittels der Transparente auf, in welcher sie vorwurfsvoll fragen, wer für die Strafe aufkommen soll. Die Bedingung für die Interaktion ist folglich der vorausgehende Verstoß der Adressaten gewesen. An der Interaktion sind die Vereinsangestellten als Initiatoren, die beforschten Akteure als Adressaten und die Stadionöffentlichkeit sowie Medienvertreter beteiligt. Die Wechselbeziehung zwischen den direkten Interaktanten unterteilt sich in eine ermahnende Rolle sowie eine deviante Rolle. Sie knüpft damit an die Wechselbeziehung an, die sich bereits während der Pyro-Nutzung aus der Perspektive des Veranstalters abgezeichnet hatte. Die anwesende Öffentlichkeit kann als Unterstützung der ermahnenden Vereinsvertreter betrachtet werden. Vom moralischen Standpunkt mal abgesehen, sind nämlich auch unmittelbare Auswirkungen, z. B. Besuchersperren, für alle Anwesenden möglich, weshalb der Schaden des Vereins auch zu ihrem eigenen Schaden werden könnte.

Ferner sind die Transparente vor dem Block ausgelegt, in welchem sich die beforschten Akteure, identifizierbar anhand ihrer Fahne, aufhalten. Da es keine weiteren Transparente an anderen Orten gibt, kann angenommen werden, dass die übrigen Stadionbesucher keine Pyro-Nutzung vollziehen und folglich die Veranstaltungsregeln einhalten. Die Position der Vereinsvertreter wird durch die Medienvertreter gestärkt, da jene als Übermittler einer breiten Öffentlichkeit zählen, vor welcher sich die Adressaten ebenfalls zu rechtfertigen angehalten sind. Erschaffen wird ein ineinandergreifendes Wechselspiel zwischen den Masken der Ermahnenden und ihren Leitgedanken zum Eventverlauf auf der einen Seite und den Masken der Ermahnten mit ihren konträren Gestaltungsansprüchen auf der anderen Seite. Somit evoziert die Interaktionsinitiation der ermahnenden Seite klare Fronten zwischen sich als Regelsetzer sowie -bewahrer und den Adressaten als Regelbrecher. Die beforschten Besucher sehen sich damit gleich mehreren Fronten ausgesetzt: Den Initiatoren der Ermahnung (Verein), welche sich an die Vorgaben des Fußballverbandes halten und diesen entsprechend auf ihrer Seite wissen sowie der Stadionöffentlichkeit und der medialen Öffentlichkeit, die, sofern sie nicht gegen die Ermahnung protestieren, als zustimmende Akteure der Initiatoren gewertet werden können. Die

Inszenierung dieses Settings ist damit ebenso öffentlich wie der zuvor begangene Verstoß gegen das Verbot von Pyrotechnik. Ferner wählen die Initiatoren mit den Transparenten eine Kommunikationsform, welche bei den beforschten Akteuren üblich ist. Die Vereinsangehörigen suggerieren damit habituelle Nähe zu der Besucher-Gruppe. Es scheint, als wollten sie damit ausdrücken, einen Schritt auf die Adressaten zugehen zu wollen, indem sie sich auf ihren Kommunikationsstil einlassen und so Verständnis für die Akteure vermitteln. Gleichzeitig fordern sie auch Verständnis für ihre Belange ein, worauf nun die Adressaten zugehen sollen.

Die Inszenierung der Botschaft in den Vereinsfarben impliziert, in welchem Mandat gehandelt wird: Im Namen eines Fußballvereins, dessen Darbietungen einer Hausordnung unterliegen. Als weitere Accessoires werden die Transparente mit einem Feuerlöscher und einem mit Sand gefüllten Metalleimer fixiert. Es war ein sehr windstiller Sommertag. Es hätte keine Gewichte für die Transparente gebraucht, weshalb ihr symbolischer Wert im Vordergrund steht. Der Feuerlöscher und der Eimer machen auf die Gefahren und die vereinsseitigen Maßnahmen aufmerksam, mit denen der Verein gegen die Fackeln vorgeht. Insbesondere der Feuerlöscher verweist auf ein Instrument, welches in Notfällen eingesetzt wird. Somit wird die Dramatik des ermahnten Themas betont, wodurch die Adressaten als Verursacher von Notfällen klassifiziert werden. In diesem Zusammenhang wird die Pyro-Nutzung nicht länger bagatellisiert, sondern im Gegenteil als Ursache eines denkbaren Sicherheitsrisikos stilisiert. Alles in allem präsentiert sich der Verein als ein *Macher*, der sich für die Einhaltung der Veranstaltungsregeln engagiert sowie als ein *Mächtiger*, der das durch die Beforschten in Frage gestellte Kräfteverhältnis wieder zu seinen Gunsten klarzustellen versucht und sich dafür öffentliche Verstärkung dazugeholt hat.

Auf den Transparenten erfolgt eine Aufzählung einer erteilten Geldstrafe sowie einer drohenden. Vielleicht ist darin die Not begründet und gar nicht in der Handlung selbst? Die rhetorische Frage danach, wer das bezahlen soll, ist eine Frage nach der Verantwortungsübernahme. In dieser Hinsicht sieht sich der Verein als Geschädigter, denn er fühlt sich zunächst adressiert, die Strafe zu bezahlen. Dass eine weitere Sanktion folgen wird, deutet zudem auf einen sich abzeichnenden Trend hin und auf die Dramatik der Konsequenzen wiederholter Regelverletzungen, wofür die Verantwortung noch geklärt werden müsste. Die im öffentlichen Raum gestellte Frage „Wer soll das bezahlen" des Vereins, ist als klare Zurückweisung monetäre Sanktionen selbstverständlich zu übernehmen und damit gleichzeitig ein Stück weit die Schuld mitzutragen, zu werten. Es wird folglich öffentlich im Wortsinn transparent gemacht, in welcher Situation der Verein ist und mit welchen Konsequenzen er umzugehen gezwungen ist, was alle mitbekommen sollen.

Zum Schluss des öffentlichen Aktes erfolgt ein Appell an die Ermahnten: „seit *(sic!)* einsichtig". Der Verein zeigt sich damit kooperativ, suggeriert über bisherige Vergehen hinwegzuschauen. Er streckt die Hand zum Frieden aus und eröffnet mithin eine harmonische Zukunft, in der das Vergangene vergessen wird, nachdem die Abweichler einsichtig geworden sind. Der Appell verspricht die Lösung des Problems: Unter der Bedingung die Regeln zu akzeptieren, würde keine Pyro-Nutzung mehr erfolgen und der Verein nicht mehr sanktioniert werden. Einsichtig zu sein hätte jedoch den Preis, die Argumente hinter den Regeln mehr oder weniger zu akzeptieren und sie somit zu reproduzieren. Diese Konsequenz wird an der Stelle jedoch nicht diskutiert, weil die Regel, gegen die verstoßen wurde, nicht zur Disposition gestellt wird. Insofern handelt es sich um eine eingeforderte Einsicht, die sich auf Einschränkungen bisheriger Praktiken der Ermahnten bezieht, was unbefriedigend für die beforschten Akteure sein dürfte. Was würde denn mit den Beforschten passieren, wenn sie Einsicht zeigen würden?

Zunächst wären sie Fußballstadionbesucher, die keine Pyrotechnik mehr zünden. Sie könnten sich damit nicht mehr von vielen anderen Fußballbesuchern unterscheiden. Ohne Pyrotechnik würde ihnen auch weit weniger Aufmerksamkeit zuteilwerden. Die ausbleibende Aufmerksamkeit würde sich ebenfalls auf andere Gruppen der Szene auswirken, für welche Pyrotechnik als symbolisches Zugehörigkeitsmerkmal dient. Keine Pyrotechnik zu nutzen, verhindert schließlich auch einer bestimmten Erwartung an sich selbst gerecht zu werden, die in der Erwartung an das Objekt (Pyrotechnik) zum Ausdruck kommt (Strauss 1974, S. 21). Steht das als relevant erachtete Objekt zur situativen Identitätsherstellung nicht mehr zur Verfügung, braucht es eine andere Praktik, die eine Klassifikation enthält, durch welche eine zwar veränderte aber dennoch befriedigende Identität ausgelebt werden kann. Dieser Umstand leitet über zu einer virulenten Frage der Werte, die in der Praktik der Pyro-Nutzung zum Ausdruck kommt. Denn Klassifikationen von Objekten scheinen untrennbar von Werten zu sein (Strauss 1974, S. 22). Es wurde bereits erläutert, dass sich in der Interaktion der Akteure eine Wechselbeziehung abzeichnet, in der vereinsseitig auf die Durchsetzung eines bestimmten Veranstaltungsablaufs verwiesen wird und auf die beforschte Gruppe, die sich diesem Protokoll widersetzt. Folglich stehen sich unterschiedliche Bewertungen des Ablaufs gegenüber, in denen sich unterschiedliche Werte abzeichnen, welche an dieser Stelle nur implizit verhandelt werden. Die widerständige Praxis der beforschten Gruppe gewährt ihr viel Aufmerksamkeit, Spannung bei der Vorbereitung und bei ihrem Vollzug und dient ferner als symbolischer Akt sich für bestimmte Gewissheiten und den in diesen enthaltenen Werten aufzuopfern. Die Ermahnung durch die Transparente beinhaltet folglich eine große Herausforderung für das Selbstbild der beforschten Akteure. Die Praktik aufzugeben, würde bedeuten, sich nicht mehr als aufopferungsvolle Widerstandskämpfer präsentieren zu können, wodurch das Selbstbild umstrukturiert werden müsste, indem es andere Relevanz erfährt. Diese Umstrukturierung würde jedoch die Gefahr beinhalten, nicht mehr das sein zu können, was man ursprünglich sein wollte, wodurch sich das Selbstbild selbst abgeschafft hätte.

In der folgenden Feldnotiz wird die unmittelbare Reaktion der beforschten Akteure auf die Transparente beschrieben:

Beobachtung:

> „Von meinem Block aus gesehen, empfand ich die Ultras schon etwas verunsichert. Sie schauten angeregt, was auf den Transparenten standt, was dann Gemurmel zwischen ihnen auslöste. Der zweite Vorsänger hatte abwertend darüber gelacht, nach dem Motto: ‚Ist uns doch egal', winkte demonstrativ ab und drehte sich von den Transparenten weg und blickte hoch in Richtung der anderen Ultras, um zu sehen, wie sie reagieren. Ich glaube nicht, dass sie damit gerechnet hatten.

Die öffentlich inszenierte Wechselbeziehung von Ermahnenden und Ermahnten geht nicht spurlos an den beforschten Akteuren vorüber. In dem sie nicht einheitlich etwa mit einem Sprechchor wie bei ihren spielbegleitenden Praktiken auf die dortigen Ereignisse reagieren können, scheinen sie von dieser Interaktionsinitiation überrascht und nicht vorbereitet zu sein. Da es sich um eine öffentliche Situation handelt, in der die Beforschten mit ihrem – aus der Perspektive der Veranstaltungsordnung – Fehlverhalten, konfrontiert werden, löst dies eine kleine Krise aus. Dies zeigt zumindest die kurzzeitige Handlungshemmung an, die sie verunsichert oder ratlos darüber wirken lässt, wie sie sich verhalten sollen. Die Bedingung der stadionöffentlichen Interaktionsinitiation bedeutet demnach, dass sie bedeutsam für sie ist. Schließlich sind an ihr viele Menschen beteiligt und somit die Akteure in Unterzahl, wodurch sie sich in die Enge getrieben fühlen können.

Ein Gruppen-Mitglied mit konsolidiertem Status bricht schließlich mit der Handlungshemmung der gesamten Gruppe, indem er eine demonstrative Reaktion in Form von ostentativem Lachen zeigt. Lachen im Kontext ernsthafter Negativkritik ist mitnichten eine Antwort auf etwas Witziges. Vielmehr inszeniert man das Ernstgemeinte mit einem Lachen als etwas, was gar nicht ernst gemeint sein oder werden kann, weil es so weit von der eigenen erlebten Wirklichkeit entfernt ist. Mithin wird mit der Strategie des Lachens signalisiert, dass der Kritisierende eine nicht ernstzunehmende Wahrnehmung über das von ihm Kritisierte hat. Das Lachen wird in der Beobachtung folglich intuitiv als abwertend bezeichnet, da der Wert der Einschätzung des Kritisierenden von den beforschten Akteuren heruntergestuft und deshalb nicht ernstgenommen werden muss. Damit einher geht auch eine Form der Erniedrigung der kritisierenden Personen. Die Strategie des Lachens denunziert demnach das Urteil über die kritisierten Handlungen und führt so die Maßnahmen des Vereins ad absurdum. Somit werden die situationsgebundenen Identitäten, welche auf dem Transparenten inszeniert werden, nicht angenommen, worin sich das Definitionsproblem über die Praxis Pyrotechnik zu verwenden, manifestiert. Die Abwehr der Kritik wird durch die Interaktionsverweigerung des beschriebenen Akteurs zusätzlich durch seine körperliche Abkehr weg von der Ermahnung und hin zu seiner Gruppe verdeutlicht. Eine denkbare alternative Reaktion wäre gewesen, dass die Beforschten sich reumütig mit Entschuldigungsgesten zeigen. Dies war jedoch nicht der Fall. Die Wechselbeziehung zwischen Verein und Besuchergruppe als Ermahnender und Ermahnte ist damit zunächst gescheitert. In der Situation wird vielmehr die widerständige Haltung der Akteure reproduziert, welche sich bereits durch die Pyro-Nutzung zeigte. Auf bekannte Handlungsmuster in ungewöhnlichen Situationen zurückzugreifen, ist durchaus eine naheliegende Strategie, um das Erleben von Kontrolle wiederzuerlangen. Durch jenen Rückgriff auf die bisherige Handlungsorientierung reproduziert sich die konfrontative Wechselbeziehung zwischen den Hausherren.

Abschließend wird festgehalten, dass aufgrund der öffentlichen Interaktion die Vereinsvertreter sich im Spiegel vieler antizipierter Urteile wie interventionsfähig oder kooperativ zu sein sehen, womit sie sich mit der Maske der *kooperativen Friedensstifter* präsentieren. Im Gegensatz dazu werden die beforschten Akteure mit kritischen Urteile über sich konfrontiert, wie uneinsichtig zu sein oder dem Verein zu schaden. Entsprechend wird die Annahme formuliert, dass die beobachtete Gruppe versucht sein wird, diese Urteile aus der öffentlichen Interaktion zu beeinflussen.

Nachfolgendes Protokoll beschreibt wiederum die Reaktion auf die Transparente des Vereins bei der darauffolgenden Fußballshow:

Beobachtung:

> „Im nächsten Heimspiel, welches elf Tage später stattfand, hielten die Ultras kurz nach Spielbeginn ein schwarz-weißes Transparent mit der Aufschrift: ‚SEIT UND SEID.de' hoch, womit auf den Rechtschreibfehler des ‚seit vernünftig', in der ermahnenden Botschaft der Vereinsführung hingewiesen wurde. Ich hatte mich über die Transparente des Vereins und der Gruppe mit einem Ultra unterhalten. Er meinte, die Vereinstransparente seien eine ‚Frechheit' gewesen von dem [Name des Geschäftsführers] und er erklärte mir, dass ‚seit' nur zur Bestimmung von zeitlichen Angaben verwendet werde und das die ‚zu blöd' seien, so etwas auseinanderzuhalten."

Die Hypothese, dass das vereinsseitige Transparent nicht spurlos an der Gruppe vorüber gegangen ist, lässt sich anhand ihrer raum-zeitlichen Reaktion verdeutlichen. So kann als Erstes festgehalten werden, dass überhaupt eine Reaktion auf die Transparente des Vereins elf Tage später erfolgte. Wäre die Interaktionsinitiation des Vereins völlig uninteressant für die Adressaten gewesen, dann hätten sie sicher auch nicht darauf reagiert. Somit besitzt die Vereinsführung mit ihrer Meinung einen solchen Stellenwert für die Akteure, dass sie bereit sind, mit ihr Kontakt aufzunehmen. Ferner zeigt sich das Interesse der Gruppe an den Vereinsvertretern daran, dass sie, wie im Fall des Geschäftsführers, namentlich bekannt sind. Mithin spricht die Gruppe nicht mit irgendjemandem des Vereins, sondern der Geschäftsführer höchstpersönlich habe den Kontakt zuerst zu ihnen gesucht. In diesem Zusammenhang präsentiert sich der Sprecher in der Beobachtung mit der Maske, jemand Wichtiges mit Kontakten und Einfluss auf höchster Ebene innerhalb des Vereins zu sein. Die Vereinsführung in ihrer Funktion, das Wohl des kulturellen Objekts in der Hand zu haben, begründet das Interesse an einer Wechselbeziehung auf höchster Ebene. Auch den Heimbesuchern liegt das Wohl des Objekts durch ihr Bekenntnis zu ihm am Herzen. Die Klassifizierung der beforschten Besuchergruppe von Vereinsseite als Gefährder des Objektwohls, erklärt die Relevanz der beforschten Akteure mit der Vereinsführung zu interagieren. Die Analyse hat einen weiteren sozialen Aspekt der Praxis Pyrotechnik abzubrennen hervorgebracht: Die Eigenschaft dieser Praxis verboten zu sein und Sanktionen zu verursachen, wird zur Bedingung, dass sich laut des Sprechers, Geschäftsführer für die Besuchergruppe interessieren. D. h., die beforschten Akteure gewinnen durch ihre verbotene Praxis an Bedeutsamkeit als Besucher für das kulturelle Objekt. Dies ermöglicht ihnen, sich als Gruppe zu präsentieren, die ebenfalls Einfluss auf das Wohl des kulturellen Objekts hat. Der Bedeutungszuwachs wird anders als bei den Streits der Fans mit den Produzenten (vgl. Jenkins 1992), vorliegend durch abweichende Praktiken, hergestellt. In dieser Hinsicht wären strukturell erpresserische Strategien denkbar, etwa die Geschäftsführung unter Druck zu setzen, bestimmte Entscheidungen zu treffen, da sonst unter dem Deckmantel einer Handlungsroutine Pyrotechnik abgebrannt wird, wodurch der Verein Strafen zu erwarten hat.

Zurück zur konkreten Beobachtung:

Die Reaktion der Gruppe erfolgt ebenfalls öffentlich. Dementsprechend bestätigt sich die oben genannte Annahme, dass die Gruppe Einfluss auf die durch die Interaktionseröffnung des Vereins öffentlich entstandenen Spiegel und Masken nehmen will. Jene öffentliche Reaktion ist mit verschiedenen Praktiken verbunden. So wird auf einer materialen Ebene für das Transparent Stoff und Farbe benötigt. Es braucht ferner jemanden, der den Text verfasst und das Transparent mit in das Stadion nimmt und es dann präsentiert. Ein solcher organisatorischer und energetischer Aufwand bestätigt, dass die Interaktion nicht banal für die Akteure ist. Auf einer inhaltlichen Ebene müssen die Akteure sich darüber verständigen, mit welcher Maske sie sich präsentieren wollen – welche Urteile sie bei ihren mittel- und unmittelbaren Interaktionspartnern hervorrufen wollen. Da die zu inszenierende Maske das Ergebnis von Aushandlungsprozessen zwischen den einzelnen Gruppen-Mitgliedern ist, wird das Ergebnis der Eindrucksherstellung zu einem unmittelbaren Verweis auf das Selbstbild der Akteure.

Das Transparent der Akteure trägt folgenden Wortlaut: „SEID UND SEIT.de". Die Abkürzung „.de" deutet auf eine Website hin. Die beforschten Akteure reagieren also mit einem für Werbung typischen Hinweis, dort liest man oft: „Für mehr Informationen besuchen Sie bitte unsere Website [...]". Anders als in solchen Werbekontexten, gibt die angegebene Website jedoch keine Auskunft über die Akteure, sondern informiert über Rechtschreibregeln. Mithin thematisieren die Akteure zunächst den Orthographiefehler auf den verfassten Transparenten der Vereinsführung. Sie sprechen damit einen Sachverhalt an, der nicht mit der ursprünglichen Intention der Interaktionseröffnung durch die Vereinsführung korrespondiert. Die vereinsseitig inszenierte Maske eines *kooperativen Friedensstifters* und den Beforschten *Gefährder des Vereinswohls* zu sein, was eine Wechselbeziehung zwischen *Ermahnenden* und Ermahnten konstituierte, wird daher von den Akteuren abgewiesen. Welche Konsequenzen hat nun die Strategie der Akteure, einen Rechtschreibfehler zu thematisieren?

Es wird eine fehlende (Rechtschreib-)Kompetenz der Adressaten inszeniert. Daraus ergibt sich eine neue Wechselbeziehung, die diametral gegenüber der vereinsseitig inszenierten steht. Nun sind es die beforschten Akteure, die sich als Ermahnende präsentieren und die Vereinsführung als Ermahnte. Diese Annahme wird von dem Ultra durch seine Deutungen, dass es eine „Frechheit" wäre und dass die Vereinsführung „zu blöd" sei, unterstrichen. Er plausibilisiert damit, dass die Rolle des Ermahnenden nicht jemandem mit orthographischen Schwächen zustünde. Diese Logik korrespondiert mit einer Eigenschaft, die mit der Rolle eines Ermahnenden verbunden ist. Demnach sollte ein Ermahnender, zumindest auf den situativen Gegenstand bezogen, ein wenigstens gleich großes Wissen haben wie derjenige, der ermahnt wird. Indem die beforschten Besucher nun den Fokus von ihrer Verfehlung (Pyrotechnik-Nutzung) auf die orthographische Verfehlung der Vereinsführung lenken, beanspruchen sie für sich das Attribut mehr Kompetenz als die Vereinsführung zu besitzen. Die eigene Kompetenzaufwertung bei gleichzeitiger Kompetenzabwertung des Gegenübers impliziert in Hinblick auf die Veranstaltungsgestaltung, dass die beforschte Gruppe kompetenter ist, das Wohl des kulturellen Objekts einzuschätzen. Mit dieser Strategie wird eine neue Situationsdefinition inszeniert, in welcher die (Rechtschreib-)Praxis der Vereinsvertreter diskreditiert wird. Durch die Ignoranz der Akteure hinsichtlich ihrer eigenen Praxis, welche zu der Interaktion geführt hat, umgehen sie kritische Urteile über sich. Mit der neu definierten Wechselbeziehung, in der sie die Ermahnenden sind und die Vereinsvertreter die Ermahnten, wehren sie sich gegen Urteile dem Verein zu schaden, indem sie den Beurteilenden mangelnde Kompetenz unterstellen, zu entscheiden, was schädlich und was nicht schädlich für den Verein bzw. die Veranstaltung ist. Somit sind es nicht mehr sie, die von einer Ordnung abweichen, sondern der Verein ist abweichend mit seiner Bewertung, die beforschten Akteure wären abweichend.

Zusammenfassung

Die Rekonstruktionen der Beobachtungen behandelten die Wechselbeziehung zwischen den Akteuren der Vereinsführung und der beforschten Gruppe. Diese Wechselbeziehung wird als relevant charakterisiert, da beide Akteure Einfluss auf ein und dieselbe Veranstaltung nehmen und somit aufeinander. Gegenstand ihrer Interaktion ist das Abbrennen von Pyrotechnik, welches von den jeweiligen Seiten unterschiedlich bewertet wird, weshalb es zu einem Definitionsproblem der Situation kommt und mithin zu unterschiedlichen Urteilen, welche zu differierenden Spiegeln und Masken führte. Die Zurückweisung der Besucher-Gruppe Abweichler zu sein und sich stattdessen mit der Maske *risikobereite Widerstandskämpfer* zu präsentieren, ist als Bestreben einer anderen Selbsteinschätzung zu bewerten. Selbsteinschätzungen führen zu Entscheidungen: Akte zu vermeiden, sie zu verbessern, oder Fortschritte zu machen. Somit bestehen Selbsteinschätzungen aus einem Pool aus *können* und *können nicht*, *wollen* und *wollen nicht*, *sollen* und *sollen nicht*. Ein Gruppenleben unterliegt demnach einer ständigen Überprüfung und einer Umformung. D. h., dass Gruppenmitglieder fortlaufend interaktiv gemeinsame Urteile über ihre zukünftige und vergangene Gruppenbindung entwickeln müssen (Strauss 1974, S. 33). Mit der diametral entgegengesetzten Kritik an dem Verein, in welcher er hinsichtlich seiner orthographischen Kenntnisse ermahnt wird, urteilen die beforschten Besucher, dass nicht sie es sind, die kritisiert werden sollten, sondern der Verein in seiner Praxis die beforschten Akteure in ihrer Ordnungsvorstellung zu kritisieren. Insofern hat die Gruppe in der Rückschau über ihre Geschichte die Entscheidung getroffen, als Gruppenpraxis auch zukünftig Pyrotechnik zu verwenden und sich demzufolge nicht umformen zu müssen. Aus der Konsequenz dieser Entscheidung, entsteht einerseits eine Gegenwart sowie Zukunftsperspektive und andererseits bestätigt sich eine gemeinsame Gruppenwelt, die sich auf eine gemeinsame Vergangenheit beruft. Aus dem so geschaffenen Weltverhältnis resultiert schließlich die öffentlich präsentierte Abweisung des Urteils des Vereins. Sie impliziert eine situationsgebundene Identität, in der die beforschten Akteure als Besucher die Deutungshoheit über adäquate Gestaltungselemente für die Veranstaltung gegenüber dem Veranstalter festlegen. Diese Maske die Deutungshoheit über einzelne gestalterische Praktiken wie Pyrotechnik zu nutzen, für sich zu beanspruchen, spiegelt sich nicht in dem Urteil der Veranstalter wider. Mithin wird die vom Veranstalter initiierte Maske der Verfügungsgewalt über den Veranstaltungskontext, von der beobachteten Gruppe nicht gespiegelt. Die sich daraus ergebenden abweichenden Urteile führen zu einer Interaktion, in der gegenseitige Urteile von Abweichung erfolgen. Dieser Dissens lässt zukünftig unterschiedliche Situationsdefinitionen zwischen den beforschten Akteuren und den Funktionären des Fußballvereins erwarten.

Hinsichtlich der aufwendig gestalteten Interaktion via Transparenten wurde darauf verwiesen, dass die Wechselbeziehung mit der Vereinsführung für die beforschten Akteure bedeutsam ist. Aus der Perspektive der Beforschten ist sie deshalb relevant, da die Vereinsführung der formale Hauptproduzent ihres primären Handlungsraums *Fußballstadion* ist. Dieser Handlungsraum dimensioniert sich in Möglichkeiten und Grenzen des Handelns, auf welche die offiziellen Vereinsvertreter Einfluss nehmen und damit auf die beobachtete Gruppe. In der Interaktion haben sich die beforschten Akteure von dem Standpunkt dieses bedeutsamen Akteurs *Abweichler* zu sein, abgegrenzt. Die Gruppe bildet folglich selbst ein Urteil über die Vereinsführung als *Inkompetente* und spricht so der Vereinsführung deren Urteilsfähigkeit ab. So erlangt der Verein, als wichtiger und permanent anwesender Akteur in dem Handlungsbereich der Gruppe die Funktion, die Gruppenwirklichkeit der Akteure dadurch zu bestätigen, indem diese sich symbolisch von dessen Urteil abgrenzt. Auf einer manifesten Ebene hat der abgrenzende Akt der beforschten Gruppe eine öffentliche Demonstration der Wirklosigkeit des Vereins zur Konsequenz. Auf einer latenten Ebene bestätigt dieser Akt die Praxis der eigenen Gruppengeschichte, indem Kritik von außen durch eine Gegenkritik abgewehrt wird. Mit der Strategie, Kritik von außen zu kritisieren, vollzieht die Gruppe eine Selbstimmunisierung, wodurch das Weltverhältnis der Gruppe aufrechterhalten bleibt und damit die Existenz der Gruppe. Mithin ist die Pyrotechnik-Praxis gleichsam eine Praxis zur Reproduktion dieser gruppenbezogenen Welt und darüber hinaus die einer Szene derer die Gruppe angehörig ist.

7.15 Kampf light: Zur Irrelevanz des Kampfes von kämpferischen Praktiken

Beobachtung:

> „Die ‚gegnerischen' Fans wurden während des gesamten Spiels ausgiebig beleidigt. So wurden von dem Vorsänger generelle Beleidigungen angestimmt, die als Sprechchöre mehrmals hintereinander und immer wieder über den Zeitraum des

> Spiels mit Blicken in Richtung der gegnerischen Fans formuliert wurden, z. B.: ‚Tod und Hass dem XYZ {Vereinsname}' oder ein Lied mit der Melodie des Liedes Guantanamera: ‚Scheiß X-Y-Z, wir singen scheiß X-Y-Z, scheiß X-Y-Z, wir singen scheiß X-Y-Z'. Diese Sprechakte wurden zusätzich mit einstudierten Klatschrhythmen untermalt. Die anderen Fans reagierten darauf, indem sie ihre geballten Fäuste in die Luft streckten oder uns den Mittelfinger zeigten."

Die Teilnahmestrategien der Veranstaltungsgänger beinhalten neben Wechselbeziehungen untereinander und mit Vereinsvertretern auch Beziehungsarbeit mit den Besuchern aus dem Gästebereich. Im Kapitel 5.2 wurde bereits die Anwesenheit im Heim- oder Gästebereich als Bekenntnis einer symbolischen Zugehörigkeit rekonstruiert. Das Bekenntnis ermöglicht die Einteilung in zwei übergeordnete Seins-Zustände (*Heimbesucher* oder *Gastbesucher*), welche sich dichotom voneinander abgrenzen. Somit wird die Wettkampflogik der Veranstaltung auf die Tribüne übertragen, wodurch seine Besucher unmittelbar in diese Logik einbezogen werden. Darin konstituiert sich die zentrale Perspektive der Veranstaltung: Ein binäres und damit stark komplexitätsreduziertes Weltverhältnis. Der Zaun (Kap. 5.3) vor dem Stadion verwies bereits darauf, dass die spielerische Konfrontation auf den Tribünen, welche innerhalb der Fußball-Freizeitveranstaltung das Miteinander-Machen intensivieren soll, von einigen Zuschauern auf eine Art und Weise interpretiert wird, tatsächliche physische Konfrontationen gemäß der Wettkampfeinteilung auszuleben. Mit welchen Strategien gestalten die beforschten Akteure in der Beobachtung diese Wechselbeziehung mit den anderen Besuchern?

Der Ausspruch „Tod und Hass dem {anderer Verein}", erinnert zunächst an die sprachliche Formel des Wünschens. Wünsche sind charakteristische Äußerungen, in welchen Zustände heraufbeschworen werden. Symbolische Akte des Wünschens, etwa zu Geburtstagen „Erfolg im neuen Lebensjahr" zu wünschen, sind allseits bekannt. Ein solcher Wunsch impliziert den zeitlich-biographischen Verlauf der betreffenden Person anzuerkennen, womit ihre Existenz geschätzt wird und folglich der Wunsch für einen weiterhin positiv verlaufenden Lebensweg geäußert wird. Jemandem zum Geburtstag zu gratulieren, impliziert demgemäß zwei Aspekte: Ein bedeutendes Ereignis für die Person wahrnehmen, was die Basis für die Wertschätzung der Person bildet. Der Wunsch selbst ist die Strategie, der Wertschätzung Ausdruck zu verleihen. Je nach Art des Wunsches, kann die Beziehung zwischen dem Wünschenden und dem Wunschempfänger charakterisiert werden. So ist der Wunsch „viel Erfolg" sehr allgemein und deutet auf eine weniger intime Beziehung hin. Hingegen ließe sich der Wunsch „weiterhin so viel Liebe geben zu können" als intimer klassifizieren. Der Wunsch „Tod und Hass dem {anderer Verein}" ist hingegen deutlich negativ konnotiert. Zunächst involvieren diese negativen Wünsche jedoch ebenfalls die Anerkennung des Adressaten, als jemanden, den es zu beachten gilt. Erst diese Anerkennung lässt den Gegenspieler zum Adressaten der Wünsche werden. Die Wünsche selbst erhellen schließlich die Art und Weise der Gedanken in Bezug auf den Adressaten und informieren so über die Wechselbeziehung. Im Gegensatz zu den Geburtstagswünschen, in welchen die Existenz des Adressaten gewürdigt wird, wird mit dem Wunsch „Tod", das Ende der Existenz herbeibeschworen. Ein derartiger Wunsch stellt einen Tabubruch dar. Zunächst ist es zwar durchaus denkbar, jemanden in einem Konflikt zu beleidigen, um ihn zu verletzen, was schließlich zum Abbruch der Beziehung führen kann. Jemandem den Tod zu wünschen, geht jedoch weit darüber hinaus. Der Wunsch ist so gravierend, dass diese Aussage, je nach Kontext, gar rechtliche Relevanz und Konsequenz haben könnte, da sie als Bedrohung der körperlichen Integrität gewertet werden kann. Vorliegend wird dieser enden sollenden Existenz ferner noch „Hass" gewünscht. Auch dieser Wunsch ist existenziell bedrohlich, da er nachteilige Bedingungen für das (Über)leben beinhaltet. Hinsichtlich der Reihenfolge der Wünsche bezieht sich der „Hass" möglicherweise auf die Erinnerung an den Adressaten nach dessen Tod, welcher wiederum nicht von Würdigung gekennzeichnet sein soll, sondern von fortwährender Verachtung. Die Kombination aus beiden Wünschen lässt eine zukünftig positiv konnotierte Wechselbeziehung zwischen Wünschendem und Wunschempfänger nur schwer vorstellbar werden. Ein Fortgang der Beziehung wäre nur dann möglich, wenn Entschuldigungen erfolgten, um die Wünsche wiedergutzumachen.

Vorliegend ist der Adressat dieser Wünsche jedoch kein Mensch, sondern ein Sportverein. Ungeachtet dessen erfolgten die Adressierungen in die Richtung des Gästebesucherbereichs. Dieser Umstand verweist zunächst einmal mehr auf die Konsequenzen des Bekenntnisses, sich als Besucher für einen der Bereiche zu entscheiden, die symbolisch für den übergeordneten Seins-Zustand stehen, Anhänger einer Wettkampfpartei zu sein bzw. selbst eine Art Wettkampfpartei zu sein, die sich vorliegend nun im Gästewettkampfbereich aufhält. In der Beobachtung hat diese symbolische Zugehörigkeit zur Folge, dass Tod und Hass für die andere Partei gewünscht werden. Im vorliegenden Kontext einer Freizeitveranstaltung ist davon auszugehen, dass die gewählte Zugehörigkeit freiwillig ist. Eine freiwillige Mitgliedschaft zur gegnerischen Seite ist vorliegend eine, welcher der Tod gewünscht wird. Demnach entscheiden sich die Adressaten aus eigenem Antrieb für eine intensiven (verbalen) Bedrohungen ausgesetzte Zugehörigkeit. Oberflächlich betrachtet benötigen diese Akteure durch die Bedrohung von Diskriminierung sowie Zerstörung Hilfe. Ihre wehrhaften Reaktionen, wie die Fäuste zu ballen, verwirft diese Deutung hingegen. Mithin rückt eine weitere Eigenschaft der freiwilligen Zugehörigkeit in den Vordergrund, die gleichzeitig Aussagen über ihre Nutzer macht. Das freiwillige Bekenntnis scheint Konfrontationen mit Akteuren zu erwarten, die zwar andere Zugehörigkeiten haben, welche jedoch in einem übergeordneten Weltverhältnis gemeinsam subsumiert sind, was letztlich zur Interaktion der verschiedenen Bekenntnisträger führt. Dieses gemeinsame Weltverhältnis operiert auf der Grundlage eines sportlichen Wettkampfs, der vorliegend nicht sportlich zwischen den dichotom geteilten Besucher-Gruppen ausgetragen wird – wie sollte das auch möglich sein – sondern kämpferisch durch Beleidigungen und Kampfgesten. Der kämpferische Fokus der beforschten Besucher wird bereits im Kapitel 7.10 rekonstruiert. Dort werden die Praktiken gar als kriegerisch gedeutet, da die Handlungen im Interesse einer dritten Sache, einer „Fahne", geführt werden, für welche gekämpft und gesiegt werden soll. Die Herstellung einer – allgemein gesprochen – kämpferischen Fokussierung der beforschten Besucher innerhalb der Veranstaltung ist somit ein bedeutendes Strukturmerkmal, da es vorliegend erneut auftaucht. Deshalb erfolgt nun eine tiefergehende Interpretation dieser scheinbar kämpferisch motivierten Praktiken.

Grundlegend operiert ein Kampf mit den Modi *Angriff*, *Verteidigung* und/oder *Flucht*. Kämpfe basieren somit auf archaischen Charakteristiken zur Sicherung des eigenen Überlebens. Ein Kampf ist seinem Wesen nach ein Handlungskomplex, in dem Leben oder Tod und Sieg oder Niederlage ausgetragen werden. Diese binären Kodes evozieren folglich eine Handlungsorientierung, in welcher es um Alles oder Nichts geht. Den Einsatz bildet die eigene Existenz. Das Ziel ist die Auslöschung der anderen Existenz. Warum lassen sich die Akteure durch ihr freiwilliges Bekenntnis auf derartig existenzielle Risiken ein? Kämpfer präsentieren sich im Spiegel von antizipierten Urteilen, wie besonders mutig, angstlos, selbstbewusst zu sein sowie als Personen zu gelten, die für ihre ehrenwerten Überzeugungen bereit sind, sich aufzuopfern. Diese Eigenschaften werden umso ausgeprägter, je aussichtsloser der Kampf ist. Denn je höher das Risiko, desto heroischer der Kämpfer. Angesichts des existenziellen Risikos bieten Kämpfe seit jeher Anlass zur Mythenbildung wie etwa die Erzählung im Alten Testament von David gegen Goliath. Schließlich transformiert erst die Dichtung bzw. die Narration den Kämpfer in einen Helden (Münkler 2015, S. 148). Vor diesem Hintergrund werden die Handlungsorientierungen am Kampf als Heraufbeschwörung von existenziellen Krisen klassifiziert, wodurch die Handelnden die Maske der *opferbereiten Helden* grundieren können.

In der oben genannten Beobachtung stehen sich freiwillige Kämpfer in einer Veranstaltung gegenüber und haben sich infolge ihrer gegensätzlichen Bekenntnisse auf einen Kampf eingelassen, diesen nun zu führen. In sportlichen Wettkämpfen ist eine zentrale Motivation, durchdachte Taktiken und trainierte Fähigkeiten anzuwenden, um so Superiorität gegenüber seinem sportlichen Gegenüber herzustellen. In tatsächlichen Kämpfen sind hingegen Hassgefühle als sehr starke Form der Abneigung oder Verachtung durchaus denkbare Motivatoren, um Superiorität über den Gegner zu erlangen. Der kämpferische Aspekt gegenüber dem sportlichen Aspekt wird, vor dem Hintergrund der gewählten Aussage „Tod und Hass“ und der Reaktionen wie die „geballten Fäuste“, entsprechend als kämpferische und nicht als sportliche Praxis charakterisiert.

Des Weiteren singen die Akteure ein Lied mit der Melodie von *Guantanamera.* Unabhängig von dem ursprünglichen Hintergrund dieses kubanisch stämmigen Refrains, handelt es sich spätestens seit der weltbekannten Musikgruppe *Buena Vista Social Club*, um einen äußerst populären Song. Er steht etwa für romantische Vorstellungen von südländischer Leichtigkeit unter Palmen etc. Es ist ein friedliebendes Lied, was Jung und Alt zum geselligen Schunkeln oder Tanzen einlädt und dabei hilft, kollektive Muße auszuleben. In der Beobachtung wurde diese Liedmelodie auf einen neuen Text adaptiert. Der neue Liedtext beschränkt sich auf die Bezeichnung der gastierenden Wettkampfpartei auf der Tribüne *Scheiße* zu sein. Die Wortwahl ist diffamierend. Für eine negative Beurteilung einer Sache oder Person gäbe es deutlich mäßigere Möglichkeiten, Anthipatie zu formulieren. Weiter oben wird bereits rekonstruiert, dass in einem realen Kampf ein denkbarer Motivator *Hass* ist. Hingegen wird hier noch nicht darauf eingegangen, wie sich Hass konstituiert. Das gesungene Lied gibt Hinweise hierauf. Werte sind laut Strauss (1974) nicht an Dinge gebunden, sondern an deren Bewertungen (S. 22). Durch die gemeinschaftliche Praxis des Singens wird vorliegend inhaltlich eine kollektive Bewertung vollzogen. Wie bereits im Kapitel 7.10 oder 7.11 zu den unterschiedlichen Tribünenpraktiken der Akteure herausgearbeitet wird, aktualisieren und reproduzieren kollektive Handlungen einer Gruppe diese Gruppe selbst. Die gemeinsame Bewertung der Gruppe in Form des gesungenen Liedes führt dementsprechend zu der gemeinsamen Perspektive, dass die Adressaten des Liedes *scheiße* sind. Dieses degradierende Urteil kann soziale Wirklichkeitsprozesse anregen, welche möglicherweise zu Hass führen. Dem steht die harmonische Melodie des Liedes *Guantanamera* diametral gegenüber, welches kaum kämpferische Assoziationen zulässt. Die Tonfolge relativiert die Konstitution von Emotionen wie Hass und die Bewertung *Scheiß-Verein*, die zum Kampf führen könnten. Vielmehr lässt die harmonische Melodie auf lediglich ein Spiel schließen, die anderen Bekenntnisträger *scheiße* zu finden, ohne das *wirklich* zu meinen.

Ganz generell wurde in der gesamten Feldphase des Ethnographen im Stadion nie ein leibhaftiger Kampf beobachtet. Gleichzeitig wurden bei nahezu allen Feldaufenthalten die Androhungen von Gewalt mit geballten Fäusten beobachtet sowie negative Wünsche und Beleidigungen vernommen. Die ausbleibende Konsequenz der Androhungen von Tod oder des Kämpfens, macht auf den spielerischen Charakter der beobachteten Praktiken aufmerksam. Innerhalb von spielerischen Kontexten ist es üblich nur *so zu tun, als ob* man etwas machen will. In Spielen wird ein Rahmen bezogen auf verschiedene Ereignisse festgelegt und der Sinn bestimmt, der innerhalb des Rahmens den Praktiken und Dingen zugemessen wird. Daraus entsteht ein Regelwerk von

Relevanzen und Irrelevanzen hinsichtlich der Verpflichtungen sowie Erwartungen für die Dauer der Spielbegegnung (Goffman 1973, S. 22). Die Irrelevanz eines tatsächlichen Kampfes, welcher ungeachtet der fortwährend sich wiederholenden Beleidigungen in allen beobachteten Fußballspielen durch das Ausbleiben desselben sich nicht zeigte, lenkt den Fokus auf die Relevanz der tatsächlich beobachteten Praktiken (Sprechchöre und Lieder) selbst. Im Kapitel 5.2 zur dichotomen Besucheraufteilung in der Veranstaltung wird nachvollzogen, dass wenn man weiß, wer man nicht ist, dies ermöglicht, zu wissen, wer man ist. Dimensioniert man nun „Tod" steht jenem das Leben gegenüber. Den Gegenpol von „Hass" bildet die Liebe. Bei der Dimensionierung fällt auf, dass in ihr Emotionen verhandelt werden, die in der Veranstaltung eine permanente Relevanz einnehmen. So werben nicht wenige Fußballvereine mit *echter, wahrer* oder *einziger Liebe* um ihr Angebot. Von vielen Besuchern wird diese Strategie angenommen und das Interessenobjekt mit derartigen emotionalen Bekundungen durch Lieder etc. aufgeladen. Hinsichtlich der Dimensionierung von Tod vs. Leben lassen sich ebenfalls sehr viele Veranstaltungsgänger ausmachen, die umfangreich bezeugen, dass Fußball ihr *Leben* sei. Der gegnerischen Wettkampfpartei auf der Tribüne nun mit komplett gegenteiligen Emotionen und Wünschen zu begegnen, scheint demnach nichts anderes zu sein, als die Reproduktion des binären Wettkampfs, welcher mittels einer reduzierten Weltperspektive operiert und so Gewissheit über sich und die anderen erfahrbar werden lässt.

In welchen antizipierten Urteilen präsentieren sich nun die beforschten Akteure durch ihren Sprechchor und Gesang den Besuchern des Gästebereichs gegenüber? Sie präsentieren sich als eine Gruppe, die es wagt, zu provozieren und dafür selbst gehasst zu werden. Den Tabubruch, anderen Menschen den Tod zu wünschen, kollektiv zu formulieren, spricht gleichzeitig für eine sehr einheitlich fokussierte und entschlossene Gruppe. Sie suggeriert ebenfalls Stärke und Mut, da sie sich auf den riskanten Kampf einlässt. Gleichzeitig verweist die Rekonstruktion auf die Irrelevanz der Konsequenz der Praxis den Tod etc. zu wünschen, denn es gab nie Tötungsversuche während der Feldaufenthalte. Mithin wird vielmehr das Selbstbild einer Gruppe mit den genannten Beurteilungen von mutigen oder opferbereiten Kämpfern inszeniert, ohne diese jedoch praktisch herauszufordern und damit auch kein wirklich den Leib bedrohendes Risiko einzugehen. Entsprechend präsentieren sich die beforschten Akteure mit der Maske *einer zu allem bereiten Gruppe*. Auch die Adressaten präsentierten sich mit ihren geballten Fäusten mit der Maske *kampfbereit zu sein*. Der tatsächliche Kampf bleibt in dieser Wechselbeziehung jedoch völlig irrelevant.

Zusammenfassung

In der Beobachtung wurden Interaktionen zwischen den beforschten Akteuren und den von ihnen adressierten Besuchergruppen dokumentiert. Diese sind aufgrund des Veranstaltungssettings der sich auf dem Spielfeld dichotom gegenüberstehenden Wettkampfparteien zu konkurrierenden Wettkampfparteien auf den Tribünen geworden. Der Wunsch des Todes und Hasses der beforschten Besucher gegenüber den anderen Besuchern wurde durch die ihm inhärente Gewalt als eine kämpferische Praxis charakterisiert, auf die ebenso offensiv reagiert wurde. Die dadurch evozierte Wechselbeziehung ist als überaus degradierend zu klassifizieren. Eine derart negative Wechselbeziehung regte die Frage an, warum diese Beziehung durch ein freiwilliges Bekenntnis eingegangen wird und immer wieder aufs Neue stimuliert wird? Es wird rekonstruiert, dass die fortwährende Diffamierung der anderen Bekenntnisträger, die ständige Konstitution des eigenen Bekenntnisses herstellt. Dieses Bekenntnis offeriert verführerische Erlebensstrukturen. So verweist die Irrelevanz des tatsächlichen Kampfs auf die Relevanz des *nur so zu tun, als ob*. Daraus entsteht eine Art *Kampf light*. Dieser ermöglicht den Akteuren das Selbstbild, Teil einer kämpferischen Gemeinschaft zu sein, ohne faktisch kämpfen zu müssen. Für dieses Selbstbild wird die Wechselbeziehung mit den anderen Bekenntnisträgern benötigt, um so den imaginären Kampf zu inszenieren und ständig zu reproduzieren. Das kämpferische Selbstbild beinhaltet *Mut* und *Opferbereitschaft*. Plausibilisiert wird mit diesem die *echte* oder *wahre* Anhängerschaft der Akteure zu ihrem Interessenobjekt. Auf einer spielerischen Ebene des nur *so tun als ob*, ist man für dieses Bekenntnis bereit zu kämpfen, zu töten und zu sterben.

Es wird herausgestellt, dass es sich bei einem Kampf um eine archaische Interaktion handelt, in der es um alles oder nichts geht. Folglich markiert ein Kampf einen absoluten Ausnahmezustand, eine absolute Gegenwelt zur Alltagswelt. Die Veranstaltung wird zur Bedingung, diese existenzielle Bedrohung zu erleben und gemeinschaftlich zu bewältigen, ohne zunächst das Risiko eines tatsächlichen Kampfes zu haben. Hinsichtlich der kampfirrelevanten Kampfbereitschaft wird die Maske inszeniert, *zu allem bereit zu sein*, wodurch die Gruppe ein heroisches Selbstbild konstituiert. Mithin wird den Akteuren eine Erlebensstruktur zugänglich, in der sie, ungeachtet des Kampfes um Leben und Tod, dennoch als Gruppe entschlossen zusammenstehen. Daraus entstehen Loyalitätsgefühle untereinander, die zu Versprechen für die Ewigkeit führen. So wird in einer der bekanntesten Fußballhymnen gesungen: „You'll never walk alone". Eine Aussage über Loyalität und Gemeinschaft, die fest im kollektiven Bewusstsein vieler Veranstaltungsbesucher verankert ist und deren kämpferischer Ursprung soeben rekonstruiert wurde.

Um das Erleben eines *Kampf light* zu verdeutlichen, erfolgt nun eine Feldnotiz, in welcher der Ethnograph im Mittelpunkt steht.

7.16 Erleben von Adrenalin und Angst beim Ethnographen

Beobachtung:

> „Als die Spieler des Gastvereins einen guten Spielzug machten, jubelten die Gästefans und fingen laut an zu singen. Dass führte wiederum zu Beleidigungen der Ultras und anderer Fans in meinem Block, die erst die gegnerischen Spieler anschrien und dann die gegnerischen Fans: ‚Kommt doch rüber!' oder als Sprechchor: ‚Auf die Fresse, auf die Fresse', welche Chöre sich wiederholten. Der gegnerische Block reagierte mit Pfeifen oder mit auffordernden Armbewegungen, doch zu ihnen rüberzukommen oder mit mehrmals sich wiederholenden Sprechchören wie: „Ihr Lutscher!".
>
> Während solcher verbalen Schlagabtäusche, in welchem sich hunderte von Menschen über die Länge eines Fußballfeldes hinweg kollektive Gewaltandrohungen und -einladungen aussprachen, war für mich die Atmosphäre immer am angespanntesten. Diese Spannung hatte für mich etwas Ambivalentes: Zum einem durchfuhr mich eine Welle von Adrenalin, wodurch ich sehr aktiviert und berauscht fokussiert war. Auf der anderen Seite ängstigte mich die teilweise aggressiv aufgeladene Stimmung, da die Gewaltaufforderungen und -androhungen sich echt anfühlten und in mir die Fantasie auslösten, gleich wirklich gemeinsam gegen die anderen zu kämpfen."

In der Beobachtung wird zunächst das Wesen des Wettkampfes beschrieben. So wird des einen Freud', durch einen geschickten Spielzug, des anderen Leid'. Das Freude-Leid-Erleben, durch die sich schnell wechselnden Spielzüge auf dem Feld, erfüllt die grundlegende Bedingung als Besucher eine *Achterbahn* der Gefühle zu erleben, worin ein wesentlicher Unterhaltungswert der Darbietung besteht.

Der Ethnograph wählt Bezeichnungen wie „gegnerische Fans" oder „gegnerischer Block". Dies zeigt zunächst an, wie sehr er in die Kampflogik einbezogen ist, auch ohne ein Bekenntnis für eine der Wettkampfparteien gemacht zu haben. Allein der Sog der Situation kreiert für ihn eine Wirklichkeit, von der er sich kaum distanzieren kann. Dies wird durch seine körperlichen Reaktionen umso deutlicher, die ihn in „Wellen" von Adrenalin und Angst in einen emotionalen Rausch versetzen. Sein Erleben spiegelt die vorherige Rekonstruktion des Kampfes wider, in dem es um alles oder nichts geht und Risiko und Heldentum sich gegenseitig bedingen. Die Reflexion des Ethnographen verdeutlicht die simplen archaischen Mechanismen, die einen Kampf zum Rauscherleben werden lassen und eine ambivalente Faszination konstituieren, welcher er sich selbst als Außenstehender nicht entziehen kann.

Im Gegensatz zu dem Selbstbild der Kampfbereitschaft ohne zu kämpfen, verweist der Zaun im Kapitel 5.3 auf die Relevanz des Kämpfens, was durch die Absperrung vermieden werden soll. Im nächsten Kapitel wird an einer Sequenz einer Gruppendiskussion mit den beforschten Akteuren das Verhältnis von *Kampf light* und Kampfrealität rekonstruiert.

7.17 Sich gerade machen: Kampf als Opferbereitschaft für das Bekenntnis

Im Folgenden wird, wie im Kapitel 7.6, zunächst ein Interviewsegment dargelegt und anschließend sequenziell rekonstruiert:

> M: „Wenn es dazu kommen sollte, dass, dass sich was ergeben sollte und es, kommt, irgendwas auf einen zu dann steht man auch bereit /ja/ und äh iss auch bereit dazu, mit seinen Mitteln."
>
> N: „Da hat ja jeder seinen Mann zu stehen /ja/ und sich gerade zu machen fertig aus."
>
> M: „Die Stadt den Verein zu verteidigen sich, gerade zu machen."

1. Sequenz:

> M: „Wenn es dazu kommen sollte, dass"

Unter der Bedingung „Aber wenn es dazu kommen sollte, dass", wird etwas getan. Die im Konjunktiv formulierte („sollte") Aussage verweist auf eine Ereignismöglichkeit, die keine vordergründige Handlungsorientierung impliziert, sondern allenfalls bei Eintritt der Situation auf die Handlungsfähigkeit vorbereitet. Gedankenexperimentell wäre folgende, negativ konnotierte Situation vorstellbar: „Wenn es dazu kommen sollte, dass wir die Wohnung nicht bekommen, müssen wir in unserer kleinen Wohnung bleiben". Ferner ist auch ein positives Ereignis denkbar: „Wenn es dazu kommen sollte, dass wir die Wohnung bekommen, dann ziehen wir ein". Vor diesem Hintergrund bleibt zunächst offen, ob der Sprecher eine unerwünschte Situation thematisiert, die beim Eintritt derselben bewältigt werden kann bzw. muss, oder eine Situation, die gewünschte Handlungsoptionen offerieren würde.

2. Sequenz:

> M: „dass sich was ergeben sollte"

Die Bedingung für die Handlungsaktivierung des Sprechers wird erweitert mit der Klassifizierung „ergeben sollte". Von sich ergebenden Situation wird gemeinhin dann gesprochen, wenn erwünschte Umstände sich ohne den eigenen aktiven Beitrag fügen. Z. B.: „Für den Fall, dass sich was ergeben sollte, kannst du dich gerne melden". Der Container „was" in der Sequenz lässt jedoch noch offen, was genau sich denn nun ergeben könnte. Die in der Sequenz erweiterte Bedingung markiert ein indifferentes Verhältnis gegenüber der verhandelten Ereignismöglichkeit. Einerseits wird nach dem Ereigniseintritt nicht aktiv gestrebt, andererseits steht man der Situation positiv gegenüber.

3. Sequenz:

> M: „und es, kommt, irgendwas auf einen zu"

Etwas von außen kommt „auf einen zu". Man selbst ist nicht aktiv, sondern reaktiv. Das bestätigt die formulierte Lesart aus der ersten Sequenz, wonach der Sprecher nicht vordergründig auf den Ereigniseintritt in seinem Handeln ausgerichtet ist. Nun wird der Container „was", wie bereits zuvor die Bedingung, ebenfalls zu einem „irgendwas" erweitert. Diese Erweiterungen verweisen auf differenzierte Voraussetzungen, damit der Sprecher überhaupt reagiert. Der hypothetische Ereigniseintritt wird durch das hypothetische Ereignis noch theoretischer. Demzufolge ist der Kontext des Sprechaktes nicht in eine praktische und regelmäßig vollzogene Alltagserfahrung eingebettet.

4. Sequenz:

> M: „steht man auch bereit /ja/ und äh iss auch bereit dazu, mit seinen Mitteln."

Für das nicht Forcierte, was von außen auf einen zukommt, wäre man jedoch zu reagieren „bereit". Die gewählten Worte „steht man auch bereit" sind in einer formellen Interaktion denkbar, in der ein Sprecher seine Aufgabenbereiche innerhalb einer Organisation vorstellt und dabei erklärt, dass er „auch" auf diesen speziellen Ereigniseintritt in der Lage wäre zu reagieren, d. h., Verantwortung zu übernehmen. Dem Wort „auch" inhärent ist allerdings, dass die Verantwortungsübernahme für den Ereigniseintritt nicht unbedingt angestrebt wird. Vielmehr ist der Aussage immanent, dass die Verantwortung lediglich aus Pflichtgefühl übernommen werde. Würde sich hingegen jemand anderes bereit erklären, sich dem Ereigniseintritt anzunehmen, wäre dies auch ok, da er ohnehin nicht in den eigenen Hauptverantwortungsbereich fällt. Die Zwischenrede „/ja/" bestärkt die Aussage des Sprechers, wobei aus der Transkription nicht hervorgeht, ob inhaltlich ein Mitdiskutant zustimmt und so den Sprecher bestärkt oder der Interviewer den Redefluss stimuliert.

Mit der Formulierung „mit seinen Mitteln" wiederholt sich die zaghafte Willensbekundung des Sprechers. Voraussetzungen zur Reaktion auf den äußeren und nicht gewollten Ereigniseintritt sind zwar vorhanden, können jedoch nur mit den eigenen vorhandenen Mitteln bewältigt werden. Die Wortwahl „Mittel" für eigene Handlungsmöglichkeiten ist eine eher technische oder bürokratische Formulierung, was den formalen Kontext der Situation bestätigt. Der Verweis auf die Mittel wirkt einschränkend auf die erfolgreiche Bewältigung der von außen einwirkenden Ereignisse. Der Wille zu reagieren ist zwar mehr oder weniger da, wird jedoch von den eigenen Möglichkeiten limitiert. Es hat den Anschein, als würde der Sprecher sagen wollen, dass, wenn er mehr oder andere Mittel hätte, er optimaler auf die potenzielle Situation reagieren könnte. Um welche Mittel es sich handelt und welche Ressourcen andere haben, bleibt – wie der Ereigniseintritt selbst – noch unklar. Der Sprecher bleibt mit seiner formalen Sprache sehr vage. In der Analyse entsteht eine gewisse Ungeduld darüber, was der Akteur nun eigentlich meint. Was hält ihn zurück? Warum ist er zaghaft?

5. Sequenz:

> N: „Da hat ja jeder seinen Mann zu stehen /ja/"

Es erfolgt ein Sprecherwechsel. Indem N den Ereigniseintritt als „Da" umschreibt, schließt er sich zunächst der unkonkreten Sprechweise seines Vorredners an. Es scheint ein Mysterium verhandelt zu werden, so dass die Sprecher nicht wagen, dieses beim Namen zu nennen. Das Mysterium könnte etwa eine tabuisierte oder anrüchige Praxis sein. Es handelt sich um etwas, was aus welchen Gründen auch immer gemacht werden muss, jedoch auch kritisiert werden kann, weil es etwas Normen strapazierendes ist und so Urteile über die Handelnden evoziert, in welchen sie sich nicht spiegeln wollen. In der Sequenz heißt es weiter, dass hinsichtlich der Bedingung des Ereigniseintritts, die Strategie erfolgt, „das jeder seinen Mann zu stehen [hat]". Im Gegensatz zu der zaghaften Aussage von M, der auf den hypothetischen Ereigniseintritt „auch" den eigenen „Mitteln" entsprechend reagieren würde, positioniert sich N eindeutig und sagt, dass „jeder" ausnahmslos aufgerufen ist, zu reagieren. Darin markiert sich eine Absolutheit des Handelns gegenüber der Relativität des Handelns in Ms Sprechakt. So scheinen sich die Sprecher nicht ganz einig zu sein, hinsichtlich ihrer Handlungsorientierung. M umfasst die Möglichkeit – ohne diese zu suchen – zu reagieren, während für N das Ereignis einen umfassenden Verantwortungsbereich darstellt, auf welchen „jeder" zu reagieren hat.

„Seinen Mann zu stehen" ist eine umgangssprachliche Formulierung, wodurch N mit der formalen Rhetorik von M bricht. Männlichkeit wird in der Aussage mit Stärke, Ehre sowie Verantwortungsbewusstsein gleichgesetzt. „Zu stehen“ bedeutet in diesem Zusammenhang jene Eigenschaften angesichts schwieriger Situationen dennoch aufrechtzuerhalten und umzusetzen. Denkbar wäre etwa ein sportlicher Wettkampf, in dem man sich als Spieler verletzt hat und dessen unbeachtet dennoch erwartete Leistungen abruft, um so „seinen Mann zu stehen“. Wird die kämpferische Opferbereitschaft ersichtlich, beweist man(n) Stärke. In dieser schwierigen Situation zu scheitern hieße, so die implizite Logik, schwach und damit unehrenhaft zu sein. Diese Redensart, in welcher der Mann das *starke* Geschlecht ist, erscheint anachronistisch und verweist mithin auf ein tendenziell konservatives Milieu des Sprechers.

6. Sequenz:

N: „und sich gerade zu machen fertig aus“

In der vorherigen Sequenz wurde geäußert, dass man bei dem Ereigniseintritt seinen Mann stehen müsse, was als Bewältigung einer schwierigen Situation rekonstruiert wurde. „Sich gerade zu machen“ ist das Gegenteil von sich abzuducken oder wegzurennen. Es impliziert, sich aufzurichten und sich den erwarteten Herausforderungen mit *geschwellter Brust* entgegenzustellen. „Sich gerade zu machen“ verweist auf eine besondere Herausforderung, die es zu bewältigen gilt, es ist noch eine Steigerung der Bezeichnung *„seinen Mann zu stehen“*. Jene weitere Betonung der Bereitschaft zur Situationsbewältigung deutet auf ihre gegenteilige Option, die Nicht-Bereitschaft, hin. Eben diese Wahl treffen viele Menschen in potenziell sehr bedrohlichen Situationen. Mit der Bekundung der gesteigerten Bereitschaft schließt man diese Flucht-Option hingegen für sich aus und demonstriert Entschlossenheit. Für welches potenzielle Ereignis bedarf es einer derart überhöhten Bereitschaftserklärung? Die implizite Nicht-Bereitschaftsoption schließt berufliche Kontexte auch in Hochrisikobereichen aus, da in solchen Situationen qua Profession ein verantwortungsvolles Handeln erwartet wird. So wäre es verwunderlich, wenn sich ein Feuerwehrmann aus der nachvollziehbaren Angst vor unkontrolliertem Feuer einem brennenden Haus nicht nähern würde. Risikosportarten sind ebenfalls nicht naheliegend, da Risiken nicht nur möglicherweise auf den Sportler zu kommen, sondern er von vornherein bereit ist, sie zu suchen. Denkbar hingegen wäre eine körperliche Auseinandersetzung, in der man sich „gerade macht“. Die absolute Verantwortlichkeit, die N gegenüber dem Eintrittsereignis von jedem einfordert, wird durch seine Bilanzierung „fertig aus“ bestärkt. Er teilt damit die Welt in zwei Gruppen: die, die sich gerade machen und die, die kneifen – „fertig aus“! Wie bereits im Kapitel 7.15 zum *Kampf light* rekonstruiert wird, handelt es sich bei gewalttätigen Kämpfen um eine entweder-oder-Interaktion. Man kann gewinnen oder verlieren. Vorliegend wird von N dieses absolute Charakteristikum von kämpferischen Interaktionen aufgenommen und auf die Einforderung der Bereitschaft aller, sich auf diese Interaktion einzulassen, gleichsam absolut mit den Worten „fertig aus“ übertragen. Insofern formuliert N ein obligatorisches Statement gegenüber M, der verklausuliert um seine Verantwortung herum mäanderte. Zwar sehnt auch N nicht den wirklichen Ereigniseintritt herbei, er positioniert sich hingegen sehr klar, dass im Falle der Situation gehandelt werden müsse und das nicht „auch“, sondern insbesondere. Die eigentlich vorhandene Wahlfreiheit wird von N folglich entschieden zurückgewiesen. Damit wird die Freiheit zur Wahl zu einem Zwang zum Handeln transformiert, wodurch sie nihiliert wird.

7. Sequenz:

> M: „Die Stadt den Verein zu verteidigen sich, gerade zu machen“

M reagiert auf N und führt aus, dass es darum geht, „die Stadt“ und „den Verein“ „zu verteidigen“. Die nicht tatsächlich gesuchte und nur rein hypothetisch verhandelte Situation, die von außen auf einen zukommt, ist demnach ein Angriff auf die Stadt und den Verein, welche verteidigt werden müssen. Bereits im Kapitel 4 über die Bekenntnisnarration wird die Kopplung zwischen Fußballverein und Stadt rekonstruiert. So kann das eine das andere repräsentieren und umgekehrt. Symbolisch scheint aus dieser Repräsentationslogik heraus auch ein *Angriff* auf eine Stadt und einen Sportverein möglich. Selbstredend wird die Stadt nicht tatsächlich angegriffen, wie etwa durch einen Überfall auf das Rathaus. Selbstredend haben die Sprecher auch keine offizielle Legitimität die Stadt zu verteidigen. Sie erklären ihren Kampf lediglich zu einem, der im Namen einer Stadt und eines Sportvereins stattfindet. Vor diesem Hintergrund kämpfen die Akteure nicht für sich als Gruppe, sondern im Namen einer übergeordneten Symbolik. Im Kapitel 7.10 über die Beschwörung des *heiligen Wesens* wird hergeleitet, dass es heroisch ist, für etwas zu kämpfen, was zuvor idealisiert wurde. Dies verhindert ferner die Bewertung, dass aus Lust am Kämpfen gekämpft wird, wodurch die Kämpfer als Psychopathen bewertet werden könnten. An dieser Repräsentationslogik wird das gemeinsame Weltverhältnis der Akteure ersichtlich, einen veranstaltungsbezogenen Kampf zu vollziehen. Als Bedingung für diesen Kampf dient neben der Kopplung zwischen Sportverein und Stadt, das Bekenntnis der Akteure für den Sportverein. Ihre veranstaltungsbezogenen Strategien, wie die Eröffnung der Veranstaltung (Kap. 7.9) durch die Präsentation von Stadt, Fußballverein und sich selbst als Gruppe, führen zu situationsgebundenen Identitäten Würdenträger der Symboliken zu sein. Kraft dieses eigenermächtigten Amtes, deuten sie Angriffe auf sich, als Angriffe auf die Symbole zu denen sie sich als Würdenträger bekannt haben. Der Kampf bzw. die Bekundung der stetigen Kampfbereitschaft wird dann zur Strategie, ihre formale Maske als *Würdenträger* aufrechtzuerhalten. Da durch den vollzogenen Kampf das *Amt* als *Würdenträger* aufrechterhalten bleibt, erklärt sich auch die formale Sprache von M, mit welcher er das Amt in seinen Sprechakten verwaltete. Um dieses Amt ebenfalls aufrechtzuerhalten, teilt N mit seiner vehementen Bereitschaftserklärung zum Kampf ferner die Welt in Menschen ein, die sich gerade machen und welche, die sich abducken. Letzteres würde Urteile wie feige oder schwach zu sein evozieren, wodurch man nicht erwarten könnte, als glaubwürdiger Würdenträger zu gelten. Im Bemühen solche Auffassungen von vornherein zu vermeiden, wählt M die Strategie, seine Selbstpräsentation ebenfalls zuzuspitzen. Dies tut er, indem er das binäre Weltverhältnis von N bestätigt, jedoch nicht ohne darzulegen, wofür gekämpft wird, um so pathologische Urteile über das Amt und seine Würdenträger zu vermeiden. Bezogen auf die Wechselbeziehung der Interaktanten präsentierten sie sich durch die hergestellte Übereinstimmung mit der Maske *kämpfende Gruppe mit höherem Auftrag* zu sein.

Zusammenfassung

In dem rekonstruierten Segment einer Gruppendiskussion wird ein potenzieller Ereigniseintritt verhandelt. Der hypothetische Charakter der Sprechakte verweist auf ein Praxis-Szenario, welches keine vordergründige Handlungsorientierung der Akteure darstellt. Vielmehr handelt es sich um den Zwang des Umgangs mit einem Ereigniseintritt, welches vielleicht von außen auf die Akteure zukommt, weshalb sie sich damit auseinandersetzen müssen. Das potenzielle Ereignis ist keine Routine und stellt somit eine außeralltägliche Situation dar. M räumt die Bereitschaft ein, auf dieses außergewöhnliche Ereignis dennoch als aktiver Verteidiger zu reagieren. Formulierungen wie „auch" darauf zu reagieren, bestärken den Zwangscharakter zur verpflichtenden Reaktionsart. Der Verweis von M, mit lediglich eigenen „Mitteln" reagieren zu können, forciert die Lesart einer notgedrungenen Bereitschaft, auf die man sich jedoch nicht spezialisiert hat, weil sie nicht vordergründig ist. Entsprechend sind auch nur beschränkte Möglichkeiten der Situationsbewältigung zu erwarten. Die bedingungsreiche und formalisierte Sprache von M macht ferner auf den Charakter einer Bereitschaftsbekundung aufmerksam, die mit unmittelbaren Risiken verbunden ist, wodurch der Bereitschaftsvollzug die Eigenart einer *Notfall-Praxis* hat. N, der zweite Sprecher, fordert hingegen von allen ein, „seinen Mann zu stehen" und sich „gerade zu machen", sofern das Ereignis eintritt. Mithin inszeniert er eine absolute Bedingung zur Verpflichtung einer wehrhaften Reaktion, ungeachtet der scheinbar risikoreichen Situation. Wer dieser Verpflichtung nicht nachkommt, den erwarten negative Zuschreibungen wie etwa unwürdig zu sein. Aus jener absoluten Einteilung entsteht ein binäres und dementsprechend unproblematisches Weltverhältnis, welches einem *entweder-oder-Prinzip* folgt. D. h., es existieren verführerisch klare Verhältnisse, die Überschaubarkeit und Orientierung versprechen. Die verführerische Absolutheit kann gleichsam problematisch in ihren Konsequenzen sein, da eine derart reduzierte Ordnung die Welt in Gut und Böse, bzw. schwarz und weiß, einteilt, womit sich extrem gegensätzliche Klassifikationen gegenüberstehen, welche keinen Graubereich zulassen. Sie aufrechtzuerhalten, kann entsprechend zu extremen Strategien von Ausgrenzung vs. Zugehörigkeit führen, welche an rigide Einstellungen und Praktiken gebunden sind. Aus den Positionen von M und N ergibt sich eine Dimensionierung zwischen relativer vs. absoluter Verantwortung. Darin zeigt sich eine ungleiche Wechselbeziehung zwischen den Interaktanten. Durch den Absolutheitsanspruch von N gerät die Wechselbeziehung zwischen beiden in Gefahr. Vielmehr noch, M wird aufgefordert sich in dem binären Weltverhältnis auf Ns Seite zu positionieren. Dies nicht zu tun, hätte die Ausgrenzung von M zur Folge, womit sich die kritische Dimension des Schwarz-Weiß-Denkens exemplifiziert.

Bei dem theoretisch möglichen Ereigniseintritt handelt es sich um einen Angriff von außen, gegen den sich die Akteure verteidigen müssen. Die binäre Charakteristik von Kämpfen *Sieg vs. Niederlage* sowie der Einsatz von körperlicher Gewalt machen einen Kampf zu einer sehr risikoreichen Praxis. Diese extremen Bedingungen haben eine identitätsstiftende Funktion für die Kämpfer. Erklären sie sich zum Kämpfen bereit, können sie unabhängig vom Ausgang des Kampfes bereits Urteile wie Mut antizipieren, sofern der Kampf zur Rechtfertigung einer höheren Sache dient. Zu kämpfen wird dann zur Strategie, sich glaubhaft als ehrenwerter Held zu präsentieren, der sich für die Sache aufopfert und bereit ist, sein Leben zu riskieren. Die Absolutheit eines Kampfes spiegelt sich bereits strukturimmanent in der Absolutheit der Aussage von N wider und bestätigt damit ein binäres, unproblematisches Weltverhältnis mit den tendenziell problematischen Konsequenzen von Zugehörigkeit und Ausgrenzung.

Indem M den Kampf als Verteidigung „der Stadt“ und des „Vereins“ klassifiziert, wird der Kampf im Namen einer höheren Sache geführt. Diese Erläuterung dient als Strategie zur Herstellung der Bedingung mit dem Vollzug des Kampfes Werte und Normen zu verteidigen. In der Konsequenz werden, so die rekonstruierte Sinnstrukturiertheit der beforschten Akteure, anti-soziale oder pathologische Urteile vermieden, da der Kampf nicht seiner Selbstwillen erfolgt, sondern der idealisierten Objekte wegen. Vor dem Hintergrund des Absolutheitsanspruches von N, orientiert sich M ebenfalls an N. Er stellt mit dieser Strategie Zugehörigkeit her und harmonisiert die zuvor ambivalente Verfasstheit der Wechselbeziehung, woraus ein einvernehmlich binäres Weltverhältnis der Sprecher hervorgeht, welches sie entschlossen aufrechterhalten. Die Sprecher präsentieren sich mit der Maske einer *kämpferischen Gruppe*, die sich heroisch auch vor großen Herausforderungen „gerade macht“. Gewalt wird hierbei ebenfalls zur Strategie, sich von anderen Besuchern abzugrenzen. So wird im Kapitel 7.15 über *Kampf light* analysiert, dass viele Stadionbesucher die Bereitschaft zum Kampf formulieren, ohne die Relevanz eines realen Kampfes herbeiführen zu wollen. In dem vorliegend analysierten Segment wird jedoch konkrete Gewalt vollzogen, d. h., sie realiter zu vollziehen, wird relevant. Somit erfolgt eine Abgrenzung zu anderen Stadionbesuchern. Es scheint, als würde die Opferbereitschaft die sich in dem Kampfvollzug manifestiert, ein besonders echtes oder wahres Bekenntnis gegenüber dem *heiligen Wesen* in Form eines Fußballvereins begründen. Innerhalb von Diskursen zwischen den Veranstaltungsbesuchern um glaubwürdige und ernsthafte Anhängerschaft an das *heilige Wesen*, können sich die beforschten Akteure mit ihrer heroischen Opferbereitschaft gegenüber anderen Bekenntnisträgern nun positionieren und einen angesehen sozialen Status etablieren, welches über die Bekenntnisse der vielen anderen Besucher hinaus reicht.

Es wurde festgestellt, dass die Stadt oder der Fußballverein nicht tatsächlich angegriffen werden, sondern lediglich Praktiken als Angriffe gedeutet werden. Insofern stellt sich die Frage, welchen Bedingungen die vollzogenen Kämpfe unterliegen, d. h. wie diese Gefahren konstruiert werden, die zum Kampf führen? Und schließlich, welche Konsequenzen haben die Kämpfe für die Akteure und deren Wechselbeziehungen? Dazu wird das nächste Segment Auskunft geben.

7.18 Umgemäht: Zur Maske der glaubhaften Bekenntnisträger

N: „[...] und wenn die [Name einer Ultra-Gruppe] meinen das' mal'n Beispiel vor anderthalb Jahren meinten die [vereinsfremder Name] Ultra-Gruppe mit 20 Leuten sich vor unsere Haupttribüne zu stellen, und das iss klar dass die dann, ziemlich schnell identifiziert werden die haben sich auf dieses Spiel eingelassen die haben, äh sich in ihren Gruppenklamotten Ultras von [Vereinsname], sich dahin gestellt, und dann, dann dann dann wurden die umgemäht, sind in ihren Block gegangen und dann sind se nach Hause ge- und sind nach'm Spiel nach Hause gefahren (3) un', die wissen halt okay in [Heimstadt] sollte man sich vielleicht nich vor die Haupttribüne stellen, äh wenn da die hiesige Ultragruppe, äh rum marschiert dann dann mm das iss'n- genau das Spiel [...]."

1. Sequenz:

N: „[...] und wenn die [Spitzname einer Ultra-Gruppe] meinen"

Das Segment beginnt mit der Einführung: „[...] und wenn die [...] meinen [...]". Die umgangssprachliche Redeweise mit der Bezeichnung „meinen", verweist auf die Beurteilung einer Meinung von Akteuren, die aus der Perspektive von Dritten erfolgt. Folglich ist anzunehmen, dass in dem Segment Meinungen verhandelt werden. Meinungen auszutauschen, beinhaltet Vorstellungen über soziale Ordnungen zu verhandeln. Daher ist davon auszugehen, dass die Rekonstruktion des Segments Aussagen über die soziale Ordnung der Akteure ergibt. Damit wird ein erweitertes Verständnis über deren Handlungsorientierung in Aussicht gestellt.

2. Sequenz:

> „das' mal'n Beispiel vor anderthalb Jahren die [vereinsfremder Name] Ultragruppe mit 20 Leuten sich vor unsere Haupttribüne zu stellen,"

Es erfolgt ein Beispiel, womit der Sprecher die Bedingung einer sozialen Ordnung an einer konkreten Situation exemplifizieren will. Mit der Strategie, die exemplarische Situation zu datieren (*„vor anderthalb Jahren"*), inszeniert er zunächst Glaubwürdigkeit. Die genaue Angabe des Zeitraums suggeriert, dass das Ereignis wirklich stattgefunden hat. Gleichzeitig wird eine anekdotische Dimension einer *Früher-Narration* eröffnet, in welcher der Sprecher eine vergangene Geschichte zum Besten gibt, weshalb ihm Erfahrungen in dem behandelten Bereich zugesprochen werden können. Die aus der Perspektive des Sprechers beobachtete Handlung, von der eine Meinung der Handelnden abgeleitet wird, beinhaltet die Selbsteinschätzung von Akteuren, sich vor „unsere" Haupttribüne stellen zu können. Die Klassifikation „unsere" verweist auf einen Besitzanspruch. Es ist innerhalb einer Verhandlung von Meinungen naheliegend, dass – wenn Besitzansprüche gestellt werden – indirekt gesagt wird, wem etwas nicht gehört. Die Einteilung von Besitz und Nicht-Besitz impliziert Erwartungen an das Verhalten von Besitzern mit deren Besitz und das Gebaren von Nicht-Besitzern mit dem Besitz anderer. Die Nicht-Besitzer werden als eine Ultra-Gruppe mit einem vereinsfremden Namen bezeichnet, wodurch sie als Gästebesucher zu klassifizieren sind. Es wird deutlich, dass erst die Bedingung ein Bekenntnis zu einer Wettkampfpartei zu haben, Besitzverhältnisse sowie daran anknüpfende Unterscheidungen und darauf aufbauende Wechselbeziehungen konstituiert. Basierend auf diesen Konstitutiven arrangiert sich die erzählte Situation des Sprechers.

Im Kapitel 5.2 wird die Aufteilung der Besucher in sogenannte Heim- und Gästebereiche erläutert. Diese Einteilung sieht nicht vor, dass sich Gästebesucher vor die Heimtribüne stellen. Die thematisierten Akteure scheinen genau das jedoch zu tun. Mithin begehen sie mit dieser Strategie einen Verstoß gegen die Veranstaltungsordnung. Was ist der Grund für die Fehlplatzierung der Besucher? Haben sie sich als Gäste in dem fremden Stadion verlaufen?

3. Sequenz:

> „und das iss klar dass"

Der Sprecher führt weiter an, dass diese Strategie der Fremden eine Reaktion der Nicht-Fremden bedingt: *„das iss klar dass"*. An diesem Punkt passiert etwas sehr Bemerkenswertes, was sich bereits in dem besagten Kapitel 5.2 andeutet. Denn dort wird aufgezeigt, dass die Bezeichnung *Heimbereich* irreführend ist, da zunächst alle Veranstaltungsbesucher auf den Tribünen Gäste der Veranstaltung sind. Nun ist es jedoch für den *heimischen* Sprecher in dem Interviewsegment „klar", dass er und seine Bezugspersonen auf die sich fehlplatzierenden Gäste reagieren. In dieser Verpflichtung zur Reaktion entfaltet sich die ganze Suggestionskraft der Bezeichnung *Heimbereich*, in welchem sich Menschen aufhalten, die dort zu Hause sind. Die sich zu Hause fühlenden Akteure klassifizieren entsprechend ihrer Bezeichnung die veranstalterseitig markierten Heimbereiche als *ihre* Bereiche. Diese Klassifikation begründet letztlich die verpflichtende Reaktion des Sprechers und seiner Gruppe auf die Vorgänge in ihrem *Heim* zu reagieren, um den Status der Besitzer dieser Bereiche zu sein herzustellen.

4. Sequenz:

> „die dann, ziemlich schnell identifiziert werden die haben sich auf dieses Spiel eingelassen"

Für die angemessene Reaktion der heimischen Akteure ist noch eine intervenierende Bedingung zur genaueren Einschätzung der Situation von Bedeutung. Sie müssen identifiziert werden, um die Intention der sich abweichend platzierten Akteure zu bewerten. Kann von der Identifikation abgeleitet werden, dass sie nicht aus Versehen dort stehen, sondern sich intendiert platziert haben? Was wollen die Gäste damit erreichen? Die intervenierende Bedingung der Identifikation hat zunächst zur Voraussetzung, dass die zu identifizierenden Akteure mit Erkennungsmerkmalen ausgestattet sein müssen. Dieses Kriterium erfüllten die Fehlplatzierten, da sie *„schnell identifiziert werden"* konnten und zwar an den „Gruppenklamotten" einer *Ultra-Gruppe*. Es handelte sich folglich nicht um eine heimliche und diskrete Handlung. Vielmehr scheint es, als wollten sie ihre Handlung als gezielten Akt der Fremdplatzierung erkannt wissen. Von der intervenierenden Bedingung, sich als jemand oder etwas erkennen zu geben, leitet der Sprecher nun seine Bewertung der Situation ab. Sie führt zu dem Urteil, dass die Akteure *„sich auf dieses Spiel eingelassen"* haben. Sowohl das klare Urteil *Mitspieler* mit seiner Bedingung Kleidung als Identitätsverweis, als auch das Urteil „Spiel", als eindeutige Klassifikation der Situation, lassen auf eine routinierte situierte Praxis schließen. Die regelmäßige und arbeitsteilig geschaffene und mithin unproblematische Situation schafft folglich einen institutionalisierten Wahrnehmungs- und Handlungsraum (Soeffner 1991, S. 6), der mit seinem Klassifikationssystem von Besitzansprüchen und sich daraus ableitenden Verhaltensweisen die Wechselbeziehungen zwischen den Szene-Gruppen strukturiert. Auf welches Spiel (Wechselbeziehung) haben sich nun die „20 Leute" eingelassen? Auf das Fußballspiel im Stadion? Sicherlich, sonst wären sie nicht im Stadion. Insofern eine überflüssige Feststellung. Um welches Spiel geht es also? Die Rekonstruktion hat gezeigt, dass der veranstaltungsabweichende Aufenthaltsort der „20 Leute" die Situation begründet hat. Mithin wird *„sich vor unsere Haupttribüne zu stellen"* zur Initiation eines Spiels, dessen Inhalt noch zu klären ist.

5. Sequenz:

> „die haben, äh sich in ihren Gruppenklamotten Ultras von [Vereinsname], sich dahin gestellt,"

Die Bedingung zur Klassifikation dieser Akteure als Mitspieler wird von dem Sprecher in seinem Bericht nochmals verifiziert, indem die Eindringlinge sich mit *„Gruppenklamotten Ultras von [Vereinsname] sich dahin gestellt"* haben. Die wiederholte Klassifikation der Kleidung als Indikator für Mitspieler, macht auf die Bedeutung dieser Klassifikation zur Einschätzung der Situation und für die Entscheidung, was aus der Situationsbeurteilung folgt, aufmerksam. Daher grundiert sich ein Interaktionszusammenhang, in dem es Mitspieler und Nicht-Mitspieler gibt. Wäre die Ultra-Gruppe nicht als Mitspieler identifiziert worden, wäre eine andere Bewertung der Situation erfolgt, die entsprechend zu anderen Reaktionen geführt hätte. „Gruppenklamotten" von *Ultras* zu tragen, ist hingegen ein eindeutiger Indikator, dass es sich um Mitspieler handelt, die „dieses Spiel" spielen und es einleiten, indem sie „sich dahin gestellt" haben, wodurch sie gegen das Veranstaltungsprotokoll verstoßen haben. Jener Spielzug lässt nun die Strategie eines Spielzugs des Sprechers erwarten, da auch er ein Mitspieler qua Mitgliedschaft zu einer Ultra-Gruppe ist.

6. Sequenz:

> „und dann, dann dann dann wurden die umgemäht".

Der Sprecher erläutert den weiteren Verlauf der Situation. Dieser ist jedoch nicht leicht in Worte zu fassen, weshalb eine viermalige Wortwiederholung zur Einleitung der Anschlusshandlung („dann […]") erfolgt. Vielleicht erfolgt etwas für Gruppenmitglieder ohne Worte Selbstverständliches, weshalb es schwer fällt, eine passende Beschreibung zu finden. Es kann auch sein, dass der Sprecher bei der Suche nach einer Bezeichnung das erwartbare Urteil der anderen Anwesenden in der Gruppendiskussion antizipiert, dass die zu bezeichnende Praxis kritikwürdig ist.

In der Anschlusshandlung wurden die Spielinitiatoren, welche sich vor den als heimisch klassifizierten Block stellten, „umgemäht". Bei der Bewertung von Spielzügen im Fußball wird diese Bezeichnung für ein Foul etc. verwendet, z. B.: „Der Stürmer wurde im Strafraum umgemäht". Ursprünglich wird in dem Verb *ummähen* der Vorgang bezeichnet, Grashalme mit einem Schnittwerkzeug abzuschneiden, woraufhin sie liegen und nicht mehr stehen. Da es sich in dem Interviewsegment um eine Interaktion zwischen Menschen handelt, ist es naheliegend von Gewalthandlungen gegen die *Spieleröffner* auszugehen, die durch die Bezeichnung *ummähen* nun nicht mehr vor der Haupttribüne stehen, sondern liegen. Vielleicht war es der gewaltvolle Charakter der Reaktion, die zunächst dem Sprecher nicht recht über die Lippen gehen wollte. Auf die Spielinitiation konnte reagiert werden, was eine routinierte Spielpraxis bestätigt. Der Spielzug ist mit Gewalt verbunden. Gewalt anzuwenden ist eine relativ einfach zu erlernende Fähigkeit. Weniger die Technik als vielmehr die Selbstüberwindung steht dabei im Vordergrund, Risiken von Verletzungen für sich und andere einzugehen. Sofern nun Gewalt ein zentraler Aspekt des Spiels ist, hat es die Eigenschaft ohne größere Vorbereitung verfügbar für seine Teilnehmer zu sein. Ein zeitaufwendiges Antrainieren spezieller Fertigkeiten, wie es etwa beim Erlernen eines Musikinstruments notwendig ist, ist hier obsolet. Verführerisch ist die Teilnahme außerdem insbesondere dann, sofern positive Konsequenzen aus dem Kampf-Spiel für die Kämpfer abgeleitet werden können. Deviant ist dieses Kampf-Spiel unter dem Gesichtspunkt des real ausgetragenen physischen Kampfes, was zu ernsthaften Verletzungen der Beteiligten und versehentlich Hineingezogenen führen kann. Ferner kann es einen Spielkreislauf in Gang setzen, der das Spiel intensiviert. So ist es denkbar, dass je länger der Kreislauf um Sieg und Niederlage zwischen zwei Gruppen besteht, er umso energischer ausgetragen wird. Intensivierung bedeutet in diesem Zusammenhang ein gesteigertes Maß an Gewalt[21].

---

21 Ein Beispiel für längerfristige Wechselbeziehungen mit Kampf-Spielen sind sogenannte Derbys. Bei ihnen tragen selbst erlebte oder narrativ überlieferte Kampf-Spiele dazu bei, *offene Rechnungen* zu begleichen. D. h., den Kampf zu suchen, weshalb Derbys nicht selten

Im Kapitel 7.15 wird der gewalttätige Kampf bereits als eine Interaktion um Leben und Tod charakterisiert, welche im dortigen Zusammenhang zur Maske einer *zu allem bereiten Gruppe* geführt hat. Diese Bereitschaft wird nun in der Sequenz durch den Kampfvollzug umgesetzt, worin sich eine glaubwürdige Kampfbereitschaftserklärung der Gruppe widerspiegelt. Damit erfolgt eine nicht unerhebliche Abgrenzung zu den vielen anderen Veranstaltungsbesuchern, die lediglich so tun, als wären sie kampfbereit, für die jedoch der Kampfvollzug irrelevant bzw. sogar unerwünscht ist. Die innewohnende Handlungsorientierung lässt sich mit dem Motto *Taten statt Worte* oder der Umsetzung von Worten in Taten beschreiben. Innerhalb der Diskurse um die Ernsthaftigkeit der Bekenntnisse der Veranstaltungsbesucher zu einem Fußballverein, sind es nun die beforschten Akteure, welche für ihre Beurteilung tatsächlich Gewalt anwenden. Mithin können und wollen sie Urteile antizipieren, nach welchen sie ein umfangreiches Bekenntnis haben. Solche antizipierten Urteile generieren die Maske *glaubwürdige Bekenntnisträger* zu sein. Diese Glaubwürdigkeit forderte die andere *Ultra-Gruppe* anhand der Platzierung vor der gegnerischen Tribüne heraus.

Der Sprecher klassifiziert den vorliegenden Handlungszusammenhang jedoch nicht als Kampf oder Gewalt, sondern als ein „Spiel". Der Spielzug wird als *ummähen* deklariert. Diese Benennung scheint nicht routiniert zu sein, da er in seiner Beschreibung erst nach dieser Benennung suchen muss, was nicht leicht fällt, da es eine gewalttätige Handlung ist, welche folglich unter starkem Legitimierungszwang steht. Aus diesem Grund wendet er eine Strategie an, die es ihm vor sich selbst sowie vor den Nicht-Mitspielern erlaubt, die Praxis leichter zu vertreten bzw. zu tolerieren. Und so wählt er die Bezeichnung *ummähen*, die ihrem Ursprung nach eine harmlose Praxis darstellt. Auch die Bezeichnung „Spiel" und die eindeutige Regelung von Mitspielern verweisen auf die Freiwilligkeit der Situation, wodurch moralische Bedenken von innen und von außen gemildert werden sollen.

Die Akteure vor der Haupttribüne *umzumähen* bedeutet ferner, dass sich die *Ummäher* selbst ebenfalls außerhalb des vorgesehenen Veranstaltungsortes aufhalten, um dort die *fremde Ultra-Gruppe zu bekämpfen*. Somit ist für den als Spiel klassifizierten Akt charakteristisch, dass er außerhalb des vororganisierten Veranstaltungsrahmens vollzogen wird. Praktiken außerhalb des Veranstaltungsrahmens sind offensichtlich besonders für die Konstituierung spezieller Bekenntnisse geeignet. Da sich die meisten Besucher an das Veranstaltungsprotokoll halten, sind diese speziellen Bekenntnisse als ostentative Abgrenzung zu anderen Veranstaltungsbesuchern und deren Bekenntnisse zu begreifen.

von den Fußballverbänden und der Polizei als *Risikospiele* eingestuft werden, wodurch erhöhte Sicherheitsmaßnahmen eingeleitet werden.

Diese Erkenntnis reichert die Rekonstruktion aus Kapitel 6.1 an, in welchem die Akteure explizit ein Szene-Bekenntnis herstellen. Vorliegendes Interviewsegment verhandelt die Bekenntnisprüfung zwischen zwei dieser Szene-Gruppen. Mithin wird festgehalten, dass zur Herstellung des Szene-Bekenntnisses besonders Praktiken außerhalb des vorgesehen Veranstaltungsprotokolls geeignet sind. So ist der Stand im Kapitel 6.2 eine Praxis außerhalb des Veranstaltungsprotokolls, welche es den Akteuren ermöglicht, eine werte- und sozialorientierte Veranstaltungsteilnahme zu konstituieren. Auch die angebotenen Tribünenpraktiken im Kapitel 7.7, 7.8, 7.9 oder 7.10 verweisen auf die Strategie, dass selbstinitiierte Praktiken, welche so zunächst von dem Veranstalter nicht vorgesehen sind, sich dafür eignen, ein authentisches Szene-Bekenntnis zu konstituieren. Die Bekenntnisprüfungen haben ferner die Ausprägung, Widerstand gegen das Veranstaltungsprotokoll und damit dem Veranstalter mit seinen Interventionen zu präsentieren, wie es in Kapitel 7.14 über die Pyrotechnik-Nutzung rekonstruiert wird und schließlich Gewalt anzuwenden, was vorliegend der Fall ist.

7. Sequenz:

> „sind in ihren Block gegangen und dann sind se nach Hause ge- und sind nach'm Spiel nach Hause gefahren (3)".

Bemerkenswert an den bisherigen Sequenzen ist, dass nicht darüber aufgeklärt wird, wer genau die Spielinitiatoren *umgemäht* hat. Es scheint, als wäre eine unsichtbare Macht gekommen, welche diese Tat vollbracht hat. Die fehlende Benennung der gewalttätig Handelnden bestätigt die Lesart, dass der Sprecher antizipierte Kritik an den gewaltanwendenden Personen fürchtet und jene mit der Strategie schützt, sie nicht explizit zu benennen, womit sie moralisch nicht adressiert werden können. Hingegen wird die Konsequenz des Spielzugs dargelegt. Die Spielinitiatoren gehen „wieder" an „ihren" vorgeschriebenen Platz („Block") zurück. Indem die Spielinitiatoren die Strategie wählen, sich wieder in das Veranstaltungsprotokoll einzugliedern, scheint das Spiel beendet zu sein. Das Ergebnis der Spielinitiation *umgemäht* zu werden, ist somit ein Spielausgang, in welchen die Initiatoren eine Niederlage erlitten. Das Spiel ist seinem Wesen nach entsprechend ein physischer Kampf mit dem buchstäblichen Ziel, die Spielpartner zu Boden zu strecken. Da es keine weiteren Erklärungen zu genaueren Taktiken und versierten Fähigkeiten gibt, die in dem Kampf-Spiel eingesetzt wurden, scheinen diese auch nicht von größerer Bedeutung zu sein oder werden aufgrund von antizipierten Negativurteilen nicht weiter ausgeführt. Was jedoch von Bedeutung ist, ist die Bereitschaft für und der tatsächliche Vollzug des Spiels – ein Spiel, welches seinem Wesen nach mit hohen Risiken für das eigene leibliche Wohlergehen und das der anderen Mitspieler verbunden ist. Dass dieses „Spiel“ nach dem gewaltsamen Niederstrecken der Spielpartner beendet war und darin sein Finale findet, zeigt sich gleichsam daran, dass die *Umgemähten* danach nach Hause gefahren sind. Der Einschub „nach'm Spiel“ zeigt an, dass sie mit der Niederlage nicht etwa von dem anderen Spiel auf dem Fußballfeld ausgeschlossen waren. Jenes kann, unter der Bedingung sich an das Veranstaltungsprotokoll zu halten, weiterverfolgt werden. Dass die *Umgemähten* in der Lage waren, das Fußballspiel weiterzuverfolgen, zeigt ferner, dass sie durch den Kampf nicht schwer physisch verletzt wurden. Hierin deuten sich Regeln innerhalb des Kampfes an, der nicht etwa zum Ziel hat, die anderen zu töten. Liegenzubleiben oder sich wieder in den vorgesehenen Besucherbereich zurückzuziehen, sind dabei spielbezogene Handlungen, die verdeutlichen, im doppelten Wortsinn geschlagen worden zu sein.

Der Sprecher vermutet nun, dass die Eindrücke aus dem Spiel mit seiner Niederlage von den unterlegenen Mitspielern mit nach Hause genommen werden, womit er die Konsequenzen des Spiels für seine Mitspieler anspricht. Darauf wird in der nächsten Sequenz vermutlich weiter eingegangen.

8. Sequenz:

> „die wissen halt okay in [Heimstadt] sollte man sich vielleicht nich vor die Haupttribüne stellen, äh wenn da die hiesige Ultragruppe, äh rum marschiert dann dann mm das iss'n- genau das Spiel“

Eine weitere Konsequenz aus dem Spiel für die Unterlegenen ist eine Erfahrung, welche sie von ihrer Reise mit nach Hause nehmen. Die Erfahrung umfasst, in der Heimstadt der Sprecher besser nicht vom Veranstaltungsprotokoll abzuweichen und damit ein Kampf-Spiel zu eröffnen. Dies „vielleicht“ nicht zu tun, ist eine durch den errungenen Sieg selbstbewusste Drohung inhärent, die auf die nachteiligen Konsequenzen für all jene verweist, die es doch wagen sollten. Denn in der Heimstadt „marschieren“ geschulte und disziplinierte Kämpfer. Sie nennen sich *Ultra-Gruppe* einer Stadt und geben damit ihre Verantwortlichkeit preis, für Recht und Ordnung zu sorgen. *Sie sind es*, die intervenieren, wenn bestimmte Gäste sich daneben benehmen. *Sie sind es*, die auf dieses Kampf-Spiel vorbereitet sind. *Sie sind es*, die entschlossen sind, das Kampf-Spiel zu gewinnen. *Sie sind es*, gegen die man kämpft, wenn man spielt. *Sie sind es*, die man im Kampf schlagen muss. Denn sie sind die Ultra-Gruppe einer gesamten Stadt und das ist das Spiel! Es ist ein Spiel, durch welches über die Gruppe Urteile (Spiegel) antizipiert werden, heroisch ein Stadion und eine Stadt gegen abweichende Gäste zu verteidigen. Präsentiert wird die Maske, eine *kampferprobte Mitspieler-Gruppe* zu sein, die es wert ist, herausgefordert zu werden. Mit dem Sieg hat die Maske der Gruppe eine gewisse Strahlkraft erlangt. Die Gruppe bekommt die Reputation, dass es gefährlich ist, sich außerhalb des gestatteten Veranstaltungsrahmens als Gast zu bewegen, da man andernfalls besiegt wird. Durch den Sieg sind Urteile von gleichgesinnten Gruppen über die Gruppe des Sprechers entstanden, dass sie im Stadion die *Kontrolle* hat und diese auch ungeachtet der Sicherheitsmaßnahmen des Veranstalters durchzusetzen in der Lage ist. Die Akteure exponieren sich damit als *glaubwürdige Szene-Bekenntnisträger*, was den Schutz des kulturellen Objekts *Fußballverein* und seiner *Stadt* beinhaltet. Indem die Akteure ihre physische Unversehrtheit riskieren und damit ihre Opferbereitschaft unter Beweis stellen, erklären sich auch ihre sinngemäßen Aussagen wie „Alles für den Verein". Deutlich wird der Herstellungsprozess dieser heroisch konnotierten Urteile, wenn man die Reaktion der Gruppe des Sprechers gedankenexperimentell negiert. Wären sie nicht vor die Haupttribüne gesprungen und hätten die sich dort aufhaltende *gastierende Ultra-Gruppe* nicht „umgemäht", wären selbige mit der Erfahrung nach Hause gefahren, sich in diesem Stadion freibewegen zu können, da es dort keine kampfbereite Gruppe gibt, die ein glaubhaftes Szene-Bekenntnis zu dem Sportverein praktiziert und deshalb das Stadion nicht gegen derlei Abweichungen verteidigt. Gegen dieses Urteil hat die Gruppe des Sprechers angekämpft, um ihre Glaubwürdigkeit als opferbereite Szene-Gruppe herzustellen.

Gleichzeitig ermöglicht nun das Kampf-Spiel zukünftige Anschlüsse. So ist aus der Perspektive der Spieler dieses Spiels die heimische Gruppe nun eine attraktive Herausforderung geworden, den Kampf mit ihnen aufzunehmen. So könnte es nun erneut eine Besucher-Gruppe versuchen, gegen das Veranstaltungsprotokoll zu verstoßen und dabei nicht „umgemäht" zu werden. Sollte dies einer gastierenden Gruppe gelingen, hätte sie nicht nur die heimische Mitspieler-Gruppe geschlagen, sondern auch diejenigen, die bei diesem Versuch geschlagen wurden. Eine solche Gruppe könnte dann von der Reise nach Hause zurückkehren und verkünden, dass sie siegreich war und ihre Glaubwürdigkeit zu einem besonders aufopferungsvollen Szene-Bekenntnis bewiesen hat. Andere Ziele neben dem Streben nach derlei Urteilen, um sich mit einer entsprechenden Maske präsentieren zu können, werden durch das Kampf-Spiel nicht gesehen. Schließlich ist es sehr informell. Dies erschwert, Punkte, Titel oder Preise zu vergeben. Das ist auch nicht nötig. Es reicht einzig und allein, dass andere Szene-Gruppen auf der Grundlage gemeinsamer, thematischer, ästhetischer und mentaler Formen der kollektiven Selbststilisierung (Gebhardt, Hitzler, Pfadenhauer 2000, S. 11) in anerkennender Weise über die jeweilige andere Szene-Gruppe urteilen.

Zusammenfassung

In dem Segment wird die Strukturiertheit einer Wechselbeziehung zwischen zwei Szene-Gruppen innerhalb einer Stadion-Veranstaltung verhandelt. Diese

Gruppen machen sich durch Kleidung als sogenannte Ultra-Gruppen identifizierbar. Mit jener Selbst- und Fremdkategorisierung erklären sie sich bereit, den Bedingungen einer szenebezogenen sozialen Ordnung zu folgen. Sie umfasst, sich in vorgesehenen Veranstaltungsbereichen aufzuhalten. Sie umfasst ferner, durch das Verlassen dieser Bereiche eine Interaktion zu initiieren, die von den Akteuren als „Spiel" bezeichnet wird. In dem Segment hat die veranstaltungsbezogen gastierende Mitspieler-Gruppe mit der Strategie sich an einen nicht vorgesehen Ort zu stellen, dass Spiel eröffnet. Mit dieser Initiation fordern sie nun die veranstaltungsbezogen heimische Mitspieler-Gruppe heraus, sich gegenüber jener Abweichung zu verhalten, um so ihr *glaubwürdiges Szene-Bekenntnis* unter Beweis zu stellen. Dieser Aufforderung kommt die Heimgruppe nach, indem sie nun die Spieleröffner mit Gewalt zu Boden („ummäht") schlägt, so dass diese in ihren vorgesehenen Bereich zurückkehren müssen. Das Finale des Spiels ist folglich, gewaltsam die gegnerischen Mitspieler zur Aufgabe zu zwingen. Das Spiel ist demnach ein realer Kampf.

Die Risikobereitschaft, die mit Kampfstrategien verbunden ist, versinnbildlicht die glaubwürdige Bekenntnisträgerschaft der Akteure zu einer Szene, auf deren Orientierungsrahmen die spielerische Interaktion basiert. Das Szene-Bekenntnis umfasst seiner grundlegenden Bedingung nach, ein kulturelles Objekt *Fußballverein* emotional stark verbunden zu sein, was insbesondere im Kapitel 4 herausgearbeitet wird. Derlei Bekenntnisinhalte finden durch den Kampf ihre performative Umsetzung, da mit der gezeigten Opferbereitschaft die intensiven Beziehungsbekundungen ausgedrückt werden. Ferner konstituieren die Akteure durch das Kampf-Spiel einen exklusiven Teilnehmerkreis, welcher die weitverbreiteten Kampfbereitschaftsbekundungen aus Kapitel 7.15 zum *Kampf light* von vielen Fußball-Eventbesuchern nun tatsächlich vollzieht. Mithin wird der tatsächliche Kampf zur Strategie sich von denen abzugrenzen, die sich nicht am Kampf beteiligen und nur so tun, als ob sie eine Kampfbereitschaft hätten. Entsprechend werden diese durch erkenntliche Beziehungszeichen aus dem exklusiven Teilnehmerkreis ausgegrenzt und so vor den Risiken des Spiels geschützt. Die Herstellung von Exklusivität zwischen Gruppen von Menschen ermöglicht, Unterscheidungen vorzunehmen. Zu einer exklusiven Gruppe zu gehören, kann zu einer positiven Selbsteinschätzung gegenüber anderen Gruppen führen (Strauss 1974, S. 175 ff.), woraus das Erleben von Selbstwert generiert wird. Diese Einschätzung führt zur Bedingung, die Gruppe im persönlichen Relevanzsystem ihrer einzelnen Mitglieder zu erhöhen. Ferner ist zu bemerken, dass sich Gewalt durch ihre Risiken im hohen Maß von alltäglichen Erfahrungen in der Gegenwartsgesellschaft absetzt. Die institutionalisierte Gewalt als Spiel, eröffnet einen Erfahrungsraum, der folglich ein höchst außeralltägliches Spannungserleben verspricht. Die Klassifizierung als *Spiel* kann dabei helfen, Hemmungen, Gewalt anzuwenden, abzubauen, da sie als Spielstrategie legitimiert wird. Die Ressource für dieses außeralltägliche Erleben gewaltsame Opferbereitschaft zu vollziehen, ist eine Gruppe mit Szene-Bekenntnis, welche gleichgesinnten Szene-Gruppen in einer Wettkampfveranstaltung begegnet, was zum Ausgangspunkt des ganz eigenen Wettkampfs zwischen diesen Gruppen wird. Die Eigenschaft der verhandelten Situation, außerhalb des vorgegeben Veranstaltungsrahmens stattzufinden, führt zur Annahme, dass die beforschten Akteure tendenziell einer Handlungsorientierung folgen, in der abweichendes Verhalten als Bedingung genutzt wird, um Urteile über sich als Gruppe zu generieren.

An der Reaktion der Gruppe auf die Spieleröffnung ist deutlich geworden, dass das Szene-Bekenntnis *Ultra* einen Mitspielzwang als generalisierte Verpflichtung beinhaltet, um sich als glaubhafter Teil dieser Diskursgemeinschaft präsentieren zu können (Strauss 1974, S. 178). Diese Szene-Teilnehmer sind es, die mit der Spieleröffnung adressiert werden. Sie sind es auch, über die Urteile hinsichtlich ihrer Reaktionen oder Nicht-Reaktionen gefällt werden. Anwesende außerhalb der Szene spielen dabei weniger eine Rolle.

Als intervenierende Bedingung für die Urteilsbildung über die spielenden Szene-Gruppen muss berücksichtigt werden, dass in der Veranstaltung noch viele weitere Akteure unmittelbar und mittelbar beteiligt sind. Dies betrifft sowohl die restlichen tausenden Besucher im Stadion sowie die mediale Aufmerksamkeit, woraus sich eine große Bühne für weitläufige Urteilsbildungen eröffnet. Die Urteilsbildung nicht unmittelbar beteiligter Mitspieler lässt sich durch eine Suche im Internet mit Schlagwörtern wie *Ultra* bestätigen. So lassen sich zahlreiche Einträge in sozialen Medien und auf den eigenen Websites von *Ultra-Gruppen* finden, in welchen sich über „Spiele" – wie das vorliegende – ausgetauscht wird. Jener Kommunikationsfluss wird dabei zur wesentlichen Bedingung, um derartige Praktiken zu institutionalisieren (Strauss 1974, S. 175) und so zu einem kollektiven Handlungsfokus werden zu lassen. Aus jenem Umstand wird der Handlungszwang für die Gruppe der interviewten Sprecher ersichtlich, um gewünschten Einfluss auf die zu antizipierenden Urteile zu nehmen. So muss sich die Gruppe entscheiden; Nichts tun und deshalb als unglaubwürdige bzw. nicht ernstzunehmende Bekenntnisträger bewertet zu werden oder eine offensiv kämpferische Reaktion zeigen. Indem sich die Gruppe entscheidet, sich als kampferprobte und schwer zu schlagende Mitspieler zu präsentieren, haben sie sich gleichsam als attraktive Spielpartei für weitere Spiele positioniert. In dem Spiel ist anzunehmen, dass eine potenzielle Intensivierung der Kampfdynamik, durch die sich zwangsläufig wiederholenden Begegnungen der Gruppen in den Wettkampfveranstaltungen ergeben kann, denn es entstehen zwischen den Gruppen Beziehungserfahrungen, die etwa vergangene Niederlagen beinhalten, welche zu *offenen Rechnungen* für zukünftige Begegnungen werden können.

Die antizipierte Kritik von Außenstehenden an einem derartigen Kampf-Spiel machte es dem Sprecher schwer, diese gesellschaftlich verpönte Praxis zu bezeichnen („*dann dann mm das iss'n- genau das Spiel*"). Bereits im vorherigen Kapitel 7.17 („Sich gerade machen") tritt die Schwierigkeit, Gewaltakte in Worte zu fassen, auf. Dieses sich durchziehende Merkmal, welches in beiden Segmenten bei unterschiedlichen Sprechern aufgefallen ist, verweist darauf, dass diese ein moralisches Bewusstsein über die Fragwürdigkeit ihrer Praxis haben. Die Rahmung als „Spiel" sowie die *Schutzmaßnahmen*, dass nur bekennende Mitspieler involviert werden und dass ferner niemand getötet oder auch schwer verletzt werden soll, stellen Legitimierungsversuche dar. So wird die Gewalt nicht als das bezeichnet, was sie ist, sondern wird als Spielzug klassifiziert, womit der moralische Vorwurf sich selbst und anderen gegenüber gemildert wird. Denn dieses „Spiel" ist wichtig: Es ist hoch funktional für die Bestrebungen der Akteure eine Maske von sich als *glaubwürdige Bekenntnisträger* zu kreieren, die dazu beiträgt, ihre Ideale umzusetzen. Wann im Alltag hat man schon mal die Gelegenheit, sich für den eigenen, idealisierten Standpunkt unter höchsten Risiken aufzuopfern, um so ein heroisches Selbstbild zu erschaffen? Wohl gibt es diese Möglichkeit kaum, was die Szene so verführerisch für ihre Teilnehmer macht.

7.19 Reduzierung auf Kampf als Bewältigung sportlicher Krisen

Beobachtung:

> „Zum Ende des Spiels waren die Aktivitäten der Ultras ganz auf das Spiel gerichtet und auch der Vorsänger schaute nun öfter auf das Spielfeld. Es stand auch einiges für die Mannschaft auf dem Spiel. Sie musste den unerwarteten Vorsprung eines Tores aufrechterhalten und die vielen Angriffe der gegnerischen Mannschaft abwehren. Die Rufe in der Gruppe wurden mithin aggressiver: Wenn der Gegner den Ball hatte, wurden pfui Rufe laut; bei Schiedsrichterentscheidungen gegen den präferierten Verein ertönte: ‚Arschloch-Wichser-Hurensohn-Deine-Mutter-hatt'-ich-schon'.
>
> Nach einer Torchance durch einen Konter der Heimmannschaft erfolgte ein schnell geschrienes: ‚X-Y-Z, X-Y-Z' (Abkürzung des Vereins) ca. 4 Wiederholungen. oder: ‚Hier-regiert- der-XYZ'. Es entstand eine intensive Atmosphäre, in der es um alles zu gehen schien."

In der Beobachtung wird beschrieben, wie die beforschten Akteure zum Ende des Spiels ihre Handlungen vermehrt auf die einzelnen Spielzüge konzentrieren. Erkennbar wird hier eine Dimensionierung der Tribünenpraktiken der Akteure. Diese Dimensionierung bewegt sich auf dem Kontinuum zwischen mittlerem Spielbezug – wie die *Choreo* oder Lieder in den vorhergehenden Kapiteln zeigen, welche als Raum-Praxis-Parallelität charakterisiert werden – und nun einem unmittelbaren Spielbezug, in welchem die Akteure raum-zeitlich auf die Spielzüge der Fußballdarbietung reagieren. Auslöser für diesen unmittelbaren Spielbezug ist die Wettkampfdramaturgie. In diesem Fall, den Vorsprung kurz vor Ende des Sportspiels aufrechtzuhalten.

Wie in Kapitel 7.8 beschrieben wird, handelt es sich bei spielbezogenen Kommentaren um eine Art Selbstunterhaltung, da die Kommentatoren naheliegender Weise nicht davon ausgehen können, dass ihre Rufe in Richtung Spielfeld, schneller zu rennen etc., von den Spielern gehört werden. Innerhalb der vorliegenden Beobachtung ist es hingegen prinzipiell möglich, dass die akustischen Signale von den Mannschaftsspielern vernommen werden. Insofern handelt es sich hierbei um die ebenfalls in Kapitel 7.8 rekonstruierte moralische Einflussnahme der beobachteten Besucher, die entweder auf die Aufrechterhaltung der moralischen Verfasstheit der Spieler gerichtet ist oder einen nicht vorhandenen moralischen Zustand bei den Darstellern herstellen soll. In der Beobachtung werden „Pfui-Rufe" beschrieben, wenn die zu Gegnern erkorenen Spieler den Ball haben. „Pfui" gilt gemeinhin als Bezeichnung für ein Phänomen, das ekelerregend ist. Es kann jedoch auch einen appellativen Ausruf der moralischen Empörung über einen Sachverhalt bedeuten, der sich ändern soll. Letztere Deutung ist naheliegend für den vorliegenden Beobachtungskontext. Folglich werden die appellierenden „Pfui-Rufe" als Demoralisierung der *gegnerischen* Mannschaft gewertet, womit der Spielverlauf zu Gunsten der favorisierten Mannschaft beschworen werden soll.

Das Beobachtungsprotokoll fokussiert ferner auf einen weiteren Adressaten der beforschten Gruppe: den Schiedsrichter. In seiner Funktion, die Spielregeln des Wettkampfes durchzusetzen, ist er mit Sanktionsmacht ausgestattet, z. B. Spieler des Platzes zu verweisen. Diese Macht erhält er sich mitunter durch erneute Sanktionen, sollten seine Entscheidungen von Spielern offen kritisiert werden. Das führt dazu, dass die Fußballspieler unfair erlebte Entscheidungen nicht selten *zähneknirschend* in Kauf nehmen, um weitere Sanktionen durch ihren offenen Protest zu vermeiden. Der Einfluss des Allparteiischen ist für den Spielhergang nicht zu unterschätzen. So können Spiele durch seine Entscheidungsgewalt maßgeblich verändert werden, etwa durch 11-Meter-Strafstöße, die nicht selten zu Tortreffern mit weitreichenden Folgen führen. Allerdings schließt der Wirkungsbereich des Schiedsrichters nicht die Tribüne der Veranstaltungsbesucher mit ein. Die beschriebene Bedeutung seiner Funktion für den Verlauf des Spiels erklärt, weshalb er zum Adressaten der beforschten Besucher-Gruppe wird. Nachvollzogen wird nun die in der Adressierung hergestellte Wechselbeziehung.

Auf den Schiedsrichter gerichtet, erfolgt kollektiv der Sprechchor: *„Arschloch-Wichser-Hurensohn-Deine-Mutter-hatt'-ich-schon"*. Die Bezeichnung „Arschloch“ ist in Deutschland eine weitverbreitete Beleidigung. Es ist offenkundig, dass der Ursprung sich auf das menschliche Körperteil Gesäß (Arsch) mit dem After (Loch) bezieht. Der After ist die Austrittsöffnung des Darmkanals, aus welchem verdautes Essen und Giftstoffe in Form von Fäkalien ausgeschieden werden. Diese lebensnotwendige Funktion wird aufgrund des Geruchs der Fäkalien sowie ihrer bakteriellen Gefahren gemeinhin als unästhetische und schmutzige Masse bewertet. Entsprechend diskret wird in sanitären Räumlichkeiten bei der Produktion der unästhetischen Masse meist in Einzelkabinen mit dem unumgänglichen Übel umgegangen. Der Ausscheidungsvorgang wird nach außen hin oft unter Zuhilfenahme von frischer Luft oder gar chemischen Duft-Sprays verschleiert, um so einen ästhetisch geprägten Umgang miteinander wiederherzustellen. Die umgangssprachliche Bezeichnung *Arschloch* kann folglich als unmittelbarer Produzent der Nicht-Ästhetik identifiziert werden, als ein schmutziges Übel, welches man schnell verschwinden lassen will. Daraus resultiert für den Adressaten dieser Beleidigung eine abwertende Zuschreibung, die gemeinhin als Provokation zu bezeichnen ist und eine (abwertende) Reaktion zur Verteidigung gegen diese Zuschreibung wahrscheinlich macht.

Bei der verwendeten Bezeichnung „Wichser“ handelt es sich ebenfalls um eine weitverbreitete Beleidigung. Eine naheliegende Erklärung für den Begriffsursprung ist das Einwachsen von Schuhen und Fußböden mit reinigenden Substanzen. Die dabei erforderliche sich hin und her bewegende Hand, lässt sich auf die Bewegungen bei der Masturbation bei Männern übertragen. Selbstbefriedigung kann als soziales Defizit diskriminiert werden, welches impliziert, erfolglos bei der Partnersuche zu sein, weshalb man sexuelle Bedürfnisse durch sich selbst kompensieren muss. In diesem Zusammenhang lässt sich von Auto-Sexismus sprechen, da die körperliche Selbstbefriedigung mit der Bezeichnung *Wichser* verachtet wird. Eine derartig herabwürdigende Zuschreibung lässt ebenfalls eine abwertende Reaktion des Adressaten erwarten.

Mit der gewählten Adressierung „Hurensohn“, d. h. der Sohn einer *Hure* (Prostituierte) zu sein, erfolgt ebenfalls ein Affront. Er bezieht sich auf die familiäre Herkunft des Adressaten. Ungeachtet dessen, dass es sich bei Prostitution im Sinne von käuflich zu erwerbenden sexuellen Dienstleistungen um ein zeitlich überdauerndes Phänomen handelt, sind das Angebot und die Nachfrage nach sexuellen Dienstleistungen gesellschaftlich stigmatisiert. Folglich wird mit der Bezeichnung *Hurensohn* die biologisch-sozial relevante Person der Mutter des Adressaten moralisch diskreditiert und diskriminiert. Die enge zumindest jedoch unkündbare Verbindung zwischen Mutter und Sohn lässt den naheliegenden Schluss zu, dass sich der Sohn als Adressat von der Bezeichnung beleidigt fühlt. Mit dieser indirekten Beleidigung wird noch ein weiterer Mechanismus des Adressaten aktiviert. Indem nicht mehr nur der Akteur einer Handlung unmittelbar adressiert wird, sondern dessen Mutter, wird die Verantwortung seiner Handlung auf weitere bedeutsame Personen des Adressaten übertragen, wodurch die initiierte Verachtung erweitert wird. Die Provokation wird mithin gesteigert, da der Adressat sich nicht mehr nur in seinem Namen verteidigen muss, sondern auch im Namen seiner Mutter.

Der inhaltliche Zusatz „deine Mutter hatt‘ ich schon“, lässt sich im vorliegendem Kontext von diskriminierenden und verachtenden Zuschreibungen, als sexuelle Handlung mit der Mutter des Adressaten deuten, welche eine demonstrative Demütigung darstellt. So unterstreicht die Aussage die relativ wahllose, sexuelle Verfügbarkeit der Mutter als *Hure*, wovon der Sprecher schon selbst Gebrauch gemacht hat. Dieser Lesart folgend, würde man sich als Sprecher zwar selbst diskreditieren, da man eine sexuelle Dienstleistung in Anspruch genommen hat, was, wie bereits erwähnt, ebenfalls zu einer moralischen Abwertung durch andere Menschen führen kann. Suggeriert man hingegen, dass der sexuelle Akt nicht zum eigenen Vergnügen vollzogen wurde, sondern um die zu diskreditierende Praxis der Mutter des Adressaten als *Hure* unter Beweis zu stellen, kann sich der Sprecher moralisch reinwaschen. Seine Beweisführung der moralisch verwerflichen Praxis der Mutter wird auf dem Wege zur weiteren Bloßstellung des Adressaten.

Zusammenfassend wird an dieser Stelle festgehalten, dass es sich bei dem dargelegten kollektiven Sprechakt um einen herabwürdigenden Affront handelt. Dieser Umstand zeigt auf die Wahrnehmung des Schiedsrichters als *Gegner*. Die daraus ableitbare Handlungsorientierung lautet, dass nicht nur die wettkampfbezogenen *gegnerischen* Spieler als *Gegner* von den Akteuren gedeutet werden, sondern auch der Schiedsrichter, sofern er gegen die favorisierten Spieler agiert. Die dem Schiedsrichter gegenüber hervorgebrachten Beleidigungen sind so gravierend, dass eine sichtbare Reaktion des Adressaten zu erwarten ist. In beruflichen oder privaten Kontexten wären strafrechtliche Anzeigen oder Abbrüche von sozialen Beziehungen denkbar. Dass in solchen Konsequenzen implizite Tabu, derartige Beleidigungen auszusprechen, wird in der vorliegenden Beobachtung öffentlich und kollektiv wiederholt gebrochen. Zieht man hingegen einen sozialen Kontext in Betracht, in welchem auf einer ähnlich diskreditierenden Weise reagiert wird, wären sowohl Gegenbeleidigungen zu erwarten und eine prinzipielle Eskalation hinzu körperlich-kämpferischen Auseinandersetzungen durch den immensen Grad an Provokationen denkbar. Vorliegend bleibt dem Unparteiischen jedoch nur die Möglichkeit, die Adressierungen zu ignorieren, da er keine Sanktionsmacht gegenüber den Sprechern hat und den Spielverlauf absichern muss. Wenn die Sprecher von vornherein keine Reaktion von dem Schiedsrichter erwarten können, stellt sich nun die Frage, warum sie den offensichtlich routinierten Sprechakt überhaupt eröffnen? Eine Antwort darauf wird in dem Umstand gesehen, dass durch die Wortwahl „Hurensohn […] Mutter hatt‘ ich schon“ sprachlich eine klangvolle Verbindung zu einem Reim entsteht. Ein Reim ist eine künstlerische Technik zur ästhetisch unterhaltsamen Vermittlung von unterschiedlichen Themen. Die Eigenschaft von Reimen unterhaltend zu sein, macht darauf aufmerksam, dass vorliegend die kollektive Herabwürdigung einer Person, einen Unterhaltungswert darstellt. Daran schließt sich die Frage, wer unterhalten werden soll? Um diese Frage beantworten zu können, muss zunächst eine intervenierende Bedingung berücksichtigt werden. Bereits weiter oben wurde rekonstruiert, dass die Fußballspieler gegen die Sanktionen des Schiedsrichters kaum protestieren können, da sie sonst weitere Sanktionen erfahren würden. Erachtet man nun den Sprechchor der das Spiel beobachtenden Gruppe als stellvertretende Reaktion der sanktionierten Spieler auf den Schiedsrichter, plausibilisiert sich die Interaktionseröffnung der beobachteten Gruppe ihm gegenüber. Denn die beforschten Besucher sind nicht der regelgeleiteten Limitierung des Spiels unterworfen, durch welche der sportliche Fußballwettkampf in seinem Wesen aufrechterhalten bleibt. Sie können im Gegensatz zu den Spielern freier agieren. Die erlebte Unfairness des Schiedsrichters gegenüber den Spielern, gegen welche diese sich nur eingeschränkt verteidigen dürfen, wird so von den explorierten Akteuren kompensiert. Sie stellen sich helfend zur Seite und setzen sich stellvertretend für die als hilfsbedürftig erklärten und als unfair behandelt definierten Spieler ein, um das verlorengegangene Recht wiederherzustellen, womit sie sich als ihre *Mitkämpfer* präsentieren. Diese situationsgebundene Identität ist unterhaltend für die selbsternannten *Mitkämpfer*, weshalb sie ständig ihre Dienste freiwillig und engagiert anbieten. Hinweise für die dahinterliegenden Motive, werden insbesondere in den Kapiteln 6.2 und 6.3 über die „Standinhaber" und über die „Spendensammler" gegeben sowie an der allgemeinen Orientierung der Akteure eigene Angebote in der Veranstaltung darzubieten, ersichtlich. So dient die angebots-offerierende Veranstaltungsteilnahme den Akteuren, um ihre ursprünglich konsumbasierende Anwesenheit in eine wertebasierte zu transformieren. Diese Handlungsorientierung wurde bereits als Idealisierung beschrieben. Durch diesen aktiven Status werden sie schließlich zu Mitspielern, -kämpfern und -veranstaltern, was Aussagen wie „Wir haben gewonnen" oder „Unser Verein" erklärt.

Die *helfende* Strategie der tiefgreifenden Diffamierung gegenüber dem Schiedsrichter verlässt jedoch den Kontext eines sportlichen und regulierten Wettkampfs und kann eher als tatsächlicher Kampf charakterisiert werden. Daraus ergibt sich folgende Dimensionierung: domestizierter Kampf als sportliche Darbietung vs. tatsächlicher Kampf durch (verbale) Gewalt. Wie bereits im Kapitel 5.2 über die dichotome Besucheraufteilung in *Heim- und Gästebereiche* gedeutet wird, wird die Wettkampflogik der sportlichen Darbietung durch diese Einteilung direkt auf die Tribüne übertragen, wodurch sich die Stadionfußball-Veranstaltung als umfassendes Event des Gegeneinanders konstituiert. Die evozierte Wettkampflogik zwischen den Besuchern kann jedoch kaum sportlich ausgetragen werden und findet andere Ausdrucksformen wie durch körperliche Auseinandersetzungen, was der Zaun (Kapitel 5.3) oder die verbalen Schlagabtäusche (Kapitel 7.15) und gewalttätige Auseinandersetzungen (Kapitel 7.18) erkennen lassen.

Jener Handlungsorientierung einer erweiterten Gegnerschaft über die unmittelbaren Spielparteien hinaus, wird nun auch in dem verachtenden Reim gegenüber dem Schiedsrichter gefolgt. Der Schiedsrichter, als symbolische Figur Bewahrer des sportlichen Wettkampfs zu sein, wird dabei verbal angegriffen, was gleichsam ein symbolischer Angriff auf den Status der Veranstaltung ist, ein domestizierter Kampf zu sein. Der regelgeleitete und mithin limitierte Kampf transformiert sich so mehr und mehr in einen tatsächlichen Kampf. Die begrenzten Möglichkeiten des Schiedsrichters auf diese verbale Attacke zu reagieren, impliziert, dass die Veranstaltung durch dem Mitmachen der beobachteten Besucher bisweilen ohnmächtig gegenüber steht. Hingegen wissen die gegnerischen Besucher ganz genau, wie sie auf derlei verbale Attacken reagieren können, denn indem sie in gleicher Weise kontern, entsteht das *Event des Gegeneinanders*.

In der weiteren Beobachtung wird beschrieben, wie nach einem regelgeleiteten Spielzug (Konter) der favorisierten Mannschaft, die Abkürzung des Sportvereins mehrmals laut im Chor geschrien wird. Die kurzen und deutlich konturierten Rufe entwickeln eine sehr laute und brachial wirkende Geräuschkulisse. Derartige Sprechchöre tragen im Feld die Bezeichnung „Schlachtrufe". Diese Bezeichnung der donnernden Sprechakte entspricht auch dem Empfinden des Ethnographs, weshalb die ursprünglichen Eigenschaften von Schlachtrufen nun genauer betrachtet werden. Mit der Bezeichnung Schlachtruf wird sich wiederholt einer militärischen Umgangssprache in dem Feld bedient. Die Praxis Schlachrufe zu vollziehen erinnert an eine vormoderne Kriegsführung, in welcher auf Kriegsfeldern verbal ein Schlachtruf als Befehl zum Angriff erfolgte. Ferner können Schlachtrufe den Kriegs- oder Kampfgeist der Kämpfer stimulieren, da in den kollektiven Ausrufen akustisch die geballte Kraft und Entschlossenheit der Kampftruppe zu hören und zu spüren ist. Diese Strategie hat das Ziel den Korpsgeist zwischen dem Truppenverband zu stärken. Schlachtrufe sind demnach ein Ritual kriegerischen Ursprungs, welcher bis zur Gegenwart, etwa in der Bundeswehr, überdauert hat. So hat die Einheit der „Panzertruppe" der Bundeswehr den Schlachtruf: „Panzer – Hurra"[22]. Die beobachtete Besucher-Gruppe bedient sich folglich der Strategie des kriegerischen Rituals, welches ihren Korpsgeist und ihre Kampfbereitschaft fördern soll, wodurch ein kämpferisches „Wir-Gefühl" entsteht. Mithin reduzieren die Akteure in der Beobachtung die Veranstaltung auf rein kämpferische Aspekte. Kontrastierend dazu wird der Respekt vor sportlichen Werten, wie Fairplay oder Aner-

22 https://web.archive.org/web/20060217021329/http://www.muendener-pioniere-kurhessenkaserne.de/traditionspflege.htm, 04.10.2017

kennung der *gegnerischen* Mannschaft, etwa durch Klatschen nicht gezeigt. So wird aus der Wettkampfveranstaltung eine Kampfveranstaltung. Die Reduktion auf Kampf scheint dabei eine naheliegende Strategie der Besucher zu sein, sich im Rahmen ihrer Möglichkeiten umfänglich in die Spieldramaturgie zu involvieren, um möglichst ein *totales Erlebnis* (vgl. Gebhardt 2010) zu erfahren.

In der Beobachtung wird ferner protokolliert, dass ebenfalls nach einem erfolgreichen Spielzug der favorisierten Mannschaft die Gruppe folgenden Schlachtruf ertönen lässt: *„Hier-regiert-der-XYZ {Abk. Vereinsname}"*. Mit der Aussage wird verkündet, wer die Regentschaft im Stadion („hier") inne hat. Eine Regierung als Gremium bzw. eine Regentschaft als Charakteristikum eines Amtes beinhaltet die Führung und Steuerung von Abläufen innerhalb einer Gesellschaft oder Organisation. Das Gremium oder Amt ist mit entsprechend viel Macht ausgestattet. Warum stehen bei einer Sportveranstaltung das Regieren und der Regierungsanspruch zur Disposition, so dass diese proklamiert werden müssen? Weil die Akteure das thematische Feld des Regierens ansprechen, liegt die Schlussfolgerung nahe, dass der Verein von den Sprechern als ein regierungsähnliches Konstrukt gedeutet wird. Dieser Deutung ist inhärent, dass innerhalb der sportlichen Veranstaltung Macht im Sinne von Regierungsfähigkeit verhandelt wird. Der raum-zeitliche Bezug des Sprechakts – *„als Reaktion auf einen vorteilhaften Spielzug"* – veranschaulicht die Herstellung der Regierungsfähigkeit des favorisierten Sportvereins durch die von ihm hervorgebrachten sportlichen Leistungen. Die daraus ableitbare Gleichung lautet: Sportlicher Erfolg = Regierungsfähigkeit. Wenn Trainer oder Mannschaftsspieler öffentlich in Interviews über Spieltaktiken des nächsten Spiels sprechen, erfolgen Aussagen wie: „wir müssen unsere Überlegenheit sicherstellen", „von Anfang an angreifen" oder „auf unsere Abwehr achten". D. h., es wird versucht, das Spiel durch taktisches Geschick zu steuern und sinngemäß zu regieren. In der Feldnotiz nehmen die beobachteten Akteure die Wettkampfphilosophie Superiorität zu erlangen auf, entledigen sich jedoch dem sportlichen Bezug und stellen vordergründig einen Machtbezug her. An dieser Form von Gültigkeitsansprüchen weit über das eigentliche Sportspiel hinaus wird ersichtlich, welche universelle Bedeutung die Akteure dieser Veranstaltung beimessen.

Zusammenfassung

Die oben genannte Beobachtung dokumentiert einen raum-zeitlich unmittelbaren kollektiven Darstellungsbezug der beobachteten Akteure, welcher reaktiv auf das Spielgeschehen vollzogen wird. Auslöser ist ein besonders *dramatischer* Spielverlauf, in welchem sich der sportliche Wettkampf gemäß seinen Regeln über Sieg oder Niederlage zu entscheiden drohte. Die beschwörenden Praktiken der Besucher, welche moralisierend für die favorisierten Fußballspieler und demoralisierend für ihre Gegenspieler sein sollen, entfalten gleichsam eine moralisierende Dimension für die Besucher selbst. Daraus resultiert ein Wir-Gefühl, welches ausdrückt, geschlossen mit der favorisierten Mannschaft mitzukämpfen. Das Besucher-Wir adressiert den Schiedsrichter beleidigend. Der Schiedsrichter ist die symbolische Figur, welche den Rahmen der Wettkampfveranstaltung bewahrt und dafür sorgt, dass diese regelgeleitet und damit domestiziert verläuft und nicht in einen tatsächlichen Kampf mündet. Folglich ist die gezielte und eingeübte verbale Attacke auf den Schiedsrichter eine symbolische Attacke auf den Wettkampf-Rahmen. Es ist ein Versuch, die Veranstaltung auf Kampf zu reduzieren. Das besondere Moment der (sportlichen) Krise, in welchem sich implizite Handlungsorientierungen besonders gut erkennen lassen (vgl. Oevermann 2002), spiegelt eine kämpferisch-orientierte, nicht sportorientierte Deutung der Akteure über die Veranstaltung wider, welche somit in ihrem ursprünglichen Rahmen gesprengt wird.

7.20 Zusammenfassung der Praktiken im Stadion

In Kapitel 7.1 wird durch die Einlasskontrollen ein generalisiertes Misstrauen des Veranstalters gegenüber den Besuchern herausgearbeitet. Diese Strategien werden dabei als symbolische Kontrolle über die Vorgänge in der Veranstaltung rekonstruiert und somit als Bestreben des Veranstalters eingeordnet, die Deutungshoheit über das Event zu haben.

Anschließend (7.2) werden Aushandlungen und daraus resultierende Darstellungspraktiken zwischen dem Veranstalter und den beforschten Akteuren thematisiert sowie interpretiert. Konkludierend nehmen die beforschten Besucher eigene Deutungen über die Veranstaltung und ihre Teilnahme vor. Diese Deutungen weichen von den Veranstaltererwartungen ab, wodurch sich eine problematische Wechselbeziehung grundiert.

In dem Kapitel 7.3 wird die problematische Wechselbeziehung zwischen Veranstalter und Besuchern bestätigt. So wird die Sicherheitsdurchsage eines extra bereitgestellten *Sicherheitsbeauftragten* als Demonstration sichtbar gemacht, dass der Veranstalter seine Vorstellungen durchzusetzen versucht. Die dabei evozierte Selbstpräsentation *Wächter der Sicherheit* zu sein, bestätigt das gesteigerte Misstrauen gegenüber den Besuchern, was diese nicht überrascht und somit routinierter Bestandteil der Veranstaltung ist.

Die veranstalterseitige Inszenierung der beforschten Besucher als *Teilnahme-Vorbilder* (7.4) erweitert die problematische Wechselbeziehung um eine ambivalente Dimension. In ihr zeigt sich die wechselseitige Abhängigkeit zwischen Event-Betreibern und Event-Besuchern, denn nur durch ein Miteinander-Machen wird die Veranstaltung zu einem herausragenden Gesamterlebnis, welche Eigeninitiative die beforschten Akteure umfangreich beherzigen. Wie sie es beherzigen sollen, präsentiert der Veranstalter.

Im Kapitel 7.5 konstituieren die Akteure ihre sozialorientierte Veranstaltungsteilnahme, indem sie sich mit Namensschild allen Anwesenden vorstellen und somit ein Interaktionsangebot offerieren sowie das Interesse an identifizierbaren Wechselbeziehungen. Ferner fungiert das Namensschild als symbolische Markierung des sozialen Raums. Dem prominenten Platz entsprechend, setzen die Beforschten damit das Beziehungszeichen privilegiert gegenüber den anderen Anwesenden zu sein.

Kapitel 7.6 befasst sich mit der pseudo-sakralen Idealisierung der Gruppenpraxis, in der keine religiöse Lehre vertreten wird, sondern das eigene Handeln. Das dort evozierte Selbstbild einer höheren Mission zu folgen und damit eine unerlässliche Rolle für die Veranstaltung zu spielen, legitimiert dabei den privilegierten Status in dem Event. Als Schutzmechanismus gegenüber Kritik von Außenstehenden an jener Selbsteinschätzung erfolgt eine Selbstimmunisierung. Dieser Lesart folgend, sind Andersdenkende nicht in der Lage, sich in die beforschten Akteure hineinzuversetzen, weshalb sie sie nicht verstehen können und mithin von ihnen abqualifiziert werden, sich ein angemessenes Urteil über sie zu bilden.

Im Kapitel 7.7 wird die routinierte Vorstrukturierung der beforschten Akteure durch Materialien, Arbeitsteilung und Moralisierungsversuche rekonstruiert. Insbesondere der Podest des Vormachers für seine kollektiven Handlungsanweisungen verweist auf institutionalisierte Veranstaltungspraktiken, d. h. auf regelmäßig und arbeitsteilig geschaffene, definitorisch unproblematische Situationen (Soeffner 1991, S. 6), welche die antizipierte Erwartung beinhalten, die Veranstaltung umfangreich mitzugestalten.

Kapitel 7.8 zeigt die Konsequenz der besucherseitigen Vorstrukturierung, die als fußballspielbezogene *Raum-Praxis-Parallelität* rekonstruiert wird. In ihr manifestiert sich eine tendenziell vom Fußballspiel unabhängige kollektive Praxis durch die beforschten Akteure, in welcher sie einstudierte Praktiken darbieten. Diese Selbstpräsentationsformen dienen der Idealisierung der eigenen Veranstaltungsteilnahme, da sie keinen passiven Konsum darstellen, sondern ein programmatisches Mitmachen im Sinne des gemeinsamen Interessenobjekts implizieren, durch welches sich die Veranstaltung verändert. Gleichzeitig fungieren die Tribünenpraktiken der Zurschaustellung der eigenen Fähigkeiten für die Stadionöffentlichkeit sowie die mediale Öffentlichkeit. Auf diese Weise generieren die beforschten Akteure umfangreiche Aufmerksamkeit und eine gewisse Prominenz.

Anschließend wird die choreographierte Tribünenshow (7.9) der Akteure als Eröffnungsakt der Veranstaltung rekonstruiert. Innerhalb dieser werden die identitätsstiftenden Objekte *Stadt* und *Fußballverein* von den beforschten Akteuren repräsentiert. Die beforschte Gruppe setzt sich dabei in den Mittelpunkt als überdimensioniertes Bindeglied zwischen den beiden Objekten. Mithin ist der Fokus der Tribünenshow nicht die Repräsentation von Objekten, sondern die Präsentation einer Gruppe, die sich zu *Würdenträgern* der objektbezogenen Errungenschaften stilisiert. Indem die Akteure ihrerseits die Veranstaltung eröffnen, inszenieren sie gleichsam das Selbstbild *Hausherren* der Veranstaltung zu sein. Den Akteuren den Raum zu gewähren, sich als *Hausherren* zu figurieren, legitimiert gleichzeitig dominante Anschlussakte. Ferner bestätigt die Tribünenshow die Handlungsorientierung der Besucher-Gruppe, veranstaltungsbezogene Angebote zu schaffen. Sie wird dadurch immer bedeutsamer für das Event, da es sich durch sie verändert hat und auf dem Wege ebenso die Erwartungen von anderen Besuchern sowie dem Veranstalter an die Veranstaltung. Kurz, die Veranstaltungsteilnahme begründet sich nicht mehr nur in dem Live-Erlebnis sportlicher Darbietungen, sondern auch darin, die Shows auf den Tribünen mitzuerleben. Die Vororganisation, die für derartig materialaufwendige und durchorganisierte Handlungszusammenhänge für mehrere hundert Personen hindeutet, verweist auf ein weitverzweigtes und institutionalisiertes Netz von veranstaltungsbezogenen Praktiken, die weit über die Veranstaltungsdauer hinausgehen. Der sich daraus ergebende umfassende Veranstaltungsbezug gewinnt so an alltagsstrukturierender Kraft, wodurch veranstaltungsorientierte Selbstbilder expandiert und stabilisiert werden.

Im Kapitel 7.10 konstituieren die Akteure die situationsgebundene Identität, Beschwörer eines heiligen Wesens zu sein, worin sich ihre höhere Mission weiter begründet. Dem heiligen Wesen wird der Status eines universellen Standpunktes zugeschrieben, welcher ein aufopferungsvolles Kollektiv ermöglicht. Charakteristisch für die Beschwörungs-Praxis ist die Reduzierung des Wettkampfs auf kriegerische statt auf sportliche Aspekte. Das kriegerische Pathos versinnbildlicht die Veranstaltungsperspektive der Akteure, wonach sich zwei Fronten jeweils auf dem Spielfeld und auf den Tribünen gegenüberstehen. Daraus ergibt sich eine binäre und mithin reduzierte Welt, die eine eindeutige Handlungsorientierung beinhaltet, welche den Akteuren Gewissheit über das eigene Sein und dessen Sinn in der Welt verspricht. Eine solche Erlebensstruktur ist angesichts der unüberschaubaren und damit verunsichernden Alltagswelt in spätmodernen Gesellschaften verführerisch, was die Ausweitung des Veranstaltungsbezugs der Akteure auf weitere Lebensbereiche nachvollziehbar werden lässt.

Im Kapitel 7.11 wird entschlüsselt, dass die Fußballspieler von den Akteuren als gefährdet klassifiziert werden. Die Akteure selbst folgen einem magischen Denken, wonach sie den Spielern durch ihre Handlungen helfen können, wodurch sie sich mit der situationsgebundenen Identität *mitkämpfende Hilfesteller* zu sein präsentieren. Dieser Glaube, das Spielgeschehen beeinflussen zu können, ermöglicht ihnen ferner, ihre Veranstaltungsteilnahme zu idealisieren, da sie schließlich dem heiligen Wesen helfen und es nicht bloß konsumieren. Der

Wettkampf wird so zu ihrem eigenen Kampf mit authentischen Emotionen, was die distanzlose Verwicklung der Akteure in die Veranstaltung erklärt, wodurch sie gleichzeitig ihr *totales Erlebnis* (vgl. Gebhardt 2010) reproduzieren. Wettkampfbezogene Krisen kollektiv bewältigen zu können, wird überdies zur besonders intensiv erlebten gemeinschaftlichen Handlungsfähigkeit, die ihresgleichen im Alltag sucht, womit die Gemeinschaft der Akteure sich selbst charismatisiert.

Danach wird der *Wechselgesang* (7.12) interpretiert, durch welchen die Grenzen der veranstalterseitig fragmentierten Besucherschaft akustisch und emotional überwunden werden. Dadurch konstituiert sich eine übergeordnete Gemeinschaft von Bekenntnisträgern, die sich daran orientiert, ein besucherseitig eigenständiges Wir-Gefühl zu erleben.

Im Kapitel 7.13 erfolgt eine kurze Reflexion des Forschungsprozesses, wobei das Spannungsverhältnis zwischen der Handlungslogik im Feld und der handlungsentlasteten rekonstruktiven Logik diskutiert wird. Indem der Autor die beiden Logiken vermischt, blockiert sein Forschungsprozess. Erst die Trennung von beiden Ebenen lassen ihn wieder befreit forschen.

Kapitel 7.14 erhellt die Akteure als *risikobereite Widerstandskämpfer*, als welche sie sich in der Wechselbeziehung mit dem Veranstalter einbringen. Als problematisch für das Miteinander-Machen erweist sich die Verwendung von Pyrotechnik innerhalb des Events, wobei die Deutungshoheit über die Ausgestaltung der Veranstaltung verhandelt wird. Die öffentliche Interaktionseröffnung der Vereinsführung bedingt die Spiegel und Masken von Ermahnenden und Ermahnten. In der ebenfalls öffentlichen Reaktion der beforschten Akteure drehen diese jenes Urteil um, wodurch sie zu Ermahnenden werden und die Vereinsführung sich in Ermahnte verwandelt. Die Beforschten konservieren damit selbstimmunisierend und heroisch ihre veranstaltungsbezogene Perspektive. Einerseits ermöglicht die Durchsetzung eigener Veranstaltungsperspektiven den Akteuren eine exklusive Wechselbeziehung mit der Vereinsführung herzustellen, wodurch sich ihre Bedeutungsgefühle gegenüber vielen anderen Besuchern konsolidieren. Andererseits dient der sanktionierte und deshalb risikoreiche Gebrauch von pyrotechnischen Seenotsignalen als symbolisches Signal der Zugehörigkeit zu einer Szene von Gleichgesinnten, in welcher antizipiert werden kann, dass diese Praxis als Grundlage für erwünschte Urteile über sich herangezogen wird.

Im Kapitel *Kampf light* (7.15) werden die Konsequenzen aus der Übertragung des Wettkampfsettings auf die Tribünen rekonstruiert. Dies führt zu tabubrechenden Interaktionen zwischen den dichotom eingeteilten Bekenntnisträgern, die Kampfbereitschaft inszenieren und sich reziprok Gewalt androhen. Die kämpferische Handlungsorientierung der beforschten Besucher evoziert mithin Urteile, für ihr eigenes Bekenntnis bis zum Tod zu kämpfen. Es wird jedoch die Irrelevanz des tatsächlichen Kampfvollzugs rekonstruiert. So soll mit

Bekundungen der Kampfbereitschaft lediglich ein kämpferisches Selbstbild inszeniert werden, zu allem bereit zu sein, ohne allenthalben tatsächlich zu kämpfen. Auch wenn die Akteure nur so tun, als ob sie kämpfen wollten, generieren sie damit ein Erleben, sich entschlossen für einen gemeinsamen Standpunkt aufzuopfern, ohne dabei die riskanten Konsequenzen eines tatsächlichen Kampfes zu tragen. Die Erfahrung, in der pseudo-schicksalhaften Situation angesichts eines Kampfes dennoch als Bekenntnisträger durch Bekundungen von Kampfbereitschaft zusammenzuhalten, schürt Loyalitäten für die Ewigkeit, was auch in der bekannten Fußballhymne „You'll never walk alone" aufgegriffen wird. Ein kämpferisches Erleben, in welches auch der Ethnograph ungeachtet aller Distanzierungsversuche hineingezogen wird (7.16).

Der hypothetische Kampfeintritt wird im Kapitel 7.17 interpretiert. Die körperliche Konfrontation an sich ist zwar für die Akteure nicht vordergründig, sich auf den Kampf einzulassen, ist für sie hingegen verpflichtend, um Urteile ein glaubhaftes Bekenntnis zu besitzen, sicherzustellen. Das Bekenntnis rekurriert auf dem binären Wettkampfprinzip, wodurch *klare* Verhältnisse geschaffen werden. Ein solch überschaubares Weltverhältnis mit binären Klassifikationen aufrechtzuerhalten, kann zu extremen Strategien von Ausgrenzung vs. Zugehörigkeit führen. Entsprechend positionieren sich die Sprecher als heroische Gemeinschaft, die nicht nur so tut, als ob, sondern den Schritt zum tatsächlichen Kampf vollzieht. Damit präsentiert sie, ein besonders glaubhaftes Bekenntnis gegenüber dem *heiligen Wesen* zu haben, wodurch es exklusiv wird und sich von anderen Bekenntnisträgern abgrenzen kann. Ferner stellt der Kampf eine weitere Strategie dar, sich emotional in die Veranstaltung zu verwickeln. Viel mehr noch: Indem ein Show-Wettkampf zu einem tatsächlichen Kampf reformiert wird, wird die künstliche Fußballwelt in eine wirkliche Welt transformiert und entsymbolisiert, in der reale Konsequenzen gezogen sowie reale Emotionen erlebt werden.

In dem Kapitel „Umgemäht" (7.18) wird die Interaktionspraxis zwischen den veranstaltungsbezogenen Szene-Gruppen rekonstruiert. Als Interaktionseröffnung fungiert die Bedingung der Abweichung vom Veranstaltungsprotokoll sowie die Identifizierung durch Kleidung als Mitspieler. Auf die Spieleröffnung erfolgen strategische Gewalthandlungen. Ziel des Spiels ist die Reintegration der Interaktionseröffner in das Veranstaltungsprotokoll, wodurch die Interaktion beendet ist. Innerhalb des Spiels wird das Geschick verhandelt, techniklose Gewalt anzuwenden. Dies führt raum-zeitlich zu relativ schnellen und eindeutigen Ergebnissen über Sieg oder Niederlage, ohne komplexe Regeln etablieren zu müssen. Ferner erfüllen die Risiken, die mit Kämpfen verbunden sind, ideale Bedingungen, um gewünschte Urteile über sich zu generieren, wie z. B. eine *kampferprobte Gruppe* zu sein und ein glaubhaftes Szene-Bekenntnis zu praktizieren.

In dem Kapitel „Reduzierung auf Kampf“ (7.19) wird aufgrund der abwertenden Sprechakte gegenüber dem Schiedsrichter zunächst eine Handlungsorientierung der generalisierten Gegnerschaft erläutert, die, wie auch in den vorherigen Kapiteln, über den ursprünglichen Fußball-Wettkampf hinausreicht. Raum-zeitlich werden die kampf-orientierten Praktiken der Akteure während des finalen Endes des sportlichen Wettkampfes vollzogen. Die Akteure präsentieren sich in diesem Zusammenhang mit der Maske *Mitkämpfer* der Mannschaftsspieler zu sein, wodurch sie das Urteil über sich, in dieser Krise hinter ihrer favorisierten Mannschaft gestanden zu haben, antizipieren können. Daraus entsteht eine charismatische Wechselbeziehung, in welcher der distanzlose Glaube an einen gemeinsamen, auf unterschiedlichen Ebenen errungenen, sportlichen Sieg zwischen Mannschaft und Veranstaltungsbesuchern grundiert wird.

Nachdem die Praktiken der beforschten Akteure im Fußballstadion interpretiert und hinsichtlich ihrer konstitutiven Prozesse aufeinander bezogen wurden, werden nun ihre Praktiken auf den Reisewegen zu auswärtigen Stadionspielen rekonstruiert. Grund hierfür ist das theoretical sampling während der Auswertung. Aus diesem wird etwa die Orientierung der Akteure ersichtlich, dass binäre Wettkampfverhältnis raum-zeitlich auf andere Handlungsfelder zu erweitern. Die gemeinschaftlichen Fahrten der Akteure zu Stadionspielen in andere Städte stehen mithin in einer engen Wechselbeziehung zu den Praktiken vor dem Stadion (Kapitel 6) und auch im Stadion (Kapitel 7). Der verstehende Ansatz vorliegender Studie muss somit dieses Handlungsfeld ebenfalls berücksichtigen, um die wechselseitigen und prozessualen Wirklichkeitskonstruktionen der beforschten Akteure besser nachvollziehen zu können, wodurch die Selbstkonstitution des Feldes zugänglich wird.

8 Praktiken auf Reisewegen

Bei einem Fußballspiel treten zwei Mannschaften gegeneinander an. Die sportlichen Darbietungen finden dabei abwechselnd oder nach verschiedenen Turnierregeln entweder im Stadion des einen oder anderen Vereins statt. Die beforschten Akteure nehmen meist an den auswärtigen Spielen ihres favorisierten Fußballvereins teil, was mit ihrer Präsentation von Opferbereitschaft verbunden ist, um ein glaubwürdiges Bekenntnis zu inszenieren. Die gemeinschaftlich erfolgenden Praktiken auf den Reisewegen zu anderen Darbietungsorten und wieder zurück, werden nun rekonstruiert.

8.1 Ordnung muss sein!

Beobachtung:

> „Auf dem Weg zum Bahnhof sah ich schon von weitem einige Fans mit Schals und anderen Vereinsaccessoires auf dem Bahnhofsvorplatz stehen. Es war ebenfalls Polizei, in Kampfmontur mit Schützern und Helm an der Hose hängend, anwesend."

In der Beobachtung erscheint zunächst ein neuer Akteur im Feld: die Polizei. Sie ist die legitimierte Exekutive einer Gesellschaft und hat den Auftrag, die öffentliche Ordnung sicherzustellen oder wiederherzustellen. In diesem Zusammenhang kann sie reaktiv operieren. Oft wird sie daher gerufen, nachdem etwas Sicherheitsgefährdendes passiert ist, um wieder für Ordnung zu sorgen. Auf der anderen Seite kann die Polizei präventiv anwesend sein, um eine Ordnung zu wahren. Daraus ergibt sich die Dimensionierung zwischen einer eingreifenden vs. verhindernden Handlungsorientierung der Exekutive. Letztere Dimension zielt darauf ab, dass die bloße Polizeipräsenz Menschen davon abhält, gegen eine gesellschaftliche Ordnung zu verstoßen, da andernfalls polizeiliche Sanktionen zu erwarten sind. Ferner kann die Polizei während ihrer präventiven Anwesenheit deeskalierend eingreifen, um Konflikte zu regulieren. Bekannte Anlässe für eine präventive Polizeipräsenz sind Demonstrationen oder andere öffentliche Großveranstaltungen wie Konzerte. Gemein sind diesen Ereignissen größere Menschenansammlungen im öffentlichen Raum mit einem gemeinsamen Interessenschwerpunkt. Jener gemeinsame Handlungsfokus lässt kollektive Akte der Interessenten erwarten. Dies hängt mit der Zulassung der gegenseitigen Antizipation der Anwesenden durch den gemeinsamen Fokus zusammen, der jeden der Gruppe im Sinne des gemeinsamen Anwesenheitsgrundes handeln lässt. Mit anderen Worten, die Akteure können gegenseitig voneinander annehmen, dass der jeweils andere im eigenen Interesse und folglich gleichzeitig im Interesse des Kollektivs handelt. Daraus entsteht ein gegenseitiges Relevanzsystem, welches dazu einlädt, Praktiken der anderen nachzuahmen oder zu unterstützen bzw. andere einzuladen, den eigenen Praktiken zu folgen, um den gemeinsamen Aufmerksamkeitsfokus auszuleben. Somit stellt die Anwesenheit von Menschen aufgrund eines gemeinsamen Anlasses eine raum-zeitliche Besonderung dar, die zu kollektiven Praktiken führen kann. Das Verhältnis innerhalb des entstandenen Relevanzsystems zur Erwartung an die öffentliche Ordnung bestimmt das Potenzial der zu erwartenden Unordnung durch den kollektiven Handlungsfokus der Akteure. So kann zwischen den Akteuren mit ihren gemeinsamen Neigungen eine eigene Form von Ordnung entstehen. Je nachdem wie viele Menschen sich dann an der potenziell entstandenen Ordnung beteiligen, ist ein entsprechender Einfluss auf die öffentliche Ordnung denkbar. D. h., die gesellschaftliche Ordnung kann während einer Zeitspanne in ihrer ordnungskonstituierenden Routine irritiert werden, etwa wenn tausende Menschen bei einer Demonstration eine Straße entlang laufen und dadurch der reguläre Straßenverkehr unterbrochen wird.

In der oben genannten Beobachtung verweist die Kampfmontur der präventiv anwesenden Polizisten darauf, dass die kollektive Hingabe der fußballbezogenen Akteure, nicht unerhebliche Abweichungen von der sonstigen gesellschaftlichen Ordnung erwarten lassen. Die erwartete Gemeinschaftsordnung der beforschten Akteure geht potenziell sogar so weit, dass sich die Exekutive des Staats mit Schutzbekleidung auf physische Auseinandersetzungen vorbereitet, um die gesellschaftliche Ordnung im Notfall zu wahren. Die Schutzkleidung verweist dabei auf das Urteil über die Akteure sich gewalttätig gegenüber der Polizei zu verhalten. Gleichsam wird die Polizeipräsenz mitsamt ihrer Aufmachung zum Indikator für einen außeralltäglichen Handlungsrahmen. In diesem präsentiert sie sich mit der Maske des *Ordnungshüters* gegenüber den fußballbezogenen Akteuren, welche mit der Erwartung an sie konfrontiert werden, für Unordnung zu sorgen.

Zusammenfassung

Es wird festgehalten, dass angesichts eines gemeinsamen Interessenfokus‘ kollektive, die öffentliche Ordnung potenziell irritierende, Akte erwartet werden. Die Eigenschaft von kollektiven Akten ist, dass sie durch ihre aufsummierte Erscheinung an Intensität gewinnen. Ein Mensch singt z. B. laut in der Öffentlichkeit vs. 100 Menschen singen laut. Ferner fungiert diese Gemeinschaft als ein Kommunikationsnetz, in welchem sich die Akteure gegenseitig in ihrem Handeln bestätigen und reproduzieren. Die Bestätigung erfolgt, indem der

Einzelne der Gemeinschaft seine Handlungen in den Handlungen der Anderen gespiegelt sieht und als Teil der Gemeinschaft jene Praktiken reproduziert. Vice versa kann von der Praxis der anderen Mitglieder antizipiert werden, dass diese die eigenen Interessen teilen, weshalb man wie sie handelt. Dieser Umstand wird als vergewissernd in Bezug auf angemessenes Verhalten erlebt, da der zuvor festgelegte, gemeinsame Orientierungsrahmen individuelle Orientierungsleistungen entlastet. Daraus kann sich eine eigene Ordnung zwischen den Akteuren etablieren.

Die Befürchtung von Irritationen durch die beobachteten Akteure führt schließlich zur präventiven Polizeianwesenheit. Die Akteure sehen sich demzufolge einem generalisierten Misstrauen ihnen gegenüber ausgesetzt, welches sie bereits durch die Einlasskontrolle (7.1) und Sicherheitsdurchsage (7.3) im Stadion durch den Veranstalter erfahren haben. Nun wird ihnen auch öffentlich durch die Polizeianwesenheit Skepsis entgegengebracht, ob sie die vorgegebene Ordnung einhalten.

Ob die beforschten Akteure in ihrer Handlungsorientierung eine eigenen Ordnung geltend machen wollen, wie es die Sicherheitsmaßnahmen ihrer Umwelt suggerieren, muss in den weiteren Analysen geprüft werden.

8.2 Im Gleichschritt auf Mission

Beobachtung:

> „Ich sah auf einmal die Ultras den Bahnhof betreten und in Richtung Zug gehen. Der Capo lief vorweg und alle hinterher. Sie liefen dicht aneinander gedrängt und sehr schnell Richtung Gleis, obwohl noch genügend Zeit bis zur Abfahrt des Zuges war. Es sah aus, als würden sie im Gleichschritt laufen – sehr dramatisch."

Eine Person („Capo") läuft vor der Gruppe her. Es handelt sich um dieselbe Person, die auch im Stadion mit dem Megaphon kollektive Praktiken anführt. Gleichsam gibt diese Person in der Beobachtung nun vor, zu welchem Zeitpunkt, in welchem Tempo und in welche Richtung die Gruppe geschlossen läuft. Folglich greift auch außerhalb des Stadions für die Akteure die soziale Ordnung, in welcher es einen *Vormacher* und eine geschlossene Gruppe von *Nachmachern* gibt. Demnach weiten sich Handlungsstrategien, die innerhalb des Stadions angewendet werden, auf Reisen zu den auswärtigen Darstellungen des favorisierten Vereins aus. Die *Vormach-Nachmach-Ordnung* ist für die Akteure mithin eine bewährte Strategie. Die Existenz eines *Vormachers* innerhalb der sozialen Ordnung ermöglicht das Vorweglaufen einer Person in einer Ansammlung von Menschen, die ihm daraufhin prompt folgt. Dies lässt die

Gruppe nach außen als solche erkennbar werden. Sie folgt damit der sozialen Ordnung einer simplen top-down Hierarchie. Wie bereits innerhalb des Fußballstadions rekonstruiert wurde, sind zentralgesteuerte Handlungsvorgaben die Bedingung für komplexere und andauernde kollektive Praktiken. Der Aufbau der beobachteten sozialen Gruppenwelt ist denkbar simpel, er bewährt sich jedoch. Je nach Differenzierungsgrad ihrer Erwartungen an die gemeinschaftliche Praxis, müssen Verantwortungsbereiche und Rollenträger ernannt werden, um komplexere Vorhaben gemeinschaftlich zu realisieren. Ist die erwartete Konsequenz einer Praxis unkompliziert, können ihre Voraussetzungen ebenfalls einfach gehalten werden, dies zeigt nicht zuletzt die Beobachtung, in der eine Gruppe qua Gleichschritt konstituiert wird.

Der schnelle Gleichschritt suggeriert eine bedeutsame Eile. Es wird der Eindruck einer wichtigen Mission erweckt. Die körperliche Nähe und Synchronität der Akteure lässt gar einen kollektiven sowie bedeutsamen Eifer erkennen. Die inszenierte Dramatik deutet auf eine Handlungsorientierung hin, in welcher auch ohne einem gegenwärtig stattfindenden Fußballspiel Spannung erzeugt werden soll. Ein intensives Erleben wird in der Fußball-Veranstaltung insbesondere durch die Gruppe erzeugt. Insofern verwundert es nicht, dass vorliegend ebenfalls eine Orientierung an einer Gruppenpraxis erfolgt, fungiert sie doch als Erlebnisgarant.

Zusammenfassung

Die beforschten Akteure inszenieren im Bahnhof die Maske einer *geschlossenen Einheit*, die in bedeutsamer Mission unterwegs ist. Die üblichen Anwesenden im Bahnhof, welche durch ihre je individuellen Ziele mehr oder weniger kreuz und quer zu laufen scheinen, fungieren als Gegenstück, in dem sich die Einheit als geschlossene wiederspiegelt. Im vorherigen Kapitel wird aufgezeigt, dass die beforschten Akteure durch ihre gemeinschaftliche Handlungsorientierung Einfluss auf die öffentliche Ordnung geltend machen können, woraus ihr Bedeutsamkeitserleben hervorgeht. Die vorliegende Beobachtung rekonstruiert gleichsam eine *bedeutsame Eile* der Akteure, was darauf verweist, bedeutend sein zu wollen, was außerdem für die intendierte Orientierung an einer eigenen sozialen Ordnung spricht.

8.3 Schwarzfahren: Zur Herstellung der Maske eine Ordnungsmacht zu sein

Beobachtung:

> „Im Zug fragte ich andere Fans, die ich nur vom Sehen kannte, ob noch jemand gegen Geld auf meinem Wochenend-Ticket mitfahren wollte. Sie schauten mich fragend und etwas irritiert an. Es antwortete niemand auf meine Frage, so dass ich mir einfach einen Sitzplatz suchte. Auf der zweistündigen Zugfahrt mit Polizeibegleitung wurden wir schließlich nicht kontrolliert. Einige der Fans versuchen insbesondere bei kürzeren Zugfahrten, ‚schwarz' zu fahren. In späteren Gesprächen zu dem Thema ‚Schwarzfahren' wurde mir sinngemäß mitgeteilt: ‚Wer hat schon Lust, eine Gruppe von Fußballfans zu kontrollieren?' "

Zur Beförderung mit öffentlichen Verkehrsmitteln benötigt man als Fahrgast einen Fahrschein. Dieser ist Bestandteil des Kontrakts zwischen Verkehrsunternehmen, welche pauschal Verkehrsmittel und Transportrouten anbieten und den Nutzern dieses Angebots, welche durch die Bezahlung eines Beförderungsnachweises, das Angebot in Anspruch nehmen. Um die Einhaltung dieses Vertrags zu gewährleisten, gibt es Kontrollmaßnahmen, die überprüfen, ob die Nutzer den Kontrakt, nachgewiesen anhand des Beförderungsnachweises, eingehalten haben. Die Kontrollen werden vom Personal des Anbieters durchgeführt. So darf von dem Personal während der Zugfahrt verlangt werden, das Ticket zur Beförderung vorzuzeigen. Mithin erfolgt durch den Anbieter ein Misstrauen gegenüber seinen Dienst-Nutzern, sich teilweise nicht an die Beförderungsbedingungen zu halten. Dass der Kontrakt von den Fahrgästen eingehalten wird, sichert die existenzielle Grundlage des Unternehmens ab, wodurch die Kontrollen entsprechend wichtig für den Anbieter sind. Das Misstrauen den Fahrgästen gegenüber ist nicht ganz unbegründet. So können Nutzer des Angebots potenziell versuchen, die Kontrollen zu überwinden, um das Beförderungsgeld zu sparen. Je nach Beförderungsmittel sind Strategien, sich einer Kontrolle zu entziehen denkbar – wie sich schlafend stellen, auf der Toilette verstecken oder schnell aussteigen, bevor man kontrolliert wird. Vermutlich haben sich sehr viele Menschen schon mal dazu hinreißen lassen, *schwarz* zu fahren. Zumindest macht die eigens dafür bestehende Bezeichnung Glauben, dass es sich um eine relativ weitverbreitete Praxis handelt. Die Bezeichnung *Schwarzfahren* könnte damit zusammenhängen, das man etwas Anrüchiges heimlich im Dunkeln macht, ohne dabei erkannt werden zu wollen, worauf auch die Vermeidungsstrategien hindeuten. Denn fährt man *schwarz*, besteht das Risiko kontrolliert zu werden und dadurch sanktioniert zu werden, was in den Fahrzeugen auf Aufklebern zur Abschreckung bereits angedroht wird. Entsprechend angespannt kann die Situation sein, ohne Ticket Zug zu fahren.

In der protokollierten Beobachtung, in der davon auszugehen ist, dass die Akteure teilweise keine gültigen Fahrscheine hatten, was ich ebenfalls bei anderen Fahrten mit Zügen zu den Fußballspielen beobachten konnte, wurde das Risiko beim *Schwarzfahren* ertappt zu werden, gemeinschaftlich in Kauf genommen. Man sollte meinen, dass gerade eine Ansammlung von Menschen mit einer durch ihre uniforme Kleidung erkennbaren Verbindung, Aufmerksamkeit erregt und so Kontrollen auf sich zieht. Weshalb gehen die Akteure dennoch das vermeintlich erhöhte Risiko ein, als auffällige Gruppe entdeckt und kontrolliert zu werden? Oder könnte es sein, dass die Gruppe als Schutz vor Kontrollen fungiert?

Bezüglich der Rekonstruktion der Polizeianwesenheit vor dem Bahnhof wurde herausgearbeitet, dass eine Versammlung vieler Menschen mit einem thematischen Fokus die reguläre Ordnung irritieren kann. Diese Erwartung scheint vorliegend ebenso der Fall zu sein. Denn die fußballbezogenen Akteure werden erst gar nicht von dem Beförderungspersonal kontrolliert, was einen Ordnungsbruch mit dieser fundamentalen Praxis darstellt. Als Grund für den Bruch kann gedeutet werden, dass das Beförderungspersonal sich vor Konfrontationen mit den Akteuren bei Kontrollen fürchtet und mit ausbleibenden Kontrollen präventiv Konflikte vermieden werden. Die unterbrochene Kontrollroutine wird umso deutlicher aus der Perspektive der Akteure, welche keine Tickets haben. Denn diese fahren mit der Antizipation, als Gruppe nicht kontrolliert zu werden, ohne Fahrausweis und das überdies ungeachtet der Polizeianwesenheit. Was ist das für eine Gruppe, die sich auf einen derartigen Freiraum verlässt?

Durch die ausbleibende Kontrolle wird die existenzabsichernde Strategie des Dienstleisters, bezogen auf eine größere Gruppe von Fahrgästen, nicht angewendet, wodurch finanzielle Verluste in Kauf genommen werden. Bei näherer Betrachtung wird deutlich, dass die Nicht-Kontrolle mit einem komplizierten Geflecht von Annahmen des Verkehrsunternehmens verbunden ist. Zunächst kann von der Nicht-Kontrolle der kausale Zusammenhang abgeleitet werden, dass eine Kontrolle der fußballbezogenen Fahrgäste zu einer kollektiven Verteidigung führen könnte, z. B. durch Gewaltanwendung. Indikatoren für diese Annahme spiegeln sich nicht zuletzt in der anwesenden Polizei wider, die anhand der Kampfausrüstung signalisiert, die Gruppe als potenziell gewalttätig gegenüber Polizisten und somit auch anderen gegenüber zu klassifizieren. Die Annahme des Verkehrsunternehmens, dass die Gruppe sich gegen eine Kontrolle verteidigen würde, setzt wiederum das Urteil (Spiegel) voraus, dass die Akteure kollektiv den Kontrakt mit dem Verkehrsunternehmen nicht einhalten. Die schicksalhafte Einschätzung einer Gruppenverteidigung, unterscheidet sie dann von anderen *Schwarzfahrern*, die eher versuchen sich einer Kontrolle von vornherein zu entziehen. In den antizipierten Urteilen des Fahrunternehmens spiegeln sich die beforschten Akteure mit der Maske, ihre Ordnung gegenüber der Ordnung des Transportunternehmens aufrechtzuerhalten. Die beforschten Akteure antizipieren ihrerseits durch ihre kollektive Praxis *schwarz* zu fahren, das Urteil der Schaffner sich Kontrollen zu verweigern. Daraus folgt, dass die beforschten Akteure, ohne sich zu verstecken, quasi offiziell *Schwarzfahren*. Die darin enthaltene Dimensionierung – Vermeidung von Kontrolle vs. Verteidigung gegen Kontrolle – lässt die Annahme zu, dass sich die Akteure auch in anderen Situationen daran orientieren, ihre gruppenbezogene Ordnung gegenüber anderen Ordnungen durchzusetzen, wodurch die Akteure erleben, bedeutsam und mächtig zu sein.

Zusammenfassung

Die Rekonstruktion behandelt den zwischen Fahrunternehmen und Fahrgästen bestehenden Kontrakt, welcher durch ein Angebot und einer Angebotsannahme mittels einer Geldleistung entsteht. Es wird herausgearbeitet, dass man als Fahrgast versuchen kann, den Vertrag zu umgehen und *schwarzzufahren*. In solchen Fällen setzt man sich dem Risiko der Kontrolle aus. Um diese zu umgehen, gibt es verschiedene Strategien unauffällig zu sein. Im Gegensatz dazu wird in der Beobachtung die Wechselbeziehung zwischen Kontrollpersonal und den beforschten Akteuren aufgehoben. Denn die Schaffner vermeiden einerseits die Fahrscheinkontrolle überhaupt durchzuführen und andererseits präsentieren sich die beforschten Akteure relativ auffällig und somit nicht kontrollvermeidend. Diesem wechselseitigen Aktivitätssystem liegt das Urteil (Spiegel) des Fahrunternehmens zugrunde, dass sich die beforschten Akteure gegen eine Kontrolle verteidigen würden. Das überwiegend praktizierte *Schwarzfahren* der beforschten Akteure, verweist ihrerseits auf die Bestätigung eben jenes Urteils. Folglich sehen sich die Akteure im Spiegelbild dieses Urteils mit der Maske eine *Ordnungsmacht* zu sein, die ihre individuelle Ordnung gegenüber der Ordnung des Verkehrsunternehmens durchzusetzen vermag.

Welche weiteren Eigenschaften die Ordnungsmacht hat, wird in der folgenden Beobachtung interpretiert.

8.4 Zählen und gezählt werden: Zur Einschätzung von Ordnungsmächtigkeit

Beobachtung:

> „Einer der Ultras ging durch den Wagon und zählte durch, wie viele Fans anwesend sind. Danach ging er wieder runter zur Führungsriege der anderen Ultras. Keine der

Personen reagierte verwundert oder auf irgendeine andere Art und Weise darauf, gerade gezählt worden zu sein."

Gedankenexperimentell sind zwei naheliegende Kontexte für das Abzählen von Personen denkbar. So gibt es Kontexte mit einer klar definierten Anzahl von Menschen, welche gemeinsame Aktivitäten unternehmen. Etwa Schulklassen oder Reisegruppen, in welchen Verantwortliche die Teilnehmer regelmäßig auf Vollzähligkeit durchzählen. Die Zählenden haben einen gewissen Sonderstatus. Sie haben einen organisatorischen Auftrag, der etwa umfasst, die Vollzähligkeit der Gruppe zu gewährleisten. Dieser Typ von Gruppierungen wird als formale Gruppe bezeichnet. Anders verhält es sich hingegen in informellen Zusammenkünften. In diesen unstrukturierten Kontexten ist es möglich, dass die Anwesenden gezählt werden, um Potenziale für gemeinsame Aktivitäten zu bestimmen, die hinsichtlich der losen Versammlungsstruktur ad hoc verifiziert werden müssen. So ist ein Durchzählen von im Vorfeld nicht miteinander verabredeten Personen etwa auf einem öffentlichen Sportplatz naheliegend, um durchführbare Spiele zu ergründen. Das Unwissen um die Anzahl der Anwesenden wird beseitigt, um Strategien wie Mannschaftseinteilung für das weitere Vorgehen bestimmen zu können.

Die Situation in der Beobachtung scheint aufgrund des Zählens den letzteren sozialen Kontext zu betreffen. Vor diesem Hintergrund stellt sich die Frage, welche gemeinsamen Aktivitäten geplant sind, für welche die Zahl der Anwesenden wichtig ist? Konkret lässt sich diese Frage durch die oben genannte Beobachtung nicht beantworten. Hinsichtlich der zuvor gewonnen Erkenntnisse über die Gruppe als *Ordnungsmacht*, lässt sich allerdings vermuten, dass die Zahl der Anwesenden als Kriterium des Zählers herangezogen wird, um das Potenzial abzuschätzen, eigene Ordnungsvorstellungen gegenüber anderen aufrechtzuerhalten. Neben dieser Hypothese lässt sich konkret rekonstruieren, welche soziale Wirklichkeit durch das Zählen inszeniert wird. So konnte herausgearbeitet werden, dass die Praxis des Durchzählens die Beurteilung von Möglichkeiten des gemeinsamen Handelns ganz allgemein suggeriert. Bezogen auf die hergestellten situationsgebundenen Identitäten wird folglich festgehalten, dass die Praxis des Zählens gleichzeitig eine gegenseitige Wechselbeziehung impliziert, die sich auf einer kollektiven Handlungsorientierung gründet. Aus der Konsequenz der Strategie des Zählens wird mithin aus dem relativ unspezifischen, sozialen Kontext mit Fußballbezug, ein spezifischer Kontext, der gemeinsame Handlungen erwarten lässt. Da innerhalb der Situationen keine Irritationen der Beteiligten erkennbar sind, wird vom Bestehen einer routinierten Praxis ausgegangen. Daraus ergeben sich folgende situationsgebundene Identitäten: Das Urteil des *Zählenden* über die *Gezählten* fungiert für diese als Spiegel, in welchem sie die Maske präsentieren, Teil eines gemeinschaftlichen Handlungssystems zu sein. Der *Zählende* kann seinerseits die Urteile der *Gezählten* über ihn vorwegnehmen, *Mitorganisator* für die gemeinschaftlichen Praktiken zu sein. Diese Sonderrolle wird gleichsam konsolidiert, indem der *Mitorganisator* von der Bildfläche verschwindet und sich zu anderen begibt, welche vom Ethnographen als „Führungsriege" bezeichnet werden, woraus ein gemeinsamer organisationaler Zusammenhang zwischen den Akteuren deutlich wird. Das plötzliche Verschwinden des *Mitorganisators* könnte als Wahrung der sozialen Distanz dienen. Darin verbirgt sich die Methode, Ehrfurcht beim Publikum zu erzeugen, was jenem Anlass zur Mystifikation über den Darsteller gibt (Goffman 2016, S, 62).

Zusammenfassung

In der Beobachtung wurde die gruppenkonstituierende Praxis des Durchzählens rekonstruiert. Sie impliziert eine Wechselbeziehung zwischen den beforschten Akteuren, in welcher eine gegenseitige Abhängigkeit für ein gemeinsames, zukünftiges Handeln suggeriert wird. Diese könnte sich darauf beziehen, die eigene soziale Ordnung gegenüber anderen Ordnungen durchzusetzen. Der *Zählende* weckt dabei, durch seine inszenierte und mystifizierte Maske *Mitorganisator* zu sein, die Erwartungshaltung, im Falle von Handlungszwängen der Gruppe eine zentrale Rolle in der gemeinschaftlichen Interessendurchsetzung einzunehmen.

8.5 Zur Außeralltäglichkeit der Fußballveranstaltung

Beobachtung:

> „Während der vormittäglichen Zugfahrt war die Stimmung durch viele Gespräche und Gelächter sehr ausgelassen. Viele hatten in Plastiktüten (Plastiktüten haben den Vorteil, unterwegs entsorgt werden zu können und man keine Taschen oder Rucksäcke im Stadion abgeben muss) etwas zu Essen wie belegte Brote und Getränke etwa Cola oder Saft dabei. Ich hatte gar den Eindruck, dass 10–15min nach Beginn der Zugfahrt, als die meisten sich schon begrüßt hatten und die Euphorie der ersten Begegnungen verfolgen war, in meinem Wagon viele gleichzeitig begannen, ihre Wegnahrung zu sich zu nehmen und das es dadurch für einige Momente ruhiger geworden war. Es wurde auch ausgiebig Alkohol getrunken. Vor allem die Jüngeren, schätzungsweise unter 18 Jährigen, fingen munter an, Schnaps zu trinken. Ein Radio mit lauter Musik gab es ebenfalls. In gewisser Weise erinnerte mich die Szenerie an eine Klassenfahrt aus meiner Schulzeit, nur das hier nicht heimlich, sondern öffentlich Alkohol getrunken wurde."

Die gemeinsame Reise der Akteure führt, wie die Stadionbesuche, zu kollektiven Vorbereitungen der Reisenden. So haben die meisten Wegproviant für die

Zeit der Abwesenheit von zu Hause dabei. Dieser stärkt und sorgt für Wohlbefinden. Gleichzeitig stimmt die gemeinschaftliche Nahrungsaufnahme auf die gemeinsame Unternehmung ein. Die gemeinsame Einstimmung als Grundlage zukünftiger Handlungen wird an der Beschreibung des Ethnographen über das Ruhigerwerden während der gemeinsamen Mahlzeit deutlich. So ist das mehr oder weniger gleichzeitige Speisen ein gemeinschaftlicher Akt, in dem eine gegenseitige Bestätigung erfolgt, eine Gemeinschaft zu sein. Art und Umfang der kulinarischen Vorbereitung gibt dabei Hinweise für die Klassifizierung der Gemeinschaft. Da die Akteure eher einfach und individuell verpacktes, alltägliches Essen dabei haben und keine auffallenden gegenseitigen Kostproben durchgeführt werden – etwa, um sich über verschiedene Geschmäcker auszutauschen und dabei Spiegel und Masken ein *Versorger, Gourmet* oder *Kostverächter* zu sein zu verhandeln – wird geschlussfolgert, dass für den gemeinsamen Aktivitätsfokus der Gemeinschaft Essenskost weniger bedeutsam ist, sondern schlicht eine Basis für gemeinsame noch folgende Aktivitäten gebildet werden. Anders hingegen verhält es sich mit dem Konsum von Alkohol. Dabei wird gemixt, gegenseitig verkostet, geteilt und explizit angestoßen, um zusammen zu trinken. Alkohol zu trinken, wie auch in vielen anderen sozialen Kontexten, stellt eine häufige Strategie dar, um mit anderen ins Gespräch zu kommen. Alkohol wird gemeinhin als *Volksdroge Nr. 1* bezeichnet. Je nach Dosierung handelt es sich um ein Rauschmittel, welches die Wahrnehmung etc. beeinflusst. Ein Rauschmittel, welches abhängig machen kann. Alkohol kann dazu beitragen, sozial aktiver zu werden und Kontakt mit anderen Menschen zu suchen. Die Kontaktfreudigkeit bestätigt sich ebenfalls in der Beobachtung durch die vielen Gespräche und das ausgelassene Gelächter.

Die Risiken, die mit der Droge *Alkohol* verbunden sind, sowie das Wissen über seine Wirkung führen zu einem gesellschaftlich teils normenbasierten und teils gesetzlich geregelten Konsumverhalten. Bezogen auf den normenbasierten Umgang ist festzuhalten, dass Alkoholkonsum überwiegend als Genussmittel für den Abend anerkannt ist. Sicherlich gibt es sehr viele Gegenbeispiele sowie besondere Anlässe (z. B. Karneval), die Alkoholkonsum am Tage legitimieren oder gar sozial einfordern. Befreit man sich hingegen vom vorliegendem Kontext und assoziiert gedankenexperimentell darüber, welche Menschen an einem Samstagvormittag Bier und hochprozentigen Alkohol trinken, erscheinen u. a. Lesarten zulässig, solche Verhaltensweisen als typisch für Menschen mit einem problematischen Verhältnis zu Alkohol zu bewerten. Fügt man jedoch dem Szenario hinzu, dass es sich um Menschen mit erkennbarem Fußballbezug handelt, folgt auf den latenten Verdacht der zuvor erwogenen Alkoholproblematik die erleichternde Einsicht, dass es sich lediglich um Fußballfans handele und in diesem Kontext gehöre es schließlich dazu, Alkohol zu trinken, womit das Alkoholproblem hintergründiger wird. Mithin wird der Anlass *Fußballveranstaltung* zu einer situationsübergreifenden Rahmung, in der intensiver Alkoholkonsum tagsüber wenig verwunderlich und somit gestattet erscheint. Die *Fußballveranstaltung* wird damit als besonders klassifiziert, was Alkoholkonsum auch tagsüber zulässig werden lässt, ohne dass die Bewertung als Alkoholiker zu gelten droht. Daran wird ersichtlich, dass die Fußballveranstaltungen sich in gesellschaftliche Sonderanlässe wie Karneval, Festivals oder Junggesellenabschiede einreihen, in welchen sonst geltende Normen für ihre Teilnehmer mehr oder weniger übertreten werden dürfen, ohne dafür gesellschaftlich stigmatisiert zu werden. Diese Erkenntnis einer gestatteten und gleichzeitig rituellen Tabuverletzung erklärt wiederum die Sinnstruktur der beforschten Akteure, sich an einer eigenen Ordnung zu orientieren, die sich, ähnlich wie bei der Rekonstruktion des *Schwarzfahrens* (8.4), über sonst geltende Normen oder Regeln hinwegsetzt. Musik mittels eines Radios in dem halböffentlichen Raum eines Zugs abzuspielen, ist ein weiterer Indikator für die beobachtete soziale Unternehmung mit deren Orientiertierung, einen außeralltäglichen Charakter herzustellen.

Im Gegensatz zu den genannten Sonderanlässen wie Karneval, der sich jährlich über wenige Tage vollzieht, findet der Sonderanlass *Fußballveranstaltungen* eines Profifußballvereins ca. 34-mal in einem Zeitraum von etwa zehn Monaten statt. Die vororganisierte Veranstaltungsrahmung bietet folglich den beforschten Akteuren viele Gelegenheiten, sich als Gruppe zu aktualisieren, zu reproduzieren und demgemäß ihre eigene Ordnung zu konsolidieren. Dies hat ein verfestigtes Weltverhältnis mit relativ stabilen Selbstbildern zur Folge, was begünstigend für die Akteure bezüglich der Etablierung eine eigene Ordnungsmacht zu sein ist.

Zusammenfassung

Zunächst verweist die Beobachtung auf eine gesellige und spaßorientierte Zusammenkunft zwischen jungen Menschen, die sich auf eine gemeinsame Reise begeben. So fungiert das individuelle, jedoch mehr oder weniger zeitgleiche Mahl als Einstimmung für die zu erwartenden Aktivitäten der Gruppe. Interaktiver aufgeladen ist hingegen die Praxis des Alkoholkonsums. Bezogen auf Alkoholkonsum werden verschiedene Normen rekonstruiert. In diesem Zusammenhang wird der Anlass *Fußballveranstaltung* als ein Sonderanlass klassifiziert, in welchem gesellschaftliche Normen des Alkoholkonsums teilweise ausgereizt oder übertreten werden dürfen, ohne gesellschaftlich stigmatisiert zu werden. Kurz, die beobachtete, ist eine außeralltägliche soziale Unternehmung. Die Handlungsroutinen, die während des relativ häufig stattfindenden Sonderanlass vollzogen werden, führen zu gefestigten Weltverhältnissen und Selbstbildern der Akteure, was den Anspruch, ihre Ordnungsvorstellungen anderen gegenüber geltend zu machen, fördert.

Folgendes Interviewzitat belegt, wie ausgeprägt und umfassend das so konstituierte Weltverhältnisse der Akteure ist.

8.6 Zur konsolidierten Gruppenperspektive der Veranstaltungsgänger

Den Akteuren ist durchaus bewusst, dass sie eine dominante Perspektive gegenüber der alltäglichen Ordnung vertreten, wie folgendes Zitat einer Gruppendiskussion mit einer Ultra-Gruppe verdeutlicht:

> „[...] wir versuchen es halt, wenigstens halbwegs den gesetzlichen Weg [...] also einen Konsens zwischen dem Gesetz und unseren Vorstellungen, unseren Idealen halt zu finden."

1. Sequenz:

> „[...] wir versuchen es halt, wenigstens halbwegs"

Das Zitat beginnt mit einer kollektiven Perspektive („wir"), welche stellvertretend von einem Sprecher vertreten wird. Stellvertretende Aussagen für eine Gruppe tätigen zu können, bedeutet, dass in ihr eine relativ homogene Perspektive auf den zu behandelnden Sachverhalt besteht. Innerhalb der Gruppenperspektive wird etwas „versucht". Es wird ein Kompromiss angestrebt („wenigstens halbwegs"). Der versuchte Kompromiss wird jedoch von gleich zwei Einschränkungen flankiert. Zunächst wird lediglich ein „wenigstens" angestrebt. Dieser Einschränkung ist zu unterstellen, dass auch mehr für den Kompromiss getan werden könnte. Daraus ergibt sich die Dimensionierung von wenig vs. mehr, wobei sich die Gruppe des Sprechers tendenziell minimal für den Kompromiss engagiert. Die Formulierung „halbwegs" bestätigt die Lesart wenig engagiert zu sein, da nur der *halbe Weg* zum Kompromiss beschritten wird, was gleichzeitig ebenfalls ein Wissen über die gesamte Wegstrecke suggeriert. D. h., zu wissen, was zu tun wäre, um überein zu kommen. Bis zu dieser Sequenz, die mit dem Wort „halbwegs" endet, sind folgende Anschlüsse denkbar: Die Gruppe hat nicht die Ressourcen ein *Mehr* im Sinne eines gesamten *Wegs* zu erreichen. Andererseits hat die doppelte Einschränkung des Versuchs darauf verwiesen, dass die Gruppe augenscheinlich wenig Interesse hat, einen kompromisshaften Weg vollends zu beschreiten. Daran schließt sich die Frage, um welche Art von Versuch es sich handelt, der nur halbherzig durchgeführt wird?

2. Sequenz:

> „den gesetzlichen Weg"

Der halbherzige Versuch bezieht sich auf „den gesetzlichen Weg". Als halbherzig wird der Versuch deshalb ausgewiesen, da es vorliegend keine Anzeichen für fehlende Ressourcen gibt, Gesetze einzuhalten. Vielmehr verweist der Sprecher auf ein Gesetzeswissen, welches innerhalb der eigenen Handlungsorientierung eben nur halbwegs berücksichtigt wird. Das Wissen um Gesetze sowie die Auseinandersetzung mit ihnen deutet auf Erfahrungen der Gruppe mit Gesetzesübertretungen hin.

Gesetze involvieren gemeinhin Handlungsmöglichkeiten und Handlungsgrenzen. Bezogen auf Grenzen, stellen sie eine Limitation von Optionen dar, deren Übertretung in der Konsequenz sanktioniert wird. Vor diesem Hintergrund existiert zunächst keine Möglichkeit, die Limitationen zu übertreten, ohne zumindest der Gefahr von Sanktionen ausgesetzt zu sein. Dieses Risiko wird von der Gruppe offensichtlich in Kauf genommen, was sich an dem halbherzigen Versuch, die Gesetze einzuhalten, bereits in vorheriger Sequenz zeigte.

Die Interpretation ist bis hierher insofern irritierend, als dass ein Sprecher einer privaten Gruppe die Gültigkeit von Gesetzen für ihre Praktiken verhandelt. Ein Umstand, der eigentlich nicht zu verhandeln ist, da Gesetze für Privatpersonen allgemeingültig sind. Aus der halbherzigen Berücksichtigung der Gesetze werden folglich deviante Eigenschaften der Gruppe ersichtlich.

3. Sequenz:

> „also einen Konsens zwischen dem Gesetz und unseren Vorstellungen, unseren Idealen halt zu finden."

Diesem Dilemma zwischen Gesetzen und der gruppenbezogenen Handlungsorientierung wird mit der Strategie begegnet, einen „Konsens" zwischen ihrer Perspektive und der gesetzlichen Sichtweise zu finden. Das konsensuelle Bestreben verwundert ebenfalls, da Gesetze nur durch legislative Bestimmungen verändert werden können. Nicht jedoch, durch eine Gruppe außerhalb gesetzgebender Strukturen. Indem der stellvertretende Sprecher der Gruppe nicht verhandelbare Gesetze als verhandelbar darstellt, entsteht der Eindruck, die Gruppe würde sich partiell über das Gesetz stellen bzw. auf legislativer Ebene operieren. Mithin stehen sich eine gesetzlich legitimierte und eine gruppenlegitimierte Perspektive gegenüber. Die Dimensionen der Gegenüberstellung beider Perspektiven bewegen sich auf einem Kontinuum zwischen einem Freiraum der gruppenbezogenen Handlungsorientierung vs. den Einschränkungen dieser Praktiken durch gesetzliche Limitierungen. Dabei handelt es sich um eine gegenwärtige Konfrontation, worauf die prozessuale Formulierung „unseren Idealen halt zu finden" hinweist. Die „Ideale" der Gruppe, d. h. Wertvorstellungen, scheinen nicht mit den gesetzlichen Bestimmungen übereinzustimmen, weshalb sich die Lesart einer abweichenden Gruppe bestätigt. Damit bewahrheitet sich ferner, dass die Akteure das ausgeprägte Selbstbild einer *Ordnungsmacht* haben, die gar die Gültigkeit bestehender Gesetze für sich verhandelt.

Zusammenfassung

Die Rekonstruktion behandelt eine von einem Stellvertreter vorgestellte Gruppenperspektive. Er besitzt das Wissen, um die nicht unbedingt vorhandene Gesetzestreue seiner Gruppe. Als Strategie diesem Dilemma zu begegnen, wird ein „Konsens" mit gesetzlichen Vorgaben von den Akteuren halbherzig angestrebt. Darin bestätigt sich die Lesart über die Akteure, das Selbstbild eine *Ordnungsmacht* zu sein. Mit diesem Weltverhältnis wird die eigene Gruppenpraxis über geltendes Recht gestellt bzw. Gesetze als verhandelbar klassifiziert, da sie lediglich einen Standpunkt neben der eigenen Gruppenperspektive darstellen. An dieser Stelle zeigen sich folglich deviante Tendenz der beforschten Akteure, die über Veranstaltungskontexte hinausgehen.

Nachdem sich die Handlungsorientierung der Akteure eine eigenständige Ordnungsmacht zu sein verdichtet hat, werden nun wieder die Praktiken auf den Reisewegen analysiert, um mehr über die Konsequenzen dieses Weltverhältnisses zu erfahren.

8.7 „Die kümmern sich einen Scheiß": Zur Maske der unbedeutenden Mitspieler und Anmerkungen zur ethnographischen Praxis

Nachstehende Beobachtung wurde raum-zeitlich zu Beginn einer anderen Zugfahrt zu einem auswärtigen Fußballspiel protokolliert.

Beobachtung:

> „Ich drehte mich um, um mich in das Gespräch zwischen ein paar Ultras hinter mir einzubringen. Es ging darum, an welchem Bahnhof wir aussteigen, wo wir umsteigen und wie wir wann zum Stadion gelangen. Es stand im Raum, dass die gefürchtete Auswärtsstadt Ultra-Gruppe, welche bekannt für ihre gewalttätigen Überfälle

ist, uns an einem oder zwei Punkten beim Umsteigen angreifen könnte. Dagegen sprach laut den Bedenken von einem der Ultras, dass die 1. Mannschaft[23] heute selbst Spiel hat und ,die sich einen Scheiß um uns kümmern' würden. Auch wenn die Gefahren als gering eingeschätzt wurden, wurde dennoch über mögliche Überfälle nachgedacht. Die Gespräche verliefen wie beim fliegenden Klassenzimmer von Erich Kästner, welche Bande was, wie und wo machen könnte. Diese ,Guerillaplanung' hat durch aus etwas Apartes. Es ist wie in einem Actionfilm, hat man doch ein kleines Heer von Soldaten unter sich, die man verantwortungsvoll durch die Schlacht manövrieren muss. Anders als in einem Film, fühlen sich die erwarteten Gefahren jedoch real an, was einfach spannend ist.

Ferner sprach für die Reiseplanung ein Fankundiger Beamter der Bundespolizei (FKB) den Fanprojektler mehrmals an, dass dieser wiederum den Fans sagen soll, wie die Fahrt verläuft."

Der Ethnograph sitzt im Zug und „dreht sich um", um sich in die hinter ihm stattfindende Interaktion der Beforschten einzubeziehen. Diese Praktik gibt im Folgenden Anlass, die Situation des Ethnographen zu reflektieren, bevor auf die beforschten Akteure eingegangen wird.

Indem sich der Ethnograph umdreht, verlässt er seine Position, in welcher er sich mit dem Rücken zu den Personen befindet, die sein Forschungsinteresse begründen. Ganz allgemein war ich im Feld als teilnehmender Beobachter in gewisser Weise dabei, aber eben nie so richtig. Man tritt von außen an eine Gruppe von Menschen heran und interessiert sich dafür, *was die so machen.* Mit diesem Interesse an der Gruppe bleibt man ein Außenseiter, jemand Fremdes, weil die Dinge, die gemacht werden, den Ethnographen nicht um ihrer selbst willen interessieren, sondern ihrer Aussagen über gesellschaftliche Verhältnisse wegen. Ein Ethnograph kann bzw. soll sich in seinem Forschungsprozess zwar zeitweise mit Haut und Haar involvieren, also das Feldgeschehen inkorporieren und dabei seine wissenschaftliche Sicht zeitweise vernachlässigen. Am Ende müssen die gesammelten Erfahrungen jedoch Gegenstand der wissenschaftlichen Betrachtung werden, sonst wäre der Ethnograph nicht länger Ethnograph. Entsprechend wird der Beobachter das Label *Außenstehender* zu sein, welcher er am Ende als Forscher auch ist, wohl zumeist nicht los. Man kann nur versuchen, unauffällig und sensibel auf die Interaktionen und Geschehnisse im Feld einzugehen und generell möglichst transparent mit seiner

23 Die Darstellung des favorisierten Fußballvereins der beforschten Akteure war gegen die 2. Mannschaft. Die 2. Mannschaft ist gemäß der Wettkampflogik weniger erfolgreich, weshalb sie gemeinhin weniger Besucherinteresse erfährt bzw. in ihrem Bedeutungsgehalt der 1. Mannschaft untergeordnet ist.

Rolle umzugehen, wie es sich in der Beobachtung andeutete. In ihr war der Ethnograph ohne sein direktes *Verschulden* in eine Art Spionagesituation geraten, indem er mit dem Rücken einer Interaktion zugewandt war, die er aufmerksam registrierte. Haben ihn die Interaktanten nicht bemerkt oder ist es ihnen egal, ob er die Unterredung hört? Bleibt er sitzen und wird er erst nach einer Weile bemerkt, könnte dies dazu führen, dass die Interaktion unterbrochen wird, um an einen anderen Ort, außerhalb der Hörweite des Ethnographen, verlegt zu werden? Hypothetisch ist alles möglich, mit jeweils unterschiedlichen Konsequenzen für das Verhältnis zwischen den Beforschten und dem Ethnographen. Aus dem Pool an Möglichkeiten mit der Situation umzugehen, entschied sich der Beobachter, sich umzudrehen und sein Gesicht zu zeigen, womit er seine Aufmerksamkeit und Anwesenheit transparent gemacht hat. Daraus haben sich neue Wahlmöglichkeiten für die *aufmerksamkeitsbetroffenen* Feldteilnehmer ergeben. So kann der Akt des Ethnographen dazu führen, dass die Interaktion unterbrochen wird. Ein solcher Fall würde wiederum dem Ethnographen den offenen Umgang mit der Grenze von Vertraulichkeit ermöglichen. So könnte er sich entschuldigen, weil er ein vertrauliches Gespräch nicht unterbrechen wollte und sich entfernen. Er könnte auch seine Rolle thematisieren und versuchen, den potenziellen Befürchtungen der Akteure zu begegnen, durch den Ethnographen verurteilt zu werden. Er könnte sich selbstredend auch blamieren, indem er versucht, sich als vorgeblicher Experte in das Gespräch einzumischen und dabei zu scheitern. Insbesondere bei Gesprächen zwischen zwei oder mehreren Personen, fühlte ich mich als Ethnograph am besten damit, mich direkt zu einem Gespräch dazuzugesellen oder eben das Weite zu suchen. Nicht selten wurde mein fragender Blick in Richtung einer Gesprächsrunde und die mit dieser Situation zusammenhängenden Entscheidung hinzugehen oder wegzugehen, von den Akteuren bemerkt und mit dem sinngemäßen Hinweis „Kannst dich ruhig zu uns stellen!“ beantwortet.

Die Reflexion der ethnographischen Praxis hat auf ihre strukturelle Eigenschaft hingewiesen, einerseits in dieser Rolle Außenseiter zu sein und dies für die analytische Distanz auch bleiben zu müssen und andererseits großes Interesse daran zu haben, *Innenseiter* des Feldes zu sein. Daraus entsteht eine Dimensionierung zwischen Fremdheit vs. Vertrautheit. Zu große Fremdheit kann verhindern, *Innenseiter* zu werden. Vertrautheit ist daher die Bedingung für möglichst tiefe Einblicke in das Feld. Daraus entsteht ein prinzipiell schmaler Grat für das Gelingen der ethnographischen Teilnahme, die immer wieder von den beforschten Akteuren zugelassen werden muss oder immer wieder abgelehnt werden kann. Vor dem Hintergrund dieser strukturell ambivalenten Eigenschaft der ethnographischen Praxis, ergeben sich aus der protokollierten Interaktion folgende Spiegel und Masken: Indem sich der Ethnograph umdreht, kann er das antizipierte Urteil der Interaktanten erwarten, sich bemerkbar gemacht zu haben und interessiert zu sein. In diesem Spiegel präsentiert er sich mit der Maske des *offenen Interessierten*. Wie die inhaltliche Beschreibung der weiteren Beobachtung zeigt, wird dem Ethnographen die Teilnahme an der Interaktion gewährt. Die Beforschten präsentieren sich demnach mit der Maske, *offen und aufgeschlossen* dem Ethnographen gegenüber zu sein. Das führt zu seinem Urteil, dass die analysierten Akteure nichts vor ihm zu verbergen haben.

Nach der Analyse der ethnographischen Praxis wird nun die weitere Beobachtung hergeleitet.

Die beforschten Akteure tauschen sich über die Reiseplanung aus. Ein idealtypischer Ablauf von Reiseunternehmungen ist, sich mit der Wegstrecke, dem Transportmittel und dessen Bedingungen, wie Abfahrtszeiten von Zügen oder das Auto zu betanken, auseinanderzusetzen. Je nachdem, ob das Reiseziel bereits vertraut oder noch vollkommen fremd ist, bestimmt dieser Umstand weitere Strategien. Eine erstmalige Reise ist meist mit einer intensiveren Planung im Vorfeld verbunden. Weniger Vorbereitungen benötigen hingegen routinierte Ziele und Wegstrecken, da sie bekannt sind und Zuversicht besteht, mit Irritationen umgehen zu können. Die Reisevorbereitungen sind schließlich auch von der Art und Umfang des Aufenthalts abhängig. Bezogen auf den vorliegenden Freizeitkontext, der nur einen Tagesausflug beinhaltet, ist zunächst von weniger umfangreicher Planung auszugehen.

Jener skizzierte, idealtypische Ablauf greift zunächst gleichsam bei dem Gespräch der Akteure. So dient die Strategie, zu klären, an welchem Bahnhof die Reisenden ankommen werden und umsteigen müssen, als Überprüfung der Wegstrecke, um zu dem gewünschten Reiseziel *Fußballstadion* zu gelangen. Die Bedingungen, unter welchen jene Strategien besprochen werden, beziehen sich jedoch nicht vordergründig auf das Erreichen des Reiseziels, sondern auf Strategien, sich vor Angriffen auf den Reisewegen zu schützen. Im Kapitel „Umgemäht" (7.18) wird ein kultiviertes Kampf-Spiel rekonstruiert, in welchem die beforschten Akteure die Maske inszenieren, eine *kampferprobte Gruppe* zu sein. Dieses Spiel handelt davon, in einer gewalttätigen Auseinandersetzung die anderen Mitspieler zur Aufgabe ihrer Kampfbereitschaft zu zwingen. Jenes Kampf-Spiel wirkt vorliegend offenkundig als Voraussetzung einer sicherheitsorientierten Reiseplanung. Jene Bedingung unterteilt sich in die folgende Bestandteile: Sie setzt zunächst die Bereitschaft zur Identität *Mitspieler* zu sein voraus, was durch das Szene-Bekenntnis zutrifft. Daraus leitet sich eine Wechselbeziehung ab, die zu einem Angriff der Gruppe aus der Stadt führen kann, welche von den beforschten Akteuren – um dem Spiel des favorisierten Fußballvereins beizuwohnen – besucht wird. Vor dem Hintergrund dieser kämpferischen Wechselbeziehung zwischen den Szene-Gruppen, werden die antizipierten Gefahren plausibel. Die Gefahreneinschätzung verändert den Charakter der Reiseunternehmung grundlegend. So transformiert das Weltverhältnis der

Akteure die vorliegende Reiseplanung in eine Art *Guerillaplanung.* Aus einer Reise mit notwendigen Umstiegen, werden Etappen eines Spießrutenlaufs durch erwartete Angriffe, vor welchen sich die Akteure zu schützen versuchen. Die Verhandlung der räumlichen Bedingungen, in welchen sich die Akteure zu bewegen bedenken, generiert die Frage, welche spezifischen Merkmale derlei Orte haben und welche Akteure in diesen Räumen relevant sind?

Zunächst sind Räume wie Bahnhöfe und Wege innerhalb von Städten öffentliche Orte, sofern sie nicht als privat gekennzeichnet sind. Damit einher geht das Recht, sie zu betreten und zu nutzen. Wie genau sie genutzt werden dürfen, unterliegt verschiedenen Bedingungen. So ist etwa das Rauchen auf Bahnhöfen nur in gekennzeichneten Bereichen erlaubt oder gar nicht. Allenthalben kann auf einer Straße der Fußweg auf der linken oder rechten Seite benutzt, stehen geblieben und gewartet oder sich umgedreht und spontan in die entgegengesetzte Richtung gelaufen werden. Mithin besitzen öffentliche Orte die Eigenschaften, relativ frei genutzt werden zu können. Im Gegensatz dazu fällt auf, dass Fußballstadien massiv restringiert sind. Die räumliche Veranstaltungsarchitektur hat Einlasskontrollen. Stadien sind folglich nicht frei zugänglich, sondern es wird ein Eintrittsticket benötigt. Taschenkontrollen schränken die Mitnahme bestimmter Gegenstände wie Flaschen ein. Das Eintrittsticket schreibt gleichzeitig vor, in welchen Bereich man sich aufzuhalten hat. Jene Bereiche (Tribünenabschnitte) sind nicht selten durch hohe Zäune voneinander abgetrennt. Markierte Fluchtwege müssen freigehalten werden und eine Absperrung markiert die Trennung zwischen Spielfeld und Tribüne. Ist man einmal in dem Heim- oder Gästebereich angelangt, ist es kaum möglich, in den jeweils anderen Bereich zu wechseln. Durch Lautsprecher erfolgen Sicherheitsdurchsagen, das Ordnungspersonal der Veranstalter sowie die teilweise anwesende Polizei treten als *Wächter der Sicherheit* in Erscheinung. Neben den face-to-face Überwachungen durch das Sicherheitspersonal, gibt es darüber hinaus nicht selten eine umfangreiche Videoüberwachung, die die Einhaltung der vielen Regelungen in den Stadien von den Besuchern kontrolliert. Die massiv vergitterten Absperrungen, vorgegebenen Aufenthalte sowie die Kontrollen des Sicherheitspersonals wecken Assoziationen von *totalen Institutionen* (vgl. Goffman 2014). Wie im Kapitel 7 umfangreich rekonstruiert, gehen die veranstalterseitigen Sicherheitsstrategien auf das Urteil über die Besucher zurück, dass von ihnen Gefahren ausgehen. Die aus diesem Urteil resultierenden Maßnahmen führen zu einem eingeschränkten Erfahrungsspektrum für die Besucher, was widersprüchliche Erwartungen zur Folge haben kann. So wird im Kapitel 8.6 deutlich, dass die beforschten Akteure mit dem Motiv an der Veranstaltung teilnehmen, besondere Freiheiten zu erfahren, wofür sie sich an ihrer eigenen sozialen Ordnung orientieren, welche die außeralltägliche Erlebensstruktur evozieren soll. Der Handlungsorientierung, die sich nach einem *totalen Erlebnis* (vgl. Gebhardt 2010) ausrichtet, wird die einschränkende

Sicherheitsarchitektur einer *totalen Institution* (vgl. Goffman 2014) gegenübergestellt. Hingegen ist nun der öffentliche Raum relativ ungezwungen und von vergleichsweise paradiesischer Freiheit gegenüber den Fußballstadien geprägt. Daraus ergibt sich die Dimensionierung zwischen Einschränkung vs. Freiheit. Nach ihr ist zu erwarten, dass die Akteure die öffentlichen Räume nutzen, um außeralltägliche Erfahrungen machen zu können, die in der Veranstaltung tendenziell enttäuscht werden. Hinweise für die kompensatorische Orientierung an außeralltäglichen Erfahrungen außerhalb der Veranstaltung werden bereits in den vorherigen Kapiteln generiert, mit dem Ergebnis, die beforschten Akteure als eine Art Ordnungsmacht zu charakterisieren, durch welche sich eine erwünschte Erlebensstruktur konstituiert. Das Kapitel „Umgemäht" (7.18) zeigt ferner, dass erwünschte antizipierte Urteile zwischen den Szene-Gruppen insbesondere dann generiert werden können, wenn von vorgegebenen Ordnungsstrukturen wie etwa sich außerhalb vorgegebener Aufenthaltsbereiche zu bewegen, abgewichen wird. Reisewege, die im Vergleich zu den *totalen* Stadien zunächst wenig restringiert sind, bieten nun den Akteuren vermeintlich willkommene Möglichkeiten, Urteile über sich zu generieren, die ein erwünschtes Selbstbild evozieren. Die *Guerillaplanung* beinhaltet folglich sowohl Reflexionen über strategische Verhaltensweisen auf den erwarteten Kampfschauplätzen, als auch die dramatische Selbstpräsentation Kämpfer zu sein, die sich unmittelbar vor einer Schlacht befinden. Dass die kämpferischen Inszenierungen gewollt sind, zeigt sich allein an der freiwillig in der Freizeit getätigten Reise der Akteure. Sie müsste nicht angetreten werden, sofern sie ein zu großes Potenzial unerwünschter Gefahren erwarten ließe. Das Gegenteil scheint jedoch der Fall zu sein. Es ist vielmehr unterhaltsam für die Akteure, über Orte möglicher Angriffe zu spekulieren und die Art der Verteidigung. Die Spannung, die durch einen Kampf erlebt werden kann, wird bereits im Kapitel „Sich Gerade machen" (7.17) rekonstruiert. Dieses umfassende, durch Kämpfe evozierte Erleben, was dann verfügbar ist, sofern man wie die Akteure die Bereitschaft und Fähigkeiten zur Partizipation an derlei Interaktionen hat, transformiert nun die ursprünglich alltägliche Reise in eine Art Abenteuer.

Die Lust auf das kampfbasierende Abenteuer wird jedoch durch den Einwand eines *Kämpfers* enttäuscht, da sich die potenziellen Angreifer „einen Scheiß um uns kümmern" würden. Diese Redensart bedeutet sinngemäß die abfällige Bewertung, von jemandem vernachlässigt zu werden. Die Enttäuschung darüber ist besonders groß, da man die potenziellen Angreifer schätzt, welche einen nun vernachlässigen. Dieser Enttäuschung wird nun durch die Formulierung „Scheiß" Ausdruck verliehen. Die intervenierende Bedingung für die Vernachlässigung ist das gleichzeitige Spiel der „1. Mannschaft". Dieser Umstand führt zu dem Urteil, dass die potenziellen Kontrahenten keine Zeit zum Angreifen haben. Vielleicht sind sie damit beschäftigt, andere anzugreifen? Die antizipierte Entscheidung der Angreifer eine andere Gruppe zu attackieren, impliziert wiederum, dass diese wichtiger ist als die nicht angegriffene Gruppe aus der Beobachtung. Hinsichtlich der Eigenschaften eines Kampfes bedeutet diese antizipierte Beurteilung, dass die Interaktanten sich selbst als ungefährliche und daher zu vernachlässigende Gruppe maskieren. Wie im Kapitel „Umgemäht" (7.18) analysiert wird, ermöglicht der siegreiche Kampf die Selbstpräsentation mit der Maske der *kampferprobten Gruppe*, die die Kontrolle über das Stadion und die Stadt hat und in der Lage ist, diese Objekte vor dem Hintergrund des symbolischen Angriffs durch die gastierende Szene-Gruppe zu verteidigen. Wird nun von einer Szene-Gruppe die Annahme formuliert, dass von ihr gar keine Gefahren durch Angriffe angenommen werden, werden gegenteilige Urteile evoziert, wie fehlender Kampfgeist und Schwäche. Infolgedessen kümmern sich die potenziellen Angreifer „einen Scheiß" um die anreisende Gruppe. Jene Urteile konstituieren einen Spiegel, in welchem sich die Akteure mit der Maske sehen, eine unbedeutende Gruppe zu sein. Jenes antizipierte schicksalhafte Urteil der anderen Gruppe über die Gruppe der Akteure führt zur antizipierten Konsequenz, dass ihnen die Möglichkeit an außeralltäglichen Erfahrungen durch einen Kampf verwehrt bleibt. Folgt man der so rekonstruierten Sinnstruktur dieser kämpferischen Interaktion, könnten die beforschten Akteure ihre Bedeutsamkeit dadurch steigern, indem sie Urteile über sich herstellen, die auf ein Gefahrenpotenzial schließen lassen, wodurch die Kontrolle über die Stadt durch die andere Szene-Gruppe in Frage gestellt werden könnte. Eine offene Konfrontation mit der gegnerischen Gruppierung oder ostentative Randale wären hierfür denkbare Strategien.

Die exemplifizierte kämpferische Wechselbeziehung zwischen den Szene-Gruppen erklärt nun auch die Polizeianwesenheit. Mit ihrem Auftrag, die öffentliche Ordnung zu wahren, könnte sie die öffentlichen Freiräume der Akteure einschränken. Dass es einen sogenannten Fankundigen Beamten gibt, zeugt von der Spezialisierung der Polizei in der Begleitung dieser Reisegruppe, was auf eine regelmäßige Wechselbeziehung schließen lässt. Die Erfahrungen aus dieser führen dazu, dass der Polizist nicht direkt mit den fußballbezogenen Akteuren spricht, was auf eine konflikthafte Wechselbeziehung hindeutet, sondern Informationen an eine weitere professionelle Person übermittelt, einen sogenannten Fanprojektler (siehe Kapitel 3.3). Auch bei ihm handelt es sich um Personal, was sich auf die Akteure (sozialpädagogisch) spezialisiert hat. Dieses vermittelnde professionelle Personal verweist auf präventive Sicherheritsstrategien, welche das Urteil über die beforschten Akteure bestätigt, ihre eigene und partiell abweichende Ordnung gegenüber der öffentlichen Ordnung zu haben und durchsetzen zu wollen, weshalb Konfrontationen mit ihnen erwartet werden. Aus diesem Urteil resultiert eine umfangreich, institutionell eingebettete Reisebegleitung der Akteure. Insbesondere durch die Polizei ist zu erwarten, dass sie die öffentlichen Freiräume für die Akteure einschränkt und damit ebenfalls ihr kompensatorisches Handlungsfeld für außeralltägliche Erfahrungen, die im Stadion kaum erlebt werden können. Als entsprechend problematisch wird sich die Wechselbeziehung zwischen den beforschten Akteuren und der Polizei gestalten.

Zusammenfassung

Als grundlegende Rahmung für die beobachtete Interaktion werden die Eigenschaften von Stadien und öffentlichen Räumen gegenübergestellt. Die hohen Sicherheitsmaßnahmen in Stadien, die Assoziationen zu *totalen Institutionen* (vgl. Goffman 2014) aufkommen lassen, schließen auf einen sehr einschränkenden Veranstaltungscharakter für die Besucher. Jene Eigenschaft kann mit den Erwartungen an außeralltägliche Erfahrungen der beforschten Akteure konfligieren. Im Gegensatz dazu ist der öffentliche Raum von relativer Freiheit geprägt und gewinnt folglich an Relevanz für die Akteure, sich entfalten zu können. Aus den Charakteristiken der Räume *Stadion* und *öffentlicher Raum* wird schließlich die Dimensionierung zwischen Einschränkung vs. Freiheit rekonstruiert. Daraus wird abgeleitet, dass die Akteure ihre Orientierung an außeralltäglichen Erfahrungen auf den weniger restringierten Reisewegen zu kompensieren versuchen. Im Wissen um diese Orientierung begleitet die Polizei die Reisenden, weshalb die Freiheit durch sie wiederum eingeschränkt wird.

Vor dem Hintergrund des Szene-Weltverhältnisses wird aus der gewöhnliche Strategie Reiseweg zu besprechen eine *Guerillaplanung*, um sich vor Angriffen zu schützen. Nach Einschätzung eines Sprechers kümmert sich die potenziell angreifende Gruppe jedoch „einen Scheiß um uns". Die Einschätzung beinhaltet, dass es der Gruppe des Sprechers in der Vergangenheit nicht gelang, Urteile über sich zu evozieren, eine *kampferprobte Gruppe* und folglich gefährlich zu sein. Entsprechend wird antizipiert, dass sie nicht angegriffen werden, worin das Urteil über die potenzielle Angreifer-Gruppe enthalten ist, dass diese kampferprobt ist und es infolgedessen nicht nötig hat, dieses Urteil durch die Gruppe der Sprecher bestätigen zu müssen. Im Spiegel dieser antizipierten Urteile präsentiert sich die Gruppe mit der Maske eine *unbedeutende Szene-Gruppe* zu sein. Dieser Umstand verweist auf den Handlungszwang der Akteure, Urteile über sich zu generieren, die zur Involvierung in zukünftige kämpferische Interaktionen führen, um das Selbstbild zu inszenieren, kampferprobt und damit gefährlich zu sein. Der tatsächliche Kampfvollzug gegenüber der kampfirrelevanten Bereitschaft zum Kampf (7.15) erscheint vorliegend als zentrales Konstitutiv für die Wechselbeziehung zwischen den Szene-Gruppen. Mithin ist der tatsächliche Kampfvollzug eine Strategie, sich von anderen fußballbezogenen Akteuren abzugrenzen und Wechselbeziehungen zu exklusivieren.

Die kämpferische Wechselbeziehung zwischen den Szene-Gruppen erklärt ferner die Strategie des Zählens der Mitreisenden aus Kapitel 8.5. Jene Praxis dient vor dem soeben rekonstruierten Hintergrund dazu, die Spielstärke der eigenen Gruppe im Kampf-Spiel besser einzuschätzen.

Die Wechselbeziehung mit der Polizei als weiteren Interaktionspartner auf der Reise wird nun thematisiert.

8.8 „Baue keinen Scheiß“: Zur Aufrechterhaltung von Geschlossenheit

Beobachtung:

> „Ich quatschte mit einem Ultra über Bier und über seinen gestrigen Abend mit Kumpels. Einer der Ultras lief ständig im Wagon auf und ab und machte Witze über alle und alles Mögliche. Ein junger Ultra lief schwankend an mir vorbei und war schon sichtlich angetrunken. Er wollte zur Toilette, wofür er an der Polizei, die im Zwischenraum der beiden Zugwagons stand, vorbei musste. Einer von den Ultras rief zu ihm, in einem eher sachlichen Ton: ‚Bau' keinen Scheiß!'. Daraufhin erwiderte er mit einem Lächeln, ironisch wirkend: ‚Ich doch nicht!' und ergänzte, dass er nur auf Toilette wollte. Die Polizei ließ ihn ohne weiteres passieren und er ging einfach an ihr vorbei.“

Der Beginn der Beobachtung charakterisiert wiederholt den Kontext des Feldes. Es handelt sich um eine freizeitliche Unternehmung, für schöne Erlebnisse und um Spaß zu haben. So läuft ein Teilnehmer der Freizeitgemeinschaft witzelnd durch den Wagon auf und ab. Auch gemeinsam zu reisen und so Orte kennenzulernen lässt die Zusammenkunft zu einer nicht zu unterschätzenden sozialen und kulturellen Ressource für ihre einzelnen Mitglieder werden. So wurde dem Ethnographen mehrmals von einzelnen Feldteilnehmern gesagt, dass sie gar nicht wüssten, was sie sonst machen sollten, wenn sie nicht mit den anderen zum Fußball gehen würden.

Bezogen auf die beobachtete Interaktion musste einer der beforschten Akteure an der Polizei vorbei, um zur Toilette zu gelangen. Die Gänge in Zügen sind gemeinhin sehr schmal. Läuft man aneinander vorbei, lässt sich körperliche Nähe nicht vermeiden. Je nachdem an welcher Person man vorbei geht, werden alltägliche Normen angewandt, wie sich gegenseitig den Rücken zuzuwenden, um damit zu verdeutlichen, dass die räumliche Nähe kein Zeichen von gegenseitigem Interesse ist, sondern lediglich der räumlichen Situation geschuldet ist. Wie geht man nun in dem engen Raum eines Zugs an der Polizei vorbei? Sicherlich unterscheiden sich Polizisten wohl für die meisten Menschen von ganz alltäglichen, unbekannten Menschen durch ihre Uniform und dem Wissen, dass sie für die Aufrechterhaltung der öffentlichen Ordnung stehen. Ist jedoch kein ordnungsbetreffendes Hilfsbedürfnis vorhanden und auch kein Interesse an Ordnungsirritationen wird auch die Polizei zu einer mehr oder weniger zu ignorierenden (fast) neutralen Personengruppe. In vorliegender Situation führt hingegen die Polizeianwesenheit zum Anlass der Interaktion zwischen den beforschten Akteuren, in der eine Verhaltensanweisung formuliert wird: *„Bau' keinen Scheiß!"*. Gedankenexperimentell sind für diese Aussage drei naheliegende Kontexte denkbar, die nun exemplifiziert werden.

Eine einander bekannte Gruppe von Menschen fährt in einem Zug, in welchem sich Polizisten ohne erschließbaren Zusammenhang mit dieser Gruppe befinden. Als einer an den Ordnungshütern vorbei geht, sagt sein Bekannter aus Spaß: „Bau' keinen Scheiß!". Der Spaß würde sich auf die abwegige Möglichkeit beziehen, dass der Adressat ein *Draufgänger* ist und die Polizei provozieren könnte. Aufgrund dieser Abwegigkeit ist die Bemerkung jedoch eindeutig als Scherz definierbar.

Ein weiteres Gedankenexperiment bezieht sich auf den alkoholisierten Zustand des polizeipassierenden Akteurs. So könnte der anweisende Sprecher Erfahrungen mit dem besonders ausgeprägten Risikoverhalten des passierenden Akteurs haben, wenn dieser unter Alkoholeinfluss steht. Diese Risikobeurteilung geht so weit, dass eine Provokation der Polizei für möglich gehalten wird. Polizisten zu provozieren kann zu schwerwiegenden Konsequenzen führen, da sie wehrhaft sind und leicht Sanktionen einleiten können.

Eine dritte Kontextualisierung betrifft konkrete Erfahrungsbestände des ermahnenden Akteurs mit dem Ermahnten und dessen intendiertem Konfrontationskurs mit der Polizei.

Hinsichtlich der Gedankenexperimente wird der erste situierte Kontext ausgeschlossen. Weder verweist die sachliche Ermahnung auf einen Spaß, noch wird in der Beobachtung dokumentiert, dass ein gemeinsames Lachen der Akteure ihre Interaktion als Spaß gerahmt hätte. Der alkoholisierte Zustand scheint schon eher ein plausibler Anlass für die Ermahnung gewesen zu sein. So ist durch Alkoholeinfluss von einer allgemeinen Enthemmung von Verhaltensweisen auszugehen. Dieser Lesart folgend, wäre auch die ironische Antwort des Ermahnten: „Ich doch nicht!", passend. Hingegen erscheint die Aussage nur zur Toilette zu wollen, in dieser Lesart nicht ganz schlüssig. Denn mit dieser Erklärung plausibilisiert er sein zukünftiges Handeln, welches nicht konfrontationssuchend mit der Polizei ist und so einen Widerspruch zur erfolgten Ermahnung bildet. Es scheint, als würde der Ermahnte damit plausibilisieren wollen, nichts mit der Polizei im Schilde führen zu wollen, was wiederum jene Option prinzipiell als denkbare und damit nicht scherzhafte in den Handlungskontext einfließen lässt. Ebenso wenig zu der alkoholzentrierten Lesart passt die Bemerkung des Ethnographen, dass die Polizei den ermahnten Akteur ohne weiteres passieren ließ. Denn diese Deskriptionen deuten auf die vorhandene Spannung beim Ethnographen hin und dessen Erwartung, dass eine Konfrontation zwischen dem ermahnten Akteur und der Polizei nicht ganz abwegig ist, weshalb die Nicht-Konfrontation mit Bewertungen wie „ohne weiteres“ oder „einfach vorbei“ beschrieben wird. Das simple Passierenlassen der Polizei, verweist gleichzeitig darauf, dass Konfrontationen von Seiten der Polizei in der Antizipation des Ethnographen nicht ausgeschlossen sind. Diese Umstände lenken die Aufmerksamkeit auf die dritte Lesart, die die Ermahnung vor den Hintergrund konfrontativer Erfahrungen zwischen dem ermahnten Akteur und der Polizei rückt. Unterstützt wird diese Lesart durch die zuvor generierten Erkenntnisse, wonach die Anwesenheit der Polizei gerade wegen der Akteure gegeben ist, ebenso wie die strategische Überlegung seitens der Polizei, aufgrund konfrontativer Erfahrungen mit fußballbezogenen Akteuren Schutzkleidung zu tragen. Vor diesem Hintergrund wird zunächst festgehalten, dass die Polizei von den Akteuren als potenzieller Interaktionspartner erlebt wird. Charakteristisch für die beobachtete Interaktion ist dann, dass die Polizei von den Akteuren nicht als Hilfesteller bewertet wird. Vielmehr zeichnet sich eine Wechselbeziehung ab, die konfrontativ ist, was die Lesart stützt, dass die Polizei versucht, Erlebensstrukturen der Akteure einzuschränken, welche diese in der Fußballveranstaltung selbst nicht befriedigen können.

Die Lesart einer konfrontativen Wechselbeziehung zwischen den beforschten Akteuren und der Polizei, führt zu der Frage, warum der Sprecher durch seine Verhaltensanweisung: „Bau' keinen Scheiß!“ eine mögliche Konfrontation vermieden hat?

Die Polizei wurde bereits als wehrhafte und sanktionsmächtige Gruppe charakterisiert. Sofern man sich auf eine Konfrontation mit dieser Gruppe einlassen will, müssen entsprechend vorteilhafte Bedingungen wie die Möglichkeit zur Flucht vorliegen. Eine Flucht ist im Zug nur eingeschränkt möglich. Raumzeitlich findet die Beobachtung auf dem Weg zur Darstellung des Interessenobjekts statt. Eine Konfrontation mit der Polizei und eine Flucht, hätten vermutlich zur Folge, die Darstellung nicht zu sehen. Neben diesen eher logischen Überlegungen beinhaltet die Ermahnung noch weitere Hinweise auf die Gruppenperspektive. So kann eine belehrende Anweisung gemeinhin als eine verantwortungsbezogene Aussage klassifiziert werden. Denn wären die Konsequenzen einer Praktik eines Menschen egal, würde man ihn nicht, um des Versuchs willen die negativ antizipierten Konsequenzen abzuwenden, zurechtweisen. Mithin stellt sich die Frage, welche Verantwortlichkeit zwischen dem ermahnenden Akteur und dem ermahnten Akteur besteht? Naheliegend ist die Auslegung, dass die Interaktanten eine freundschaftliche Beziehung pflegen, wofür die gemeinschaftliche Zugreise zu einem gemeinsamen Ziel spricht. Dem Ermahnenden ist folglich Interesse an dem Wohl des Ermahnten zu unterstellen. Es gibt jedoch noch eine weitere intervenierende Bedingung, in der eine Verantwortlichkeit zwischen den Akteuren ausgeprägt zum Tragen kommt. So wird bezogen auf die Polizeianwesenheit vor dem Bahnhof (8.1) aufgezeigt, dass die Akteure Bedeutsamkeit durch kollektives Agieren erleben. Werden ein oder mehrere Akteure in einer gruppenbezogenen Praxis eingeschränkt, gerät das Bedeutsamkeitserleben in Gefahr, weil es gestoppt werden kann. Entsprechend müssen Handlungshemmungen auch von einzelnen Gruppenmitgliedern vermieden werden, um die geschlossene und damit bedeutsamkeitsgenerierende Praxis der Gruppe zu gewährleisten. Eine unüberlegte Konfrontation mit der Polizei durch einen Einzelnen, könnte zu dessen Verhaftung führen, wodurch die Gruppe als geschlossene Einheit aufgebrochen wäre. Gegenüber diesem Handlungshemmungsversuch müssten dann die übrigen Gruppenmitglieder geschlossen versuchen, sich zu widersetzen, um so die Bedeutsamkeit, die sich aus der geschlossen Kollektivität ihrer Praxis ergibt, aufrechtzuerhalten. Eine umfangreiche und folgenreiche Konfrontation mit der Polizei wäre dann unausweichlich. Um diese antizipierte Handlungsabfolge zu beeinflussen, sagt schließlich der Ermahnende: „Bau' keinen Scheiß!".

Zusammenfassung

Die Rekonstruktion der Beobachtung weist zunächst auf eine Freizeitgemeinschaft hin, die Spaß hat und gemeinsame Aktivitäten durchführt. Sie ist mithin eine bedeutsame soziale Ressource für die Akteure.

Durch die polizeibezogene Interaktion wird eine bestehende Wechselbeziehung zwischen der Polizei und den beforschten Akteuren offengelegt. Die Interaktion beinhaltet eine ermahnende Aussage („Bau' keinen Scheiß!"). Als antizipierte Konfrontation vor dem Hintergrund vergangener Erfahrungen zwischen der Polizei und den beforschten Akteuren wird die Einlassung dieses Sprechakts verstehbar. Begründet wird die konfrontative Wechselbeziehung mit dem Versuch der Akteure, Erlebenseinschränkungen in der Fußballveranstaltung auf Reisewegen zu kompensieren. Diese Handlungsorientierung der Akteure wird von der Polizei jedoch eingeschränkt, wodurch ihre Erwartungen an Erlebenszugängen und die an sie gekoppelten Selbstbilder enttäuscht werden.

Ferner wird erneut ersichtlich, dass das Bedeutsamkeitserleben der Akteure durch ihren gemeinschaftlichen Handlungsvollzug evoziert wird. Denn nur als Gruppe kann sie eine eigene soziale Ordnung gegenüber der öffentlichen Ordnung durchsetzen und so einen außeralltäglichen Erfahrungsraum für sich eröffnen. Wird die kollektive Handlungsorientierung der Gruppe oder Einzelner eingeschränkt, muss sie sich kollektiv widersetzen, um ihre Geschlossenheit zu präsentieren, durch welchen sie ihren Zugang zum besonderen Erleben absichert. Vor diesem Hintergrund wird in der Interaktion dazu ermahnt, eine Konfrontation mit der Polizei zu vermeiden, um die Gefahr von außen aufgebrochen zu werden, zu umgehen.

Die Rekonstruktion hat darauf aufmerksam gemacht, dass die Ordnungsmacht der Akteure eine prekäre Macht ist. Das *Schwarzfahren* ist ein prägnantes Beispiel für die Etablierung der eigenen Ordnung, woraus ein bedeutsamer Freiraum entsteht. Dementgegen stellt die anwesende Polizei eine ständige Gefahr für die Akteure dar, sie in ihren Praktiken zu hemmen. Gleichwohl ist insbesondere die Polizei mit ihrem offiziellen Ordnungsauftrag ein attraktiver Interaktionspartner, um die Mächtigkeit des eigenen Weltverhältnisses unter Beweis zu stellen, welches bereits als so mächtig angesehen wird, dass es gar die Anwesenheit der Polizei erforderlich macht. Diese Feststellung lässt im Allgemeinen Konfrontationen mit der Polizei erwarten.

8.9 Polizeikette: Zur dekontextuellen Neuinszenierung der Veranstaltung

Beobachtung:

> „Als wir am Bahnhof ankamen und aus dem Zug ausstiegen, erwartete uns eine Polizeikette von mindestens 10 Polizisten, welche uns aufhielt. Alle übrigen Reisenden ohne erkennbaren Fußballbezug konnten einfach an ihr vorbei gehen. Da dieser Bahnhof an Wochenenden Umsteigeplatz für viele Fußballfans ist, koordiniert die Polizei die verschiedenen Fangruppenströme, so dass die Gruppen nicht direkt aufeinander treffen. Die Ultras nahmen diesmal die Polizeistrategie ohne Kritik an und warteten. Während wir vor der Polizeikette warteten, wurden die üblichen Lieder gesungen: ‚Hurra, hurra, die [X-Städter] sind da [...]'. Das ist weniger aggressiv. Provokanter wäre: ‚Kniet nieder, [Stadt] ist zu Gast'. Das meinte auch ein Ultra, mit dem ich auf dem Bahnsteig über die Auswahl der Sprechchöre sprach. Er erzählte mir, dass einmal ein ganz kleiner ‚Ultra-Mob' die große Fresse bei dem Umstieg an diesem Bahnhof hatte, aber sich die ganze Zeit im Schutz der Polizei befand. So etwas ist sehr lächerlich, meinte er. Die Polizei hält uns also nicht nur auf, sie schützt uns auch, dachte ich.
>
> Nach wenigen Minuten, als die Luft rein war, durften wir an der Kette vorbei gehen."

Die Beobachtung dokumentiert ein vorrübergehendes Festhalten der beforschten Akteure von der Polizei am Bahnhof. In dem Protokoll ist bereits der idealtypische Ablauf für Reisende enthalten. Dieser sieht vor, dass sich Menschen im öffentlichen Raum – wie in einem Bahnhof – frei bewegen können. Entsprechend wird beobachtet, dass die Reisenden ohne Fußballbezug an der Polizei vorbei passieren. Polizeiseitig werden folglich die Bahnreisenden als Reisende ohne und Reisende mit Fußballbezug kategorisiert. Wie in Kapitel 8.1 analysiert wird, bezieht sich die Anwesenheit der Polizei auf das Urteil über die beforschten Akteure, die öffentliche Ordnung zu gefährden. Die Polizei präsentiert sich demgemäß mit der Maske *Wahrer der öffentlichen Ordnung* zu sein. Der Wahrung inhärent ist die Vermeidung einens direkten Kontakts zwischen fußballbezogenen Gruppen mittels einer polizeilichen Menschenkette. Das vorherige Kapitel weist den öffentlichen Raum als – im Vergleich zu modernen Fußballstadien mit ihrer Sicherheitsarchitektur – relativ bewegungsfreien Raum aus. Demzufolge wird angenommen, dass die Akteure ihre Erlebnisdefizite im öffentlichen Raum zu kompensieren versuchen. Der Umstand, dass eine Polizei-Gruppe in der beobachteten Situation speziell für die Kontaktvermeidung zusätzlich eingesetzt wird, verweist auf die professionelle Einschätzung der Polizei gegenüber der routinierten Handlungsorientierung der Akteure an gewalttätigen Konfrontationen mit Gleichgesinnten. Der präventive Dauereinsatz der Polizei bestätigt schließlich die Annahme, dass die Akteure Erwartungsdefizite in dem Event außerhalb dessen zu kompensieren versuchen. Die Handlungsorientierung der Akteure außerhalb der Veranstaltung gewalttätige Praktiken zu vollziehen, erweitert ihr Verstehen. So impliziert die kämpferische Perspektive der beforschten Akteure das Weltverhältnis, welches in der Wettkampfveranstaltung institutionalisiert ist. Denn dort kämpfen zwei Sportmannschaften gegeneinander. Die dichotome Aufteilung der Besucher in Heim- und Gästefans (5.2) ermöglicht es, den Wettkampf des Spielfeldes unmittelbar auf die Tribünen zu übertragen, wodurch das Event des Gegeneinanders auf seine Besucher erweitert wird, welche es umfangreich reproduzieren. Vorliegende Beobachtung ist nun insofern bemerkenswert, als dass die Situation raum-zeitlich außerhalb der konkreten Veranstaltung stattfindet, aber die an sie gekoppelte Wettkampflogik aufrechterhalten bleibt. Vor diesem Hintergrund handelt es sich um eine Art *dekontextuelle Neuinszenierung* der Veranstaltung, in welcher die Akteure eigene Schwerpunkte setzen. So besitzt ihre dekontextuelle Neuinszenierung weiterhin das Merkmal eines Wettkampfes, jedoch ohne das Medium *Fußballsport*. Deshalb wird die konkurrierende Wechselbeziehung tendenziell als tatsächlicher Kampf ausgetragen, was bereits im Kapitel 8.8 deutlich wird, und vorliegend von der Polizeikette verhindert werden soll. Warum orientieren sich die Akteure jedoch an der Strategie des Kampfes untereinander und nicht an anderen?

Thematisch naheliegend wäre, dass die Akteure mit ihren symbolischen Zugehörigkeiten zu Fußballvereinen selbst zu Spielern werden und gegeneinander den fußballerischen Wettkampf vollziehen. Sie könnten auf einem ausgewählten Platz mit eigenem Ball gegeneinander spielen. Das Ergebnis des Spiels könnte Urteile und Masken von fußballerprobten Vereinsanhängern hervorbringen, welche diesen und dessen dazugehörige Stadt durch ihre fußballerischen Fähigkeiten sehr gut *vertreten* können. Warum also die Orientierung an einem tatsächlichen Kampf?

Raum-zeitlich begegnen sich die verschiedenen Bekenntnisträger der unterschiedlichen Fußballvereine an Spieltagen vor dem Stadion und – voneinander getrennt – in der Stadionveranstaltung oder, wie in der Beobachtung, am Bahnhof sowie auf anderen Reisewegen. Diese Orte sind für ein fußballerisches Wettkampfspiel nur bedingt geeignet. So fehlt es an ausreichendem Platz und einer geeigneten Infrastruktur zur Umsetzung von Regeln. Ferner gibt es organisatorische Herausforderungen, wie Mannschaften zu bilden, geeignete Kleidung zu tragen, einen Schiedsrichter zu ernennen etc. Schließlich müssen fußballerische Fähigkeiten mit viel Training erlernt werden, was sehr aufwendig ist. Die körperliche Fitness muss ebenfalls ständig aufrechterhalten bleiben, was mit sehr viel Disziplin verbunden ist. Zudem dauert ein Fußballspiel eine gewisse Zeit. Hinsichtlich der schlechten infrastrukturellen Konditionen ist es außerdem schwer, Regeln durchzusetzen und somit zu entscheiden, welche Mannschaft gewonnen hat. Im Gegensatz dazu eignet sich ein tatsächlicher Kampf als Wettkampf zwischen den Gruppen besser. Die räumlichen Bedingungen gewähren mehr oder weniger ausreichend Platz. Ein Kampf ist kurzweilig und wenn jemand *umgemäht* ist, steht der Sieger fest, was eine relativ leicht umzusetzende Regel ist. Neben der nicht zu unterschätzenden Schwelle den Mut aufzubringen, sich in einen Kampf zu begeben, bedarf es nicht unbedingt viel Training und Technik, um ein erfolgreicher Straßenkämpfer zu sein. Lässt man sich auf einen seinem Wesen entsprechend gefährlichen Kampf ein, ist ein spannungsvolles Erleben vorhersehbar. Die Kapitel 7.15 oder 7.18 geben bereits Einsicht in die Risiken eines Kampfes, was ein hohes Maß an Opferbereitschaft erfordert. Die Risiken sind es ferner, die einen Kampf zur spektakulären Interaktion werden lassen, welche aufmerksamkeitserregend ist und viele Bewertungen auf sich zieht: Menschen, die nicht an Kämpfen beteiligt sind und diese aufgrund ihrer Gefahren ablehnen, werden Kämpfer vermutlich als gefährliche oder deviante Personen bewerten. Kämpfende Menschen, insbesondere diejenigen, die wie die Akteure innerhalb eines szenebezogenen und gewaltoffenen Weltverhältnisses miteinander verbunden sind, lassen hingegen Urteile erwarten, dass die kämpfenden Akteure Mut haben und dass sie opferbereit sind und sich damit besonders glaubwürdig für ihre Ideale bzw. der Ideale der Szene engagieren. Insofern sind Kämpfe im Vergleich zu anderen wettkämpferischen Interaktionen – wie auch das Beispiel Fußballsport zeigte – problemlos in die raum-zeitlichen Bedingungen der Begegnungen zwischen den Szene-Gruppen integrierbar. Ferner versprechen die gravierenden Risiken von kämpferischen Wettkämpfen ein intensives Erleben, welches aus Perspektive des Szene-Weltverhältnisses wünschenswerte Urteile und Selbstbilder hervorbringt. An dieser Stelle zeigt sich damit wiederholt, dass die Akteure dekontextuell, d. h. außerhalb der Veranstaltung, die Wettkampfrahmung neu inszenieren, wodurch diese für die Beforschten zu einem universellen Weltverhältnis wird. Nämlich eines, das in dem einleitenden Kapitel 2.1 über das Feld als 24 Stunden und 7 Tage die Woche-Selbstbild der Akteure beschrieben wird.

Die Überzeugung der Polizei, die fußballbezogenen Akteure als gewalttätig gegenüber anderen Ultra-Gruppen zu kategorisieren, führt zu einer präventiven Trennung der einzelnen Szene-Gemeinschaften, was von der beforschten Gruppe ohne Irritation akzeptiert wird. Somit wird dieses Urteil der Polizei von ihnen vorbehaltlos angenommen und damit bestätigt. Ganz im Gegenteil, die beforschte Gruppe verbalisiert Sprechchöre wie: „Hurra, hurra, die [Städter] sind da“, womit sie ihre Anwesenheit in der *fremden* Stadt laut bekunden. Von zwei kampfbereiten bzw. -erpichten Gruppen ausgehend, lässt sich diese Anwesenheitsbekundung als eine Art Interaktionseinladung verstehen und bestärkt mithin die Einschätzung der Polizei anwesend sein zu müssen, um eine friedlich orientierte Ordnung aufrechtzuerhalten.

Andererseits ist diese Bekundung wenig konfrontativ. Da sie keine persönliche Beleidigung enthält, die Reaktionen wahrscheinlich macht, wie die Rekonstruktion in Kapitel 7.19 zeigt, steht es den potenziellen Adressaten des Sprechchors mehr oder weniger offen, darauf zu reagieren. Ungeachtet dessen kann im Kapitel „Umgemäht“ (7.18) gezeigt werden, dass bereits die bloße Anwesenheit einer Szene-Gruppe in der ihr *fremden* Stadt provozierend für die *heimische* Szene-Gruppe sein kann, die sich zum Auftrag gemacht hat, diese Stadt zu *verteidigen*. In dem Protokoll wird eine weitere Anwesenheitsbekundung erwähnt: „Kniet nieder, [Stadt] ist zu Gast“. Diese Aussage beinhaltet hingegen einen Appell. So sollen sich die Menschen nieder knien, die sich der Stadt zugehörig fühlen, deren Gäste die Sprecher sind. Niederzuknien ist eine sehr ausgeprägte und tendenziell anachronistische Ehrerbietungstechnik, mit welcher man sich klein vor einer Person, Gruppe oder Symbolen macht. Sich vor etwas oder jemandem hinzuknien symbolisiert die eigene Unterwerfung unter bestimmte Personen oder Ansichten. In dem Sprechchor wird zu dieser Ehrerbietung aufgerufen. D. h., die Adressaten sollen sich was oder wem auch immer unterwerfen. Jener Anspruch ist dominant und kann aufgrund des hohen symbolischen Wertes sich vor jemandem oder etwas niederzuknien, verweigert werden. Die eigentliche Geschichte einer solchen Interaktion wäre dann, wer sich wem unter welchen Bedingungen gefügig machen soll. Jene Aushandlung kann etwa durch einen Kampf mit Gewinnern und Verlierern erfolgen. Diese Lesarten bestätigen sich bereits im Protokoll durch einen Feldteilnehmer. So würden Gruppen als „lächerlich“ beurteilt werden, wenn sie nicht autonom und aus eigener Kraft heraus jenen dominanten Anspruch nach Unterwerfung formulieren können, sondern nur wenn sie durch Dritte (Polizei) dabei geschützt werden. Im Kapitel „Kampf light“ wird herausgearbeitet, dass innerhalb des Stadions lediglich eine Kampfbereitschaft durch viele Gewaltaufforderungen suggeriert wird, jedoch die Konsequenz eines Kampfvollzugs – sofern sich alle im Rahmen des Veranstaltungsprotokolls bewegen – unwahrscheinlich ist.

Raum-zeitlich befindet sich die vorliegende Situation jedoch außerhalb des Veranstaltungsortes. Dies führt gleichsam zu anderen Bewertungen von Interaktionen. So ist es im raum-zeitlichen Kontext außerhalb des Stadions „lächerlich“, konfrontative Äußerungen zu verbalisieren und dabei die tatsächliche Konfrontation zu vermeiden. Demnach wird der Kampf außerhalb von Fußballstadien relevant.

Die Einschätzung des Akteurs bestätigt die aus dem Material rekonstruierte Lesart, dass außerhalb des Veranstaltungsortes eine Handlungsorientierung greift, in der veranstaltungsbezogene, aber dort enttäuschte Erwartungen ausgelebt werden können. Diese umfassen Gewaltanwendungen, um sich als besonders aufopfernde Gruppe oder als sehr engagiertes Gruppenmitglied für das szenebezogene Weltverhältnis darzustellen, was intern als Heldentum stilisiert wird. In der beobachteten Situation wird der Polizei und einer Konfrontationsvermeidung deshalb nachgegeben, da die Akteure nicht über ausreichend Kampfstärke verfügen, um tatsächlich die anderen anzugreifen. Da jedoch außerhalb des Stadions die Relevanz des Kampfes besteht, hätten sie sich „lächerlich“, d. h. unglaubwürdig gemacht, wenn sie ihn ostentativ herausgefordert, aber nicht umgesetzt hätten.

Zusammenfassung

Die Rekonstruktion behandelt zunächst das Urteil der Polizei, die fußballbezogenen Akteure seien eine Gefahr für die öffentliche Ordnung, weshalb sie durch die Polizeikette aufgehalten werden. Bedingung für diese Einschätzung ist das Szene-Bekenntnis der Akteure, wonach bestimmte Besucher-Gruppen von Fußballspielen eine kämpferische Wechselbeziehung miteinander eingehen. Das Szene-Bekenntnis, welches die kampforientierte Beziehungsgestaltung zwischen den unterschiedlichen Gruppen einfordert, ist durch die bereits beschriebene Sicherheitsarchitektur mit ihren hohen Zäunen sowie ihrer personalen und videogestützten Überwachung stark eingeschränkt. Das Event als *totales Erlebnis* (vgl. Gebhardt 2010) wird mithin für die Akteure um die Erwartung kämpferischer Erlebenswerte und der daraus hervorgehenden Selbstbilder beschnitten. Im Kapitel 8.8 wird hingegen herausgearbeitet, dass der öffentliche Raum vergleichsweise wenig eingeschränkt ist und somit zur Kompensation veranstaltungsbezogener Einschränkungen genutzt wird. Die entscheidende Modulation dafür ist ein Streben nach veranstaltungsbezogenen Interaktionsstrukturen auch außerhalb der Stadien zu etablieren. Wie in Kapitel 5.3 rekonstruiert wird, wird mittels der dichotomen Besucheraufteilung der Wettkampf auf die Tribünen übertragen. Daraus konstituieren sich die kämpferischen Wechselbeziehungen zwischen den Besuchern. Diese werden im Stadion jedoch stark unterbunden, weshalb sie nun außerhalb der Veranstaltung ausgelebt werden.

Es wurde aufgezeigt, dass die Beziehungsstrategie der physischen Gewaltausübung kurzweilig, technisch und operativ einfach durchgeführt werden kann, z. B. „umgemäht" = verloren. Ferner ermöglicht die Charakteristik von Kämpfen riskant zu sein, eine situativ spannungsvolle Erfahrung hin zum *totalen Erlebnis* (vgl. Gebhardt 2010). Dieses wird schließlich abgerundet, indem die beforschte Gruppe gewünschte Selbstbilder hervorbringt, welche sich aus szenebezogenen Diskursen ergeben, wie durch den Kampf die Stadt oder den Fußballverein zu verteidigen, was heroisch ist. Die Handlungsorientierung der Akteure veranstaltungsbezogene Wechselbeziehungen außerhalb der Veranstaltung zu reproduzieren, wird als dekontextuelle Neuinszenierung der Veranstaltung bezeichnet. Die dekontextuelle Neuinszenierung dient als Ressource, aus dem teilweise limitierten Event ein umfangreicheres Erlebnis zu machen.

Die innerhalb der dekontextuellen Neuinszenierung konstituierten Wechselbeziehungen der beforschten Akteure sind derart institutionalisiert, dass eine ebenso institutionalisierte Strategie der Polizei existiert, diese Inszenierungen auch außerhalb des Stadions zu unterbinden. Indem sich die Akteure der Polizeikette, die als eine Art menschlicher Zaun fungiert, fügen, bestätigen sie ihr Urteil, tendenziell die öffentliche Ordnung durch ihre veranstaltungsbezogenen Beziehungen zu gefährden. In diesem Zusammenhang hilft die Strategie der Polizei sich der Gruppe mit der Maske zu präsentieren, kampfbereit zu sein. Die beforschten Akteure können sich folglich im Schutz der Polizei bewegen und dabei ein kämpferisches Weltverhältnis herstellen, ohne dabei das Risiko einzugehen, kämpfen zu müssen.

Die prinzipielle Relevanz des Kampfvollzugs außerhalb der Veranstaltung wird durch die Bewertung des Feldteilnehmers über die Sprechchöre deutlich. Es ist ersichtlich, dass das Signalisieren von Kampfbereitschaft mittels dominanter Praktiken (z. B. die Aufforderung anderer sich niederzuknien), auch Kämpfe zur Folge haben muss, da andernfalls Urteile generiert werden, „lächerlich" und damit unglaubwürdig zu sein. In der beobachteten Situation äußert sich die beforschte Gruppe durch ihren gewählten Sprechchor („Hurra, hurra […]") hingegen wenig kampfbereit. Sie entgehen damit dem Urteil anderer Szene-Gruppen unglaubwürdig zu sein, da durch die Polizeikette kaum ein Kampf stattfinden kann. Ein anderes Urteil wäre etwa dann denkbar gewesen, wenn die beforschte Gruppe die Polizeikette durchbrochen hätte, um einen Kampf mit der anderen Gruppe zu vollziehen. Diese Strategie hätte Urteile, wie eine besondere Kampfbereitschaft zu besitzen, über sie evoziert. Selbst das Wagnis einer Konfrontation mit der Polizei, würde um des Kampfes wegen eingegangen werden. An diesem hypothetischen Beispiel wird ersichtlich, dass die Polizei durchaus ein attraktiver Interaktionspartner ist, da Angriffe auf diese besonders risikoreich sind, was erwünschte Selbstbilder der Akteure konstituiert, opferbereit und damit heroisch zu sein. Im Gegensatz dazu orientiert sich die Gruppe in der protokollierten Beobachtung daran, nicht kämpfen zu wollen, was letztlich die Bedingung erfüllt, die Strategie der Polizei nicht zu kritisieren und zu kooperieren.

8.10 Zusammenfassung Praktiken auf Reisewegen

Kapitel 8.1 offenbart, dass der gemeinsame Interessenfokus der Akteure eine eigene Ordnung evoziert, welche die öffentliche Ordnung zu irritieren vermag, wodurch sie sich als bedeutend erleben. Die präventiv anwesende Polizei ist da, um öffentliche Irritationen und mithin auch öffentliche Selbstpräsentationen der Akteure einzuschränken. Die vollzogenen Sicherheitsmaßnahmen bestätigen das generalisierte Misstrauen den beforschten Akteuren gegenüber, welches sich bereits in der Veranstaltung abzeichnet. Um die Bedingung eine eigene Ordnung zu etablieren, zu verdeutlichen, werden die beforschten Akteure als Netz charakterisiert, in welchem sie sich gegenseitig in ihrem Handeln bestätigen und reproduzieren können.

In Kapitel 8.2 präsentieren die Akteure sich durch ihren schnellen Gleichschritt als bedeutsame und geschlossene Einheit. Damit bestätigt sich die Lesart aus dem vorherigen Kapitel, dass die Akteure Bedeutsamkeit erlangen wollen.

Kapitel 8.3 wirft ein Schlaglicht auf die Praxis der Akteure, ohne gültigen Fahrschein Zug zu fahren. Indem die Akteure sich zwar auffällig verhalten, aber nicht vom Zugpersonal kontrolliert werden, definieren sie sich als Ordnungsmacht, die ihr Weltverhältnis gegenüber anderen Ordnungen durchsetzt. In diesem Fall wird auf eine problematische Wechselbeziehung mit der öffentlichen Ordnung hingewiesen, welche das generalisierte Misstrauen gegenüber den Akteuren gleichsam erklärt.

Kapitel 8.4 analysiert die Praxis des Zählens der anwesenden Akteure. Jene Praktik legt eine wechselseitige Abhängigkeit zwischen den Akteuren offen, welche sich aus der Durchsetzung der eigenen Ordnung gegenüber anderen Ordnungen ergibt.

Eigene Ordnungsvorstellungen durchzusetzen bestätigt sich im Kapitel zur „Außeralltäglichkeit der Fußballveranstaltung" (8.5). Es wird rekonstruiert, dass die situationsgebundene Identität *Fußballanhänger* zu sein, zunächst dazu legitimiert, alltägliche Normen auszureizen und teilweise zu übertreten, wodurch außeralltägliche Erfahrungen im öffentlichen Raum zugänglich werden. Die regelmäßig stattfindende Veranstaltung führt gleichzeitig zur Konsolidierung des eventbezogenen Weltverhältnisses.

Im Gegensatz zu anderen außeralltäglichen Rahmungen wie etwa dem Karneval, zeigt sich im Kapitel 8.6, dass die Eigenschaft der sozialen Ordnung der Akteure außeralltäglich zu sein gleichsam durch deviantes Verhalten hergestellt wird, wodurch sich die problematische Wechselbeziehung zwischen der alltäglichen Ordnung und ihrer eigenen Ordnung erneut bestätigt. Charakteristisch hierfür ist, dass die öffentliche Ordnung auch in Form von Gesetzen lediglich als eine verhandelbare Sicht neben der eigenen Gruppenperspektive klassifiziert wird, was auf das umfangreich konsolidierte Weltverhältnis der Akteure schließt.

Der Vergleich in Kapitel 8.7 zwischen Stadien und öffentlichen Räumen verdeutlicht, das Fußballstadien mit ihrer massiven Sicherheitsarchitektur wie *totale Institutionen* (vgl. Goffman 2014) aufgebaut sind. Jene Bauart unterbindet veranstaltungsbezogene Erwartungen der Akteure, welche diese nun in dem relativ wenig restringierten öffentlichen Raum zu kompensieren versuchen. Die erweiterten Handlungsmöglichkeiten im öffentlichen Raum werden mithin von den Akteuren genutzt, um sich mit, in der Veranstaltung kaum realisierbaren, gewünschten Selbstbildern zu exponieren. Reisewege werden so zur wichtigen und identitätsstiftenden Ressource für die Akteure. In diesem Zusammenhang dient die Orientierung an gewalttätigen Auseinandersetzungen dazu, Urteile über sich hervorzurufen, mutig und opferbereit zu sein, was heroisch ist.

Entsprechend der Auslegung, dass die Akteure sich als Ordnungsmacht präsentieren, zeigt sich im Kapitel 8.8 die Konstituierung einer quasi egalitären Wechselbeziehung mit der Polizei aus dem Weltverhältnis der Akteure, mit zwei sich gegenüberstehenden Ordnungsmächten. Aus der Rekonstruktion wird darüber hinaus abgeleitet, dass die Polizei ein geeigneter Interaktionspartner für Konfrontationen ist, um die eigene Ordnung unter Beweis zu stellen.

In dem abschließenden Kapitel 8.9 ist die Erkenntnis zentral, dass die Akteure veranstaltungsbezogene Interaktionen und Wechselbeziehungen außerhalb der Veranstaltung reproduzieren. Diese Transferleistung wird als dekontextuelle Neuinszenierung der Veranstaltung bezeichnet. Aus ihr resultiert das kämpferische Weltverhältnis mit anderen Szene-Gruppen. Gewalt als Beziehungsgegenstand ist in diesem Zusammenhang hoch funktional, da Kämpfe operativ praktikabel sind und durch ihre Risiken gewünschte Selbstbilder hervorbringen. Diese institutionalisierten, kämpferischen Wechselbeziehungen werden durch die Polizei ebenfalls institutionalisiert verhindert. Auch daran wird ersichtlich, wie etabliert das Weltverhältnis der Akteure in der Öffentlichkeit ist, da Institutionen sich während einer Fußballspielsaison wöchentlich umfangreich auf sie einstellen (müssen).

Abschließend ist festzustellen, dass die Reisewege für die Akteure einen integralen Bestandteil für das Gesamterleben veranstaltungsbezogener Erwartungen bilden. Die expansive Reproduktion der Veranstaltungsperspektiven in anderen Kontexten verweist dabei auf die umfassende Geltung dieses Weltverhältnis in der Lebenspraxis der Akteure.

Die konstitutiven Interdependenzen zwischen den verschiedenen, raum-zeitlichen Praxisvollzügen der beforschten Akteure, die in vorliegender Studie in Praktiken vor dem Stadion (Kapitel 6), Praktiken im Stadion (Kapitel 7) und Praktiken auf Reisewegen (Kapitel 8) unterteilt werden, werden nun anhand einer letzten Situation dargelegt, welche gleichzeitig den Aufbau des empirischen Teils nochmals plausibilisiert.

9 Alarmierter Zustand: Auf Leben und Tod zwischen den Szene-Gruppen

Beobachtung:

„Nach meiner abgeschlossenen Feldphase hörte ich aus Medienberichten, dass Fahnen der beforschten Gruppe bei einem Überfall nach einem Auswärtsspiel auf ihrem Heimweg von einer anderen Gruppe geklaut wurden. Auf einer Facebook-Website fand ich schließlich ein Foto von der Gruppe mit den erbeuteten Fahnen, welche diese verkehrtherum präsentierten. Darunter waren viele Kommentare von Ultras aus ganz Deutschland zu lesen.

Für die Spielbegegnung wenige Wochen später gegen den Verein mit dieser Besucher-Gruppe, wurde nun angenommen, dass diese die erbeuteten Fahnen auch verkehrt herum im Stadion aufhängen würden, um die Gruppe mit Fahnenverlust zu demütigen. Angesichts dieser Krise entschloss ich mich, zu dem Spiel zu fahren und mir einen eigenen Überblick zu verschaffen.

Ganz allgemein war das Spiel sportlich nicht relevant, da die beiden Vereine durch ihre jeweiligen Tabellenplätze von dem sportlichen Wettkampf weder positiv noch negativ beeinflusst worden wären. Dies hing auch damit zusammen, dass es sich um das Saisonabschlussspiel handelte. Allgemein werden Saisonabschlussspiele nicht selten dafür genutzt, dass die Fußballspieler nach dem Spiel in Richtung der Tribünenzäune gehen, wo sie sich etwa durch Klatschen symbolisch bei den ‚treuen' Besuchern für ihre Unterstützung bedanken und kleine Zaun-zu-Zaun Gespräche stattfinden.

Als ich zu Beginn des Spiels in Richtung Kurve ging, lief mir ein bekannter Ultra entgegen. Wir gaben uns die Hand und im Weiterlaufen sagte er zu mir: ‚Ich warte nur drauf!'. Im Block traf ich einen anderen Ultra und fragte ihn, was genau passiert sei. Er schilderte mir den Überfall und bewertete ihn als eine ‚unfaire Aktion', da die Mitglieder seiner Gruppe in der Unterzahl waren. Zwischen Ultra-Gruppen gibt es die Regel, dass sich eine Gruppe, die ihre Fahnen verloren hat, auflösen muss. Entsprechend fragte ich ihn, ob sie sich jetzt auflösen würden und er sagte: ‚wir bleiben zusammen', was er mit dem unfairen Überfall in Überzahl rechtfertigte.

Kurz nach Spielbeginn zeigten die Gästefans im Stehplatzbereich einen unmissverständlichen Banner, der auf den Ort der erbeuteten Fahnen verwies. Das löste bei vielen Fans in der Kurve, in der ich stand, sehr viele Schmährufe und Einladungen zu einem Kampf aus, z. B. ‚kommt doch rüber!'.

Gespräche, die ich mit den mir bekannten Ultras suchte, waren immer nur kurz und wurden davon unterbrochen, dass sie sagten, jetzt wieder zum Zaun zu müssen und bereit zu sein, falls die anderen die Fahnen zeigen sollten, um dann über den Zaun zu springen.

Nach dem Abpfiff des Spiels bemerkte ich, dass alle aus der Kurve aus dem Stadion liefen. Nicht schnell, jedoch entschlossen. Der Saisonabschluss wurde also nicht mit den Mannschaftsspielern abgeschlossen, wie es sonst üblich ist. Im Gegenteil, der gesamte Block war auf einmal leer, weshalb ich auch nach draußen hinterher lief. Vor dem Haupteingang waren ziemlich viele Fans versammelt. Als diese in Richtung des Gästefanblocks laufen wollten, stellte sich ihnen eine Polizeikette in den Weg.

Die Leute vor mir waren durch die Polizeibarriere kurz irritiert. Einer schrie dann irgendetwas, woraufhin auf einmal viele, überwiegend schwarz gekleidet und vermummt mit Schal oder Sturmhaube in meine Richtung zurück rannten. In dem Moment bin ich ziemlich erschrocken. Ich stellte mich leicht seitlich, so dass die vermummten Fans besser an mir vorbei rennen konnten. Es war klar, dass sie versuchten, einen anderen Weg zum Gästebereich zu finden.

Begleitet war das ganze Spektakel vor dem Stadion insgesamt von 5–7 Böllern, die durch ihre lauten Knalle eine kriegsähnliche Atmosphäre schafften. Aus irgendeiner Richtung hörte ich zwei ältere Fans sagen, dass es früher hier ja immer so gewesen sei. Sie waren, wie viele andere Zuschauer vor dem Stadion, in einer freudigen Erregung über die Vorkommnisse. Ich war von Angst und Adrenalin durchströmt: Es war ein sehr aufregendes Erlebnis und das nur allein durchs Zuschauen.

Wenige Tage später verabredete ich mich mit einem der Ultras. Er schilderte mir den Überfall und die Verhandlungen mit der Gruppe, die Fahnen nicht zu zeigen. Ich fragte ihn nach dem raschen Aufbruch nach dem Spiel, ohne sich von der Mannschaft zu verabschieden. Ich erläuterte ihm meine Frage, indem ich sagte, dass es ja schließlich um Fußballsport in der Veranstaltung ginge und entsprechend die Mannschaftsspieler bedeutende Akteure seien. Er meinte, dass es sportlich nicht von Bedeutung war und auf mein Erwidern, dass man den Saisonabschluss mit der Mannschaft feiern könne, meinte er: ‚Die Ehre der Fahnen wiegt höher'."

In dem Protokoll wird zunächst auf eine vergangene Interaktion zwischen den beforschten Akteuren und einer anderen Gruppe referiert. Innerhalb dieser wurden der beforschten Gruppe für sie überaus wichtige Fahnen durch einen Überfall entwendet. Dieser Akt beleuchtet folglich eine soziale Interaktionsordnung zwischen den Gruppen. In dem Kapitel „Heilige hinter der Zaunfahne" (7.6) wird analysiert, dass die Stofffahne kein heiliges Symbol ist, sondern die Flagge nur auf eine als heilig klassifizierte Praxis der Gruppe verweist. Insofern dienen die Fahnen als Symbole einer gruppenbezogenen Praxis, welche diese ideell aufladen. Diese Fahnen wurden nun durch einen Überfall entwendet, wodurch die in ihnen symbolisierte Gruppenpraxis geschädigt wurde, was die wütende Erregung der beforschten Akteure nachvollziehbar macht.

Dass die Fahnen entwendet werden konnten impliziert zunächst die Unfähigkeit der Fahnenträger, die Fahne gegen den Überfall zu verteidigen. Dieser Umstand lässt Urteile über die Gruppe zu, nicht den Mut zu haben, *sich gerade zu machen* (7.17) oder nicht kampferprobt zu sein, weil sie die Angreifer nicht *ummähen* (7.18) konnten. Diese Urteile fungieren sogleich als Spiegel in dem sich die Gruppe mit der Maske einer *gescheiterten Gruppe* präsentiert, sich angemessen zu verteidigen. Vor diesem Hintergrund lässt sich die Praxis der Überfall-Gruppe, die Fahnen verkehrt herum im Stadion aufhängen zu wollen, gezielter deuten. Zunächst weist die Strategie eine Fahne verkehrt herum aufzuhängen auf nun negierte Sinneinheiten hin, für welche das Symbol *Fahne* ursprünglich stellvertretend steht, z. B. Gruppenexistenz, Stärke oder Gemeinschaft. Jene Sinninhalte werden mithin symbolisch umgedreht in Nicht-Existenz, Nicht-Stärke oder fehlende Gemeinschaft. Ferner lässt der Besitz der Fahnen Urteile über die Überfall-Gruppe zu, im Unterschied zu der Gruppe mit Fahnenverlust kampferprobt oder mutig zu sein. Auch Angstlosigkeit vor zukünftigen Konfrontationen mit der bestohlenen Gruppe wird anhand des Wendens der Flaggen offen demonstriert. Die situationsgebundenen Identitäten innerhalb des vergangenen Überfalls würden sich somit wiederholen, was eine erneute Demütigung der einen und Heroisierung der anderen Gruppe bedeutete. Die antizipierte Praxis des verkehrtherum Aufhängens von entwendeten Fahnen zeugt ebenfalls von den institutionalisierten Wechselbeziehungen zwischen den Szene-Gruppen, welche reziprok ihre Praktiken deuten und sinnstiftend aufeinander beziehen können.

In der Beobachtung wird beschrieben, dass ein Akteur den vergangenen Überfall als „unfaire Aktion" wertet. Mit dieser Bewertung werden die Urteile, wie keinen Mut zu haben oder als Gruppe gescheitert zu sein, relativiert. Die Bewertung „unfair" beruft sich auf eine weitere Regel, die in den institutionalisierten Wechselbeziehungen zwischen den Szene-Gruppen besteht. So ist darauf zu achten, dass die Gruppen bei den Überfällen ungefähr die gleiche Anzahl haben, damit der Kampf zumindest von der Mannstärke her *fair* ist. Die angreifende Gruppe hielt sich laut dem Sprecher nicht an diese Regel, wodurch das Ergebnis der Aktion relativiert wird. Aus der Bewertung des unlauteren Wettbewerbs können sich nun sogar die entstandenen Urteile umkehren und die Gruppe mit dem Fahnenverlust zum Opfer werden, welche aufgrund einer *feigen* Praxis durch die Gegenspieler geschädigt wurde. Aus diesem Blickwinkel muss nun die Angreifer-Gruppe fürchten, als schwach beurteilt zu werden und sich deshalb auf den siegversprechenden Überfall eingelassen zu haben, was ihr Risiko schmälerte und damit auch die positiv konnotierten Urteile negiert. Das

Urteil des Sprechers, dass es sich bei der vergangenen Interaktion um eine nicht konforme Praxis hinsichtlich der bestehenden Ordnung handelte, lässt Motive der geschädigten Akteure vermuten, dieser Gruppe nun ebenfalls ein Schaden zuzufügen, um diese *feige* Gruppe mit ihrem unlauteren Handeln zu sanktionieren und sich selbst zu rehabilitieren.

Die Interaktion enthält ferner den Wissensbestand des Ethnographen über die Pflicht, die Gruppe bei Fahnenverlust aufzulösen. Auch dabei handelt es sich um eine Regel innerhalb der institutionalisierten Wechselbeziehung zwischen den Szene-Gruppen. Demnach ist die soziale Norm, das Symbol *Fahne* nicht zu verlieren. Die Norm wird durch die Sanktion der Auflösung der Gruppe bei Fahnenverlust abgesichert. Vorschriften dieser Art fungieren als bestätigende Rituale (vgl. Goffman 2013), dass eine Wechselbeziehung zwischen den Akteuren besteht. Der formale Akt der Auflösung einer Gruppe bedeutet ihr Ende. Hierin wird die existenzielle Dimension der beobachteten Wechselbeziehung deutlich. Das Gefahrenpotenzial, welchem sich die Gruppen bei den Veranstaltungsbesuchen aussetzen, tritt hier deutlich zu Tage. Dieses Gefahrenpotenzial erklärt zusätzlich Strategien wie das Durchzählen der Gruppenmitglieder im Zug (Kap. 8.5) oder die *Guerillaplanung* (Kap. 8.8) hinsichtlich der Reisewege. Ferner wird in dem Kapitel „Tribünenshow als Eröffnungsakt" die situationsgebundene Identität als *Würdenträger* inszeniert. Es scheint, als würden sich die Inhaber dieses Amts beim Verlust der Fahnen nicht mehr als würdig erweisen, weshalb die Auflösung nur konsequent erscheint. In der Interaktion wendete der beforschte Akteur den von der Ordnung eingeforderten Tribut der Gruppenauflösung jedoch ab („wir bleiben zusammen"). Dies gelingt ihm mit der eben rekonstruierten Strategie, den Überfall als Verstoß gegen die bestehenden Regeln zu bewerten. Ungeachtet dieser Bewältigungsstrategie scheint jedoch die existenzielle Krise für die Gruppe bestehen zu bleiben, weswegen sich die beforschten Akteure auf einen opferbereiten Gegenschlag vorbereiteten, um die Berechtigung ihrer Existenz unter Beweis zu stellen. Die Krise begründete schließlich auch den erneuten Feldaufenthalt des Ethnographen. Krisen sind deshalb von hoher Relevanz für den Verstehensprozess von sozialen Phänomenen, da Routinen ursprünglich entwickelte Lösungen aus Krisen sind, die sich danach als Routinen veralltäglicht haben, weshalb in ihnen grundlegende Handlungsorientierungen offengelegt werden (Oevermann 2002, S. 10).

Die Gruppe mit den erbeuteten Fahnen befindet sich unter ständiger Beobachtung der heimischen Gruppe. Es scheint, als wäre das Feldspiel nebensächlich und dass alle nur auf Anschlussakte zu dem Überfall warten. Somit ist Gegenstand des Veranstaltungsbesuchs nicht etwa die sportliche Darbietung, sondern die Weiterführung einer besucherseitigen Interaktion aus der Vergangenheit. Die gastierende Gruppe zeigt schließlich ein Stoffbanner mit einem Verweis auf den Überfallort. Warum hängen sie nicht die existenziell bedeutsamen Fahnen verkehrt herum auf? Es wirkt, als wäre die Bewertung „unfaire Aktion" des heimischen Gruppenmitglieds nicht nur eine einseitige Schutzstrategie vor dem Gruppenende, sondern auch die retrospektive Einschätzung der Angreifer. Da der Überfall durch das Facebook-Foto in der Szene deutschlandweit bekannt wurde, lässt sich weiterhin vermuten, dass die Fahnenerober durch weitere Szene-Gruppen unter Beobachtung stehen. Bewerten diese den Überfall ebenfalls als „unfair", könnte sich die Gruppe damit deutschlandweit Kritik von anderen Szene-Gruppen anlasten, woraus neue, kämpferische Wechselbeziehungen resultieren könnten. In diesem Zusammenhang wird die netzwerkartige und weitverzweigte Verbindung zwischen den einzelnen Gruppen ersichtlich, was kennzeichnend für Szenen ist und im Kapitel 2.4 beschrieben wird. Durch den Szene-Diskurs werden die Regeln für das institutionalisierte Miteinander festgelegt. Sich an ihnen zu orientieren, ist gleichbedeutend mit der Zugehörigkeit der Szene. Entsprechend dieser Regeln kann jedoch der Erwartung an eine Gruppe ihre Fahnen nicht zu verlieren, nicht nachgegangen werden, wenn die andere Gruppe die Verpflichtung nicht realisiert, eine soziale Ordnung einzuhalten, die es zulassen würde („faire Aktion"), die Fahnen zu verteidigen. Insofern wählt die Gruppe mit den unfair errungenen Fahnen eine Strategie des Kompromisses. Sie vollzieht nicht die Ordnung, die Fahnen verkehrt herum aufzuhängen, da sie deren Besitz nicht ordnungsgemäß erstanden hat. Den Ort des Überfalls zu präsentieren, reicht jedoch als Kompromiss aus, um die vergangene Interaktion mit ihren Spiegeln und Masken zu vergegenwärtigen. In Konsequenz wird damit eine Fortsetzung der Interaktion zwischen den beiden Gruppen stimuliert. Die heimischen Akteure zeigen und verbalisieren („kommt doch rüber!") daraufhin Kampfbereitschaft, um die entstandenen Spiegel und Masken zu beeinflussen.

Der bereits zuvor geäußerte Eindruck der Nebensächlichkeit des Fußballspiels gegenüber dem Fokus auf die Wechselbeziehung mit der anderen Szene-Gruppe bestätigt sich ferner durch die Beobachtung, in der jeweils nur kurze Gespräche zwischen den Beforschten und dem Ethnographen beschrieben werden, die mit der Begründung abgebrochen werden, wieder an den Zaun zum Spielfeldrand zu müssen, um bei einem eventuellen Vorführen der Fahnen zu einem Angriff überzugehen.

Schon die ausführlich geschilderten Tribünenpraktiken im Kapitel 7 zeigen ein dynamisches Wechselverhältnis zwischen der Rezeption des Spiels und eigenen Darstellungen an, welche dabei Charakteristika einer eigenen Show entwickeln. Vorliegend ist der dynamische Bezug zwischen Feldspiel und besucherseitigen Interaktionen angesichts der existenziellen Krise stark auf die Praxis der anderen Besucher-Gruppe fokussiert sowie auf eigene Anschlussakte, die in der Beobachtung allem anderen gegenüber priorisiert werden.

Die szenebezogene Handlungsorientierung offenbart sich ebenfalls nach Spielabpfiff. Schnell leert sich der Stehplatzbereich der Stadionkurve und die

Besucher verlassenen das Stadion. Die Wechselbeziehung zwischen den gegnerischen Besucher-Gruppen zu pflegen wird der Beziehungsarbeit mit den Mannschaftsspielern zum Saisonende folglich vorgezogen. Die Mannschaftsspieler sind die ursprünglichen Darsteller des Interessenobjekts und bilden die zentrale Voraussetzung für die Existenz der Veranstaltung und den ursprünglichen Grund des Veranstaltungsbesuchs. Ein Saisonabschluss lädt zu symbolischen Zusammentreffen zwischen den Fußballspielern und den Veranstaltungsbesuchern ein, in welchen das *Fußballjahr* beklatscht wird und so ein Zusammenhalt zwischen Darstellern und ihren Zuschauern hergestellt wird. Insofern ist der Saisonabschluss ein nicht zu unterschätzender, interaktiver Akt zwischen Spielern und Publikum, der dazu beiträgt, dass sich das Publikum einbezogen fühlt und als einen integralen Bestandteil der Veranstaltung erlebt, wodurch das *Miteinader-Machen* im Event hergestellt wird. Im Gegensatz zu der Spieler-Zuschauerwechselbeziehung haben die Rekonstruktionen aus Kapitel 6, 7 und 8 wiederholt ergeben, dass die beforschten Akteure einer szeneorientierten Veranstaltungsteilnahme folgen, wonach sie sich insbesondere auf sich als Gruppe beziehen, auf andere heimische Besucher sowie auf die *gegnerischen* Szene-Gruppen. Dieser soziale Fokus zwischen den Besuchern greift auch in der vorliegenden Interaktion und erklärt somit zunächst die Priorisierung und die nur eingeschränkte Relevanz der Mannschaftspieler für die beforschten Akteure. Denn die Besucher haben eigene Strategien entwickelt, sich als Bestandteil der Veranstaltung zu inszenieren und das offenkundig nicht nur als sogenannter *Zwölfter Mann* in Anlehnung an die elf Spieler einer Fußballmannschaft, sondern als *Erster Mann* an vorderster Front.

Außerhalb des Stadions wollen die *Ersten Männer* aus der heimischen Kurve zu den Mitspielern aus dem Gästebereich, um an die Interaktion des Überfalls anzuschließen. Die Polizeikette verhindert jedoch den kampforientierten Anschlussakt und demgemäß die Gelegenheit der Akteure, neue Urteile über sich zu entwickeln. Ihr ernsthaftes Interesse an neuen Selbstbildern unterstreicht sie durch das Bemühen, die Polizeikette durch Umwege zu umgehen. Ungeachtet der anwesenden Polizei dennoch nach einem Kampf zu streben, zeugt ebenfalls von großer Opferbereitschaft. Denn Straftaten, wie körperliche Auseinandersetzungen, in unmittelbarer Nähe von Polizisten auszuüben, birgt ein hohes Sanktionsrisiko. Diese Gefahren in Kauf zu nehmen, ermöglicht Urteile wie den glaubhaften Einsatz für die Maske der beschädigten Gruppe *sich gerade zu machen* (7.17).

Die Kleidungsaccessoires, wie etwa die Sturmhauben einiger Akteure, um ihre Gesichter zu vermummen, deuten auf Handlungsroutinen hin. Sie implizieren die Antizipation der Polizeianwesenheit und deren Versuch, die Interaktanten zu identifizieren, was durch die Verschleierung erschwert wird. Gegenüber der Polizei präsentieren sich die beforschten Akteure insofern mit der Maske *nicht identifizierbare Kämpfer* zu sein, die unerschrocken von der Polizeipräsenz ihrem institutionalisierten Weltbild folgen, für ihre eigene Fahne kämpfen zu müssen.

Die Interaktionsversuche vor dem Stadion werden von sehr lauten Böllern begleitet, die ihrerseits ebenfalls eine vororganisierte Strategie darstellen, in der die vorliegende Interaktionsgestalt antizipiert wurde, was schließlich zum Erwerb der Knallkörper führte. Die ohrenbetäubenden Knallgeräusche lassen Assoziationen zu Pistolenschüssen entstehen. Im Protokoll schreibt der Ethnograph demzufolge von der Inszenierung einer kriegsähnlichen Atmosphäre. Wenn etwas laut knallt, ist es naheliegend, zu erschrecken. Ein Knall suggeriert Gefahren, weshalb man in Alarmbereitschaft gerät, um sich eventuell zu schützen. Wofür könnte diese atmosphärische Inszenierung dienen?

Zunächst wird für viele Menschen in Hörweite eine alarmierte Atmosphäre durch die lauten Knallgeräusche hergestellt. Somit nimmt der Initiator des Knalls einen beängstigten Einfluss auf die Anwesenden. Dieser Einfluss kann als Macht des Zünders über andere erlebt werden und ihm so ein gutes Gefühl vermitteln. Das Verbot des Zündens solcher Knallkörper in dem raum-zeitlichen Kontext der Situation, lässt ferner Urteile über den Zünder als deviante Person zu, was zusätzlichen zu einem beunruhigenden Klima beiträgt. Zudem lässt sich im übertragenem Sinn von einem Böllerknall sagen: „Es knallt gleich". Diese Redensart beinhaltet, dass eine Eskalation einer Situation vorweggenommen wird oder angedroht wird. Eine Drohung wäre die Aussage etwa innerhalb eines Konflikts zwischen zwei Personen. Sie ließe den Akt körperlicher Gewalt erwarten. Der Knall ist in diesem Gedankenspiel der physische Zusammenprall zwischen den Personen. Durch das akustische Signal des Böllers knallte es tatsächlich mehrere Male in der Lage vor dem Fußballstadion. Mithin wird ein alarmierender Spannungsbogen hervorgerufen, der an die Trommelschläge während der Tribünenpraktiken erinnert. In diesem Fall gibt es keine Sportshow, sondern die Weiterführung der Show durch die beforschten Akteure, die ihrer eigenen Ordnung folgen. Die lauten Knallsignale der Böller erscheinen vor diesem Hintergrund wie ein Signal für den finalen Akt innerhalb der institutionalisierten Wechselbeziehung zwischen den Szene-Gruppen. Irritierend hierbei ist, dass nicht etwa die Veranstaltung selbst das Ende für veranstaltungsbezogene Praktiken einleitet, sondern die beforschten Akteure entscheiden, wann das Ende der Interaktion eintritt. Diese Feststellung verweist auf die rekonstruierte Hausherrenmentalität der beforschten Akteure, die in Kapitel 7.9 dargelegt wird. Diese Grundhaltung führte zur Annahme, dass die besucherseitig erhobenen Ansprüche gegenüber dem Veranstalter, die Veranstaltung gestalten zu wollen, Irritationen erwarten lässt. Eine solche Situation ist durch die Interaktionsversuche vor dem Stadion gegeben. Sie zeigen, dass das formale Veranstaltungsende sowie die veranstalterseitig initiierten Abschlussriten etwa durch Zaun-zu-Zaun Interaktionen zwischen Fußballspielern und Besuchern, von ihnen nicht angenommen werden. Stattdessen erfolgen veranstalterseitig nicht intendierte, lediglich durch die Besucheraufteilung provozierte, Veranstaltungsbezüge, die einer institutionalisierten Eigenlogik hinsichtlich erfüllten Erwartungen und realisierten Verpflichtungen (vgl. Goffman 1973) zwischen den Besuchern folgen. Jene Eigenlogik veranschaulicht, wie distanzlos die Akteure der künstlich initiierten Wettkampf-Show gegenüberstehen, durch welche sie selbst zu Kämpfern geworden sind. Die Distanzlosigkeit wird an folgenden Gedankenexperimenten deutlich: So ist es denkbar, dass ein Konzertbesucher auf dem Heimweg ein eben gehörtes Lied singt und sich dazu in die Pose des Sängers begibt oder jemand nach dem Besuch einer Leichtathletikveranstaltung einen übertriebenen Sprung über eine Bordsteinkante auf den Fußweg macht, um so träumerisch verspielt die Erlebnisse aus der Show zu reproduzieren und sich den besehenen *Helden* mental anzunähern. Im Gegensatz dazu haben die beforschten Akteure ein expansives, veranstaltungsbezogenes Eigenleben, an welchem umfangreich auch unabhängig von der Veranstaltung festgehalten wird und dies nicht nur ein bisschen oder träumerisch, sondern angesichts der verhandelten Kampfinteraktion, auf einer ausgeprägten und existenziellen Ebene. Derartige Selbstbilder, die einen spielerischen Wettkampf zwischen zwei Fußballmannschaften in einen realen Kampf zwischen den Besuchern des Wettkampfes transformieren, werden als distanzlos gegenüber den künstlich geschaffenen Veranstaltungsverhältnissen charakterisiert. Eine emotional und rational distanzlose Event-Teilnahme, die eben gerade darin ihren Reiz hat und so ein *totales Erlebnis* (vgl. Gebhardt 2010) ermöglicht.

Das Nachgespräch mit einem der beforschten Akteure bestätigt die distanzlose Verbindung zur Sportshow, aus welcher sich Wechselbeziehungen zwischen Besucher-Gruppen konstituiert haben. Auf die Frage des Ethnographen hinsichtlich der vollzogenen Handlungspriorisierung, wonach Interaktionen mit der anderen Szene-Gruppe den Interaktionen mit den Fußballspielern vorgezogen werden, definiert der Sprecher in der Sequenz die Sportshow als nach dem ihr zugrunde liegenden Regelsystem als nicht relevant. Als der Ethnograph die grundlegende Frage nach der eigentlichen Geschichte hinter der Handlungsorientierung der Akteure stellte und man doch davon ausgehen müsse, dass es um Fußballsport ginge, antwortete er: „Die Ehre der Fahnen wiegt höher". D. h., die beforschten Akteure sind innerhalb eines weitgefassten Veranstaltungskontexts nicht als rein fußballsportinteressierte Besucher von Sportwettkämpfen eines Fußballvereins im Stadion zu kategorisieren, sondern als Mitglieder einer Szene-Gruppe. Für die Szene-Mitgliedschaft sind Bekenntnisse, wie sich einem Fußballverein emotional verbunden zu fühlen oder sich für Fußballsport zu interessieren, lediglich einzelne *Szene-Issues* in Form von gemeinsamen und übergreifenden Themen in der Szene (Hitzler 2010a, S. 16 f.) neben anderen. Darüber hinaus sind allerdings weitere Szene-Issues existent, welche gegenüber den genannten situativ priorisiert werden können, was die

Aussage „Die Ehre der Fahne wiegt höher“ verdeutlicht. Kurz, die Akteure sind nicht als Zuschauer in der Veranstaltung, sondern als szenebezogene Gruppe, die ihre Praxis vor dem Hintergrund ihres Szene-Bekenntnisses organisiert, die nicht zwangläufig sportorientiert sein muss, sondern insbesondere szeneorientiert ist.

Die beobachteten kämpferischen Praktiken verleiten zu Urteilen von außen, wonach den Akteuren ein Mangel an Selbstreflexion zu attestieren ist, wobei der Ursprung hierfür in einer übertriebenen Inkorporierung dieser künstlichen Stadionfußballwelt liegt, was so weit geht, dass sie ihre eigene physische Integrität und die von anderen gefährden. Jene Bewertung der Situation von Außenstehenden ist nachvollziehbar und nicht von der Hand zu weisen. Aus der Innenperspektive der beteiligten Akteure hingegen stellt sich die Bewertung der Situation ganz anders dar. Dieser Umstand wird dann deutlich, wenn man sich die Negation der beobachteten Situation hypothetisch vor Augen führt. Ginge man davon aus, dass die Akteure auf den Überfall, der zum Verlust ihrer Fahnen geführt hat, nicht mit Interaktionsversuchen reagierten, hätte dies zunächst zu den erwähnten Urteilen geführt, eine *gescheiterte Gruppe* zu sein. Hätte diese Gruppe durch ihre ausbleibenden Handlungen dieses Urteil hingenommen und sich kampflos in diesem Spiegel präsentiert, wäre Misstrauen bei der anderen Gruppe entstanden, ob die *gescheiterte Gruppe* überhaupt eine Gruppe ist, die ein glaubhaftes Szene-Bekenntnis hat und es angemessen vollzieht. Dieses Misstrauen würde den Ausschluss aus der Szene thematisieren. Der Ausschluss würde wiederum den Motiven der beforschten Gruppe gegenüber stehen, die durch ihre Szene-Teilnahme gewünschte Selbstbilder über sich zu generieren versucht, wie Würdenträger oder kampferprobt zu sein. D. h., die beforschten Akteure mussten so reagieren wie sie reagiert haben, um sich als glaubhafte Bekenntnis-Träger darzustellen, was ihnen ein sichtlich intensives Erleben ermöglichte.

Zusammenfassung

In der Situation werden Anschlussakte an eine vergangene Interaktion zwischen zwei Szene-Gruppen verhandelt. Die Bedingung für die beobachteten Interaktionen beziehen sich auf einen Überfall auf die beforschte Gruppe, bei welchem sie für sich bedeutsam klassifizierte Gruppenfahnen verloren hat. Der Überfall stellt einen institutionalisierten Akt innerhalb des Szene-Bekenntnisses zwischen den Akteuren dar, da in ihm *Szene-Issues* (vgl. Hitzler & Niederbacher 2010) vollzogen werden, die einem gemeinsamen *Klassifikationssystem* (vgl. Strauss 1974) zwischen den Szenebeteiligten unterliegen. So hat der Akt *Fahnenklau* zunächst zur Konsequenz, dass die Gruppe mit dem Verlust sich entsprechend dem Szene-Weltverhältnis, auflösen muss. D. h., dass die Fahnen nicht nur bedeutsame Gruppensymbole sind, sondern auch als bedeutsam für den weiter gefassten Interaktionszusammenhang *Szene* zu bewerten sind, welche sich in der beobachteten Interaktion gleichsam reproduziert. Das Szene-Weltverhältnis verlangt nun von der bestohlenen Gruppe sich aufzulösen. Gegen das existenzbedrohende Urteil spricht hingegen eine Regelverletzung innerhalb der Überfallinteraktion. Mithin besteht die vorliegende Interaktion zwischen den Szene-Gruppen aus gegensätzlich antizipierbaren Urteilen hinsichtlich der vergangenen Situation, woraus unterschiedliche Einschätzungen gegenwärtiger und zukünftiger Akte hervorgehen. Das Urteilswirrwarr soll der gescheiterten Gruppe ermöglichen, Urteile über sie zu revidieren, da der Fahnenklau nicht dem Regelkanon der Szene entspricht und so die Gruppenauflösung obsolet werden lässt. An dieser Stelle wird der Spielcharakter der Szene deutlich, indem der freiwillige Versuch, unnötige Hindernisse zu überwinden (vgl. Suits 2014) von der angreifenden Gruppe durch List umgangen wird, weshalb der spielregelverstoßende Akt nicht zu den spielregelkonformen Konsequenzen führen darf. Da sich die beobachtete Gruppe jedoch nicht sicher sein kann, ob die andere Gruppe zu einer ähnlichen Bewertung der Umstände des Fahnenklaus gelangt, muss sie davon ausgehen, dass die andere Gruppe gemäß der Szene-Spielregeln Anschlussakte vollzieht, wie die erbeuteten Fahnen zur Demütigung der Verlierer verkehrt herum aufzuhängen, was dann ein konformer Akt gewesen wäre, wenn der Überfall den vereinbarten Regeln entsprochen hätte. Mithin hätte sich die Gruppe mit den erbeuteten Fahnen als mutig oder kämpferisch präsentieren können.

Die existenzielle Bedrohung durch die dargelegte Szene-Regel verweist auf die immense Gefahr, welche die Szene-Gruppen füreinander bedeuten. So erfüllt die Regel *Fahnenverlust = Auflösung der Gruppe* die Bedingung für einen symbolischen Kampf um Leben und Tod. Diese existenzielle Bedingung führt zu einer permanenten Alarmbereitschaft, was Strategien wie kampfbereit zu sein (Kapitel 7.18), die Mannstärke zu zählen (Kapitel 8.5) oder Vorsichtsmaßnahmen an allen Begegnungstagen mit anderen Szene-Gruppen zu erwägen (Kapitel 8.8) erklärt. Die existenzielle Bedingung führt dazu, dass die Akteure wie in Actionsfilmen der Secret Service vom Präsidenten ständig ihre Fahnen und die Situation im Blick haben müssen. In vorliegender Situation wird der alarmierte Zustand während des Fußballspiels etwa durch den Aufenthalt der Akteure am Zaun deutlich. Das Fußballspiel mit seiner Dramaturgie erscheint gegenüber diesem selbstgewählten Schicksal eines symbolischen Kampfes um Leben und Tod vergleichsweise banal und langweilig. Entsprechend nebensächlich wird das Fußballspiel behandelt. So wird kein Zusammentreffen mit den Mannschaftsspielern zum Saisonende nach dem Spiel gesucht, sondern der Kontakt zu den gegnerischen Szene-Mitspielern, um durch diesen dem Tod der eigenen Gruppe zu entfliehen. An dieser Handlungspriorisierung wird deutlich, dass die beforschten Akteure als Mitglieder einer szenebezogenen Gruppe im Kontext der Unterhaltungs-Show operieren. Daraus ergibt sich ein dynamischer Veranstaltungsbezug, wonach sich Szene-Issues mit dem ursprünglichen Veranstaltungsangebot *Fußballsport* überschneiden können, aber eben nicht notwendigerweise müssen. Die Praktiken vor dem Fußballstadion sind ein prägnantes Beispiel für nicht-sportorientierte Szene-Issues. Sie grundieren eine ausgeprägt emotional-distanzlose Veranstaltungsteilnahme, wonach der Wettkampf zwischen zwei Fußballmannschaften zum Kampf zwischen zwei Besuchergruppen geworden ist, welcher nach dem eigentlichen Veranstaltungsende unabhängig weitergeführt werden kann.

Die Bemühungen der Interaktionsversuche außerhalb des Stadions offerieren die glaubhafte Opferbereitschaft der beforschten Akteure. Mit Hilfe dieser Opferbereitschaft unternimmt die Gruppe den Versuch die Maske eine *gescheiterte Gruppe* zu sein, in die Maske eine *kämpferische Gruppe* zu sein zu transformieren. Die anwesende und sanktionsmächtige Polizei kann die Akteure dabei nicht an ihrem Vorhaben hindern, was zusätzlich ihre Opferbereitschaft als Gruppe für das Szene-Bekenntnis unter Beweis stellt.

Die Fahnen, die Polizei, die Vermummung, das Gerenne, die Böller; all das sind Indikatoren zur Herstellung einer außeralltäglichen Erfahrungsstruktur, welche ein *totales Erlebnis* (vgl. Gebhardt 2010) ermöglichen soll. Zugang zu diesem Erleben bietet der netzwerkartige Interaktionszusammenhang *Szene*, aus deren Perspektive die beobachteten Praktiken nachvollziehbarer werden. Die eigendynamischen Wechselbeziehungen zwischen den Veranstaltungsteilnehmern wird als zentrale Erkenntnis erachtet, dass die Fußball-Veranstaltung dauerhaft Kunden binden kann, was den in Kapitel 2.2.4 behandelten Events etwa von Hitzler (2011) bisher abgesprochen wurde. Gerade weil vorliegend diese Bindung nicht allein durch die Veranstalter, sondern durch ihre Teilnehmer untereinander hergestellt wird, kann sie stetig neu und nach eigenen Prioritäten reproduziert werden und so ihre Verführungskraft erhalten.

10 Materialbegründete Theorie

„Das Feld ist kein Dschungel,
sondern ein sich ständig
selbst methodisch generierendes
und strukturierendes Phänomen."
(Amann & Hirschauer 1997, S. 19).

Nachstehend wird aufgezeigt, wie die beforschten Akteure das Feld entfalten. Indem nun die rekonstruierten Erkenntnisse systematisch aufeinander bezogen werden, wird die materialbegründete Theorie konstituiert, deren Erklärungen die beobachteten Praktiken der Akteure nachvollziehbarer machen (vgl. Strauss 1998). Hierfür werden vier Kernkategorien dargelegt, die als Eckpfeiler (vgl. Corbin & Strauss 2015) des methodisch sich generierenden und strukturierenden Feldes rekonstruiert wurden. Diese werden schließlich in einer Schlüsselkategorie verdichtet, welche die *eigentliche* Geschichte des Feldes offenlegt, d. h. eine Antwort auf die Frage gibt: *What the hell is going on?* (vgl. Geertz 2007).

10.1 Kernkategorie Reduktion

Zentral für diese Kategorie ist die Reduktion von Komplexität, aus welchem sich ein situationsdefinitorisch unproblematisches (Strauss 1974, S. 47) Weltverhältnis ableitet. So basiert das Feld der beforschten Akteure zunächst auf einem binären Wettkampf, in welchem sich zwei Wettkampfparteien wie *schwarz und weiß* oder *Gut und Böse* gegenüber stehen. Das binäre Wettkampfangebot wird von den Akteuren durch ein Bekenntnis zu einer dieser Wettkampfparteien angenommen. Das bekenntnisstiftende und orientierungsspendende Reduktionssymbol tritt als *Fußballverein* in Erscheinung. Diesem kulturellen Objekt der Unterhaltung wird von den Akteuren als einer Art *heiligem Wesen* (vgl. Durkheim 2007) gehuldigt. Die Bewertung als *heiliges Wesen* transformiert so einen bestimmten Fußballverein zu einem utopischen Ersatzkandidaten eines universellen Standpunktes (Fischer 2017, S. 68), der das Welterleben umfangreich beeinflusst. Wie das *heilige Wesen* als *universeller Standpunkt* die soziale Ordnung und Handlungsorientierungen des beforschten Feldes strukturiert, wird nun dargelegt.

Fußball als binärer Wettkampf ist nicht irgendein Wettkampfsystem, sondern – wie in Kapitel 1 gezeigt wurde – ein äußerst öffentlichkeitswirksames Massenspektakel. Dem Event liegt eine Bedeutungsmaschinerie zugrunde, die durch Veranstalter, Fußballverbände und Medien allgegenwärtig befeuert wird. Die allerorts inszenierte Bedeutung der Sportshow trägt zu ihrer Attraktivität für die beforschten Akteure bei. Entsprechend sind die größten *Ultra-Gruppen* gemeinhin bei den sportlich erfolgreichsten Fußballvereinen in der Bundesliga zu beobachten und damit bei den als besonders *wichtig* inszenierten Fußballvereinen. Der *Hype* um das Event färbt gleichsam auf die Akteure ab. Etwa bescheren Tribünenshows mit riesigen Stofffahnen oder die Verwendung von pyrotechnischen Magnesiumfackeln nicht selten eine bundesweite mediale Aufmerksamkeit, wodurch die Akteure eine gewisse Prominenz erlangen. Tribünenpraktiken zu vollziehen, um so öffentliche Aufmerksamkeit zu erregen, ist folglich eine geglückte Strategie.

Die Stadionshow als Fußballwettkampf eröffnet symbolisch eine existenzielle Dimension, in der es um alles geht (*Leben oder Tod*). Die programmatische *Überlebenskrise* der Wettkampfparteien erklärt sogleich die expressiven Gefühlsausbrüche der beforschten Akteure hinsichtlich einzelner Spielzüge, wie Ballbesitz oder Torschüsse. Innerhalb des symbolisch-existenziellen und damit nicht banalem Kampf vollzieht das *heilige Wesen* seine binäre Lehre der Auseinandersetzung von Angesicht zu Angesicht, von Sieg und Niederlage, von Kampf und Aufgabe, von Kraft und Erschöpfung, von List und Durchschaubarkeit (Kapitel 5.1). Durch die dichotome Besucheraufteilung gemäß der *heiligen Wesen* in der Veranstaltung, wird der Kampf auf die Tribüne übertragen und dort unmittelbar erfahrbar für die Besucher. Dies animiert die beforschten Akteure, sich umfangreich in die veranstaltete Kampflogik zu involvieren. So klassifizieren sie sich wie selbstverständlich mit der Maske (vgl. Strauss 1974) eines aktiven Status', der im Feld ganz allgemein als *Zwölfter Mann* hinsichtlich der elf Mannschaftsspieler bezeichnet wird. Eine Maske, die darauf abzielt, ein quasi-formaler Bestandteil der Fußballmannschaft zu sein. Als dieser helfen sie dem *heilige Wesen*, welches angesichts des Wettkampfes als *gefährdet* klassifiziert wird. Die Hilfestellung erfolgt in Form von Tribünenpraktiken, die im Feld treffend als *Support* bezeichnet werden. Die konsequentialistische Frage, ob die Akteure mit ihren Tribünenpraktiken dem *heiligen Wesen* tatsächlich helfen, d. h. ob intensive Tribünenpraktiken mit dem sportlichen Erfolg korrelieren – betrifft in diesem Spiel die *Regel der Irrelevanz* (vgl. Goffman 1973). So geht es weniger um tatsächlich wirksame Hilfe, sondern vielmehr um den Glauben der Akteure an ihre Praxis, der es ihnen ermöglicht, sich als ehrenwerte Hilfesteller zu präsentieren.

Die beforschte Gruppe orientiert sich an der Ordnung, dass ihre Mitglieder regelmäßig an der Sportshow auf eine bestimmte Art und Weise teilnehmen müssen, wodurch ihr veranstaltungsbezogenes Weltverhältnis, das innerhalb einer Szene konstituiert ist, reproduziert wird. Die Teilnahme eines Gruppenmitglieds ist dabei wie ein belebender Herzschlag für die einzelne Szene-Gruppe, die wiederum ein Existenzzeichen der *Szene* darstellt. Insofern verwundert es nicht, dass eine ausbleibende Veranstaltungsteilnahme von einzelnen Gruppenmitgliedern als eine Reanimationsverweigerung des Szene-Weltverhältnisses gedeutet wird. Erfolgt die Teilnahmeunterlassung mit besonderer Schwere, kann dies mit dem Gruppenausschluss geahndet werden, was einer *sozialen Tötung* als Gruppenmitglied gleichkommt, womit ebenfalls auf existenzieller Ebene reagiert wird. Die Eigenschaft der Sanktion Gruppenausschluss lässt sich als simpel charakterisieren. Es besteht eine Regel, deren Unterlassung mit der sozialen Verbannung aus gemeinschaftlichen Handlungskontexten bestraft wird. In der reduzierten Welt der Akteure herrschen viele solcher Vereinbarungen. Auch wenn im Einzelfall durch Aushandlungsprozesse über die je konkreten Umstände der Regel diskutiert werden kann, wie der Fall des Fahnenverlusts im Kapitel 9 „Alarmierter Zustand" zeigte, werden die meisten Regeln in der Szene lebendig anerkannt. Denn Regeln und Sanktionen schaffen Ordnung, die klare Handlungsorientierungen bereitstellen, um definitorisch unproblematische Situationen zu konstituieren und aufrechtzuerhalten. Daraus resultiert ein sozialer Zusammenhang aus Akteuren, die entweder die Regeln befolgen und sich dadurch als Szeneteilnehmer auszeichnen oder die eben die Bestimmungen nicht einhalten und somit nicht dazugehören. Mithin entfalten sich eindeutige Selbst- und Fremdbilder. Ein kritisches Hinterfragen von Regeln würde hingegen die Orientierung verkomplizieren und so Handlungshemmung erzeugen, was genau das erschwert, was die Akteure in der Szene-Welt offenbar suchen: klare Selbst- und Fremdverhältnisse.

Eine weitere Ordnung zur Reproduktion der reduzierten Szene-Welt wurde ebenfalls im Kapitel 9 „Alarmierter Zustand" rekonstruiert. Der Gruppentod durch Fahnenverlust führte zur Dimensionierung Leben vs. Tod auf der Tribüne. Leben und Tod bedingen einander in einem konstitutiven Kreislauf. Die physische Existenz, die eine Gruppe als organische Einheit darstellt, die sich nicht als solche auch auflösen könnte und damit symbolisch sterben würde, würde misstrauisch machen, ob sie je existierte. Die wechselseitige Bedrohung zwischen den Szene-Gruppen wird so zur wechselseitigen Bestätigung der Existenz der einzelnen Gruppen und damit der gesamten Szene, in der die reduzierte Welt verankert ist. Insofern ist die Handlungsorientierung, einen Gruppentod durch den Fahnenklau herbeizuführen oder zu erleiden, ein Lebenszeichen der einzelnen Szene-Gruppen. Durch die Bedingung potenziell vom Tod bedroht zu sein, existieren die Gruppen nicht einfach beliebig oder willkürlich in einer wie auch immer gestalteten Welt. Vielmehr müssen sie ihr Dasein gleichsam unter Beweis stellen, indem das Lebenszeichen *Fahne* präsentiert, geschützt und verteidigt wird. Diese *Fahnenpraxis* der einzelnen Gruppen bildet eine der zentralen Reproduktionsstrategien der reduzierten Welt. Den Gruppentod als Gruppenmitglied (z. B. kämpferisch) zu vermeiden, wird so zum Akt der authentischen Verantwortlichkeit für die Gruppen- und schließlich auch der Szeneexistenz. Die existenzielle Bedrohung, die von den

Szene-Gruppen untereinander ausgeht, stellt eine Besonderung dar. So wäre zunächst davon auszugehen, dass eine freizeitlich kontextuierte Gruppe insbesondere von Auflösung durch sich selbst bedroht ist, wenn sich z. B. Gruppenmitglieder nicht mehr an Gruppenaktivitäten beteiligen, wodurch die Gruppe sich auflöste. Die gegenseitigen Gefahren, die von den Szene-Gruppen untereinander ausgehen, führen paradoxerweise zu einem Überlebenstrieb der Gruppen, welche sich durch die Bedrohung in einer permanenten Alarmbereitschaft befinden müssen. Mit dem *Kampf um Leben und (Gruppen-)Tod* offeriert die reduzierte Welt den beteiligten Akteuren zunächst eine außeralltägliche Erlebnisstruktur, in der es ständig um *alles* (Gruppenexistenz) geht, was schlicht erregend und spannend ist. Die Alarmbereitschaft als Dauerkrise ist zugleich der Nährboden, auf dem sich die Gruppenmitglieder als *Helden* bewähren können. Denn Krisen brauchen Helden, die sie bewältigen (vgl. Münkler 2015). Ferner führt die existenzielle Bedrohung zur ständigen Auseinandersetzung der Szene-Gruppen untereinander, um Gefahrenpotenziale der anderen Gruppen für das eigene Gruppenüberleben besser einschätzen zu können. Wenn es einer Gruppe gelungen ist, einer anderen Gruppe die Fahne zu stehlen, steigt ihr Bedrohungspotenzial für andere Gruppen, was zu ihrer erhöhten Beobachtung führt. Fahnen zu erbeuten generiert Urteile über die jeweiligen Gruppen, besonders aufopferungsvoll das Szene-Bekenntnis zu leben, wodurch sie eine Art Vorbildfunktion einnehmen. Der latente Zwang, Einfluss auf diese Urteile zu nehmen, erklärt den gegenseitigen Handlungsdruck der Gruppen, was im Kapitel 7.18 „Umgemäht“ rekonstruiert wurde. Kurz, die interaktiv ausgetragenen *Überlebensstrategien* der zunächst zerstörerisch anmutenden Handlungsorientierung des Tötens und Überlebens entpuppt sich folglich als Reproduktionsstrategie der reduzierten Szene-Welt, welche ein außeralltägliches Spannungserleben evoziert, was zur Teilnahme verführt. Gleichzeitig werden Grenzen der existenziellen Bedrohung zwischen den Gruppen deutlich und damit eine Limitierung des *heiligen Wesens* als universellen Standpunkt. Zwar muss sich eine Gruppe nach einem kämpferisch erlittenen Fahnenverlust auflösen, was für ihre Mitglieder tragisch ist. Die Auflösung ist jedoch nicht derart tragisch, dass sich einzelne Mitglieder oder ganze Gruppen nach einem Fahnenverlust suizidieren würden. Derartige Konsequenzen würden wahrscheinlich auch von den engagiertesten Szene-Akteuren als übertriebener Glaube an das Weltverhältnis der Szene gewertet werden. Insofern handelt es sich vielmehr um ein Spiel, das von *Leben und Tod* handelt, in dem nur so getan wird, als ob es um *alles* ginge. Schließlich wird den Gruppen, die ihre Fahne verloren haben, gewährt, eine neue Gruppe unter neuem Namen zu gründen, was den spielerischen Kreislauf begründet und an das Motto erinnert: *Neues Spiel, neues Glück.*

Die reduzierte Welt der Akteure ist außergewöhnlich, da ihre Ordnung einen handlungsfördernden Rückzugsort aus einem diffusen, unübersichtlichen und damit tendenziell handlungshemmenden Alltag bildet. An die Stelle von losen Strukturen im Alltag treten fixierte. Sie grundieren *klare* Verhältnisse, in welchen die Aufstellung und vitalisierende Einhaltung von simplen, aber dennoch existenziell weitreichenden Regeln praktiziert werden können. Das binäre Veranstaltungssetting evoziert somit für die Akteure eine unproblematische und zweifelsbefreite Welt, wodurch sie als eine Art *Handlungskatalysator* fungiert. Sofern man sich einem Weltverhältnis sehr sicher ist, was vorliegend den Akteuren durch die Reduktion von Multispektualität hinzu einer binären Aspektualität gelingt, legitimiert, befähigt und motiviert es, im Namen dieser Sache in jeglicher Richtung weitreichend zu handeln. Die mentale und physische Einteilung in der reduzierten Welt nach *heiligen Wesen*, welche sich in einem Wettkampf befinden, eröffnet somit ein Feld in dem ein tiefgreifendes Selbstbild hervorgebracht wird, welches die trennscharfe Abgrenzung von anderen Akteuren ermöglicht und sich so konsolidieren kann.

Das Reduktionssymbol *Fußballverein* wird in seiner Gültigkeit reproduziert, indem es in der Veranstaltung durch die Tribünenpraktiken der Akteure beschworen wird. Darüber hinaus erweisen sich die Installation eines Namenschilds in Form eines Stoffbanners oder das Tragen der Gruppenkleidung als Praktiken der Selbstinstitutionalisierung[24], welche die beforschten Akteure als Bekenntnisträger dieser reduzierten Welt konstituiert. Die Bekenntnisherstellung deckt das zentrale Problem der Akteure auf: Sie müssen mittels ihrer Praktiken sich als Zugehörige zu diesem Weltverhältnis identifizierbar machen,

24 Auch Maiwald (2009) benutzt den Begriff der Selbst-Institutionalisierung im Kontext von Paarbeziehungen. In diesem Zusammenhang wird dargelegt, dass Paare auf die De-Institutionalisierung der Spätmoderne mittels Handlungsroutinen auf der Mikroebene reagieren, um sich so als Paar zu institutionalisieren. D. h., es werden institutionelle Tatsachen als Paar geschaffen, welche die Beziehung strukturieren und tragen, z. B. Entstehungsgeschichte der Paarbildung, Gründungsdatum, Jahrestage feiern (ebd., 284). Die Selbstinstitutionalisierung in der vorliegenden Studie grenzt sich insofern von Maiwalds (2009) Befunden ab, als dass die beforschten Akteure gezielt auf der Mesoebene, über ihren Szene-Kontext hinaus, Institutionen in ihren Selbstinstitutionalisierungsprozess einbeziehen. Indem sie beispielsweise Kontakt als *Ultras* mit dem Veranstalter aufnehmen, um außerhalb der Öffnungszeiten eine Tribünenshow im Stadion vorzubereiten, wird ihnen Gelegenheit gegeben, sich als aktiver Teil der Veranstaltung zu institutionalisieren, was zu ihrer Etabliertheit nach außen beiträgt. Die Etablierungspraktiken nach außen ermöglichen schließlich, dass *Ultras* auf ihren Websites öffentliche Statements zu Vorfällen verfassen oder große Teile der Spieltagsorganisation beeinflussen, da sie als Besucher-Institution dazu beitragen, dass diese von anderen Institutionen wie der Polizei, als sogenannte Risikospiele eingestuft werden können, was sich nicht etwa auf den Fußballsport bezieht, sondern auf besucherbezogene Sicherheitsmaßnahmen. Ein weiteres Beispiel sind sogenannte demonstrationsartige Fanmärsche durch die Stadt zu den Stadien, welche nicht selten polizeilich großräumig abgesperrt werden, wodurch für einen begrenzten Zeitraum ganze Stadtteile zum Erliegen gebracht werden.

wodurch sie in einen Interaktionszusammenhang eingebettet werden, welcher ihnen Zugang zu den szenespezifischen Erlebensofferten ermöglicht. Entsprechend wurden die selbstinstitutionalisierenden Praktiken als *Beziehungszeichen* (Kap. 6.1) charakterisiert. Weitere *Beziehungszeichen* sind etwa Tribünenpraktiken, Materialien-Stand vor dem Stadion, Websites oder selbstorganisierte Auswärtsfahrten.

Regelmäßig wird die Realität des reduzierten Weltverhältnisses durch die fortwährende Neuinszenierung des Wettkampfes spektakulär eingebettet, was optimale Bedingungen zur Revitalisierung der Szene schafft. Der relativ standardisierte (Veranstaltungsort, Einlauf der Spieler, Spielbeginn, Halbzeit etc.) Veranstaltungsablauf dient der Szene dabei als strukturierender Interaktionsrahmen, welcher den Akteuren einen hohen Grad an Antizipation ermöglicht. Sie können damit ihr Handeln auf die dortigen Vorgänge abstimmen, wodurch ihnen das Erleben von Vorhersagbarkeit und mithin eine gewisse Kontrolle zugänglich wird. Darüber hinaus fördert die Veranstaltungsroutine spezialisierte Fähigkeiten, wie Tribünenpraktiken einzuüben, zu erweitern und zu präsentieren. Die Akteure werden so zu wahren *Experten*, die ihre fußballbezogene Umwelt formen. Expertentum ist durch seine implizite Handlungssicherheit (*man weiß, was zu tun ist)* erstrebenswert, was gleichzeitig relativ stabile situationsgebundene Identitäten begünstigt. Die eingangs erwähnte mediale Präsenz der Veranstaltung trägt zudem dazu bei, dass die Akteure weitverbreitete Urteile als Experten über sich generieren können, die als *Spiegel* (vgl. Strauss 1974) zu ihrer Selbstvergewisserung beitragen. Kommentare von Stadionsprechern verdeutlichen jene öffentliche Selbstvergewisserung. So wurde die Präsentation der bisher größten Stofffahne (Tribünenshow) in Europa von einer Szene-Gruppe in einer medialen Berichterstattung wie folgt bewertet: „Hat man so etwas schon mal gesehen"; „Es ist eine Gänsehaut Entzündung"; „Da bleibt einem der Mund offen stehen"; „Dieses Bild wird sich nach ganz Europa tragen"; „Die besten Fans der Welt"; „Alle helfen mit"; „Diese Blockfahne wird keiner vergessen, das ist Dresden, das ist Dynamo"[25].

Zusammenfassend fungiert die Veranstaltung als definitorisch unproblematische, vorhersagbare und verfügbare Konstante einer Lebenspraxis, in der klare Handlungsorientierungen und -erwartungen vorhanden sind, welche den Akteuren vermitteln, was sie zu tun haben, woraus sie ableiten, wer sie sind. Es sind diese fixierten Strukturen in der reduzierten Welt, die eindeutige Selbst- und Fremdbilder konstituieren und so eine temporäre Auszeit von der tendenziell unübersichtlichen und damit das Selbstbild prekarisierenden Alltagswelt bilden.

---

25 https://www.youtube.com/watch?v=4SDld5Chc94, 24.08.2017

10.2 Kernkategorie Idealisierung

Goffman (1974) beschreibt die Idealisierung einer Darstellung als Methode, mit welcher sich das Individuum dem Verständnis und den Erwartungen einer Gesellschaft anpasst (S. 35). Vor diesem Hintergrund beschreibt die Kernkategorie *Idealisierung* Verständnisse und Erwartungen des Feldes, die als zu erstrebende Werte zu bezeichnen sind.

Die Kernkategorie *Idealisierung* bezieht sich auf die verführerischen Eigenschaften der reduzierten Welt, die aus Überzeugungen bestehen, die praktisch umgesetzt werden können. Die *Idealisierung* plausibilisiert die reduzierte Welt der Akteure als eine wertebasierte Welt. Werte können in dieser Welt auf individueller (z. B. Mut), sozialer (z. B. Loyalität) und gesellschaftlicher (z. B. Kommerzialisierungskritik) Ebene vollzogen werden. Diese wertebezogenen Praktiken liefern den Akteuren zufriedenstellende und orientierungsspendende Antworten auf die heuristische Frage „Wofür stehst Du?". Antworten, die in der unübersichtlichen Spätmoderne nur schwierig zu finden sind.

Die vollzogene Idealisierung der Akteure transformiert das kulturelle Objekt *Fußballverein* zunächst in die Programmatik eines *heiligen Wesens*. Mit diesem sind die Akteure auf schicksalhafte Weise etwa durch biographisch bedeutsame Ereignisse oder regionale Zugehörigkeiten verbunden. Das *heilige Wesen* wird so zum Sinnbild des eigenen biographischen Gewordenseins, d. h., zu einem wichtigen Teil dessen, wer man ist, was schließlich zur affektiven Aufladung dieses Symbols einlädt bzw. sie plausibilisiert. Jene schicksalhafte *Verwandtschaft* grundiert eine besonders identitätsstiftende und kreislaufförmige Wechselbeziehung, in der die Akteure das *heilige Wesen* bestätigen und das *heilige Wesen* gleichsam die Akteure. Die verwandtschaftliche Wechselbeziehung vollzieht sich zwischen der Fußballdarstellung auf der Bühne und den Praktiken auf der Tribüne.

Das in der Kernkategorie *Reduktion* beschriebene magische Denken der Akteure, wonach sie durch ihre Tribünenpraktiken sportlichen Einfluss auf die Mannschaft nehmen könnten, findet sich auch in weiteren Bereichen wieder. So gibt es Praktiken, wie an Spieltagen mit dem linken Bein aufzustehen, ein bestimmtes Kleidungsaccessoire zu tragen, den Spielfeldzaun zu küssen sowie viele weitere Beschwörungspraktiken, welche auf die Idee abzielen, Einfluss auf den Wettkampf nehmen zu können. Im Grunde handelt es sich dabei um Strategien, die eigene Bedeutungslosigkeit als Zuschauer für den Wettkampf zu überwinden. Denn auf rationaler Ebene betrachtet, bleibt den Zuschauern nicht viel mehr übrig, als sich den Wettkampf geduldig anzuschauen und auf das Ergebnis zu warten. Alle anderen skizzierten Praktiken sind in der Sphäre des Spielens verortet, die sich darin konstituiert, der eigenen Praxis zuzuschreiben, den Wettkampf beeinflussen zu können. Die beforschten Akteure, wie auch viele andere Zuschauer, die jenes Spiel spielen, tendieren konsequenterweise nach einem gewonnenem Fußballspiel ihrer favorisierten Mannschaft zu Aussagen: „Wir haben gewonnen!", womit sie ihren eigenen Einfluss auf das Ergebnis geltend machen. Die Idealisierung der eigenen Praktiken als Einflussnahme auf das Fußballspiel ermöglicht den Akteuren, ihre Praxis als eine uneigennützige Hilfe für das *heilige Wesen* zu plausibilisieren. Sie werden gar im Namen dieser positiven Einflussnahmen selbst zu „Heiligen hinter der Zaunfahne" (Kapitel 7.6). Indes die Akteure den helfenden Beschwörungsritus der Tribünenpraktiken organisieren, initiieren und koordinieren, werden sie ferner zu *Würdenträgern* jener symbolischen Praxis, in der sie gemeinsame Krisen mit dem *heiligen Wesen* bewältigen, es hegen und pflegen. Das einzelne Gruppenmitglied kann dabei seine Akribie unter Beweis stellen, derweil es die Beschwörungspraxis etwa in Form von gestalteten Fahnen angemessen einbettet. Ihren *heiligen* Auftrag beweist die Gruppe, indem sie ihre Praxis regelmäßig zum Wohle des *heiligen Wesens* realisiert und auch andere Besucher missionierend zu ihren Huldigungen einlädt. Die angebotenen Praktiken der beforschten Besucher-Gruppe fördern ferner gezielt die Bildung einer übergeordneten Gemeinschaft. So werden etwa durch gesammelte Spenden besondere Beschwörungshandlungen ermöglicht, wie sogenannte Choreos. Diese regelmäßig in Fußballstadien beobachtbaren Zuschauershows können dabei mehrere tausend Besucher umfassen, was ein spektakuläres Symbol für den sozialen Zusammenhalt versinnbildlicht. Hierin wird die höhere Mission der beforschten Akteure ersichtlich: Sie tragen ideelle Werte in die Veranstaltung, wodurch sich ihr sozialer Status als *Würdenträger* konsolidiert. Kontrastiert man nun die Handlungsorientierung der Akteure auf der Tribüne mit denen der Fußballspieler auf der Bühne, wird deutlich, dass die Fußballer für die sportlichen Leistungen des *heiligen Wesens* stehen und ihm mit ihrem Schweiß und Einsatz huldigen. Die beforschten Akteure verkörpern hingegen die gemeinschaftlichen Leistungen, wie Tribünenshows, mit welchen sie ihrerseits dem *heiligen Wesen* huldigen und ihm in seinem Kampf auf diese Weise zur Seite stehen. Kurz, durch die beobachtete Besucher-Gruppe bekommt die Veranstaltung eine soziale Ausrichtung, die von den beforschten Akteuren gezielt organisiert wird. Mit der Initiation und Koordination gemeinschaftsorientierter Praktiken, wie dem gemeinsamen Singen oder dem Präsentieren durchchoreographierter, materialaufwendiger Tribünenshows, werden die beforschten Akteure zu einem wichtigen Bestandteil der sozialen Erlebensstruktur innerhalb der Veranstaltung. Sie werden dadurch zu Urhebern von Gefühlen, welche für Loyalität, Einigkeit und soziale Geborgenheit stehen, womit die veranstaltungsbezogenen Praktiken ihren Wertebezug erhalten. Mit Hilfe der sozialen Mission der Akteure wird aus der gesamten Wettkampfveranstaltung eine das *heilige Wesen* huldigende Präsentation, die sowohl auf sportlicher als auch auf gemeinschaftlicher Ebene operiert. Die Verbindung beider Ebenen konstituiert schließlich ein Konstrukt

(Fußballverein) mit hoher Identifikationskraft, einen scheinbar universellen Standpunkt, der mit diesen sozialen Erfahrungszugängen viel mehr ist als nur ein Sportwettkampf zwischen zwei Mannschaften. Indessen die beforschten Akteure die Verantwortung für die sozialen Aspekte des *heiligen Wesens* übernehmen, entbanalisieren sie ihren Veranstaltungsbesuch, weil sie ihre konsumbasierende Anwesenheit in eine helfende und gemeinschaftsorientierte Unternehmung umwandeln. Die Idealisierung macht somit aus dem Besuch einer Unterhaltungsshow aus Spaß an der Freude, die Beschwörung eines *heiligen Wesens*, welches als universeller Standpunkt ideell orientierte Gemeinschaften fördert. Indem die Akteure ihre eigene Praxis auf diese Weise klassifizieren und dies reziprok mit gleichgesinnten Besucher-Gruppen verhandeln, evozieren sie Selbstbilder, in denen Urteile wie *treu*, *leidenschaftlich*, *leidensfähig* oder *kämpferisch* zu sein, erzeugt werden. Die mit Speisen und Getränken gut ausgestattete Veranstaltungsteilnahme, in der ein spannender Sportwettkampf zur Schau gestellt wird und in welchem die Akteure unaufgefordert eigenen Interessen auf der Tribüne nachgehen, wird so nicht als freizeitliche Beschäftigung definiert, sondern als wertebezogene Verpflichtung. Das Vergnügen erfährt mithin eine positiv konnotierte Aufladung. Auch hierin unterscheidet sich die reduzierte Welt der Akteure massiv von der Alltagswelt, in welcher kaum oder nur durch besondere Anstrengungen Selbstbilder des *treu* oder *leidenschaftlich* – Seins konstituiert werden können.

Dem *heiligen Wesen* umfangreich und gemeinschaftlich zur Seite zu stehen, ist ferner eine zentrale Bedingung für die Wechselbeziehungen zwischen den Akteuren innerhalb einer einzelnen Szene-Gruppe als auch zwischen den Szene-Gruppen. Die Bedingung beruft sich auf das Ethos der Opferbereitschaft für den universellen Standpunkt *Fußballverein*. Das Ethos folgt sinngemäß dem Motto: „Wer viel macht, hat viel zu sagen". D. h., der für das heilige Wesen sich aufopfernde Mensch ist ein *guter* Mensch, welcher Anerkennung wie Respekt und Privilegien wie erhöhte Einflussnahme erhält. Hierbei erfolgen unterschiedliche Begründungszusammenhänge, um die eigene Opferbereitschaft unter Beweis zu stellen. Darunter fällt etwa, den Stadionbesuch der Geburtstagsfeier der Partnerin vorzuziehen, sein Auto zu verkaufen, um das heilige Wesen zu seinem Kampf ins Ausland zu begleiten, oder über mehrere Monate an einer Tribünenshow zu arbeiten. Die Opferbereitschaft wird dabei durch die Entbehrung von Annehmlichkeiten oder den Nachweis von Anstrengungen hergestellt. Je mehr Entbehrungen oder Anstrengungen in Kauf genommen werden, desto überschwänglichere Urteile der Opferbereitschaft werden dem Einzelnen zuteil, auf welche Weise jener sich als besonders glaubwürdiger Anhänger des *heiligen Wesens* maskieren kann. Folglich bringt die Prämisse der Opferbereitschaft Statusunterschiede zwischen den Gruppenmitgliedern hervor. Wer weniger bereit ist, sein Leben auf das heilige Wesen auszurichten, wird im Glauben geringer eingeschätzt, weshalb ihm auch weniger Einfluss zugesprochen wird.

Ein besonderer Aufopferungsnachweis ist die Bereitschaft, Risiken für das heilige Wesen einzugehen. Um die eigene Glaubwürdigkeit zu beweisen, wird etwa Gewalt angewendet. Diese Bereitschaft impliziert, dass das Gruppenbekenntnis dem *heiligen Wesen* gegenüber aus der Szeneperspektive nicht nur eine *so tun als ob*-Phrase ist. Mittels der akteursseitigen Bereitschaft Gefahren für Leib und Leben einzugehen und so unwiderrufliche Konsequenzen wie ein blaues Auge in Kauf zu nehmen, wird ihre Glaubwürdigkeit geprüft. Insbesondere der tatsächliche Kampf zieht Konsequenzen nach sich, die genauso real und unwiderruflich für den Standpunkt der reduzierten Welt sind, wie es ein Tortreffer ist. Anders als der magische Glaube, durch die eigenen abergläubischen Praktiken das Sportspiel beeinflussen zu können, erfährt die reduzierte Welt durch den physischen Kampf eine prüfbare Verwirklichung. Gewalt wird so zum Akt der Entsymbolisierung der reduzierten Welt, in welcher man nicht mehr nur symbolisch der Mannschaft von der Tribüne aus motivierend zur Seite steht, sondern tatsächlich sowie tatkräftig für sein Bekenntnis kämpft und die gegnerische Kampfpartei bezwingt oder bezwungen wird. Der daraus gründende alarmierte Zustand der Gruppen, um sich zu schützen, erscheint in diesem Zusammenhang wie ein Wirklichkeitsserum für die Szene-Welt, welche sich durch ihre inhärente Gewaltgefahr als existent institutionalisiert. Würden hingegen die Akteure gegen die soziale Ordnung verstoßen und in gebotenen Situationen nicht kämpfen, verlören sie die Glaubwürdigkeit ihres Bekenntnisses zu der reduzierten Welt. Damit unterscheidet sich die Szene vom Alltag, in dem es meist kaum möglich ist, eigene Bekenntnisse derart ostentativ glaubwürdig zu demonstrieren. So erschweren pluralistische Gesellschaftsstrukturen mit ihrer Vielzahl an Lebensentwürfen von vornherein überhaupt schon das Formulieren von Bekenntnissen. Die aus diesen diffusen Weltverhältnissen heraus entstehenden Bekenntnisse wie für Frieden oder Liebe zu sein, die sich an einem weitgehend unverbindlichen Humanitarismus orientieren (Kapitel 2.2.4), scheinen wiederum kaum eindeutige Bewährungsprüfungen für die glaubwürdige Bekenntnisträgerschaft zu ermöglichen. Insofern wird die Übereinstimmung zwischen bekenntnishaften Idealen und ihrer praktischen Umsetzung kaum erreicht. Das daraus resultierende Erleben, sich quasi heroisch für eine *gute Sache* einzusetzen, bleibt damit im Alltag verwehrt. Insbesondere das Szene-Thema *Gewalt* mit seinem Merkmal eine Gefahr für Leib und Leben darzustellen, entfaltet die Dimension einer existenziellen Opferbereitschaft, was die reduzierte Welt mit Bedeutung auflädt. Im Kapitel 7.18 „Umgemäht" wurde die Prüfung des glaubhaften Bekenntnisses und deren Beweisführung rekonstruiert. Jene Prüfverfahren dienen als eine Art *Lizensierung*, womit die Gruppen ihren ernstgemeinten, szenebezogenen Idealismus unter Beweis stellen können, was Hierarchisierungen zwischen den Szene-Gruppen ermöglicht.

Durch die existenziell notwendigen Gespräche über das Thema *Gewalt*, um die Gefahrenpotenziale durch die anderen Szene-Gruppen auszuloten, werden Heldennarrationen über vergangene Schlachten stimuliert. Somit verführt die Szene ihre Mitglieder, sich als *Helden* zu präsentieren und zu erleben. Gewalt dient auch den Wechselbeziehungen zwischen den Gruppenmitgliedern als Grundlage. So evoziert die Opferbereitschaft, auch unter riskanten Gegebenheiten seinem Bekenntnis als *Würdenträger* des *heiligen Wesens* treu zu bleiben und sich dem Kampf zu stellen, Vertrauen der anderen Gruppenmitglieder, in das wahrhaftige Bekenntnis des Einzelnen. Erwiesene Opferbereitschaft evoziert die Zuschreibung individueller Werte, wie Mut oder Loyalität, in der reduzierten Welt, womit jene zur Ressource wird, diese Ideale auszuleben (Wann hat man schon mal die Gelegenheit, seinen Mut oder seine Loyalität unter Beweis zu stellen?). Gewalt anzuwenden oder nicht, beeinflusst ferner die Wechselbeziehungen zwischen der beforschten Besucher-Gruppe und anderen Besuchern, welche nicht der ideellen Szene angehören und nicht an den ideell motivierten gewalttätigen Auseinandersetzungen beteiligt sind. Wie in Kapitel 7.15 „Kampf light" aufgezeigt wurde, tun die meisten Besucher nur so, als ob sie Gewalt anwendeten. Der eigentliche Vollzug ist dabei nicht relevant. Tatsächlich Gewalt anzuwenden und die dazugehörigen Risiken in Kauf zu nehmen, zeugt indessen von einer gesteigerten Opferbereitschaft, die parallel dazu ein wahrhaftigeres Bekenntnis plausibilisiert. Somit wird, neben den vielseitig gestalteten Beschwörungsriten auf der Tribüne, der exklusive Akt der Gewaltanwendung zur Bedingung der Aufwertung des sozialen Status' der Ultra-Besucher gegenüber anderen Besuchern, da sie schließlich für ihre Ideale bereit sind, tatsächlich zu kämpfen. Obgleich Gewalt für die beforschte Gruppe sowie ihrer dazugehörigen Szene einen fixen Bestandteil darstellt, ist den Akteuren im psychosozialen Sinn kein übermäßiges Gewalt- oder Aggressionsproblem zu unterstellen. Stünde die Ausübung von Gewalt im Vordergrund, wäre das Stadionfußballspiel mit seiner dargelegten Sicherheitsarchitektur sowie der Polizeipräsenz ein eher ungeeigneter Ort, da diese meist gewaltvolle Auseinandersetzungen verhindern. Für die Gewalt als Selbstzweck böten sich andere Strategien an. So wäre naheliegender, sich außerhalb von Spieltagen mit anderen Besucher-Gruppen zu treffen oder einfach am Wochenende in Diskotheken zu gehen und Auseinandersetzungen zu provozieren, bei denen keine Polizei und Hunderte von Ordnern dies in videoüberwachten Bereichen zu verhindern versuchen. Gewalt ist demnach an den Kontext der reduzierten Welt gekoppelt, um ein glaubhaftes Bekenntnis ihr gegenüber durch Opferbereitschaft zu demonstrieren, nicht aber um ein ständiges Gewalterleben zu generieren. Vielmehr erzeugt die potenzielle Gewaltgefahr als Mythos einen alarmierten Zustand, welche die reduzierte Welt zu einer aufregenden und abenteuerlichen Welt macht, die sich real anfühlt, obschon die permanente Gewalt oder Gewaltgefahr gar nicht real ist.

Das Ethos „Wer viel macht, hat viel zu sagen" versinnbildlicht folglich mit seiner mehr oder weniger unmittelbaren Kopplung zwischen szenebezogener Leistungserbringung und daraus resultierender Anerkennung eine *fair* erscheinende Gesellschaft in welcher derjenige, der fleißig seiner Arbeit nachgeht, seine *verdiente* Anerkennung bekommt. Eine Anerkennung, die unabhängig von der sozialen Herkunft erreicht werden kann. Die Praxis der Akteure initiiert folglich eine *gerechte Welt*, die alltägliche Differenzierungsmerkmale wie Bildung, Alter oder Wohlstand überwindet und jenen Kategorien die zugängliche Opferbereitschaft für den universellen Standpunkt *Fußballverein* gegenüberstellt.

Indem die Beforschten soziale Aspekte durch ihre opferbereiten Praktiken in die Veranstaltung hinein tragen, werden sie zu Produzenten eines aus ihrer Sicht *idealen* Fußballs, was Konsequenzen für ihr eventbezogenes Selbstbild hat. So zeigen sie sich mit spektakulären Aktionen – sich ihrer eigenen Bedeutsamkeit bewusst – verantwortlich für die stimmungsvolle Atmosphäre der Veranstaltung und bescheren allen Stadionbesuchern ein unterhaltsames Spektakel. Genauso selbstbewusst vollziehen die Akteure ihre ideellen Vorstellungen, auch wenn diese gegen die formale Veranstaltungsordnung verstoßen und gar zu Spielunterbrechungen führen, was dann ebenfalls alle Stadionbesucher erleben. Zusammenfassend wird festgehalten, dass die gestalterische Einflussnahme der Akteure auf die Veranstaltung mit der inneren Haltung einer Art *Hausherrenmentalität* erfolgt. Sie wurde insbesondere in den Kapiteln „Zur Aushandlung über die Kontrolle von Veranstaltungsabläufen" (7.2), „Tribünensport" (7.7), „Tribünenshow als Eröffnungsakt" (7.9), „Zur heroischen Aufopferung orientierungsspendender Gewissheiten" (7.14) und „Umgemäht" (7.18) deutlich. Ungeachtet ihrer Praxen, welche zweifellos den Stadionfußball verändert haben, wird an dieser Stelle jedoch eine Hybris der Akteure hinsichtlich ihrer eigenen Bedeutung für die Veranstaltung deutlich: Sie definieren, welche Werte die Veranstaltung beinhalten sollen und wie sich ihre Umsetzung gestaltet. Den darin begründeten Anforderungen werden von allen Besucherschaften allerdings nur sie allein gerecht. Im Stadion präsentierte Transparente wie „Wahrer einer Fußballtradition" stellen Hinweise für diese eigensinnige Deutungshoheit dar.

Das Szene-Veranstaltungsprotokoll, an welchem sich die beforschte Besucher-Gruppe abarbeitet, um sich als Teil von ihr zu legitimieren, umfasst das Interesse an dem dargebotenen Sport. Da sich die Szene jedoch nicht durch fußballerische Praktiken, sondern vor allem durch andere soziale Praktiken konstituiert, ergeben sich daraus Erwartungen und Verpflichtungen, welche Handlungsprioritäten entfalten, die nicht zwangsläufig auf das Fußballspiel gerichtet sind. Ein Umstand, der zu Irritationen in der Szene-Umwelt führen kann. Ein sogenannter Platzsturm über das Fußballfeld etwa, um den Erzrivalen anzugreifen, die Nutzung von Pyrotechnik oder andere Tribünenpraktiken, die das Fußballspiel unterbrechen, aktivieren den Diskurs in der Szene-Umwelt, welcher um die Frage kreist: „Was hat das noch mit Fußball zu tun?“. Eine Frage, welche die (vermeintliche) Unvereinbarkeit von fußballspielunterbrechendem Verhalten in einer Fußballshow thematisiert. Die in der Frage sich ausdrückende Irritation scheint zunächst berechtigt, denn spielunterbrechendes Verhalten hat nichts mit dem ursprünglichen Fußballsport an sich zu tun. Die Kernkategorie der *Idealisierung* hat jedoch nachvollziehbar dargelegt, dass der Stadionbesuch von den Akteuren insbesondere vor dem Hintergrund einer szenebezogenen Klassifikation erfolgt und nicht aus einer sportbezogenen heraus. Mit der szenebezogenen Event-Teilnahme ist die Übersetzung von Veranstaltungsereignissen in szenespezifische Interaktionen gemeint. So wird aus der sportbezogenen Favorisierung einer Mannschaft, um einen unterhaltenden Wettkampf zu erleben, ein Beschwörungsritus, um die Mannschaft zu unterstützen, wodurch sich eine Beschwörungs-Gruppe konstituiert. Die Beschwörungs-Gruppe mit ihrem Szenebezug setzt sich jedoch nicht nur mit den reziprozitätseingeschränkten Fußballspielern auseinander, sondern nimmt Kontakt zu gleichgesinnten Veranstaltungsbesuchern auf, die sich für das andere heilige Wesen entschieden haben. Diese Kontaktaufnahme ist aus einer sozialen Perspektive erfolgsversprechender, denn im Gegensatz zu den Mannschaftsspielern reagieren die gleichgesinnten Besucher auf der anderen Seite direkt oder indirekt in der gleichen Sprache, woraus ein interaktiver Kreislauf mit vielseitigen Anschlussmöglichkeiten entsteht. Innerhalb dieser Zusammentreffen verunglimpfen die jeweiligen Besucher-Gruppen sich gegenseitig die Wahl ihrer heiligen Wesen, durch komplementäres Verhöhnen, Beleidigen oder gar Angreifen. So erwächst auf den Tribünen ein persönlicher Konkurrenzkampf, der im Namen des jeweiligen *heiligen Wesens* geführt wird, jedoch ohne dem symbolischen Kampfmedium Fußballsport. Einzige Ausnahme bildet hierbei die auf die favorisierte Mannschaft ausgerichtete Tribünenpraxis *Support*, welche als Medium für einen domestizierten Wettkampf zwischen den Szene-Gruppen herangezogen werden kann. In diesem wird um ein Lauter, Besser, Vielseitiger oder Schöner von Tribünenpraktiken konkurriert. In vielen anderen Fällen entsteht in der domestizierten Sportkampfveranstaltung jedoch ein tatsächlicher „Kampf um des Kampfes willen“ (Simmel 2013, S. 297). In ihm werden nicht aufgrund einer dritten Sache, wie dem Ballsport oder der Tribünenpraktiken, spielerisch Konkurrenzsituationen verhandelt. Vielmehr werden die jeweiligen Personen unmittelbar verbal oder auch physisch angegriffen. Die dem Wettkampf geschuldete und demgemäß an die *heiligen Wesen* gekoppelte dichotome Besucheraufteilung, bietet hierbei ideale Bedingungen für die kämpferische Gegenüberstellung, woraus schließlich ein Event des entsymbolisierten Gegeneinanders hervorgeht. Deutlich wurde die kämpferische Verwicklung der Besucher-Gruppen in dem Kapitel „Der Zaun“ (5.3), durch den die Besucher noch vor Beginn der eigentlichen Sport-Show zur Vermeidung von körperlichen Auseinandersetzungen getrennt werden müssen. Diese Besuchertrennung enttarnt das offene Geheimnis, dass die Veranstaltung für einige Besucher eine entsymbolisierte Kampfveranstaltung darstellt, welche Deutung auch im Stadion durch massive Sicherheitsvorkehrungen, um derlei Tendenzen zu unterbinden, manifest werden. Versteht man nun unter Praktiken wie Gewalt oder andere spielunterbrechende Handlungen als Strategien für eine szenebezogene Veranstaltungsteilnahme lässt sich die Inkaufnahme einer temporären Spielunterbrechung erklären. Entsprechend haben spielunterbrechende Praktiken etwas mit der szenebezogenen Besucher-Identität der Akteure zu tun. Diese Identität bildet zu der Veranstaltung ein dynamisches Verhältnis, welches je nach Situation unterschiedliche Handlungsprioritäten hervorbringt. Daraus resultiert, dass der Wettkampf nicht mehr nur auf sportlicher Ebene ausgetragen wird, sondern auch auf der Ebene einer Szene. Daher unterbricht ein Tortreffer der favorisierten Mannschaft die meisten szenespezifischen Handlungen der Akteure und führt zu Jubelausbrüchen wie sie bei vielen der anderen Stadionbesuchern ebenfalls zu beobachten sind. Gleichfalls kann die szenebezogene Verpflichtung, Pyrotechnik zu nutzen, um sich im Wettstreit mit den anderen Szene-Gruppen als aufopferungsvoll zu inszenieren, das Spiel unterbrechen. In der szenebezogenen und bisweilen konfrontativen Veranstaltungsteilnahme unterscheiden sich die beforschten Akteure von vielen anderen Stadionbesuchern, welche ihre soziale Orientierung nicht dermaßen weit gegenüber dem gegenwärtigen Fußballspiel priorisieren würden, dass es unterbrochen werden müsste. Die szenebezogene Praxis der beforschten Akteure verdeutlicht wiederholt ihr grundlegendes Problem. Sie müssen Aussagen über sich als szeneteilnehmende Gruppe generieren, um so in diesem sozialen Kontext integriert zu werden. Was auch immer dafür nötig ist, wird getan, um Zugang zur reduzierten Welt mit ihren verführerischen Merkmalen zu erlangen, auch wenn dies auf Kosten des sportlichen Veranstaltungsverlaufs geht.

An dem Phänomen *spielunterbrechender Praktiken* tritt die Problematik des fehlenden gemeinsamen Standpunktes zwischen den beforschten Akteuren, dem Veranstalter und schließlich auch den anderen Stadionbesuchern zutage. Die unterschiedlichen Situationsdefinitionen bedingen unterschiedliche Bewertungen, die wiederum zu differenten Handlungsanschlüssen führen. So kann die Nutzung von Pyrotechnik als Szene-Praxis zur Spielunterbrechung führen, wodurch die sportorientierte Veranstaltungsteilnahme gestört wird. Dagegen erfolgen Sanktionen, was wiederum die szenebezogene Veranstaltungsorientierung der Beforschten einschränkt. Daraus erwachsene Konfrontationen mit anderen Besuchern, Veranstaltern, Polizei oder Medien, erfüllen den positiven Aspekt für die Akteure, genau als die anerkannt zu werden, als die sie anerkannt werden wollen: nämlich als eine Szene-Gruppe. Ein Beispiel, das die institutionelle Bestätigung der Akteure durch ihre Umwelt veranschaulicht, ist die feldimmanente Bezeichnung *Risikospiel* (Kapitel 5.3). Dabei handelt es sich nicht etwa um ein Fußballspiel mit für eine Wettkampfpartei besonders sportlichen Risiken, wie ein drohender Abstieg aus der Spielklasse. Es handelt sich vielmehr um eine Sicherheitskategorisierung der Szene-Umwelt (z. B. formale Fußballproduzenten oder Polizei), die sich auf das erwartete Gefährdungspotenzial hinsichtlich der Wechselbeziehung zwischen den Szene-Gruppen bezieht. Jene Einschätzung hat organisatorische Konsequenzen, z. B. erhöhte Polizeianwesenheit. Die formalen Institutionen, die an der Veranstaltung beteiligt sind, werden auf diesem Wege zum Spiegel der beforschten Akteure, in welchem sie sich mit der Maske sehen, ebenfalls eine veranstaltungsbeeinflussende Institution zu sein. Aus der Strategie der Konfrontation mit der Umwelt entwickeln die Akteure folglich Bedeutsamkeit für ihre Umwelt, was zu ihrer Etablierung als Gruppe sowie der gesamten Szene innerhalb des Kosmos *Fußball* beiträgt. Konfrontationen mit der Gruppen-Umwelt werden vor diesem Hintergrund nicht gescheut, da sie dazu beitragen, sich als Szene-Gruppe zu institutionalisieren (Kapitel 7.14).

Um die durchaus kontroversen Ideale der Szene-Welt gegenüber ihrer Umwelt aufrechtzuerhalten, bedienen sich die Akteure verschiedener Schutzstrategien. Eine zentrale Strategie de-rationalisiert den universellen Standpunkt einerseits, um ihn andererseits zu emotionalisieren. Folgendes Zitat aus dem Kapitel 7.6 „Heilige hinter der Zaunfahne" verdeutlicht dies: „[...] halt nich begreiflich für jemanden Außenstehenden.". Das Merkmal der emotionalen Nicht-Verwobenheit mit der Szene, wird als Erklärung für das Unverständnis der ihr inhärenten Praktiken klassifiziert. Etwaige Kritik an den Überzeugungen der reduzierten Welt wird dieser fehlenden emotionalen Verbindung zugeschrieben, wodurch sich die Akteure gegenüber Missbilligungen von außen immunisieren und so das eigene Weltverhältnis weiterhin legitimieren und aufrechterhalten können. Die auf Aufklebern der Akteure zu lesende Aussage: „Wer es nicht fühlt, kann es nicht verstehen", welche auch als Facebook-Profil[26] geschrieben steht, bestätigt die Strategie einer solchen Selbstimmunisierung. Die Idealisierung gelingt folglich den Akteuren durch ihre distanzlose Verbindung gegenüber ihrer reduzierten Welt, welche Multiaspektualität und damit Alternativen suspendiert. Mithin werden Widersprüche oder Selbstkorrekturen vermieden, was gleichsam Vielfalt und Entwicklung minimiert. Stattdessen erfolgt eine fortwährende Begründung der eigenen Praxis gemäß der eigenen Ideale. Praktiken, wie die Spielbeschwörung, werden in diesem Zusammenhang zur Selbstbeschwörung.

---

26 https://www.facebook.com/Wers-nicht-f%C3%BChlt-kann-nicht-verstehen-Ultras-werden-niemals-untergehen-326141260759957/, 29.08.2017

Zusammenfassend für die Kernkategorie *Idealisierung* ist festzuhalten, dass sich das Feld der Akteure durch eine Art universellen Standpunkt begründet, der ein gemeinsames Klassifikationssystem konstituiert. Dieses beinhaltet eine szenebezogene Veranstaltungsteilnahme. Der universelle Standpunkt koorientiert das soziale Miteinander zwischen den Szene-Teilnehmern und ihrer Umwelt. In dem universellen Standpunkt sind Ideale verankert, die praktisch realisiert werden können, woraus ein idealisierbarer Lebensentwurf hervorgeht. Der Grad der Bewältigung der Ideale bemisst sich an der Opferbereitschaft, welche die Akteure aufzubringen bereit sind. Die zur Schau gestellte Opferbereitschaft ermöglicht es den Akteuren, wünschenswerte Urteile über sich zu generieren, wodurch die reduzierte Welt zur Ressource von sozialer Anerkennung wird, welche den Akteuren vermittelt, einer gelungenen Orientierungsleistung innerhalb ihres Lebensvollzugs zu folgen. Die glaubwürdige Teilnahme an dieser Orientierungsleistung wird durch realisierte Erwartungen und erfüllte Verpflichtungen eingefordert und regelmäßig getestet. Entsprechend tragen die Akteure szenebezogene Aspekte organisiert und koordiniert in die Veranstaltung hinein, wodurch sie zu ideellen Fußballproduzenten werden, welchen es nicht nur um Fußballsport, sondern vor allem um Werte wie Gemeinschaftssinn oder Regionalität geht, welche sie auch bereit sind, zu verteidigen.

Die Kernkategorie *Idealisierung* mit ihrer zentralen Eigenschaft, Ideale festzulegen, die praktisch bewältigbar sind, erzeugt eine außeralltägliche Erlebensstruktur. Sie ist außeralltäglich, da der tatsächliche Vollzug wertebasierter Überzeugungen Alltagserfahrungen widerspricht, in welchen Akteure nicht selten an inneren und äußeren Idealen (praktisch) scheitern. Im Gegensatz dazu ermöglicht die reduzierte Welt den Akteuren relativ kompromisslos jemand zu sein, der sie gerne sein wollen, ohne sich von alltäglichen Zwängen kompromittieren zu lassen. Betrachtet man diese reduzierte und idealisierte Welt nun aus einer modernisierungstheoretischen Perspektive, dann fällt auf, dass die *Spätmoderne* sich gerade durch das Fehlen von Universalismen auszeichnen, eben eine Pluralität von Werten und Orientierungen beinhalten. Es gibt nur noch diffuse oder temporäre Übereinkünfte über gemeinsame Ideale. Der fehlende gemeinsame Wertemaßstab erschwert somit die Einigung auf Praktiken, in welchen die diffusen Ideale zum Ausdruck kommen könnten. Mithin minimieren sich die Optionen, von anderen (an)erkannt zu werden, weil schlicht das gemeinsame Bezugssystem fehlt. Unter diesen Umständen werden die heuristischen Fragen: „Wofür stehe ich?“ und „Wer bin ich?“, welche in der Einleitung vorliegender Studie gestellt wurden, wieder virulent. Wie gezeigt wird, offeriert die Kernkategorie der *Idealisierung* relativ verlässliche Antworten auf diese Fragen. Die Szene fungiert damit als temporäre Bewältigung der an die Akteure gestellten Herausforderung, sich in der Spätmoderne eigene zufriedenstellende Orientierungsanker zu schaffen.

In der Kernkategorie der *Idealisierung* wurde die Praxis der Akteure als eine wertebasierte Praxis grundiert. Die folgende Kernkategorie befasst sich mit der Bedrohung dieser wertebasierten Praxis.

10.3 Kernkategorie Vulnerabilisierung

Zentral für die Kernkategorie *Vulnerabilisierung*, ist die Bewältigung der veränderten Bedingungen innerhalb der reduzierten Welt der Akteure, was gleichsam weitere idealisierbare Handlungsfelder eröffnet. In der vorhergehenden Kategorie wurden die Akteure als ideelle Fußballproduzenten charakterisiert, die Wertebezüge in die Veranstaltung transportieren. Auf der anderen Seite des Kontinuums der eben behandelten idealisierten Praxis der Akteure, sind die formalen Fußballproduzenten (Fußballvereine und -verbände) verortet. Die beforschten Akteure kritisieren an ihnen, dass die formalen Fußballproduzenten aufgrund ihrer ökonomischen Veranstaltungsausrichtung, eine Modernisierung des Profifußballs forcierten. Innerhalb dieser würden soziale Werte, regionale Verwurzelung und sonstige idealisierbare Aspekte, die von den beforschten Akteuren in dem gewissheitsvermittelnden Konstrukt *Tradition* zusammengefasst werden, nur noch als Label existieren. Jene Label scheinen allerdings angesichts der offensichtlich kommerziellen Interessen immer abwegiger, da flexibel auf Marktinteressen gesetzt wird, anstatt Gewohntes zu bewahren. So ist etwa ein häufiger Spieler- und Trainerwechsel zu verzeichnen oder Stadionnamen und Vereinsfarben werden nach den Wünschen von Sponsoren geändert. Ein Fußballverein als Wertekonstrukt wird so mehr und mehr zu einer Marke, dessen identitätsstiftende Merkmale an Authentizität verlieren (Dembowski 2013, S. 260). Mithin wird die Wettkampf-Praxis des heiligen Wesens eine banale, am Konsum orientierte und von ihm abhängige Praxis. Konsum indes lässt nur oberflächliche Gefühle zu, wie belustigt oder unterhalten zu sein. Tiefgreifende Emotionen, die als *echte* oder *wahre* Liebe klassifiziert werden, können unter diesen Umständen lediglich als Werbestrategie vermittelt, jedoch nicht authentisch erlebt werden. Unter diesem Gesichtspunkt bilden die ideellen Fußballproduzenten mit ihren gemeinschaftsfördernden Praktiken, einen Gegenpol zu den ökonomisch orientierten, formalen Fußballproduzenten, die ihre Anziehungskraft durch qualitativ hochwertige Unterhaltung zu bekommen versuchen. Die skizzierte Gegenüberstellung verdeutlicht, dass in der Veranstaltung zwei Produzenten aufeinander treffen, die beide mit einer Art Hausherrenmentalität das Recht für sich beanspruchen, die Deutungshoheit über Sinn und Zweck der Veranstaltung zu haben und sie zu gestalten.

Die mit der Modernisierung zusammenhängende Banalisierung des Profifußballs als Zuschauersport, stürzt die gesamte Szene der reduzierten Welt mit ihren einzelnen Gruppen zunächst in eine Sinnkrise. Denn die beschwörungswürdigen Eigenschaften des heiligen Wesens als existenzielle Grundvoraussetzung für die reduzierte Welt der Akteure gehen verloren, was Fragen aufwirft, wie: Kann eine Praxis, die auf das *heilige Wesen Fußballverein* ausgerichtet ist, überhaupt noch unter diesen Bedingungen wertebasiert sein und somit weiterbestehen? Oder, was passiert mit uns, wenn das Wesen nicht mehr heilig ist? Die Sinnkrise wird damit zu einer Frage des Überlebens der reduzierten Welt. Vor diesem Hintergrund der ökonomisch ausgerichteten Modernisierung des Profifußballsystems und der damit einhergehenden ideellen Bedeutungslosigkeit des Wettkampfes, vulnerabilisieren die beforschten Akteure ihr *heiliges Wesen* sowie das gesamte Wettkampfsetting. Mit ihrem aufopferungsvollen Urbild, mehr *Stimmung ins Stadion* zu bringen, präsentieren sie sich als Retter einer Not, die letztlich ihre eigene ist. Orientierung für diese selbstinitiierte Praxis spenden die ideellen Eigenschaften des *heiligen Wesens*. Die aus der eigenen Praxis entfalteten Emotionen sind authentischer, da sie eben ideell begründet und teilweise unabhängig vom konkreten Wettkampfverlauf hergestellt werden können. Mithin umgehen die Akteure eine ungewollt emotionale Reaktion auf ökonomisch orientierte Angebote. Denn dies wäre schlichter Unterhaltungskonsum und damit kaum idealisierbar. Insofern verwundert es nicht, dass veranstaltungsseitige Stimmungsangebote, wie Klatschpappen, Maskottchen oder nicht fußballbezogene Popmusik-Einlagen in der Halbzeit von den Akteuren protestierend abgelehnt werden. Die selbstgewählten Tribünenpraktiken der Akteure dienen demnach als Entbanalisierung des Events im Allgemeinem und ihrer Teilnahme im Besonderen. Die Strategie der Vulnerabilisierung sichert das Überleben der reduzierten Welt ab, indem die modernisierungsbasierten veränderten Bedingungen durch den aktiven Selbstbezug kompensiert werden. Das Ergebnis ist die Inszenierung eines ideell plausibilisierbaren *heiligen Wesens*, welchem in einem ehrenvollen Wettkampf von Angesicht zu Angesicht aufopferungsvoll zur Seite gestanden wird.

Vulnerabilisierung als Bedingung manifestiert darüber hinaus eine weitere positive Verlaufskurve im Überlebensprozess der Akteure in ihrer reduzierten Welt. So dient sie gar als neuer Sinnlieferant für die Szene. Indem sich die beforschten Gruppenmitglieder von der Ökonomisierung der formalen Profifußball-Welt abwenden, entwickelt sich eine kontrastierende Handlungsorientierung, die es ermöglicht, die eigenen Ideale öffentlich zu machen. Die kritische Abkehr von der ökonomischen Banalisierung hin zur Herstellung persönlicher Idealisierungen wird so zu einem eigenen Spiel. Es operiert, wie bei den Tribünenpraktiken, mittels *Regeln der Irrelevanz* (vgl. Goffman 1973). Die Akteure fragen entsprechend nicht nach der tatsächlichen Wirkung eigener Proteste gegen den modernen Fußball. Es wird ohnehin nicht kritisch hinterfragt, ob die eigenen Forderungen nach einer weniger kommerziell ausgerichteten Veranstaltung, die von den formalen Organisatoren schließlich aus kommerziellem

Interesse durchgeführt wird, realistisch sind. Vielmehr handelt es sich um ein *doing protestieren*, das sich in seinem Vollzug selbst genügt, da es Idealisierungen plausibilisiert. In diesem Zusammenhang ist das Tragen selbsterstellter Kleidung ein prominentes Beispiel, womit sich die Akteure von den ökonomischen und damit banalisierenden Produktangeboten der Fußballvermarkter abwenden. Der ökonomischen Banalisierung wird auf diese Weise letzten Endes eine nicht-kommerzielle und damit selbstbedeutungssteigernde Praxis mittels handfester Tatsachen gegenübergestellt. Mit der Herstellung eigener Produkte verdinglichen die Akteure ihre Ideale und beeinflussen so auf manifester Ebene die Veranstaltung. Die fortschreitende Ökonomisierung des Profifußballs fordert die Überwindung der Banalisierung regelrecht heraus, da diese Fußballshow so offensichtlich kommerziell orientiert ist. Jenen Umstand aufzugreifen und vor diesem Hintergrund das Interessenobjekt sowie die gesamte Show zu vulnerabilisieren, führt in besonderer Weise dazu, die Banalität der Veranstaltung sowie die eigene Bedeutungslosigkeit für diese zu überwinden. Die Vulnerabilisierung der gesamten Veranstaltung ermöglicht folglich, neben dem Glauben das Spiel durch Tribünenpraktiken beeinflussen zu können, nun die konkretere Beeinflussung des Veranstaltungssettings. Aus der Kritik an der Ökonomisierung wird folglich ein neues Thema, dass in szenebezogene Interaktionen übersetzt werden kann. Daraus entsteht die Dimensionierung Spieleinfluss vs. Settingeinfluss. Bezogen auf das Sportspiel einbettende Setting, stilisieren sich die Akteure zu bedeutenden Säulen der Veranstaltung. Mit ihren vororganisierten Angeboten etwa den Tribünenpraktiken fördern sie ideelle Werte in der Veranstaltung wie den sozialen Zusammenhalt. Sie präsentieren sich damit als Gallionsfiguren des *echten* oder *wahren* Fußballs, in dem *Herzblut* und *Gemeinschaft* mehr zählt, als der bloße Sieg der favorisierten Mannschaft. Mithin müssen sie sich nicht länger mit der quälenden Ungewissheit um den Einfluss des eigenen Handelns auf den sportlichen Wettkampf befassen. Denn eines bedingt ihre Praxis in jedem Fall: Sie stellt eine wertebasierte Gegenwelt zu der profitorientierten Fußballwelt dar, was ein wesentlicher Sinnstifter für die Szene ist. Deutlich wird dieser Umstand, wenn man einen gedankenexperimentellen Gegenhorizont bildet: Was wäre, wenn es keine Ökonomisierung des Profifußballs gäbe? Die Akteure würden vermutlich in einem viel kleineren Rahmen, deutlich weniger qualifizierten Fußball sehen und sich auf das Anfeuern der favorisierten Mannschaft oder das Abwerten der Anhänger des jeweils anderen Fußballvereins konzentrieren. Damit würde sich die Praxis allein auf den Kontext *Stadionfußball* beschränken. So gesehen wäre die Praxis der Akteure vielmehr ein Spaß an der Freude, was weniger idealisierbar ist. Der durch die Modernisierung von ihnen vulnerabilisierte Profifußball ermöglicht es hingegen, öffentlich an derlei Entwicklungen Kritik üben zu können und Mitspracherecht einzufordern, um die Fußball-Welt zu einer idealistischeren Welt zu machen. Die Modernisierung entfaltet dementsprechend situationsgebundene Identitäten, welche dem Ideal einer kritisch-couragierten Zivilgesellschaft gleichkommen. Bei diesem Streben nach Werten und Gemeinschaft treten präludische Ziele in Form von Zuständen in der Welt hervor, die unabhängig vom ursprünglichen Spiel sind (vgl. Suits 2014). Denn offenkundig für die Praxis der Akteure ist, dass sie eine orientierungsspendende Lebenspraxis darstellt, die einen Bedeutungshorizont entfaltet, der weit über die sportliche Veranstaltungsrahmung hinausreicht. Indem die Akteure mittels ihrer Veranstaltungsperspektive umfangreich ihre weiteren Lebensbereiche erschließen, wird diese zu einer ubiquitären Ressource. Hintergrund dieser Ressource ist, dass die Akteure durch sie Weltkomplexität reduzieren können. Mithin können sie Ideale formulieren und diese praktisch umsetzen. Dies ermöglicht ihnen Antworten auf die heuristischen Fragen zu generieren, wofür sie stehen und damit, wer sie sind. Diese aus der Positionierungssicherheit heraus verliehene Stimme wird schließlich auf andere Lebensbereiche übertragen, um auch dort Handlungsfähigkeit zu erleben. Gesellschaftspolitische Positionierungen in der Veranstaltung stehen hierfür als paradigmatisches Beispiel. Die Unübersichtlichkeit politischer Landschaften sowie Partizipationshürden an politischen Gemeinschaften werden durch politische Positionierungen in der Stadionveranstaltung von den Akteuren kompensiert, wodurch ihnen das wertebasierte Erleben von politischer Positionierung in einer Demokratie zugänglich wird. Den Profifußball aufgrund seiner Modernisierung zu vulnerabilisieren, wird in diesem Zusammenhang ebenfalls zu einem willkommenen Anlass, um Werte gegenüber ökonomischen Interessen stark zu machen, worin sich eine ideelle Lebenspraxis manifestiert, die im Alltag ebenfalls kaum sichtbar und umfangreich umgesetzt werden kann.

Es wird ersichtlich, dass der Fußballbesuch für die Akteure kein simples Freizeitvergnügen darstellt, sondern im Auftrag einer höheren Mission stattfindet. Diese Mission beinhaltet zum einen die Entwicklung authentischer Emotionen in der Veranstaltung, mit welchen erst dem heiligen Wesen in seinem Kampf wirklich zur Seite gestanden werden kann. Auf der anderen Seite stilisieren sich die Beforschten als *Wahrer* eines ideellen Fußballs, in welchem sie sich an traditionalistischen Sinneinheiten abarbeiten, um Gemeinschaftsgefühle zu fördern wie es die Präsentation der regionalen Errungenschaften im Kapitel 7.9 „Tribünenshow als Eröffnungsakt" eindrücklich zeigte. Die hier dargelegte Möglichkeit der öffentlichen Positionierung von Wertehaltungen, die sich aus dem vulnerabilisierten, jedoch medial höchst präsenten Event ergibt, erklärt ferner, warum die Akteure nicht auf sonst übliche Konsumentenstrategien zurückgreifen, wie die der Konsumverweigerung. So könnten sie einer für sie fragwürdig inszenierten Veranstaltung fernbleiben, was ein üblicher Umgang mit Angeboten wäre, mit welchen man nicht oder nicht mehr zufrieden ist. Diese an und für sich nachvollziehbare Konsumverweigerung käme jedoch Alltagserfahrungen gleich. Mit der Veranstaltungsperspektive als Positionierungsressource hingegen, wird den Akteuren eine offensive Reaktion auf die als bedenklich bewertete Entwicklung ermöglicht. So führt ihre Handlungsfähigkeit gar dazu, den ökonomischen Interessen einen idealisierbaren Handlungsentwurf entgegenzusetzen und diesen vorzuleben, wie es die gemeinschaftsstiftenden Tribünenshows zeigen, in welchen die idealisierten Urbilder des *heiligen Wesens* hergestellt werden. Die Akteure werden somit zu öffentlichen Produzenten von wertebezogen Praktiken. Die Ökonomisierung wird ferner auch von anderen Besucher-Gruppen kritisiert. Daraus ergibt sich ein gemeinsamer Wertemaßstab, welcher, wie oben beschrieben, in pluralistischen Gesellschaften kaum zu finden ist. Initiatoren und Kämpfer an vorderster Front für diese Werte sind die beforschten Akteure. Auf die heuristische Frage: „Wofür stehst Du?", werden mithin immer konkretere und überzeugendere Antworten gefunden, woraus mehr und mehr stabile Selbstbilder hervorgehen.

10.4 Kernkategorie Heroisierung

Zentral für die Kernkategorie *Heroisierung* ist die Opferbereitschaft für die reduzierte Welt ihrer Mitglieder nach innen sowie gegenüber ihrer Umwelt nach außen.

Sich umfangreich für ideelle Werte in dem Veranstaltungskontext durch eine szeneorientierte Veranstaltungsteilnahme in eigener Kleidung, selbstgestaltete und teils durch Spenden finanzierte Tribünenpraktiken zur *Unterstützung* des *heiligen Wesens* einzusetzen, es ferner auch mittels Gewalt gegenüber *entwürdigenden* Handlungen zu verteidigen sowie sich für Besucherrechte und gegen ökonomisch orientierte Fußballproduzenten zu couragieren, sind Strategien, die Urteile über die Akteure evozieren sollen, heroisch zu sein.

Heroismus hat je nach gedankenexperimentellem Kontext zwei unterschiedliche Ausprägungen, nämlich den kompensierenden und den widerständigen Heroismus. Als heroisch im kompensierenden Sinne kann etwa derjenige gelten, der sich über einen längeren Zeitraum ehrenamtlich für soziale Projekte in einem Entwicklungsland einsetzt. In diesem Kontext wird etwas Abwesendes, wie wohlfahrtsstaatliche Strukturen, durch Hilfe zu kompensieren versucht. Dies ist eine heldenhafte Einstellung, da es schließlich kein Muss ist, sich für die Benachteiligung fremder Menschen zu engagieren. Es doch zu tun ist heroisch, da sich zunächst uneigennützig für Ideale wie das einer *gerechteren Welt* eingesetzt wird. Eine weitere Ausprägung erfährt der Begriff *Heroismus*, wenn es darum geht, einen Standpunkt gegen Widerstand durchzusetzen. In diesem Zusammenhang wird jemand, der bereit ist, sich für seine ehrenwerten Überzeugungen einzusetzen und diese gegen Oppositionelle zu verteidigen, zum Helden. Diese Ausprägung von Heroismus trägt kämpferische Eigenschaften in sich. Widerstand zu leisten zeugt von besonderer Risikobereitschaft, weil in dem Überzeugungskampf ungeachtet der eigenen Opfer ein Scheitern möglich ist. Soziale Räume, welche eine aufopferungsvoll begründete heroische Erlebensstruktur offerieren und so Urteile, ein Held zu sein evozieren, sind in der Spätmoderne rar. Denn insbesondere der widerständige Heroismus impliziert ein gewisses Maß an Radikalität. Hierfür benötigt man einen gefestigten Standpunkt. Welcher kann das in funktional differenzierten Gesellschaften schon sein? Die Multiaspektualität der Spätmoderne verflüssigt eindeutige Positionierungen und erschwert es so, sich festzulegen. Ferner benötigt man Durchhaltevermögen, seine Überzeugungen trotz Widerstand durchzusetzen. Derlei Auseinandersetzungen binden, sind damit unflexibel und bedingen u. U. weitere umfangreiche Konsequenzen für die eigene Lebenspraxis. Die Auflösung von verbindlichen Grundsätzen in der pluralistischen und schnelllebigen Gegenwart, führt vielmehr zu einer *postheroischen Gesellschaft*, in der keine Opferbereitschaft für Bekenntnisse vorhanden ist und damit auch keine sich aufopfernden Helden mehr (vgl. Münkler 2015).

Die reduzierte Welt der Akteure bietet demgegenüber die Bedingung, um heroisch zu sein. So wurde in der Kernkategorie *Reduktion* ein universeller Standpunkt – in Form eines Fußballvereins – innerhalb der reduzierten Welt der Akteure rekonstruiert, der Multiaspektualität suspendiert und mithin als bemächtigender Handlungskatalysator fungiert, in dem er klare Weltverhältnisse schafft. Die konstruierte schicksalhafte Verbindung zu diesen Weltverhältnissen mobilisiert und plausibilisiert dabei viel Überzeugungskraft, sich für sie aufzuopfern. Die Kernkategorie der *Idealisierung* hat auf die wertebasierte und damit schützenswerte Praxis der Akteure in ihrer reduzierten Welt verwiesen. Der Glaube für etwas *Gutes* einzustehen, bildet den Nährboden für die Idealisierung sowie die Bereitschaft, sich für sie zu opfern. Paradigmatisch für diesen kompensierenden Heroismus ist das in Kapitel 2.1 erwähnte Urbild der beforschten Akteure. Nach diesem geht die beschwörende Tribünenpraxis aus der Stimmungskrise innerhalb der Veranstaltung hervor. Damit wird die Veranstaltung von ihnen grundlegend als eine in Krise geratene gedeutet. Krisen benötigen Helden, um sie zu bewältigen (vgl. Münkler 2015). In diesem Fall waren und sind es die beforschten Akteure, welche die Stimmungskrise durch ihre Praxis kompensieren wollen und sich so für eine stimmungsvolle Veranstaltung aufopfern. Die Kernkategorie der *Vulnerabilisierung* legte schließlich dar, dass die reduzierte Welt bedroht ist, woraus sich der widerständige Heroismus konstituiert, der sich für ihr Überleben einsetzt.

Der funktional differenzierten Gegenwartsgesellschaft wird demgemäß eine Art Abstammungslehre gegenübergestellt. Sie gründet sich auf der verwandtschaftlichen oder zumindest jedoch schicksalhaften Verbindung zu dem Reduktionssymbol, was die meisten der Veranstaltungsbesucher eint. Sie bildet das Fundament für eine Grenzen überwindende Gemeinschaft (Kapitel 7.12).

Das Verhältnis zu dem *heiligen Wesen* als universellen Standpunkt grundiert damit ein umfangreiches Glaubensfeld von Akteuren, die sich in ihm wechselseitig und unterschiedlich sozialisieren. Eine aus dem Glaubensfeld heraus entstandene Ausprägung ist die beforschte Szene-Gruppe. Sie bildet eine Wertegemeinschaft, in der spezifische Bedingungen die Basis des Handelns für das *heilige Wesen* bilden. Der Einsatz von aufwendigen Tribünenpraktiken für das heilige Wesen, wie sie im Kapitel 7.8 „Raum-Praxis-Parallelität" oder Kapitel 7.9 „Tribünenshow als Eröffnungsakt" rekonstruiert wurden oder Gewaltanwendung zur Verteidigung des heiligen Wesens, wie im Kapitel 7.18 „Umgemäht" oder im Kapitel 9 „Alarmierter Zustand" interpretiert wurde, werden als heroische Praxen der Opferbereitschaft für den universellen Standpunkt begriffen. Zur Opferbereitschaft zählt auch die Initiation von periodischen Ausnahmezuständen, namentlich *Platzstürme* oder aufmerksamkeitserregende Einzelaktionen, welche in das kollektive Gedächtnis des Feldes gelangen wie die *Schwarze Wand*, bei der eine Szene-Gruppe erst viele Rauchtöpfe auf der Tribüne abbrannte und danach durch den Rauch auf das Spielfeld stürmte. Solche Ausnahmesituationen fungieren als revitalisierende Lebenszeichen der untersuchten Szene. Auch einzelne Gruppen reproduzieren sich durch Praktiken der Opferbereitschaft, was die Pyrotechnik-Nutzung im Kapitel 7.14 darlegte. Die Orientierung, sich für den universellen Standpunkt aufzuopfern, um so eine heroische Gemeinschaft zu konstituieren, zeigte sich ebenfalls in dem Kapitel „Die kümmern sich einen Scheiß" (8.8). Dort wurde dem Begehren nach Aufopferung nicht nachgekommen, wodurch der Gruppe die revitalisierende Bestätigung ihres Heroismus verwehrt wurde.

Zusammenfassend bringt die Szene heroische Gemeinschaft hervor, die jeweils einen universellen Standpunt in Form eines Fußballvereins haben, welcher szenespezifisch, d. h. aufopferungsvoll interaktiv verhandelt wird. Das charakteristische Verhältnis zu dem universellen Standpunkt stellt ferner eine Abgrenzung gegenüber der Szene-Umwelt dar, die aus Anhängern mit einem anderen Verhältnis zu dem universellen Standpunkt besteht sowie aus Außenstehenden des Feldes. Für die Szene wird ihre Umwelt insbesondere dann wichtig, wenn sie Einfluss auf die Szene-Praxis zu nehmen versucht. So wird die szenebezogene Handlungsorientierung der beforschten Akteure von Teilen ihrer Umwelt, allen voran den Fußballvereinen, die den Regularien der Fußballverbände unterliegen, misstrauisch beobachtet. Denn die idealisierte Praxis der beforschten Akteure bzw. ihr informelles, szenespezifisches Veranstaltungsprotokoll verstößt teilweise gegen das formale Veranstaltungsprotokoll. Das Misstrauen gegenüber den Akteuren wurde in den Kapiteln 7.1 und 7.3 deutlich und dort als generalisiertes Misstrauen zusammenfassend rekonstruiert. Die Ambivalenz jenes Verhältnisses zwischen den formalen und den beforschten ideellen Fußballproduzenten, zeigte sich im Kapitel 7.4, wo die Akteure auf der Leinwand als *Teilnahmevorbilder* präsentiert wurden. Auch die formalen Fußball-Produzenten möchten nämlich Emotionen in der Veranstaltung bei ihren Besuchern hervorrufen, um den Erfolg des Events sicherzustellen. So wird den Besucher des Events neben dem dramatisch inszenierten Wettkampf eine dichotome Tribünenaufteilung zur unmittelbaren Selbsterfahrung des Wettkampfes angeboten. Diese dichotome Besucheraufteilung bietet dabei ideale Bedingungen, um nicht nur Gefühle für eine der Wettkampfparteien zu schüren, sondern auch gegen die jeweils andere Wettkampfpartei mit ihren Anhängern. Kurz, die dichotome Besucheraufteilung grundiert ein umfassendes *Event des Gegeneinanders*, welches auf Bühne wie Tribüne stattfindet. Die so erzeugten Gefühle sollen jedoch einen bestimmten Handlungsrahmen nicht überschreiten, werden sie doch nur *zum Spaß* angeboten. Die durch das *Gegeneinander* heraufbeschworene Opferbereitschaft (z. B. Gewaltanwendung) der Akteure für eines der angebotenen Wettkampfobjekte fällt den Veranstaltern nun sprichwörtlich auf die Füße, weshalb ihr Grenzen gesetzt werden müssen. Auf dieses Problem der opferbereiten Szene-Gruppen reagieren die Veranstalter mit einer Sicherheitsarchitektur, wie sie in Kapitel 5.3 „Zaun" und 7.3 „Wächter der Sicherheit" rekonstruiert wurde. Die Umwelt der Szene unterbindet und vulnerabilisiert damit die intendierte Opferbereitschaft der Akteure und damit den Vollzug einer heroischen Praxis. Gegen die externen Verhinderer ihrer heroischen Praxis leisten die Akteure aufopferungsvollen Widerstand, um sie abzusichern, wodurch sich gleichsam eine heroische Praxis konstituiert. Aus Sicht der beforschten Akteure wird jener Verteidigungskampf nach außen immer dramatischer, da der Vollzug ihrer idealisierten Praxis durch die ökonomisch orientierte Modernisierung (Kernkategorie *Vulnerabilisierung*) des Profifußballs mehr und mehr eingeschränkt wird. Daraus resultiert nicht nur eine misstrauische Wechselbeziehung, sondern auch eine symbolische Konfrontation zwischen den formalen und den informellen Fußball-Produzenten, als welche sich die Beforschten präsentieren. Im Kapitel 7.14 entzündete sich diese Konfrontation an der Nutzung von pyrotechnischen Fackeln. Der symbolische Gehalt dieser Praktik ergab sich dabei aus dem Umstand, dass Pyrotechnik auf frühere Strategien von Veranstaltungsgestaltungen rekurriert. Pyrotechnik steht damit im direkten Bezug zu einer vormodernen Veranstaltungsausrichtung, welche für die Akteure deutlich ideeller aufgeladen gewesen ist und durch die Fackeln revitalisiert werden sollte. Im modernen Fußball der Gegenwart ist die Nutzung von Pyrotechnik jedoch verboten und wird sanktioniert. Die Akteure interpretieren dies als nun profitorientierte denn ideelle Ausrichtung der Veranstaltung durch ihre formalen Produzenten. Das Verbot, als symbolisch und manifeste Veränderung der Veranstaltung, verändert damit die Bedingung des zentralen Aktivitätsfeldes der Akteure, wodurch ihre sinnstiftende Praxis eingeschränkt wird. Dies grenzt nicht nur den Zugang zu einer heroischen Erlebensstruktur ein, sondern evoziert auch allgemeine Sinnfragen wie: „Wofür stehen wir eigentlich noch, wenn wir die Veranstaltung besuchen?". Den umweltlichen Einschränkungen zum Trotz dennoch die Ideale der Szene zu praktizieren, generiert heroische Urteile, da für den Erhalt eines idealisierten, vormodernen Profifußball gekämpft wird, wodurch Selbstbilder wie *aufopferungsvolle Widerstandskämpfer* zu sein konstituiert werden. Dies erklärt etwa, warum die Akteure im Kapitel 7.14 nicht nur eine, sondern gleich zwei Fackeln als *ideelle Botschaft* benutzen und die Beseitigungsversuche der erloschenen Fackeln, welche sinnbildlich für ihre Widerstands-Praxis stehen, mit Becherwürfen verteidigt wurden. Das Risiko in diesem heroischen Widerstand ergibt sich insbesondere aus der asymmetrischen Wechselbeziehung zwischen den formalen und ideellen Fußballproduzenten. Asymmetrisch ist sie, da die formalen Fußballproduzenten strukturell überlegen sind. So haben sie einen umfangreichen sowie formalen Zugang zu den Veranstaltungsabläufen und -regularien. Gleiches gilt für veranstaltungsbezogene Sanktionsmöglichkeiten. Die asymmetrische Überlegenheit gegenüber den ideellen Fußballproduzenten lässt Einschränkungen gegenüber den Akteuren zu, z. B. Veranstaltungsausschluss einzelner Gruppenmitglieder oder ganzer Gruppen. Folglich ist die strukturelle Überlegenheit des formalen Fußballproduzenten existenziell bedrohlich für die Szene-Teilnehmer. Entsprechend stehen die formalen Fußballproduzenten gleichsam unter einer permanenten sowie misstrauischen Beobachtung durch die beforschten Akteure und werden hinsichtlich ihrer Bereitschaft, sie als ideelle Fußballproduzenten einzuschränken, geprüft. Die asymmetrische Überlegenheit bedingt, dass bereits marginal erscheinende Einschränkungen zu lautstarken, whistleblowerartigen Protesten durch die beforschten Akteure führen können. Wie im Kapitel 7.2 über die Aushandlung der Veranstaltungsabläufe rekonstruiert wurde, werden die formalen Fußballproduzenten aus diesem Grund zuweilen mit dem Vorwurf, die Auflösung der ideellen Fußballproduzenten anzustreben, konfrontiert. Sofern es etwas an den formalen Fußballproduzenten zu kritisieren gibt oder Besucherrechte gestärkt werden können, sind die beforschten Akteure folglich ganz vorne mit dabei. Nur so können sie auf ihre marginalisierten ideellen Themen lobbyistisch aufmerksam machen und die Gegenseite mit ihren ökonomischen Interessen schwächen. Lobbyistisch ist die hyperkritische Haltung der Akteure deshalb, weil Helden für Krisen gebraucht werden bzw. aus diesen erwachsen und somit immer wieder ausgerufen werden müssen. Wie weiter oben bereits erwähnt, verweist bereits das Urbild der Akteure *mehr Stimmung ins Stadion zu bringen* auf dieses defizitorientierte und kompensatorische Verhältnis der Akteure zu der Veranstaltung. In diesem Zusammenhang werden die Akteure folglich zu Protestierenden, die auf den Werteverfall des *heiligen Wesens*, des gesamten Events und auf Einschränkungen ihrer gegenläufigen Kompensationsversuche aufmerksam machen. Dadurch werden ihnen Selbstpräsentationen eröffnet, Helden zu sein, die für das *Gute* kämpfen.

In der Gesamtschau ergibt sich daraus eine Opferbereitschaft nach innen, wie die vielseitige Gestaltung von Tribünenpraktiken oder die Anwendung von Gewalt zur Revitalisierung des ideellen Status‘ der reduzierten Szene-Welt. Auch wenn die Interaktionen zur Vollbringung der Opferbereitschaft zerstörerisch sein können, was im Kapitel 9 „Alarmierter Zustand“ rekonstruiert wurde, ist insbesondere die Auflösung einer Gruppe durch Fahnenverlust eine szeneimmanente Bestätigung einer geltenden sozialen Ordnung der reduzierten Welt und nicht ein Teil ihrer Zerstörung. Schließlich kann die beschädigte Gruppe sich nach der Auflösung unter neuem Namen neu gründen.

Gleichzeitig gibt es eine Opferbereitschaft gegenüber der Szene-Umwelt nach außen, wie Sanktionen durch Pyrotechnik-Nutzung zu riskieren. Anders als die sich selbstvergewissernden Interaktionen zwischen den Szene-Gruppen, bedrohen Sanktionen von außen die Szene, indem sie etwa durch sogenannte Stadionverbote (d. h. der Zutritt zu den Veranstaltungen wird einzelnen für einen Zeitraum verwehrt) die Szene-Teilnehmer einschränkt. Wie institutionalisiert dieses Bedrohungsszenario ist sowie der Widerstand der Akteure dagegen, zeigt etwa die im Feld beobachtete Fahne „Sektion Stadionverbot“, welche Besucher thematisiert, die vom Veranstaltungsausschluss betroffen sind. Aus der personellen Schwächung durch den Ausschluss einzelner Szene-Mitglieder, wird eine Splittergruppe (Sektion) der Szene quasi-formal errichtet, deren Mitglieder dennoch zum Stadion gehen bzw. zu Auswärtsspielen fahren. Dies ist besonders heroisch, da ungeachtet der Widrigkeiten durch die Strafe, die Szene-Praxis von den Akteuren so gut es geht aufrechterhalten und fortgeführt wird, was die Wirkungslosigkeit von Maßnahmen der sanktionsverhängenden Institutionen demonstrieren soll, in dem neue Reproduktionsstrategien initiiert werden.

Folgendes Beispiel verdeutlicht abschließend die beiden Typen von Opferbereitschaft nach innen und nach außen. So kommt es selten, aber immer wieder vor, dass sich *gegnerische* Szene-Gruppen, die sich in einem körperlichen Kampf befinden, von der Polizei getrennt werden und sich dann gruppenübergreifend geschlossen und gewaltsam gegen die Polizei wenden. Hierbei wird deutlich, dass Gruppenzugehörigkeiten immer nur relativ zur jeweiligen Situation sind (Strauss 1974, S. 176). Zunächst reproduziert sich die Szene, in dem ihre teilnehmenden Gruppen gegeneinander kämpfen. Die Intervention der Polizei reproduziert das asymmetrische Verhältnis zwischen Szene und Umwelt. Um dieses zu kompensieren, schließen sich die beiden strukturell benachteiligten Gruppen zusammen, was aufgrund der gruppenübergreifend klassifizierten Szene-Umwelt (z. B. negative Bewertung von Polizei) möglich ist. Jene Strategie gewährleistet am ehesten das Überleben der Szene-Welt. So verhindert der gemeinsame Kampf potentielle situative Verhaftungen. Darüber hinaus wird Geschlossenheit und Stärke der Szene gegenüber ihrer Umwelt präsentiert, was indes Narrative innerhalb der sehr gut vernetzten Szene-Gruppen stimuliert und so der Szene neue Energie verleiht. Gewalt ist demnach sowohl ein heroischer Akt der Opferbereitschaft nach innen zur Konstitution der gemeinsamen Werte, als auch nach außen zur Verteidigung der gemeinsamen Werte. Die daraus hervorgehende heroische Mentalität sowohl innerhalb der Szene, als auch gegenüber der Szene-Umwelt, zeigt sich schließlich an Gruppen-Namen wie „Commando Cannstatt“, oder „Elbkaida“ sowie Symbolen wie Che Guevara Fahnen in den Stadion-Kurven, wodurch ein heroischer Ethos versinnbildlicht wird.

Die Opferbereitschaft gilt als Beweisführung, da die Zugehörigkeit zur reduzierten Szene-Welt nicht vorgetäuscht wird, sondern eben die heroische Bereitschaft für sie zu kämpfen, offensichtlich vorhanden ist. Ein Ideal ist bekanntermaßen nur so überzeugend, wie der Wille, es zu verteidigen. Die Risikobereitschaft mit ihren potenziell tiefgreifenden Konsequenzen wird so zur Entbanalisierung der Szene-Welt und gleichzeitig zum Bewertungssystem der Qualität und Ernsthaftigkeit der Teilnahme ihrer Mitglieder, woraus hierarchisierbare Anerkennungsmöglichkeiten resultieren. Die Opferbereitschaft ist gleichsam ein Indikator, um die Grenzen der Szene nach außen zu wahren und so Exklusivität nach innen zu sichern. Jene Sinnstrukturiertheit erklärt die soziale Verpflichtung, persönliche Risiken einzugehen oder auch Fußballspiel-Unterbrechungen in Kauf zu nehmen, um so die idealisierte Praxis der reduzierten Welt der Szene zu reproduzieren. Die darin enthaltene Opferbereitschaft für einen universellen Standpunkt konstituiert die beforschten Akteure als eine außeralltägliche *Heroische Gemeinschaft*, die es in spätmodernen Gesellschaften kaum mehr gibt.

Abschließend ist festzustellen, dass die Opferbereitschaft für die Szene-Teilnahme zwar hoch ist, wodurch temporär alternative Handlungsoptionen minimiert werden. Hingegen hat die Szene-Teilnahme auf den allgemeinen Lebensvollzug tendenziell keine ausschließenden Auswirkungen, da sie, wie in Kapitel 2.1 beschrieben, zeitlich begrenzt ist und die individuelle Lebensplanung parallel kontinuierlich fortgesetzt werden kann. Daraus wird ersichtlich, dass die Opferbereitschaft der Akteure für ihre Szene-Gruppe Grenzen kennt. Das wohl größte Opfer, nämlich das eigene Leben (vgl. Münkler 2015), wird nicht dargebracht. Tödliche Waffen werden in den Kämpfen deshalb nicht verwendet. Auch Suizide werden nicht begangen, selbst wenn das Lebenszeichen *Zaunfahne* einer Gruppe entwendet wurde. D. h., die praktischen Konsequenzen der gesamten Szenerie für die handelnden Akteure sind überschaubar, was den spielerischen Charakter der Szene-Welt verdeutlicht. Vielleicht liegt ja in der relativ limitierten Opferbereitschaft für die beforschten Akteure gerade der Reiz, aus der schließlich eine vielversprechende Mischung entsteht: Einerseits genießen die Akteure in vollem Maße die heroische Erlebensstruktur mit dazugehörigem Heldenpathos und andererseits können sie während ihrem *Ultra-Sein* an ihrer individuellen Lebensführung uneingeschränkt weiter basteln. So hörte ich immer wieder von den Feldteilnehmern, dass ein legitimer

Rückzugsgrund eines Mitglieds aus der Szene-Gruppe bei Berufseintritt oder Familiengründung gegeben ist. Dies bestätigt zum einem, dass *Ultra* zu sein nicht dauerhaft die Eigenverantwortlichkeit als Individuum in der Gesellschaft unterbindet, sondern Entscheidungsprozesse für das eigene Leben während dieser Zeit weiter getroffen werden. Zum anderen verweisen die Gründe *Beruf* und *Familie* auf charakteristisch bürgerliche Orientierungsanker, in welchen nicht zuletzt wie auch in dem beforschten Feld die heuristischen Fragen verhandelt werden: „Wofür stehe ich?" und daran anschließend: „Wer bin ich?". Fragen, deren Antworten zu gegebener Zeit dann eben nicht mehr im Feld der *Ultras* gesucht werden.

10.5 Schlüsselkategorie Selbstinstitutionalisierung einer heroischen Gemeinschaft

In der Einleitung dieser Studie wurde nach den konstitutiven Bedingungen für Selbst- und Fremdbilder von Menschen in der Gegenwartsgesellschaft gefragt. Es wurde dargelegt, dass das Selbst als Entscheidungsinstanz für seine Verortung in spätmodernen Gesellschaften immer bedeutender wird, weil die allumfassende De-Institutionalisierung zunehmend weniger Orientierung offeriert. Gleichzeit verschwimmen Selbstbilder in der Vielzahl von Anforderungen und Wahlmöglichkeiten von Lebensentwürfen, wodurch das Individuum als Selbstentwurf ständig prekär ist und fortlaufend transformationsbereit sein muss. Die Unübersichtlichkeit pluralistischer Gesellschaften, in welchen *(Fast-) Alles-kann* und *(Fast-) Nichts-muss* zu gelten scheint, führt folglich zur dauerhaften Suche nach Selbstbildern, um sich den offenen Verhältnissen anzupassen. Entsprechend bedeutsam werden gesellschaftliche Diskurse um Selbstbilder, thematisieren sie schließlich die zentrale Entscheidungsinstanz *Individuum.*

Die Schlüsselkategorie der *Selbstinstitutionalisierung einer heroischen Gemeinschaft* greift diesen modernisierungstheoretischen Identitätsdiskurs auf und bezieht ihn auf die beforschten Akteure, welche sich ein vielseitiges, veranstaltungsbezogenes Selbstbild geschaffen haben, um sich als jemand positionieren zu können. Als Grundlage der Veranstaltung ist zunächst festzuhalten, dass durch ihre Parameter, wie Wettkampf und Wettkampfparteien oder Bühne und Tribünen, ein sich wechselseitig konstituierendes Netz von *doings* und *sayings* (vgl. Reckwitz 2003) zwischen den Anwesenden entsteht. Aus diesem Netz von Sinneinheiten geht eine Art *kleine Gesellschaft* mit teils sich überschneidenden und teils differierenden Interessen hervor. Die *kleine Gesellschaft* der Stadionveranstaltung besteht aus einem sehr vereinfachten, weil binären Welt-Schema. Die Stadion-Show hat ursprünglich gar nicht mehr vor, als seinen Besuchern und Zuschauern 90 Minuten spannende Unterhaltung zu liefern. Die sich aus der Veranstaltung entwickelte, *heroische Gemeinschaft*, macht aus der Unterhaltungsshow jedoch einen tendenziell *universellen* Standpunkt, der weit über die 90 Minuten Show hinaus in andere Lebensbereiche reicht und dort seine Gültigkeit erfährt. An der lebensweltlichen Expansion (24 Stunden/ 7 Tage die Woche) der ursprünglich temporären Identität *Veranstaltungsbesucher* wird ersichtlich, dass die Veranstaltung und das mit ihr verbundene Selbstbild als eine Art Vehikel für ein viel umfassenderes Selbstbild genutzt wird. Mit dieser Option einer umfassenden Orientierung wird die Veranstaltung innerhalb der Spätmoderne relevant, da sie die heuristische Frage verhandelt: Wofür stehe ich? An diese grundlegende Frage schließen weitere an wie: Was ist mein Standpunkt? Wie darf ich meinen Standpunkt ausleben? Wie gehe ich mit anderen Standpunkten um? Wie weit gehe ich, meinen Standpunkt gegenüber anderen zu verteidigen? Je nach Art der Beantwortung dieser Fragen durch vollzogene Praktiken, entstehen Urteile über mich und somit über das eigene Sein. Selbstbilder hervorzubringen wird in dieser Veranstaltung forciert, was sich sehr prägnant an der bereitwilligen Selbstkategorisierung ihrer Besucher als *Fans* zeigt, welche sich weiter ausdifferenzieren in *Ultras*, *Supporters, Hooligans* etc. Auf Seiten der privaten Veranstaltungsgänger befinden sich ferner noch sogenannte *Nicht-Fans*. Dies sind Menschen, die von sich sagen, dass sie *bloß* zufällig in der Veranstaltung seien, weil sie jemanden begleiten etc., aber selbst keine *Fans* wären. Die Gelegenheit auf die simple Gattung *Besucher* zu treffen, wird in dem Fußball-Event hingegen kaum gelingen. Die genannten Selbstkategorisierungen der Besucher, die sich wohl bei regulären Profibundesligaspielen in den meisten deutschen Fußballstadien wiederfinden lassen, verdeutlichen die Deutung der Veranstaltung, ein Anlass für die Präsentationen von Selbstbildern zu sein, die sich zunächst für eine Wettkampf-Seite entscheiden müssen. Sich als *Nicht-Fan zu* kategorisieren, verweist auf diese Art der Verpflichtung zur demonstrativen Selbstkategorisierung, woraus sich der Rechtfertigungszwang ergibt, wenn man dieser nicht nachkommt. Dies vermittelt den Eindruck über die Veranstaltungsbesucher eine geschlossene Gesellschaft zu sein, die ein bewusstes *Ich-bin-Bekenntnis* von den Anwesenden, als Bestätigung Teil dieser Gesellschaft zu sein, abverlangt. Aus der Perspektive des Selbstbekenntnisdrangs der Besucher, wird vorliegend die Fußballshow deshalb als Diskursraum für Selbstbilder grundiert. D. h., als einen bedeutsamen Raum, verhandelt er doch ein Thema, das so unübersichtlich wie elementar angesichts der prekären Bedingungen für stabile Identitätskonstitution in der Gegenwartsgesellschaft ist. Die Verhandlung der Selbstbild-Thematik seitens der beforschten Akteure in der Veranstaltung, führt zur Frage nach den Diskursbedingungen.

Eine spannende und damit attraktive Wettkampfveranstaltung bietet den Akteuren mit ihrem binären Code, eine definitorisch unproblematische, reduzierte Welt. Mithin ermöglicht die Reduktion den Akteuren ein simples *doing positionieren* in einem halböffentlichen Kontext zu leisten. Die Veranstaltung gestattet es somit den Akteuren jemand zu sein und dieses Sein intersubjektiv erkennbar sowie regelmäßig in dem vororganisierten Event zu praktizieren. Die beforschte Gemeinschaft, die aus dem Veranstaltungskontext hervorgeht, nennt sich *Ultra*. *Ultra* zu sein bedeutet einen Standunkt zu haben, über soziale Beziehungen zu verfügen und kollektive Werte begründen zu können sowie die Bereitschaft zu besitzen, sich für die Werte des Standpunkts aufzuopfern. Aus der Verbindung dieser Elemente konstituiert sich schließlich eine *heroische Gemeinschaft*. Die Opferbereitschaft für einen Standpunkt fungiert als Gegengewicht zu den meist nur tendenziösen Positionierungen in der unübersichtlichen Spätmoderne. Einen Gegenentwurf zur alltäglichen Orientierungsprekarität bietend, ist die *heroische Gemeinschaft* somit eine kompensierende Erlebenswelt mit eindeutiger Orientierung. Indem sich die Akteure im Rahmen ihrer *heroischen Gemeinschaft* symbolisch an den heuristischen Fragen abarbeiten: Wofür stehe ich? und daran anschließend: Wer bin ich?, dient sie als temporäre Bewältigungsstrategie für die universelle Herausforderung Selbstbilder in spätmodernen Gesellschaften zu kreieren. Kurz, der universellen, gesellschaftlichen Positionierungsprekarität, wird ein universeller Standpunkt mit Positionierungssicherheit entgegengesetzt, wodurch das Problem der Herausbildung von Selbst- und Fremdbildern temporär bewältigt wird.

Um die orientierungsspendende Quelle des Selbstbildes aufrechtzuerhalten, institutionalisieren sich die Akteure durch sich selbst. Sie werden damit der Anforderung an Eigenverantwortlichkeit gerecht, welche an Akteure in der Spätmoderne gestellt wird. Der Prozess dieser eigenverantwortlichen Selbstinstitutionalisierung wird nun erläutert.

Setzt man die in der Studie rekonstruierten situationsgebundenen Identitäten in Beziehung zueinander, ergibt sich die Variation eines Selbstbildes, welches zusammengefasst das feldimmanente Konstrukt *Ultra-Identität* herausbildet. Die Schlüsselkategorie der *Selbstinstitutionalisierung einer heroischen Gemeinschaft* beschreibt diese wechselseitige Verbindung zwischen situationsgebundenen Identitäten, die einen institutionalisierten Kreislauf bilden, der durch Wahrnehmungs- und Handlungsroutinen abgesichert (vgl. Soeffner 1991) wird. Dieser von den Akteuren initiierte und verstetigte Kreislauf von erfüllten Erwartungen und realisierten Verpflichtungen innerhalb sozialer Begegnungen (vgl. Goffman 1973), wird dabei als Prozess der Selbstinstitutionalisierung verstanden. Die Selbstinstitutionalisierung erfolgt zunächst durch quasi-formale Akte, wie eigene Kleidung und Fahnen zu haben, die als materiale Manifestationen der Selbstinstitutionalisierung zu verstehen sind. Gleiches gilt für die interaktionsfokussierten Praktiken innerhalb einer Szene-Gruppe sowie zwischen den Szene-Gruppen, durch welche sich die Szene-Welt reproduziert. Die Selbstinstitutionalisierung macht ferner die konfrontativen Interaktionsbemühungen der Akteure mit ihrer Umwelt nachvollziehbar. Sie haben zum Ziel, die Umwelt als bestätigenden *Spiegel* zu gewinnen, welche die Akteure als die anerkennt (*Ultras*), als die sie anerkannt werden wollen. Gelingen den Akteuren Veränderungen in der Szene-Umwelt, wie es das Beispiel der sogenannten Risikospiele zeigte, ereignet sich nicht nur eine szeneinterne Reproduktion, sondern auch eine Bestätigung durch die Szene-Umwelt. Dabei passt sich diese an die Akteure an und trägt so zu ihrer Etabliertheit als Besucher-Institution bei. Die beforschten Akteure als Institution werden somit ein dynamisch beeinflussender Bestandteil der Veranstaltungsorganisation. Erfolgen umgekehrt Einschränkungen durch die Umwelt, werden jene als Einschränkungen der Selbstinstitutionalisierung gedeutet und damit als existenzielle Bedrohung klassifiziert und in der Folge ebenso opferbereit verteidigt wie etwa die Aushandlung über Pyrotechnik-Nutzung darlegte. Der universelle Standpunkt in der reduzierten Welt ermöglicht es dabei den Akteuren, an ihren orientierungsspendenden Selbstbildern festzuhalten und nicht – anders als im Alltag – von äußeren Bedingungen hin und her gerissen zu sein. Denn de-institutionelle Schnelllebigkeit in der Spätmoderne erzwingt ständige Neujustierungen der eigenen Position, wodurch die Selbstbilder immer wieder herausgefordert und verunsichert werden. Opfer, welche die beforschten Akteure für ihre reduzierte Welt erbringen, werden in diesem Zusammenhang zu Opfern für eine gewissheitsspendende Orientierung mit einem relativ stabilen Selbstbild. Sinn und Zweck der gesamten sozialen Unternehmung *Ultra* ist es folglich, eindeutige Selbst- und Fremdbilder zu konstituieren, um mit der gewonnen Orientierungskraft handlungsfähig selbstgesetzte Ideale opferbereit umzusetzen, um so ein heroisches Erleben zu erzeugen. Die reduzierte Welt der Akteure offeriert mithin Antworten auf die heuristischen Fragen: „Wofür stehe ich?" und „Wer bin ich?", weshalb sie eine umfangreiche psychosoziale Ressource für ihre Teilnehmer bildet.

Das grundlegende Problem, das die Akteure in ihren Handlungsorientierungen bewältigen müssen, ist, sich als zugehörig zu diesem szeneförmigen Diskursraum zu inszenieren. Die Handlungsorientierung der beforschten Akteure zielt daher auf situationsgebundene Identitäten ab, mit denen das Urteil ein *Ultra* zu sein, generiert werden kann. Die Variationsbreite der konstituierten situationsgebundenen Identitäten, welche in Form von beobachteten Praktiken und deren Rekonstruktion zugänglich gemacht wurden, präzisieren sich in den zuvor genannten Kernkategorien *Reduktion von Welt*, *Idealisierung* der reduzierten Welt, *Vulnerabilisierung* der reduzierten Welt und *Heroisierung* durch die Verteidigung der reduzierten Welt. Das zentrale, die Kernkategorien verbindende Element, ist die Opferbereitschaft der Akteure für einen gemeinsamen Standpunkt, welcher im Feld als *Fußballverein* erscheint. Für diesen Standpunkt realisieren nun die Akteure unterschiedliche Praktiken der Opferbereitschaft. Ideale zu haben und sich für diese aufzuopfern, ist heroisch, weshalb die in Gruppen agierenden Akteure als *heroische Gemeinschaften* zu verstehen sind.

Literaturverzeichnis

Amann, K., & Hirschauer, S. (1997). Die Befremdung der eigenen Kultur. Ein Programm. In S. Hirschauer (Ed.), *Die Befremdung der eigenen Kultur: zur ethnographischen Herausforderung soziologischer Empirie* (pp. 7–53). Frankfurt am Main: Suhrkamp.

Anthonj, P., Emrich, E., & Pierdzioch, C. (2015). Zur Dynamik sozialer Probleme im Sport. *Soziale Probleme, 26*(1), 91–117.

Beck, U. (2012). *Risikogesellschaft: auf dem Weg in eine andere Moderne*. Frankfurt am Main: Suhrkamp.

Beck, U. (2015). *Risikogesellschaft: auf dem Weg in eine andere Moderne*. Frankfurt am Main: Suhrkamp.

Bernsdorf, W. (Ed.). (1969). *Wörterbuch der Soziologie*. Stuttgart.

Blaschke, R. (2011). *Angriff von Rechtsaußen: wie Neonazis den Fußball missbrauchen*. Göttingen: Die Werkstatt.

Bliesener, T. (2009). Hooliganismus. In A. Beelmann & K. J. Jonas (Eds.), *Diskriminierung und Toleranz: Psychologische Grundlagen und Anwendungsperspektiven* (pp. 319–337). Wiesbaden: VS Verlag für Sozialwissenschaften.

Bliesener, T., & Lösel, F. (2002). Identitätsbildung, Gruppenstruktur und Gruppenerleben bei Hooligans. In M. Herzog (Ed.), *Fußball als Kulturphänomen: Kunst, Kultur, Kommerz* (pp. 253–268). Stuttgart: Kohlhammer.

Böhle, A., & Schrödter, M. (2014). Körper und Sport in der Arbeit mit besonders herausfordernden Jugendlichen am Beispiel des Boxens. *Sozialmagazin, 1*, 46–53.

Bohnsack, R. (1995). Episodale Schicksalsgemeinschaft und die Genese von Jugendgewalt: Zur Alltagspraxis und Sozialisationsgeschichte von Hooligans. *Soziale Probleme, 6*(2), 216–231.

Bohnsack, R., Marotzki, W., & Meuser, M. (2006). *Hauptbegriffe Qualitativer Sozialforschung*. Opladen: UTB.

Bourdieu, P. (2016). *Die männliche Herrschaft*. Frankfurt am Main: Suhrkamp.

Breuer, F., Muckel, P., & Dieris, B. (2017). *Reflexive Grounded Theory: Eine Einführung für die Forschungspraxis*. Wiesbaden: Springer Fachmedien.

Bromberger, C. (2006). Ein ethnologischer Blick auf Sport, Fußball und männliche Identität. In E. Kreisky (Ed.), *Arena der Männlichkeit: über das Verhältnis von Fußball und Geschlecht* (pp. 41–53). Frankfurt / New York: Campus Verlag.

Bündnis Aktiver Fußballfans (2004). *Ballbesitz ist Diebstahl: Fans zwischen Kultur und Kommerz*. Göttingen: Die Werkstatt.

Clarke, J. (1979). Stil. In J. Clarke & A. Honneth (Eds.), *Jugendkultur als Widerstand: Milieus, Rituale, Provokationen* (pp. 133–158). Frankfurt am Main: Syndikat.

Corbin, J. M., & Strauss, A. L. (2015). *Basics of qualitative research: techniques and procedures for developing grounded theory*. Los Angeles, California: Sage.

Corbin, J. M., & Strauss, A. L. (2008). *Basics of qualitative research: techniques and procedures for developing grounded theory*. Los Angeles, California: Sage.

Critcher, C. (1979). Der Fußballfan. In W. Hopf (Ed.), *Fußball: Soziologie und Sozialgeschichte einer populären Sportart*. Bensheim: Päd. -extra Buchverlag.

Dembowski, G. (2013). Ein Leitbild erfinden. Zur Identitätsbildung bei Ultras als Fußballfangruppierungen zwischen Kultur und Kommerz. In K.-J. Bruder, C. Bialluch, & B. Lemke (Eds.), *Sozialpsychologie des Kapitalismus – heute: zur Aktualität Peter Brückners* (pp. 259–276). Gießen: Psychosozial-Verlag.

Douglas, M. (2006). Ritual, Reinheit und Gefährdung. In A. Belliger (Ed.), *Ritualtheorien: ein einführendes Handbuch* (pp. 77–97). Wiesbaden: VS Verlag für Sozialwissenschaften.

Dücker, B. (2007). *Rituale: Formen – Funktionen – Geschichte. Eine Einführung in die Ritualwissenschaft*. Stuttgart: Metzler.

Dunning, E. (2002). Gewalt und Sport. In W. Heitmeyer & J. Hagan (Eds.), *Internationales Handbuch der Gewaltforschung* (pp. 1130–1155). Wiesbaden: Westdeutscher Verlag.

Durkheim, É. (2007). *Die elementaren Formen des religiösen Lebens*. Frankfurt am Main: Verlag-der-Weltreligionen.

Eckert, R., Reis, C., & Wetzstein, T. A. (2000). *„Ich will halt anders sein wie die anderen!": Abgrenzung, Gewalt und Kreativität bei Gruppen Jugendlicher*. Opladen: Leske + Budrich.

Fischer-Rosenthal, W., & Rosenthal, G. (1997). Narrationsanalyse biographischer Selbstpräsentationen. In R. Hitzler (Ed.), *Sozialwissenschaftliche Hermeneutik: eine Einführung* (pp. 133–165). Opladen: Leske + Budrich.

Fischer, W. (2017). Theorien der Moderne und Biographieforschung. In H. Lutz, M. Schiebel, & E. Tuider (Eds.), *Handbuch Biographieforschung* (pp. 63–74). Wiesbaden: Springer Fachmedien.

Fischer, W. (1999). Biographie und Leiblichkeit. Zur biographischen Arbeit und Artikulation des Körpers. In P. Alheit (Ed.), *Biographie und Leib* (pp. 15–43). Gießen: Psychosozial-Verlag.

Fischer, W. (2004). Fallrekonstruktion im Professionellen Kontext: Biographische Diagnostik, Interaktionsanalyse und Intervention. In A. Hanses (Ed.), *Biographie und Soziale Arbeit: institutionelle und biographische Konstruktionen von Wirklichkeit* (pp. 62–86). Baltmannsweiler: Schneider Verlag.

Fischer, W. (2006). Über die allmähliche Verfertigung des Selbst beim Sprechen von sich. Begrenzung und Entgrenzung der Erinnerung im autobiographischen Dialog. In B. Strauss & M. Geyer (Eds.), *Psychotherapie in Zeiten der Globalisierung* (pp. 307–336). Vandenhoeck & Ruprecht.

Fischer, W. (2015). Handeln. In R. Rätz & B. Völter (Eds.), *Wörterbuch Rekonstruktive Soziale Arbeit*. Opladen: Budrich.

Gabler, J. (2010). *Die Ultras: Fußballfans und Fußballkulturen in Deutschland*. Köln: Papy-Rossa-Verlag.

Gebauer, G. (2002). Fernseh- und Stadionfußball als religiöses Phänomen. Idole, Heilige und Ikonen am ‚Himmel' von Fangemeinden. In M. Herzog (Ed.), *Fußball als Kulturphänomen: Kunst, Kultur, Kommerz* (pp. 305–315). Stuttgart: Kohlhammer.

Gebauer, G. (2006). *Poetik des Fußballs*. Frankfurt am Main: Campus Verlag.

Gebhardt, W. (2000). Feste, Feiern und Events. Zur Soziologie des Außergewöhnlichen. In W. Gebhardt, R. Hitzler, & M. Pfadenhauer (Eds.), *Events: Soziologie des Außergewöhnlichen* (pp. 17–33). Opladen: Leske + Budrich.

Gebhardt, W. (2002). Die Verszenung der Gesellschaft und die Eventisierung der Kutlur. Kulturanalyse jenseits traditioneller Kulturwissenschaften und Cultural Studies. In *Populäre Kultur als repräsentative Kultur. Die Herausforderung der Cultural Studies*. Köln: Halem.

Gebhardt, W., Hitzler, R., & Pfadenhauer, M. (Eds.). (2000). *Events: Soziologie des Außergewöhnlichen*. Opladen: Leske + Budrich.

Geertz, C. (2007). *Dichte Beschreibung: Beiträge zum Verstehen kultureller Systeme*. Frankfurt am Main: Suhrkamp.

Giulianotti, R. (2002). Supporters, followers, fans, and flaneurs: A taxonomy of spectator identities in football. *Journal of Sport and Social Issues*, *26*(1), 25–46.

Glaser, B. G., & Strauss, A. L. (1967). The discovery of grounded theory: Strategies for qualitative research. Chicago: Aldine.

Göbbel, N. (1986). Fußballfans: ballverliebte Phantasien an einem sicheren Ort. *Psychologie und Gesellschaftskritik*, *10*(1), 23–39.

Goffman, E. (1996). Über Feldforschung 1996a. In H. Knoblauch (Ed.), *Kommunikative Lebenswelten: zur Ethnographie einer geschwätzigen Gesellschaft* (p. 261–269). Konstanz: UVK.

Goffman, E. (2009). *Das Individuum im öffentlichen Austausch: Mikrostudien zur öffentlichen Ordnung*. Frankfurt am Main: Suhrkamp.

Goffman, E. (2014). *Asyle: über die soziale Situation psychiatrischer Patienten und anderer Insassen*. Frankfurt am Main: Suhrkamp.

Goffman, E. (2016). *Wir alle spielen Theater: die Selbstdarstellung im Alltag*. München; Berlin; Zürich: Piper.

Goffman, E. (1973). *Interaktion: Spaß am Spiel, Rollendistanz*. München: Piper.

Goffman, E. (2013). *Interaktionsrituale: über Verhalten in direkter Kommunikation*. Frankfurt am Main: Suhrkamp.

Grau, A., Hövermann, A., Winands, M., & Zick, A. (2016). Football Fans in Germany: A Latent Class Analysis Typology. *Journal of Sporting Cultures and Identity*, *7*(1), 19–31.

Hebenstreit, C. (2012). Sozialwissenschaftliche Fußballforschung. In C. Brandt, F. Hertel, & C. Stassek (Eds.), *Gesellschaftsspiel Fußball: Eine sozialwissenschaftliche Annäherung* (pp. 19–37). Wiesbaden: VS Verlag für Sozialwissenschaften.

Heintel, P. (2007). Event als Angebot einer „Großgruppenkultur" in der Übergangsgesellschaft. In H. Pühl (Ed.), *Eventkultur* (pp. 40–83). Berlin: Leutner.

Heitmeyer, W., & Peter, J.-I. (1988). *Jugendliche Fußballfans. Soziale und politische Orientierungen, Gesellungsformen, Gewalt*. Weinheim und Münster: Juventa-Verlag.

Hepp, A. (2010). Aneignungsforschung: Soziokulturelle Lage und Ethnographie. In A. Hepp (Ed.), *Cultural Studies und Medienanalyse: Eine Einführung* (pp. 165–253). Wiesbaden: VS Verlag für Sozialwissenschaften.

Heyde, J. von der, & Kotthaus, J. (Eds.). (2016). *Wettkampf im Fußball – Fußball im Wettkampf*. Weinheim und Basel: Beltz Juventa.

Hillebrandt, F. (2014). *Soziologische Praxistheorien: Eine Einführung*. Wiesbaden: Springer-Verlag.

Hitzler, R. (2001). Künstliche Dummheit: Zur Differenz von alltäglichem und soziologischem Wissen. *Wissensgesellschaft. Transformation im Verhältnis von Wissenschaft und Alltag. IWT-Paper, 25*.

Hitzler, R. (Ed.). (2008). *Posttraditionale Gemeinschaften: theoretische und ethnografische Erkundungen*. Wiesbaden: VS Verlag für Sozialwissenschaften.

Hitzler, R. (2011). *Eventisierung: Drei Fallstudien zum marketingstrategischen Massenspaß*. Wiesbaden: VS Verlag für Sozialwissenschaften.

Hitzler, R. & Niederbacher, A. (2010). *Leben in Szenen*. Wiesbaden: VS Verlag für Sozialwissenschaften.

Hitzler, R., & Eisewicht, P. (2016). *Lebensweltanalytische Ethnographie – im Anschluss an Anne Honer*. Weinheim: Beltz Juventa.

Hitzler, R., & Honer, A. (1984). Lebenswelt – Milieu – Situation: terminologische Vorschläge zur theoretischen Verständigung. *Kölner Zeitschrift für Soziologie und Sozialpsychologie, 36*(1), 56–74.

Honer, A. (2011). *Kleine Leiblichkeiten: Erkundungen in Lebenswelten*. Wiesbaden: VS Verlag für Sozialwissenschaften.

Huizinga, J. (2013). *Homo ludens: vom Ursprung der Kultur im Spiel*. Reinbek bei Hamburg: Rowohlt.

Ihle, H., Meyen, M., Mittag, J., & Nieland, J.-U. (Eds.). (2017). *Globales Mega-Event und nationaler Konfliktherd: Die Fußball-WM 2014 in Medien und Politik*. Wiesbaden: Springer Fachmedien.

Jenkins, H. (1992). *Textual Poachers: television fans & participatory culture*. New York: Routledge.

Joas, H. (1992). *Die Kreativität des Handelns*. Frankfurt am Main: Suhrkamp.

Kathöfer, S., & Kotthaus, J. (2013). *Block X – Unter Ultras. Ergebnisse einer Studie über die Lebenswelt Ultra in Westdeutschland*. Weinheim und Basel: Beltz Juventa.

Keller, R. (2006). *Michel Maffesoli: eine Einführung*. Konstanz: UVK.

Klein, G., & Meuser, M. (2008). Fußball, Politik, Vergemeinschaftung. Zur Einführung. In G. Klein & M. Meuser (Eds.), *Ernste Spiele: zur politischen Soziologie des Fußballs* (pp. 7–17). Bielefeld: transcript.

Knoblauch, H. (2000). Das strategische Ritual der kollektiven Einsamkeit. Zur Begrifflichkeit und Theorie des Events. In W. Gebhardt (Ed.), *Events: Soziologie des Außergewöhnlichen* (pp. 51–77). Opladen: Leske + Budrich.

Kotthaus, J. (2017a). Ultras als Szene. Methodologische Überlegungen zu einer Konzeptualisierung der Ultrabewegung als posttraditionale Vergemeinschaftung. In A. Grau, J. von der Heyde, J. Kotthaus, H. Schmidt, & M. Winands (Eds.), *Sozialwissenschaftliche Perspektiven der Fußballfanforschung* (pp. 91–114). Weinheim: Beltz Juventa.

Kotthaus, J. (2017b). Die Ordnung des Feldes. Diskursstränge der deutschsprachigen Forschung über Fußballfans. In A. Grau, J. von der Heyde, J. Kotthaus, H. Schmidt, & M. Winands (Eds.), *Sozialwissenschaftliche Perspektiven der Fußballfanforschung* (pp. 30–56). Weinheim: Beltz Juventa.

Langer, D. (2010). *Faszination Ultras: Aspekte und Erklärungsansätze zur Fußballfan- und Jugendkultur*. Bonn: Scientia Bonnensis.

Leistner, A. (2010). Fans und Gewalt. In J. Roose, M. S. Schäfer, & T. Schmidt-Lux (Eds.), *Fans: soziologische Perspektiven* (pp. 249–281). Wiesbaden: VS Verlag für Sozialwissenschaften.

Leistner, A. (2008). Zwischen Entgrenzung und Inszenierung: eine Fallstudie zu Formen fußballbezogener Zuschauergewalt. *Sport und Gesellschaft*, *5*(2), 111–133.

Leistner, A. (2017). Fans und Gewalt. In J. Roose, M. S. Schäfer, & T. Schmidt-Lux (Eds.), *Fans: Soziologische Perspektiven* (pp. 219–247). Wiesbaden: Springer Fachmedien.

Lindner, R. (2007). *Die Entdeckung der Stadtkultur*. Frankfurt am Main: Campus Verlag.

Lindner, R., & Breuer, H. T. (1979). Kommerzialisierung, Oligopolisierung und Professionalisierung des Fußballsports. In W. Hopf (Ed.), *Fußball: Soziologie und Sozialgeschichte einer populären Sportart* (pp. 162–171). Bensheim: Päd. extra Buchverlag.

Lucke, D. (Ed.). (2006). *Jugend in Szenen: Lebenszeichen aus flüchtigen Welten*. Münster: Westfälisches Dampfboot.

Lüders, C. (2007). Beobachtung im Feld und Ethnographie. In U. Flick, E. von Kardorff, & I. Steinke (Eds.), *Qualitative Forschung: ein Handbuch* (pp. 384–401). Reinbek bei Hamburg: Rowohlt.

Maiwald, K.-O. (2009). Paarbildung als Selbst-Institutionalisierung. *Sozialer Sinn*, *10*(2), 283–315.

Martinez, M. (2002). *Warum Fußball? Kulturwissenschaftliche Beschreibungen eines Sports*. Bielefeld: Aisthesis Verlag.

Matt, E. (2001). *Ethnographische Beschreibungen: die Kunst der Konstruktion der Wirklichkeit des Anderen*. Hamburg: LIT.

Matthesius, B. (1992). *Anti-Soziale-Front: vom Fußballfan zum Hooligan*. Opladen: Leske + Budrich.

Mead, G. H. (2008). *Geist, Identität und Gesellschaft aus der Sicht des Sozialbehaviorismus*. Frankfurt am Main: Suhrkamp.

Merkel, U. (2012). Football fans and clubs in Germany: conflicts, crises and compromises. *Soccer & Society*, *13*(3), 359–376.

Meuser, M. (2017). Fußballfans: Inszenierungen außeralltäglicher Männlichkeit. In G. Sobiech & S. Günter (Eds.), *Sport & Gender – (inter)nationale sportsoziologische Geschlechterforschung: Theoretische Ansätze, Praktiken und Perspektiven* (pp. 179–192). Wiesbaden: Springer VS.

Meuser, M. (2008). It's a Men's World. Ernste Spiele männlicher Vergemeinschaftung. In G. Klein & M. Meuser (Eds.), *Ernste Spiele: zur politischen Soziologie des Fußballs* (pp. 113–135). Bielefeld: transcript.

Miebach, B. (2014). *Soziologische Handlungstheorie: Eine Einführung*. Wiesbaden: Springer VS.

Möller, H., & Netzer, C. (2008). Zur Erfassung kollektiver Sinnsysteme. In J. Zelger, M. Raich, P. Schober (Eds.), *Organisationen und ihre Wissensnetze* (pp. 77–94). Innsbruck: Studienverlag.

Münkler, H. (2015). *Kriegssplitter: die Evolution der Gewalt im 20. und 21. Jahrhundert*. Berlin: Rowohlt.

Nassehi, A. (2011). *Soziologie: Zehn einführende Vorlesungen*. Wiesbaden: VS Verlag für Sozialwissenschaften.

Nationaler Ausschuss Sport und Sicherheit (Ed.). (2012). *Nationales Konzept Sport und Sicherheit*.

Oevermann, U. (2002). *Klinische Soziologie auf der Basis der Methodologie der objektiven Hermeneutik. Manifest der objektiv hermeneutischen Sozialforschung. Frankfurt a. M.: Suhrkamp*.

Oevermann, U. (1981). *Fallrekonstruktionen und Strukturgeneralisierung als Beitrag der objektiven Hermeneutik zur soziologisch-strukturtheoretischen Analyse*. In http://publikationen.ub.uni-frankfurt.de/volltexte/2005/537, 18.11.2017

Pilz, G. A. (2006). *Wandlungen des Zuschauerverhaltens im Profifußball*. Schorndorf: Hofmann.

Pilz, G., & Wölki-Schumacher, F. (2009). *Übersicht über das Phänomen der Ultrakultur in den Mitgliedstaaten des Europarates im Jahr 2009*. Hannover.

Posser, M. (1995). „… das gibt dir 'nen irren Kick!" Fußball-Bundesliga und Gewalttätigkeit in Zuschauerkreisen. In Geschichtswerkstatt e. V. (Ed.), *„Elf Freunde müßt ihr sein!": Einwürfe und Anstöße zur deutschen Fußballgeschichte* (pp. 11–26). Freiburg i. Br.: Haug.

Przyborski, A., & Wohlrab-Sahr, M. (2010). *Qualitative Sozialforschung: ein Arbeitsbuch*. München: Oldenbourg.

Reckwitz, A. (2003). Grundelemente einer Theorie sozialer Praktiken / Basic Elements of a Theory of Social Practices. *Zeitschrift für Soziologie, 32*(4), 282–301.

Riedl, L. (2006). *Spitzensport und Publikum: Überlegungen zu einer Theorie der Publikumsbildung*. Schorndorff.

Roose, J., Schäfer, M. S., & Schmidt-Lux, T. (2010). Einleitung: Fans als Gegenstand soziologischer Forschung. In J. Roose, M. S. Schäfer, & T. Schmidt-Lux (Eds.), *Fans: soziologische Perspektiven*. Wiesbaden: VS Verlag für Sozialwissenschaften.

Rosa, H., Strecker, D., & Kottmann, A. (2013). *Soziologische Theorien*. Konstanz: UVK Verlagsgesellschaft mit München: UVK/Lucius.

Ruf, C. (2014). *Kurven-Rebellen: die Ultras. Einblicke in eine widersprüchliche Szene*. Göttingen: Die Werkstatt.

Sax, W. S. (2013). Agency. In C. Brosius (Ed.), *Ritual und Ritualdynamik: Schlüsselbegriffe, Theorien, Diskussionen* (pp. 25–32). Göttingen: UTB.

Schatzman, L., & Strauss, A. L. (1973). *Field research: Strategies for a natural sociology*. Englewood Cliffs: Prentice Hall.

Schlögl, A. (2011). „Wo man singt, da lass Dich nieder …". In *Mehrwert Musik: Musikwirtschaft und Stadtentwicklung in Berlin und Wien* (pp. 21–50). Wiesbaden: VS Verlag für Sozialwissenschaften.

Schmidt-Lux, T. (2010). Geschichte der Fans. In J. Roose, M. S. Schäfer, & T. Schmidt-Lux (Eds.), *Fans: soziologische Perspektiven* (pp. 47–69). Wiesbaden: VS Verlag für Sozialwissenschaften.

Schmidt-Lux, T. (2017). Geschichte der Fans. In J. Roose, M. S. Schäfer, & T. Schmidt-Lux (Eds.), *Fans: Soziologische Perspektiven* (pp. 37–57). Wiesbaden: VS Verlag für Sozialwissenschaften.

Schößler, S. (2011). *Der Neopragmatismus von Hans Joas: Handeln, Glaube und Erfahrung*. Berlin: LIT.

Schrödter, M. (2007). Die Objektivität des Rassismus. Anerkennungsverhältnisse und prekäre Identitätszumutungen. Die Soziale Thematisierbarkeit des Interkulturellen. In A. Broden & P. Mecheril (Eds.), *Re-Präsentationen: Dynamiken der Migrationsgesellschaft* (pp. 69–94). Düsseldorf: IDA-NRW.

Schröer, N., Hinnenkamp, V., Kreher, S., & Poferl, A. (Eds.). (2012). *Lebenswelt und Ethnographie: Beiträge der 3. Fuldaer Feldarbeitstage 2./3. Juni 2011*. Essen: Oldip.
Schulze, G. (2000). *Die Erlebnis-Gesellschaft: Kultursoziologie der Gegenwart*. Frankfurt am Main: Campus Verlag.
Schütze, F. (2002). Das Konzept der sozialen Welt im symbolischen Interaktionismus und die Wissensorganisation in modernen Komplexgesellschaften. In I. Keim & S. Wilfried (Eds.), *Soziale Welten und kommunikative Stile* (pp. 57–83). Tübingen: Narr.
Schwenzer, V. (2002). Fußball als kulturelles Ereignis: Eine ethnologische Untersuchung am Beispiel des 1. FC Union Berlin. In Zentrum für Europa- und Nordamerika-Studien (Ed.), *Fußballwelten: zum Verhältnis von Sport, Politik, Ökonomie und Gesellschaft* (pp. 87–117). Opladen.
Schwenzer, V., & Selmer, N. (2017). Fans und Migration. In J. Roose, M. S. Schäfer, & T. Schmidt-Lux (Eds.), *Fans: Soziologische Perspektiven* (pp. 343–367). Wiesbaden: Springer Fachmedien.
Schwier, J. (2005). Die Welt der Ultras. Eine neue Generation von Fußballfans/The World of the Ultras. A New Generation of Football Fans. *Sport und Gesellschaft*, *2*(1), 21–38.
Simmel, G. (2013). *Soziologie: Untersuchungen über die Formen der Vergesellschaftung*. Berlin: Duncker & Humblot.
Soeffner, H.-G. (1991). Trajectory – das geplante Fragment. Die Kritik der empirischen Vernunft bei Anselm Strauss. *Bios*, *4*(1), 1–12.
Soeffner, H.-G. (2010). Funktionale Zweckfreiheit. Der „praktische Sinn" der Ästhetik. In A. Honer, M. Meuser, & M. Pfadenhauer (Eds.), *Fragile Sozialität: Inszenierungen, Sinnwelten, Existenzbastler* (pp. 59–74). Wiesbaden: VS Verlag für Sozialwissenschaften.
Soeffner, H.-G. (2013). Situation – Information – kommunikative Handlung. In A. Ziemann (Ed.), *Offene Ordnung?: Philosophie und Soziologie der Situation* (pp. 257–279). Wiesbaden: Springer VS.
Soeffner, H.-G., & Hitzler, R. (1994). Hermeneutik als Haltung und Handlung. Über methodisch kontrolliertes Verstehen. In N. Schröer (Ed.), *Interpretative Sozialforschung: auf dem Wege zu einer hermeneutischen Wissenssoziologie* (pp. 28–56). Opladen: Westdeutscher Verlag.
Sommerey, M. (2010). *Die Jugendkultur der Ultras: Zur Entstehung einer neuen Generation von Fußballfans (German Edition)*. ibidem-Verlag.
Strasser, H., Bleeker-Dohmen, R., Stammen, K.-H., & Weber, G. (2007). „Sind wir so unwichtig?": Fußballfans zwischen Tradition und Kommerz. In J. Mittag & J.-U. Nieland (Eds.), *Das Spiel mit dem Fußball: Interessen, Projektionen und Vereinnahmungen* (pp. 499–519). Essen: Klartext Verlag.
Strauss, A. L. (1974). *Spiegel und Masken: die Suche nach Identität*. Frankfurt am Main: Suhrkamp.
Strauss, A. L. (1998). *Grundlagen qualitativer Sozialforschung*. München: Fink.
Strübing, J. (2013). *Qualitative Sozialforschung: eine komprimierte Einführung für Studierende*. München: Oldenbourg.
Strübing, J. (2014). *Grounded Theory: Zur sozialtheoretischen und epistemologischen Fundierung eines pragmatistischen Forschungsstils*. Wiesbaden: VS Verlag für Sozialwissenschaften.
Suits, B. (2014). *The Grasshopper: Games, Life and Utopia*. Broadview Press.
Sülzle, A. (2011). *Fußball, Frauen, Männlichkeiten: Eine ethnographische Studie im Fanblock*. Frankfurt am Main: Campus Verlag.
Thalheim, V. (2016). Choreographien im Fußballstadion: Zur sozialen Ordnung zwischen Stadiongängern. In J. Raab & R. Keller (Eds.), *Wissensforschung – Forschungswissen: Beiträge und Debatten zum 1. Sektionskongress der Wissenssoziologie* (pp. 172–186). Weinheim: Beltz Juventa.
Utz, R., & Benke, M. (1997). Hoools, Kutten, Novizen und Veteranen. In SpoKK (Ed.), *Kursbuch Jugendkultur: Stile, Szenen und Identitäten vor der Jahrtausendwende* (pp. 102–115). Mannheim: Bollmann.

van den Berg, A., Coleman, J. S., & Fararo, T. J. (1994). *Rational Choice Theory: Advocacy and Critique. Contemporary Sociology*. Newbury Park: Sage.
Vinnai, G. (2007). Eigentore. Zur ideologischen Funktion des Fußballsports. *Psychosozial, 30*(110), 1–18.
Vinnai, G. (1970). *Fußballsport als Ideologie*. Frankfurt am Main: Europäische Verlagsanstalt.
Winands, M. (2015). *Interaktionen von Fußballfans: Das Spiel am Rande des Spiels*. Wiesbaden: Springer VS.
Winands, M., Grau, A., & Zick, A. (2017). Sources of identity and community among highly identified football fans in Germany. An empirical categorisation of differentiation processes. *Soccer & Society*, 1–16.
Winter, R. (2010a). Fans und kulturelle Praxis. In J. Roose, M. S. Schäfer, & T. Schmidt-Lux (Eds.), *Fans: soziologische Perspektiven* (pp. 161–183). Wiesbaden: VS Verlag für Sozialwissenschaften.
Winter, R. (2010b). *Der produktive Zuschauer: Medienaneignung als kultureller und ästhetischer Prozess*. Köln: Halem.
Ziemann, A. (2013). *Zur Philosophie und Soziologie der Situation – eine Einführung*. Wiesbaden: Springer VS